青少年课外阅读系列丛书

孙子兵法 三十六计

SUNZIBINGFASANSHILIUJI

- 启发生命中更宽阔的智慧视野，旁征博引、拈提古今、蕴意深邃、生动幽默、古为今用
- 品味传统经典文化，启发生命智慧视野，提升个人精神品质
- 开卷有益，让光芒四射的智慧炫起来

【学生版】

杨 非 ○ 编写

南京大学出版社

目录

孙子兵法

三十六计

孙子兵法概述

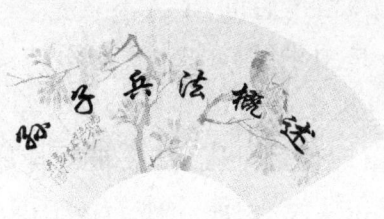

　　《孙子兵法》,也称《兵策》、《吴孙子》、《孙子十三篇》,全书从十三个方面详细讲述了行军打仗的要诀与智谋,共 5900 余字,为春秋时代著名军事家孙子所著,是我国古代最早最著名的一部军事著作。

　　孙子,名武,字长卿,生于春秋时代的齐国。孙子原是陈国陈完(后改称田完)的后裔,名将田书和著名军事家司马穰苴是其先祖,正因如此,孙子得以从小诵读《司马穰苴兵法》、《太公兵法》以及《管子》等优秀军事文化典籍,为其学习和继承前人的兵法研究成果和形成自己的军事思想奠定了基础。

　　后来,孙子来到吴国,在伍子胥的极力推荐下,受到吴王阖闾的召见,孙子向吴王献上了自己苦心钻研蔚为大观的兵法十三篇,得到吴王的赏识。之后,孙子辅佐吴王破强楚、伐齐晋,为吴国春秋霸主地位的奠定立下了不朽的功勋。然而,就在吴国强大之时,孙子却急流勇退,悄然隐去,不知所终,唯留下《孙子兵法》传诵人间。

　　孙子兵法思想,既自成体系,独放异彩,又与其他各家互相融通,相映生辉。在政治上,继承了先王治国御众的统御策略;在思想方法上,又与道家、儒家有许多相通或相似之处;在军事上,基本承袭了姜尚、管仲等用兵制敌之策,如奇正、利害、阴阳

孙子兵法・三十六计

1

和神速、戒备等等，正是因为孙子集中了中国古代先哲的智慧，才使得《孙子兵法》留传后世，千古不衰。

《孙子兵法》是中华民族文化宝库里的一颗珍宝，不但被我国人民所推崇，也越来越被世界所公认。早在一千多年前的唐代，《孙子兵法》就流传到外国，陆续被翻译成英、法、德、意等多种文字，受到世界的广泛关注。孙子是中国的孙子，而《孙子兵法》则是全世界人民共有的财富。

本书在原文、译文的基础上，特加入了"内容提要"、"兵法精粹"、"古今中外著名典例"等栏目，以便让大家更清楚地了解孙子的思想及其兵法实用情况。

孙子兵法·三十六计

第一章　始　计

【内容提要】

用兵始于计谋，善善策出自"庙算"，而精确的"庙算"又来自对各种因素的侦测考察。

孙子在第一章中非常具体地提出了"五事"、"七计"的考察标准，按照这个标准应能对自己和敌人的优劣有个较全面的判断，即"先察"。在"先察"的基础上继而做到"后谋"。

【原文】

孙子曰:兵者[1],国之大事。死生之地[2],存亡之道[3],不可不察也。

【注释】

[1]兵:本意为兵士、兵器,引申为军队、军事,这里指军事。
[2]地:领域。
[3]道:这里指根本道理。

【译文】

孙子说:战争是国家的大事,关系到军队的生死、国家的存亡,不能不认真考察研究。

【原文】

故经[1]之以五事[2],校[3]之以计,而索其情[4]:一曰道[5],二曰天[6],三曰地[7],四曰将,五曰法[8]。道者,令民与上同意也,故可以与之死,可以与之生,而不畏危。天者,阴阳[9]、寒暑、时制[10]也。地者,远近、险易、广狭、死生[11]也。将者,智、信、仁、勇、严也。法者,曲制[12]、官道[13]、主用[14]也。凡此五者,将莫不闻,知之者胜,不知者不胜。故校之以计,而索其情,曰:主孰有道[15]? 将孰有能? 天地孰得? 法令孰行? 兵众孰强? 士卒孰练? 赏罚孰明? 吾以此知胜负矣。

【注释】

[1]经:分析和研究。
[2]五事:指下文的"道、天、地、将、法"。
[3]校:比较,衡量。
[4]索其情:索,探索。情,情况,情势。
[5]道:道理,这里引申为作战的路线和方针政策。

[6]天：天气，天时。

[7]地：地形。

[8]法：法令、纪律、制度。

[9]阴阳：指气候、气象的变化，如昼夜、晴雨等。

[10]时制：这里专指春、夏、秋、冬四季时令。

[11]死生：死，即死之地，进退两难的地域。

[12]曲制：曲是古代军队的编制单位。曲制就是指军队的编制。

[13]官道：各级将领的职责的划分以及各级将吏的管理制度。

[14]主用：主，掌管。用，作名词用，指物资费用。主用，指军队后勤保障制度。

[15]主孰有道：主，君主。孰，谁。这句话的意思是哪一国家君主政治清明，治国有方。以下几句的句式与此句相同。

【译文】

所以，要经过敌我五个方面的分析比较和研究，以探索战争的情势。一是道，二是天，三是地，四是将，五是法。所谓"道"，就是使民众与君主的意愿一致。这样，他们就可以为君主死，为君主生，而不畏惧危险。所谓"天"，就是指昼夜阴晴、寒冬酷暑、春夏秋冬。所谓"地"，就是指路途的远近、地势的险阻、平坦地域的宽窄、死地与生地的利用。所谓"将"，就是指将帅的智谋、威信、仁慈、勇敢、严明。所谓"法"，就是指军队的组织编制、将吏的管理、军需的供应。凡属这五个方面的情况，将帅都不能不知道。了解和掌握这些情况的就能胜利，不了解这些情况的就不能胜利。因此，要通过对敌我双方情况的比较，来探索战争的胜负。即是说，哪一方君主更贤明？哪一方将帅更有才能？哪一方天时地理有利？哪一方法令能贯彻执行？哪一方武器装备精良？哪一方兵卒训练有素？哪一方赏罚分明？我根据以上七个方面就可以判断谁胜谁负了。

【原文】

将听吾计[1]，用之必胜，留之[2]；将不听吾计，用之必败，去之。计利以听[3]，乃为之势，以佐[4]其[5]外[6]。势者，因利而制权[7]也。

【注释】

[1]将听吾计:将,时间副词,将要,引申为如果。这种句式省略了主语"主"。完整的意思是如果君主听从我的计谋。

[2]留之:留下来。之,无实意。

[3]计利以听:计利,权衡利益。听,听从。

[4]佐:辅佐,引申为有助于。

[5]其:代词,这里指军事目的。

[6]外:外部条件,客观形势。

[7]权:与经相对,权宜之计,引申为灵活运用。

【译文】

如果君主听从我的计谋,作战一定胜利,我就留下;如果君主不听从我的计谋,作战一定失败,我就离去。

有利的计谋,已被采纳,还要造成有利的态势,作为外在的辅助条件。所谓有利的态势,就是根据对自己有利的情况,掌握作战的主动权。

【原文】

兵者,诡道也。故能而示之不能,用而示之不用,近而示之远,远而示之近。利而诱之,乱而取之,实[1]而备之,强而避之,怒而挠[2]之,卑[3]而骄之,佚[4]而劳之,亲而离之。攻其无备,出其不意。此兵家之胜[5],不可先传也。

【注释】

[1]实:充实、实力。这里指敌人军力充实雄厚。

[2]挠:阻挠。

[3]卑:卑怯。这里有两种解释:一指敌人卑怯谨慎,应该使其骄傲。二是指己方主动显示卑怯、弱小,给对方造成错觉,使其骄傲。

[4]佚:通"逸"。

[5]胜:胜利。这里引申为取胜之道。

【译文】

　　用兵是一种诡诈的行为。所以,能打而装作不能打,要打而装作不要打,要向近处而装作向远处,要向远处而装作向近处。敌人贪利,就引诱它;敌人混乱,就攻击它;敌人力量充实,就要防备它;敌人兵力强大,就要避开它;敌人气势汹汹,就要阻挠它;敌人卑怯慎行,就要骄纵它;敌人休整得好,就要劳累它;敌人内部团结,就要离间它。在敌人毫无防备之处发动进攻,在敌人意料不到时采取行动。这是军事家指挥的奥妙,是不能预先传授的。

【原文】

　　夫未战而庙算[1]胜者,得算多也[2];未战而庙算不胜者,得算少也。多算胜,少算不胜,而况于无算乎! 吾以此观之,胜负见[3]矣。

【注释】

　　[1]庙算:庙,庙堂。古代作战之前,通常要在庙堂策议谋划,制定作战计划以及占卜等事宜。这一作战准备程序就叫做"庙算"。
　　[2]得算多:意思是取得胜利的条件充分、比较多。
　　[3]见:通"现",显现。

【译文】

　　开战之前,"庙算"能够取得胜利的,是因为胜利的条件充分;开战之前就预计不能取得胜利的,是因为胜利的条件不充分。"庙算"周密就能胜利,"庙算"疏漏就不能胜利,何况不做"庙算"呢? 我们根据这一点来进行观察,谁胜谁败就可见端倪。

【兵法精粹】

五事——战斗力五要素

孙子强调在战前必须就敌我的五项基本要素加以衡量;对敌我双方的实力进行计算比较,以掌握真实的情势。这五项基本要素是:道、天、地、将、法。

"道",指的是民众和君主之间具备共同信念,可以为君国而死,不畏惧任何危险。

"天",天时,指的是昼夜、晴雨、寒冬、酷暑,春、夏、秋、冬季节等的变化。

"地",地利,指的是路途的远近、地形的险要与平坦、地势的开阔与狭隘,以及地形进退的难(死地)易(生地)程度。

"将",将领,指的是指挥官必须具备智谋、诚信、仁慈、勇敢、严明五大素养。

"法",法制,指的是军队的编制、将吏的统制和军需补给等。

七计——判断胜负七准则

接着,孙子又提出七个判断胜负的基本标准,这就是"七计":

1. 哪一方的元首贤明,对国民有号召力?
2. 哪一方的将帅有才能,对军队有威信?
3. 哪一方得到天时与地利?
4. 哪一方的法制命令能够贯彻?
5. 哪一方的军力强大?
6. 哪一方的部队训练有素?
7. 哪一方的赏罚分明?

从以上七项比较中就可判断谁胜谁负。

十二诡道

用兵是以诡诈为原则(诡道)的。能攻,要故意装作不能攻;要打,装作不想打;要攻近处,故意装作要攻远处;要攻远处,又装作要攻近处;或

孙子兵法·三十六计

9

以小利引诱敌人；或使敌人内部混乱，乘乱攻取；或者示以软弱，使其骄纵；当敌人安逸时，使其疲于奔命；当敌人团结时，设法离间瓦解。总之，这十二诡道强调的是要在敌人没有准备的状态下实施攻击，要在敌人意想不到的情况下采取行动，这是用兵制胜的秘诀，必须随机应变，无法在事前传授。

【古今中外著名典例】

晋楚城濮之战

当初晋文公(重耳)落难逃到楚国时，楚成王曾以贵宾的礼节接待他。一次宴会间，酒酣耳热之际，楚成王问公子重耳："要是有一天公子回到晋国，做了国君，该怎样报答我呢？"重耳当时曾回答："将来万一晋楚两国交兵，我一定叫晋军退避三舍。"楚成王听完抚髯哈哈大笑。不想当时一句戏言，后来却果然为历史所演绎。

公元前633年冬，楚成王为夺取中原霸权，亲率精兵强将与郑、陈、蔡、许诸国组成联军攻打宋国，很快兵临宋都商丘城下。宋成公惊惧之际，赶紧派大司马公孙固赴晋求援。

当着宋国使者的面，晋文公为难得很。首先，楚势强大，加上有盟国

帮助,如虎添翼。其次,宋国不靠近晋国,鞭长莫及,有很多不便。再次,晋文公又曾欠了楚成王的人情债。晋文公实在是有些犹豫不定。这时大夫狐偃说:"卫国和曹国是楚国新得到的两个盟国,位于我晋国与宋国之间,如果我们攻击它们,作为盟国会不管吗?"大夫先轸也说:"这样做,避免了与楚国正面交锋,即便楚国寻上门来打,我们也不会受到舆论的非难了。再者,对曹、卫作战,天时地利,均有利于我军。"晋文公看见臣下为自己解了难题,也就理直气壮地告诉宋国使者公孙固道:"请回告宋成公,说我晋军马上就到。"

公元前632年正月,晋国精兵集结于曹、卫边境,借口晋文公当年流亡到曹国时,曹国公对他无礼,现在要带兵雪耻,向卫国借道伐曹。卫国担心晋军顺手牵羊,再加上有楚国做后台,就拒绝了。晋文公于是出师有名,下令晋军攻击卫国。卫国不过蕞尔小国,晋军很快攻占五鹿城。卫成公急忙向晋求和,晋文公断然拒绝。又挥师南下,三月而下陶丘,连曹国国君曹国公也当了俘虏。攻下卫、曹两国,晋文公下令三军将士以逸待劳。结果楚国仍然围定商丘,致使晋文公的救宋计划无法实现。

眼看宋国灭亡只在旦夕之间,晋文公焦虑得很,便召集文武群臣商议下一步行动计划。中军主将先轸献计道:"齐、秦两大国一直是隔岸观火,我们能否利用齐、秦两国来打败楚国呢?我们可叫宋国送些好处给齐、秦两国,由齐、秦出面来劝楚国退兵,然后把曹、卫两国的土地分给宋国。这样的话,楚国就会和齐、秦两国产生矛盾,而晋国趁机利用矛盾,就会无往而不胜,打败楚国也是指日可待的了。"晋文公忙不迭地点头称赞先轸计策高明。不久,齐、秦两国出兵参战,双方力量的对比已经对晋国有利了。当时统领以楚国为首的多国部队的是楚令尹子玉,子玉使出诈兵之术,派使者向晋文公提出休战和解条件,具体内容是如果晋文公允诺曹、卫复国,楚可以从宋国撤军。晋文公将计就计,依先轸的计谋,私下答应曹、卫复国,但又要求曹、卫与楚国断绝外交,并扣留了楚国的使臣。这样,就将楚国子玉带到宣战的边缘。子玉得讯立即命部队向曹国首都陶丘运动,寻找晋军主力决战。为了兑现当初的诺言,晋文公果然命令军队退避三舍,即后退90里地。

公元前632年4月4日,晋、楚两军在城濮以南的莘地展开决战,晋军首先对楚军右翼进行闪电战攻击。陈、蔡诸国杂牌军原为弱旅,不堪一

击,楚军右翼出现巨大漏洞。子玉见状没有及时调整战术,而是感情用事,指挥楚军主力向晋军冲杀。晋军大将狐毛在战车上竖起两面大旗,车后拖着树枝把尘土扬得蔽天,故意装成失败的样子。子玉轻率冒进,紧追不舍。不料斜刺里杀出先轸、谷溱指挥的晋国伏兵,将楚军拦腰分割,狐毛于是杀回马枪,楚军腹背受敌,军心动摇,将士被斩杀无数。子玉见大势已去,率少数残兵血战杀出重围,自忖无脸面见楚成王,遂自刎而死。

此战结果,有效地遏止了楚成王北上争霸的势头,从而奠定了晋文公称霸中原的基础。这是春秋中期规模最大的一次战役。战后,晋文公率众诸侯在践土会盟,实现了朝思暮想的愿望,成为春秋五霸之一。

郑成功收复台湾岛

公元1660年5月,郑成功在厦门击溃清军的围剿,又听说台湾百姓在荷兰殖民者的统治下痛苦不堪,于是决心离开厦门东进,一举收复台湾岛。

为了麻痹荷兰统治者,郑成功一面招募士兵、修造船只,积极做好东进准备,一面给占据台湾的荷兰总督揆一写了一封信,表示了"对荷兰国的善意"和自己绝无对台湾"采取敌对行动"的意图。揆一最初担心在大陆屡遭清军追剿的郑成功有朝一日会到台湾来,为了加强台湾防务,特意从巴达维亚(雅加达)抽调樊特郎率领的12艘战舰和1453人前来增援。接到郑成功的信后,樊特郎认为郑成功的信"可信",于是,只留下3艘战舰和600名士兵,率其余的舰只和人员返回了巴达维亚。

郑成功探知樊特郎的去向,感到机不可失,便于1661年3月22日率精兵30000直奔台湾。

当时,荷军在台湾的总兵力为2000余人,由外海进入的水道主要是鲲身岛和北线尾岛与鹿耳屿岛之间的鹿耳门港,只能通行小船,荷军在那里只建有一座小屋,驻守官兵只有1名伍长和6名士兵。

郑成功在探知这些情报后,制定了一个避开荷军炮火控制下的"大港"、经由鹿耳门港直接在台湾本岛登陆的计划。4月2日下午,郑成功的战舰利用涨潮的机会平安穿过鹿耳门港,消灭了毫无戒备的6名荷兰士兵,成功地驶抵台湾本岛。在台湾本土老百姓的帮助下,只用了两个小时

就全部登岸。随后,郑成功迅速抢占了赤嵌城的粮食仓库,包围了仅有200名荷军士兵防守的普罗文查城。

消息传到揆一那里,揆一大吃一惊。但是,郑成功的兵力是自己的十多倍,揆一心有余而力不足。4月6日,普罗文查城的200名荷兰守军全部投降。此后,郑成功包围了揆一盘踞的赤嵌城,荷兰人虽然又从巴达维亚派兵来增援,但郑成功已占据了有利的形势,到这一年年底,荷兰人全部投降。通过预先谋划,郑成功成功地从荷兰人手里夺回了台湾。

曹操的"十胜"

在官渡大败袁绍之前,曹操据有的兵力、土地、资源都远逊于袁绍,然而,他本人倒是自信,不忧不惧。而那些眼光独具的谋士,同样自信不移地跟随曹操。事后证明,他们的眼光是正确的。而曹操这种自知之明与知己知彼,也为他奠定了日后争霸天下的基础。

曹操诸人,如何评估自己的胜算?如何分析曹、袁双方的实力,又是如何探索行动进退的根据的呢?

郭嘉的选择标准以及评估方式,也许能帮助我们找出其中的要诀。

郭嘉原来是袁绍的宾客,备受礼遇,但他只待了几十天,就毅然决然地跳槽到曹操阵营。为什么?

郭嘉在跳槽之前,曾对袁绍的谋臣郭图坦率地说:"聪明之士应该慎选主人,才能建立功业。可惜袁公(袁绍)只知道仿效周公礼贤下士的做法,却不知如何用人;日理万机,却缺乏抽丝剥茧的功夫;好用谋略,却不能当机立断。想扶持他完成霸业困难重重,我将离开他,另寻英明领袖。"

郭嘉这段话,对郭图来说,简直不可思议。在他们眼中,袁绍已是当今雄主,还有谁比得上?郭嘉见郭图无法体会他话中的深意,也就不再多说,径行离去。

郭嘉随后和曹操共论天下大势,相谈甚欢,曹操大喜过望地说:"他日使我成就大业的,一定是这个人!"而郭嘉也自认找到了明主。

几个月后,曹操被袁绍一封骄慢的书信所激怒,很想出兵讨伐,却由于实力不足而迟疑再三。此时郭嘉和另一名智多星荀彧,便向曹操分析曹、袁之间的强弱优劣。他们指出,曹操看似处于弱势,实际上却非袁绍

所能比。当年楚汉争霸,项羽实力强,终究不敌刘邦的谋略,更何况,袁绍有十败,而曹操有十胜。

所谓"十胜",即十项检验政治领袖优劣的标准,由此十项标准来检验,发现曹操是真正的"十项冠军"。这十项是:

1. 待人处事:袁绍重视繁文缛节,讲究形式;而曹操出于自然,毫无做作。这是第一胜——"道"胜。

2. 政治号召:袁绍割地称雄,形同叛国;而曹操奉戴天子,名正言顺。这是第二胜——"义"胜。

3. 管理方法:袁绍政令松弛,权力不彰;而曹操的管理重纪律,讲制度。这是第三胜——"治"胜。

4. 用人举才:袁绍外表宽厚,实际上心多猜忌,对下属不信任,只任用自己的亲戚子弟;而曹操平易近人,精明睿智,用人只问有无才干,不考虑他的出身背景,用了之后,则信赖不疑。这是第四胜——"度"胜。

5. 谋略决断:袁绍深谋远虑,遇事却迟疑不决,错失先机;而曹操行动果敢,又能临机应变。这是第五胜——"谋"胜。

6. 领袖魅力:袁绍喜欢高谈阔论,谦恭揖让,一意追求美好的外在形象,但所吸引的只是一些好说大话、浮夸不实的人士;而曹操待人推心置腹,不重虚名,忠诚正直有远见的人才都愿意投效。这是第六胜——"德"胜。

7. 道德声望:袁绍看见他人挨饿受冻,不忍之情,溢于言表,对于眼前看不见的民间疾苦,反而忽略不予重视;而曹操对于眼前小事,似乎不甚注意,但能着眼于天下大事,考虑周详,恩泽远播,赢得民间声望。这是第七胜——"仁"胜。

8. 识人能力:袁绍左右的官员彼此明争暗斗,争权夺势,打小报告之风盛行;而曹操用人有一定法则,不为谗言所惑。这是第八胜——"明"胜。

9. 法治制度:袁绍是非不分,漫无标准;而曹操坚持是非,部属做对了,就以礼相待,做错了就用法令制裁。这是第九胜——"文"胜。

10. 军事才干:袁绍用兵喜好虚张声势,不合兵法;而曹操能以寡击众,用兵如神。这是第十胜——"武"胜。

曹操听了这段话之后,虽然以"不敢当"的自谦口气回答,但喜在心头。他本人正是早有了这种信心,才能立下与袁绍竞争天下的志略。

郭、荀预言之后两年多,袁绍击溃公孙瓒的余威,乘胜追击,动员十万精锐之师,妄想一举消灭曹操。曹操阵中大将闻讯无不震惊害怕,认为和袁绍的大军相比,曹操兵力薄弱,即使全力抵挡,也无异于以卵击石。唯有曹操,神色安然,一点也不急躁。他以乐观的态度安慰诸位将领。

曹操的乐观不是没有道理的。他分析说:"我很了解袁绍这个人。他的志向高,但智慧低;外表英勇,但胆识不足;兵多将广,但权责不明;善猜忌,不能建立威信;将领傲慢,不听指挥。因此,他的土地虽广,粮食虽多,到头来只不过是奉送给我们的礼物罢了。"

曹操说得如此轻松,但仍有不少人担心,孔融就是其中一位。他问荀彧说:"袁绍地广兵强,有田丰、许攸等智谋之士为他策划,有审配、逢纪等忠贞之人为他主持军政,有颜良、文丑等勇将为他统率大军。我们真的打得过吗?"

而荀彧的答复正好切中袁绍的弱点:"袁绍的兵员虽多,但是纪律不整。手下几名大将,田丰刚直,容易犯上;许攸贪婪,操守不佳;审配专权而没有谋略;逢纪果决而刚愎自用。这几个人一定不会团结,势必互相排斥,内斗难免。至于颜良、文丑,一介勇夫罢了,不难制服。"

袁绍这些缺点,在日后与曹操的官渡大战中,终于一一暴露,先是为了幼儿的病情,竟然放弃可乘虚出击曹操的大好良机;后来又刚愎自用,不听田丰、沮授等独具慧眼之士的劝告,轻率出兵。在整个战役过程中,袁绍处处显出他应变力欠缺、包容性不足的毛病。更惨的是,袁绍病死后,两个儿子为了争夺权位大打出手,而袁绍手下的高级将领也为了各拥其主而内讧。先期得势、风云一时的袁绍,果然后劲乏力,大好江山只好拱手让给曹操。

曹操正是在与袁绍抗战之前,完整分析了双方的实力,并根据分析的结果制定相应的恰当计策,才导致袁绍的大败,取得最后的胜利。

蒯聩用计即君位

公元前 496 年,卫灵公的太子蒯聩因为母亲南子的私生活不检点,因而遭到亲人的辱骂。蒯聩异常气愤,他想杀掉母亲南子以解心头之恨,结果事情败露,被迫离开卫国,逃到宋国。卫灵公死后,卫人立蒯聩的儿子

孙子兵法·三十六计

辄作为卫国国君,号卫出公。与此同时,逃亡在外的蒯聩想借助赵简子的帮助回国即位,但是被卫国的军队阻止,未能如愿。后来卫国的重臣孔文子娶了蒯聩的姐姐做妻子,生了个儿子叫孔悝。孔文子的跟班浑良夫长得英俊高大,孔文子死后,浑良夫就与孔姬私通。当时,蒯聩避难于宿地,于是,孔姬派浑良夫前去与他谋划返回卫国即位。蒯聩知道浑良夫的来意后,就利用他与姐姐孔姬的关系,设计了一个回国即位的计谋。他对浑良夫说:"你如果能帮助我回国即位,我一定给你大夫的官职作为报答,并可以赦免你三次死罪,而且同意把姐姐孔姬正式嫁给你。"这个交换条件让浑良夫非常满意,所以,他俩就一起盟誓实现目标。同年十二月,浑良夫与蒯聩一道秘密回到卫国都城,住在孔氏的菜园子里。天黑以后,他们用头巾遮住脸,假扮成姻戚家的侍妾溜进了孔府,见到了孔姬。然后孔姬拿着戈带领他们劫持儿子孔悝。孔悝无奈,被迫与之一起盟誓,立了蒯聩为卫国国君,号为卫庄公。卫出公听到消息后,自知无法与孔悝等人对抗,只好匆匆逃到吴国。

　　用兵始于计谋,要对各种要素进行考察,往往只要拿准一点便可以成功。蒯聩正是看准并且利用了浑良夫与姐姐之间的关系,夺取了君位。

第二章　作　战

孙子兵法·三十六计

【内容提要】

　　本篇的篇名"作战",不同于现代汉语的"作战",而是论述速战速决的进攻战略及其客观依据。

　　兵贵神速,旷日持久的战争是要消耗巨大的物资的,会牵制住国家的全面发展。远军作战会使国家因为用兵而穷。愈战胜敌人就愈是增强自己,这是一个优秀的军事家应该具有的理念。

【原文】

孙子曰：凡用兵之法，驰车[1]千驷[2]，革车[3]千乘，带甲[4]十万，千里[5]馈[6]粮，则内外[7]之费，宾客[8]之用，胶漆[9]之材，车甲之奉[10]，日费千金[11]，然后十万之师举[12]矣。其用战也贵胜[13]，久则钝兵挫锐[14]，攻城则力屈[15]。久暴师[16]则国用不足。夫钝兵挫锐，屈力殚货[17]，则诸侯乘其弊而起，虽有智者，不能善其后[18]矣。

【注释】

[1]驰车：古代战车的一种，驰骋轻快。

[2]驷：本意是四匹马拉的车，这里作量词用，指"乘"。千驷泛指众多。

[3]革车：古代战车的一种，主要用于装载各种军需品。

[4]带甲：甲，甲胄。十万：泛指众多。

[5]千里：泛指遥远。

[6]馈：本意指赠送，这里指运送。

[7]内外：指国内和国外。

[8]宾客：来宾、使节。

[9]胶漆：泛指军械的修饰。

[10]车甲之奉：奉，供应。这句的意思是对车辆、甲胄的供应。

[11]千金：泛指费用大。

[12]举：出动，发动。

[13]其用战也贵胜：其，代指"十万之师"。用战，用以作战。胜，指速胜。全句的意思是十万之师用以作战贵在速胜。

[14]钝兵挫锐：钝，使……钝。兵，兵器。锐，这里指旺盛的士气。钝兵挫锐指士兵疲惫、士气沮丧。

[15]力屈：力，人力。屈，弯曲，引申为"竭尽"。

[16]暴师：暴音pù，暴露在外。暴师指在外用兵。

[17]殚货：殚，竭尽。货，货物，这里指军用物资。

[18]善其后：处理好用兵之后的事宜。

【译文】

孙子说：兴师出战，动用轻型战车千辆，重型兵车千辆，军队十万，还要千里运粮。那么前方后方的费用，招待外交使节的用度，器材物资的供应，车辆盔甲的保养补充，每天要耗费千金。然后十万军队才能出动。

用这样庞大的军队去作战，旷日持久就会使武器装备耗损，部队锐气受挫，攻城就会使战斗力耗尽。军队长期在外作战，就会使国家的财政发生困难。武器耗损，军队疲惫，军事实力耗尽，国家经济枯竭，那么诸侯列国就会乘此危机发起进攻，到那时即使智谋高超的人，也无法挽回危局了。

【原文】

故兵闻拙速[1]，未睹巧之久[2]也。夫兵久而国利者，未之有也。故不尽知用兵之害者，则不能尽知用兵之利也。

【注释】

[1]拙速：拙，笨拙。速，迅速取胜。
[2]巧之久：巧，巧妙。久，久战，指战争时期长久。

【译文】

所以，用兵作战，只听说指挥虽拙但求速胜，而没有见过为讲究指挥工巧而求持久的。战争久拖不决而对国家有利的情形是没有的。所以，不能完全了解用兵有害的人，就不能完全了解用兵的有利方面。

【原文】

善用兵者，役不再籍[1]，粮不三载[2]，取用于国，因[3]粮于敌，故军食可足也。

【注释】

[1]役不再籍：役，兵役。籍，本意为名册，这里引申为登记征兵。
[2]粮不三载：不多次从本国运送军粮。
[3]因：依靠。这句指粮草给养在敌国就地解决。

【译文】

善于用兵的人,兵员不再次征集,粮草不多次运输;武器装备自国内取用,粮食饲料在敌国补充,这样,军队的粮草供应就充足了。

【原文】

国之贫于师者远输[1],远输则百姓贫。近于师者贵卖[2],贵卖则百姓财竭,财竭则急于丘役[3]。力屈财殚,中原内虚于家[4]。百姓之费,十去其七;公家之费,破车罢马[5],甲胄矢弩,戟盾蔽橹,丘牛[6]大车[7],十去其六。故智将[8]务食于敌,食敌一钟[9],当吾二十钟;萁秆[10]一石,当吾二十石。

【注释】

[1]国之贫于师者远输:之,虚词,无实意。师,指军队。远输,远道运输。此句指由于远道运输而导致国家贫困。

[2]贵卖:卖,买卖。指物价飞涨。

[3]丘役:丘,丘赋,军赋、古代按丘为单位征集军赋,一丘为128家。役,兵役,劳役。

[4]中原内虚于家:中原,泛指国家。此句的意思是国家贫困、空虚是因为百姓的贫困、空虚。

[5]罢马:罢,通"疲"。罢马,指马匹疲惫。

[6]丘牛:从丘役中征集来的牛。

[7]大车:载运辎重的牛车。

[8]智将:聪明的将领。

[9]钟:古代的一种量器,一钟等于6000斗。

[10]萁秆:萁音 qì。萁秆,豆秸。

【译文】

国家之所以会因为用兵而贫穷,就是由于远道运输。远道运输,百姓就会贫穷。靠近军队集结的地方,物价就会上涨。物价上涨,就会使百姓财富枯竭,就要急于增加赋役。军力耗尽,财富枯竭,国内家家空虚,百姓的财产要耗去十分之七;国家的资财,也由于车辆损坏,马匹疲病,盔甲、

箭弩、戟盾、蔽橹以及运输用的丘牛、大车的征集和补充而损失十分之六。

所以,明智的将帅务求取粮于敌国。消耗敌国粮食一钟,相当于从本国运送二十钟;动用敌国草料一石,相当于从本国运送二十石。

【原文】

故杀敌者,怒也;取敌之利者,货也。故车战,得车十乘已上[1],赏其先得者[2],而更其旌旗,车杂而乘之[3],卒善而养之[4],是谓胜敌而益强[5]。

【注释】

[1]已上:即以上,已,通"以"。

[2]先得者:最先夺得胜利的人。

[3]车杂而乘之:杂,掺杂,混合。乘,使用。意思是将缴获的敌方战车和己方车辆混杂在一起,用于作战。

[4]卒善而养之:卒,俘虏的兵卒。这句话的意思是优待被俘虏的士兵,使之为己所用。

[5]胜敌而益强:既战胜了敌人又使自己更加强大。

【译文】

要使军队勇敢杀敌,就要激励部队的士气;要使军队夺取敌人的物质,就要用财物作奖励。在车战中,凡缴获战车十辆以上的,就奖励首先夺得战车的人,并把敌人的旗帜换成己方的旗帜,与己方的战车混合编组,对俘虏的兵卒要优待和使用他们。这就是所谓愈战胜敌人就愈是强大自己。

【原文】

故兵贵胜,不贵久。

故知兵之将,民之司命[1],国家安危之主[2]也。

【注释】

[1]司命:主宰生死的星名,这里指命运的主宰。

[2]主:主宰。

【译文】

因此用兵最贵速胜,不宜旷日持久。因此深知用兵作战的将帅,是民众命运的掌握者,是国家安危的主宰者。

【兵法精粹】

速战速决求胜第一

孙子在这篇中强调速战速决的重要性,他指出:

大军出战,以取得胜利为第一要务,时间拖延过久,就会使军队疲惫,士气受挫,攻城战斗力消耗殆尽,更何况军队长期在外作战,国家财政也会发生问题。如果军队疲惫,士气受挫,战斗力耗损,财力枯竭,邻近诸侯就会乘机入侵,此时就是有智谋的将帅,也无法挽回危局了。

所以,贵在速胜,不能为讲究指挥工巧而持久。长期作战而对国家有利,这是从没听说的事。不能彻底了解用兵的弊害,就难以真正了解用兵的益处。善于用兵的将领,只动员一次兵力就获得胜利,绝不再次征集,粮草的运送也以两次为限。军需用品由国内供应,粮草则取自敌人,如此军队粮食便不致匮乏。

以战养战,因粮于敌

国家因战争而贫困,是因为千里送粮草给远方的军队。远道运输会使百姓困苦。靠近驻军的地方,物价容易暴涨使百姓财富枯竭;百姓财富枯竭,政府就急于征收税捐。于是全国力气耗尽,财富用光,家家虚空,陷于贫穷。百姓的损失达十分之七,而政府的支出,如战车的破损,马匹的伤残,以及甲胄弓矢、兵器盾牌、牛马车辆的消耗,也在十分之六左右。

所以聪明的将领,应该在敌国境内取得粮食——就地吃敌人一钟粮,抵得上自己的二十钟;用敌人一石草料,抵得上自己的二十石。此外,要士卒勇敢杀敌,须激发其斗志、士气和勇气;要夺取敌人的物资,须以财货犒赏士卒。因而在战斗时,俘虏敌战车十辆以上的,应予重赏;敌战车上的

旗帜,应换成我方旗帜,编入自己的军队之中;对于俘虏来的敌军,则应善待,转为我用,这样才能战胜敌人,而使自己更加壮大。

因此,用兵作战以求得胜利为首要,不能拖延过久。一个懂得用兵的将帅,是民众命运的掌握者,也是国家安危存亡的主宰。

速战速决

孙子在本篇特别强调速战速决的重要性。他说:"兵贵胜,不贵久。"意思是指,战争以争取胜利为第一要务,切忌拖泥带水,停滞不前,否则不但士气挫折,人困马乏,而且更严重的是,长久用兵在外,将使国家财用不足,给第三国乘虚而入的机会。

所以,战争一拖久,弊害无穷。从心理方面来说,低落的士气,容易导致民心厌战、反战;从物质方面来说,则会造成国库亏空,国民生产大衰。孙子在本篇着重于论说后者所带来的弊害,因此,既想得到用兵之利,又想避开用兵之害,最好的方法就是速战速决。

【古今中外著名典例】

宋襄公草率迎敌一败涂地

春秋时期,宋襄公领兵攻打郑国,郑国慌忙向楚国求救。楚国国君派能征善战的大将成得臣率兵向宋国本土进发。宋襄公担心国内有失,只好从郑国撤兵,双方的军队在泓水相遇。

宋国大司马公孙固知道宋国远不是楚国的对手,劝宋襄公跟楚国议和。

宋襄公却说:"楚军虽说兵力有余,但仁义不足;我们宋国兵力不足,但仁义有余,仁义之师是战无不胜的。大司马为什么要长敌人志气,灭自己威风呢?"

公孙固还想争辩,但宋襄公怒冲冲地不许他说话,"我意已决!"宋襄公命人做了一面绣着"仁义"的大旗,高高地竖了起来。

战斗开始,楚军呐喊着强渡泓水,向宋军冲杀过来。宋将司马子鱼看到楚军一半渡过河来,一半还在河中,这是攻杀楚军的大好时机,就劝宋

襄公下令进攻,宋襄公却说:"本王一向主张'仁义',敌人尚在渡河,我军趁此进攻,那还有什么'仁义'可言?"

楚军渡过河,见宋军没有发起进攻,于是从容布阵。司马子鱼又劝宋襄公:"大王,楚军立阵未稳,我们赶快进攻,还有希望获胜,赶快下令吧!"宋襄公指着迎风飘扬的"仁义"大旗,说:"我们是'仁义'之师,怎么能趁敌人布阵未稳就发起进攻呢!"宋襄公仍然下令按兵不动。

楚军布好阵,以排山倒海之势向宋军杀来。宋军被楚军的威风和气势吓破了胆,不等短兵相接,一个个掉头就跑。楚军乘胜追杀,宋军丢盔弃甲,一溃千里。宋襄公本人也被一箭射中大腿,"仁义"大旗则成了楚军的战利品。

宋襄公惨败后,还不服气,他对司马子鱼说:"仁人君子作战,重在以德服人,敌人受了重伤,不应再去伤害他;看见头发花白的敌人,也不应抓他作俘虏。敌人还没有摆好阵,我们就击鼓进军,这不能算是堂堂正正的胜利。"

司马子鱼长叹一口气,说:"打仗是枪对枪、刀对刀的事,你不杀他,他就杀你,这时候哪里还有什么'仁义'啊? 如果讲'仁义'那就不要打仗了,这不是更'仁义'吗?"

宋襄公无言以对。

孙子说:"兵者,诡道也。"行军打仗,重在作战技巧,光讲"仁义"是不够的。

桓温兵败

很多人似乎很难从历史中得到经验,也很难从经验中得到教训。东晋时期,野心勃勃却又刚愎自用的桓温,就是典型的例子。

东晋穆帝永和十年(公元 354 年)二月,桓温展开筹划已久的北伐行动,率 40000 人攻打前秦帝国。起初,晋军的攻势猛锐,战无不克,一度攻至前秦首都长安以东的坝上,但随后秦军精锐尽出,晋军战亡高达上万人。

然而,晋军最大的致命伤,倒不是秦军的强大,而是后勤不继的弱点被敌方洞悉。前秦采取坚壁清野的狠招,使晋军无麦可收割,又无粮食补给的通道,士兵的生存问题无法解决,不得不退兵,北伐大业功败垂成。

废帝太和四年(369年)四月,桓温为了展现个人的雄心大志,再度亲率步骑兵50000人北伐,从兖州北上,攻打建都邺城的前燕帝国。桓温的参谋官郗超发现这个路线的问题不小,不但路途遥远,而且作为水路运输的浑水有淤浅现象,届时恐怕为补给所扰,便提出了异议。

可惜,这番忠告却未获桓温重视。同年六月,大军推进到金乡(山东金山县)时,天旱不雨,河床干枯,水运完全不通,桓温下令挖掘运河300里,使当地的浑水和清水相会,桓温随即率船队,企图从清水入黄河。船只前后绵延好几百里,看似声势壮大,郗超却又在此时泼桓温冷水。他的理由是:"从清水入黄河,水运不便,万一敌军拒不出战,而我们的补给线断绝,又无法顺利地因粮于敌,这是极为危险的事。"

郗超在此再次提出后勤的重要,为突破补给的限制,他的策略是:

第一,直扑前燕首都邺城。前燕的可能反应有三:一是不战而逃,二是出战,此两者皆为晋军所乐见的。对晋军最不利的是第三种情况——前燕紧守邺城。但盛夏之际,粮草供应等问题不大,且长期下来,附近百姓都会前来归附,对晋军有利无弊。

第二,驻兵黄河、济水一带,控制水上运输,待物资储备充足后,到次年夏天再出击。

这两种计策,前者较为激进,后者则较为保守。桓温只要二择一,或加强后勤,或速战速决,都可解决因后勤而产生的后继无力等现象。而令郗超百思不解的是,桓温根本不采纳任何一种建议。尽管郗超特别忠告:"如果这两种谋略都不用却挥师北上,既不能速战速决,又会缺粮缺得早,我军衣服也不足以取暖,届时所烦扰的,恐怕不止于食物而已。"

桓温可不理会这么多。晋军在攻势发起之初,所向披靡,前燕帝国皇帝甚至打算弃城逃亡。不久,前燕若干官员发现一个奇怪的现象——桓温军力强大,部队训练有素,大可顺着河流向前猛攻,他却没有这么做,仿佛不求胜利似的。前燕的司徒左长史申胤判断说:

"桓温目前气势如虹,看似大有可为,不过在我看来,成功的机会微乎其微。怎么说呢?晋王室衰弱,而桓温专制王权,朝廷上下未必和他同一条心,一定不愿意见到他立功回来,会从中作梗,恨不得他失败。这是桓温不足惧的第一个理由。

"再者桓温仗着兵多将广,态度骄傲,应变力差,率大军深入敌境,有相当好的进攻机会,却不知好好利用,反而在河岸徘徊不前,想要和我军

打持久战,等待全面的胜利。一旦粮食接运不济,必定不战自败,这是必然的趋势。"

时过不久,起初威风八面的晋军,果然面临难题了。桓温企图开凿、修筑运河失败,粮食又被切断,军事攻势也遭燕军强大反击,前秦帝国的援军随时会赶来助阵。桓温眼看大势已去,下令烧毁船只,抛弃辎重和铠甲武器,从陆路往南奔逃。

故事还没结束。前燕将士争着追杀晋军,领军的慕容垂却不这么想。他虽然也希望彻底歼灭晋军,但他认为晋军在撤退之初,内心惶恐,必然战战兢兢,派出精锐部队断后,此时追击,必遭到强力反抗,讨不到便宜。此时宜让晋军安心逃亡,当晋军发现后无追兵时,防备之心松懈,就会专心地日夜赶路。几天之后,必精疲力竭,此时再出击,必可大胜。

一切果真如慕容垂所料,桓温拼命撤退,慕容垂带领 8000 名骑兵偷偷跟在后面。几天之后,慕容垂和另一名将领慕容德夹攻晋军,数万名晋军将士被斩首,桓温的北伐大业,再一次栽在后勤补给上头。

兵法中讲道:未战之前,粮草先行。这个战例就是此问题的反面教材。晋军的失败就在于未注意粮草的补给,致使后悔晚矣。

希腊联军大败波斯舰队

在古希腊时代,东方的波斯国军事强大,时常攻打西方国家。公元前 480 年,波斯国王薛西斯统率 1200 多艘战舰企图征服希腊。希腊联合舰队只有 366 艘三层桨座战舰和 7 艘 50 支桨的老式战舰,其力量还不到波斯战舰的 1/3。因此,联合舰队的将领们都对迎战波斯舰队失去信心,他们被迫撤退到到雅典城西面的萨拉米斯海峡。

雅典海军统帅泰米斯托克利坚决主战,他说:"我们已经失去了温泉关(位于希腊中部),唯一取胜的希望就寄托在海战上。如果海战失利,整个希腊都将被波斯国占有。萨拉米斯海峡海面狭窄,水浅礁密,我们的舰船可以自由出入,而波斯舰队的庞大战舰则行动不便。只要能把波斯舰队诱入萨拉米斯海峡,我们就能打败他们!"

尽管泰米斯托克利言之有理,但联军各将领慑于波斯海军的强大,仍以种种借口不愿出战,主张撤兵。

泰米斯托克利眼看战机将要丢失,急中生智,派了一个间谍向波斯人

送去一封密信。信的大意是：希腊联合舰队内部意见不统一，他们已被波斯舰队吓破了胆，企图逃出萨拉米斯岛。如能迅速阻止他们，切断他们的退路，定能全歼希腊联合舰队。

波斯国王薛西斯早就听说联合舰队为了"战"或者"退"吵成一片，谁也说服不了谁，所以对这封信深信不疑。薛西斯命令波斯舰队中的埃及舰队去封锁萨拉米斯海峡的西端出口，又把指挥权交给自己的妻子、海军司令阿提米西亚，让她率领其余的 1000 艘战舰去封锁萨拉米斯海峡的东端出口，自己信心十足地跑到附近的一个山丘上搭上帐幕寻欢作乐去了。

海战从上午开始。波斯舰队迅速占领了位于萨拉米斯海峡东口中央的一个岛，然后兵分两路驶入海峡的东段和西段。波斯战舰体积庞大，木桨从高高的战舰上伸入海水中，由于水浅礁多，战舰中的划桨手们有劲用不上，波斯战舰拥挤地立在海峡中，一片混乱。希腊联合舰队的战船由于体积较小，很迅速地紧挨着波斯战舰的一侧快速冲过，将波斯战舰的划桨全部"切"断，波斯战舰立刻陷入进不能进、退不能退的局面。雅典战舰上配备有一定数量的重装步兵，这些步兵久经战场，尤其擅长单兵格斗。他们纷纷跳上波斯战舰，挥剑舞矛，奋力冲杀，将波斯战舰上的士兵和划桨手一个又一个杀倒在甲板上。

泰米斯托克利指挥雅典舰队攻打波斯舰队的左翼，又与希腊舰队一起将波斯王后、海军司令阿提米西亚包围在中央。阿提米西亚用旗舰撞开一个缺口，侥幸逃得性命。

而波斯舰队战舰 200 艘被俘获，50 艘被希腊联合舰队击沉。这是西方历史上一个著名的以少胜多的海上战例。

切斯马战役

沙皇叶卡捷琳娜为了扩张俄国在黑海的势力范围，决定从海上远征土耳其。1769 年 8 月，俄海军将军斯皮里多夫和埃尔芬斯通率领属波罗的海舰队的一部分俄国战舰，通过地中海进入爱琴海，与土耳其海军对峙。

土耳其海军在爱琴海舰上的兵力十分强大，远远优于远道而来的俄军舰队。同时，俄舰的补给很困难，海军陆战队也数量甚少。然而土耳其

人却一直认为,叶卡捷琳娜派一支舰队环绕欧洲来到爱琴海,简直不可想象,便没有做多少应战准备。现在俄军舰队真的出现在眼前,倒使土耳其人在惊悸之余,反而没有了与之决战的勇气和信心。而俄军舰队不同,他们历尽千辛万苦远征爱琴海,为的就是同土耳其人决战一场。尽管对手远比他们强大,俄国舰队还是决定立即发动攻击。不料这位强大的对手似乎不愿恋战,双方还没有真正交手,土耳其海军便撤退到自己的炮兵阵地前,拉开了防守的架势。俄舰见敌人后撤,便趁此机会调整阵容和兵力,做好了决战的一切准备。此时土耳其舰队的阵容布置得很呆板,而且他们又不知道俄舰的情况,无法作相应的调整。更加糟糕的是,土耳其的海军将领大都对海战外行,加之训练方法陈旧,士兵的素质也不高。更为荒唐的是,土耳其舰队的几名舰长在战斗打响之前竟上了岸,离开了指挥岗位。

1770年7月5日上午,俄舰发起了进攻。土军舰队仓皇失措,急忙砍断锚链,逃进了切斯马湾。土军战舰龟缩在湾内不敢出击,想依靠岸上炮兵的轰击,阻挡俄舰的进攻。

土耳其人知道,俄军舰队是远道而来,补给很困难,难以打持久战,所以他们决定采取守势,避而不战,以消耗敌人。俄军统帅对土耳其人的策略十分清楚,同时也意识到,土军舰队比自己强大,如果他们出来同自己硬拼,胜负难料,没准儿会重创俄军。土军现在不攻只守,时间一长,俄军可能会不战而垮,但从另一方面看,土军实际上又是在作茧自缚,将自己置于被动挨打的境地。这样,俄军反倒能不断对土军实施打击。俄军统帅决定与土耳其舰队速战速决,一举歼灭。

当天晚上,俄军舰队封锁了切斯马港口,用重炮猛轰港内的土耳其战舰。第二天晚上,俄舰又开始进攻土耳其战舰。俄军派一批水兵分乘小艇,以密集的炮火为掩护,将4艘载满易燃物品的木船拖到4艘土军战舰旁边,然后点燃,火势迅速蔓延到土耳其战舰上。大火越烧越旺,土军乱作一团。

俄军见状趁机发起全面进攻。俄军"欧罗巴"号等3艘战舰率先冲进切斯马港,力战敌舰。"娜杰日达"号和"阿菲里加"号分别攻击港口南北两岸的敌人炮兵阵地,使敌人炮兵无从发挥作用。其余的俄舰则封锁住港口,以防土军战舰逃跑。

战斗仅仅过了一个晚上,俄国远征军就取得了空前的大胜利。此战

俄军死亡 11 名水兵,而土耳其舰队则全军覆没,土耳其海军从此一蹶不振。俄军创造了世界海战史上的一个奇迹。

速战速决是军事上的重要战术,以最快的时间歼灭对方可以减少己方的消耗。俄军在供给不足的情况下速战速决土耳其舰队是最佳的选择。

北魏与大夏之战

东晋十六国时期,我国南方为东晋政权统治,而北方则出现了由匈奴、鲜卑、羯、氐、羌等少数民族以及汉族建立的多个封建割据政权。北魏与大夏便是这些众多割据政权中的两个少数民族政权。北魏率先接受汉族的先进技术与文化,重视发展农业生产,因而迅速崛起成为强大的割据势力。北魏在将自己的势力向南发展、推进的同时,也开始着手统一北方。发生于公元 427 年的北魏与大夏国统万城之战就是北魏为统一北方而发动的。

北魏政权由鲜卑族拓跋氏建立于公元 386 年,那时,后燕是当时黄河流域最强大的国家,北魏则处于后燕势力范围之内,北魏为了摆脱后燕的控制,先后进行多次艰苦作战以削弱后燕的势力,壮大自己。北魏统治者注意军事与生产双管齐下,稳定其统治范围内的农业经济,吸取中原先进文化和生产知识,重用汉族地主阶级知识分子,因而发展成为一个较强的政权。公元 396 年,北魏攻占了后燕重镇晋阳、常山、信都、中山,不久,后燕灭亡,北魏便乘此机会发动了灭夏之战。

大夏国建立于公元 407 年。当时,北方的南燕、后燕、北燕、北凉、北魏、后秦等独立的割据政权已经成立。夏主赫连勃勃是匈奴族人,在建夏之前,曾经投奔后秦的高平公破多罗没弈于(鲜卑族),谋得后秦骁骑将军的官职。没弈于见其骁勇善战,便招为女婿。后来,赫连勃勃阴谋篡位,以在高平打猎为由,袭杀了岳父,将其领地及手下并为自己的势力。他不是在此基础上建立根据地,而是以流动袭击的办法蚕食后秦疆土,以扩大自己的统治范围。不久,东晋刘裕灭了后秦,赫连勃勃趁火打劫占领了秦岭北镇戍郡,并夺取了长安。从此他的军事力量增长,统治权也得到了巩固与发展,大夏一跃成为北魏的劲敌,阻碍了北魏对西北地区的统一。

公元 413 年,赫连勃勃征发岭北胡汉各族人民 10 万人筑都城统万

孙子兵法·三十六计

城。他驱使人们用蒸熟的土筑城,筑成后他用铁锥刺土,如果铁锥能刺进一寸,就杀掉筑城的人。在他的暴力与高压下,统万城筑得非常坚固,其城高10仞,基厚30步,上广10步,宫墙5仞。赫连勃勃想凭此坚城抵御外族侵略,巩固自己的统治。

公元428年8月,夏主赫连勃勃病死,诸子争位,互相攻战。次年,赫连昌争取到王位继承权,但大夏内部矛盾更为尖锐,北魏便乘此机会发动了灭夏之战。

公元429年9月,北魏主拓跋焘命大将奚斤率兵5万,攻夏之蒲坂(今山西永济),进袭关中、长安(今陕西西安);自己亲率骑兵2万出平城(魏都,今山西大同市),渡黄河袭击统万城。夏主赫连昌率军迎击,战败退回城内固守。魏军分兵四掠,驱牛10余万,掳夏居民万余而归,作了一次试探性的战略进攻。

这年12月,魏军南路奚斤率军夺取了长安。次年正月,赫连昌派其弟弟赫连定领兵2万大军南下,企图夺回长安,恢复关中,两军相持在长安附近。魏主拓跋焘看到夏军兵力被牵制,5月,率军向西进发。北魏军从君子津过黄河,至拔邻山(今内蒙杭锦旗境内)筑城修整。这时,北魏主拓跋焘改变步、骑兵齐进的原进军计划,决定率轻骑3万以最快的速度直抵统万城,然后诱敌出城,将敌人消灭。对这一决定,拓跋焘部下有所不解,他们认为统万城坚固,敌军必定固守城内,3万骑兵先驱到达根本攻不下坚城,最好还是等步兵到达后,带上攻城战具,再行进攻。拓跋焘以为,现在以轻骑直抵城下,敌人见我军步兵未到,定会松懈,我再故意战败而退,诱其出战,必能一举歼灭。再则我军之所以适合采取轻骑决战,以争取速胜,还因为我军离家2000余里,又隔有黄河,粮草运输有困难,以现在的3万骑兵攻城虽不足,而决战则有余。拓跋焘这番话说服了部队,遂督军前进。

6月,魏军到达统万城,拓跋焘将大部队隐蔽在城北山丘深谷中,以少数兵力至城下挑战。夏军坚守不与北魏军决战。这时,夏军一将领狄子玉前来投降魏军,并泄露夏军的作战意图:夏主赫连昌已派人调赫连定回援,赫连定则认为魏不可能一下攻克统万城,因此他打算战败奚斤于长安后,再回援统万城,到时内外夹击北魏军,将魏军一举歼灭。因此,夏主赫连昌才固守不出。

恰巧,此时魏军中有一犯罪的士兵逃至夏军,告诉夏军说:"魏军粮

尽,辎重在后,步兵亦未到,宜速击之。"赫连昌听了此话,深信不疑,于是他亲率3万人马出城迎战。拓跋焘见夏军出迎,喜不自禁。魏军故意向北方佯装败退,诱夏军深入并助长其骄气。这时,天气突变,骤然刮起大风,黄沙满天,雨随风至,赫连昌之军利于顺风追击,便趁势猛攻魏,形势对魏军很不利,但拓跋焘坚定作战。他一面派兵正面迎击敌军,另一方面分为左右两队,绕道截断夏军后路,从背后顺风向夏军反突击,将不利的因素变为有利,激战中魏军在拓跋焘的带领下奋勇杀敌。魏军乘胜攻下了统万城,而此时赫连定还没有攻下长安,听说统万城失守,也无心再攻,只好退逃至上圭,北魏军取得了统万城之战的最后胜利。

不久,北魏军进军上圭,夏国灭亡。

从统万城之战中,我们可以看到,在古代不仅仅是汉族的军事统帅将孙子的军事思想作为指挥作战、克敌制胜的法宝,同时,在受到汉民族文化影响的的少数民族区域中,也极受少数民族将领的推崇。正是因为拓跋焘对于长途奔袭敌国的弊端有所认识,因此在统万城之战中,便采取诱敌出城的策略,抓住了敌人援军未到的有利时机,以速战取得了这次战斗的胜利,可以说这是运用孙子兵法的指导思想克敌制胜的成功范例。

第三章 谋 攻

【内容提要】

　　谋而攻之,先谋后攻,谋高一筹则攻之能胜,反之,则败。然而,谋中有谋,谋有高低之分,孰优? 孰劣? 不以争胜判,而以全胜判,"不战而胜"才是最高明的谋攻战略。

　　用兵的上策是什么? 怎样才能达到那样的境界? 怎样权衡战斗的利弊得失? 什么仗能打,什么仗不能打? 怎样预知胜利? 这些问题在本章中都能找到答案。

【原文】

孙子曰：凡用兵之法，全国为上[1]，破国[2]次之；全军[3]为上，破军次之；全旅[4]为上，破旅次之；全卒[5]为上，破卒次之；全伍[6]为上，破伍次之。是故百战百胜，非善之善者也；不战而屈[7]人之兵，善之善者也。

【注释】

[1]全国为上：全，完整、完全。这里指完全占有敌国。上，上策。

[2]破国：攻破敌国。

[3]全军：完全俘虏敌军，使敌军全军投降。全军：春秋时期军队的编制，全军为12500人。

[4]旅：春秋时期军队的编制，每旅为500人。

[5]卒：春秋时期军队的编制，每卒为100人。

[6]伍：春秋时期军队的编制，每伍为5人。

[7]屈：屈服，意为使敌人屈服。

【译文】

孙子说：大凡用兵的法则，使敌国完整地降服是上策，击破敌国就次一等；使敌人全军完整地降服是上策，击破它就次一等；使敌人全卒完整地降服是上策，击破它就次一等；使敌人全伍完整地降服是上策，击破它就次一等。因此百战百胜，伤亡太多，还不算高明中最高明的；不经交战而使敌人屈服，才算是高明中最高明的。

【原文】

故上兵伐谋[1]，其次伐交[2]，其次伐兵，其下攻城。攻城之法，为不得已。修橹轒辒[3]，具器械，三月而后成；距闉[4]，又三月而后已。将不胜其忿而蚁附之[5]，杀士三分之一而城不拔者[6]，此攻之灾也。故善用兵者，屈人之兵而非战也，拔人之城而非攻

35

也,毁人之国而非久[7]也。必以全争于天下,故兵不顿[8],而利可全,此谋攻之法也。

【注释】

[1]上兵伐谋:上,上等的。兵,兵法。谋,谋略。全句意思是最好的用兵方法是以谋略取胜。

[2]交:外交。

[3]修橹轒辒:修,制作。橹,用藤革制成的大盾牌子。轒辒,一种四轮的攻城大车。

[4]距闉:距,通"具",准备。闉,通"堙",土山。

[5]将不胜其忿而蚁附之:胜,克制、制服。忿,恼怒。蚁附之,指让兵士们像蚂蚁一样爬梯攻城。

[6]杀士三分之一而城不拔者:拔,攻占。己方兵士被杀三分之一而没能攻下敌人的城池。

[7]久:持久的战争。

[8]顿:通"钝"。引申为疲惫、挫折。

【译文】

所以用兵的上策是挫败敌人的战略计谋,其次是瓦解敌人的联盟,再次是战胜敌人的军队,下策是攻占敌人的城池。攻城的办法是不得已的。修造大盾和四轮车,准备攻城器械,三个月才能完成;构筑攻城的土山,又要花费三个月才能完工。将帅抑制不住焦躁忿怒的情绪,指挥士卒像蚂蚁一样去爬梯攻城。士兵伤亡三分之一,而城还是攻不下,这就是攻城的灾难。

所以,善于用兵打仗的人,是使敌军屈服而不靠直接交战;夺取敌人的城池而不靠硬攻,毁灭敌人的国家而不需旷日久战。一定要用完胜的战力争胜于天下,这样,军队不疲惫受挫,而胜利却可完满地取得,这就是以计谋攻打敌人的法则。

【原文】

故用兵之法，十[1]则围之，五则攻之，倍[2]则分之，敌[3]则能战之，少[4]则能逃之，不若则能避之。故小敌之坚[5]，大敌之擒[6]也。

【注释】

[1]十：这里指自己的兵力是敌人兵力的十倍。

[2]倍：这里指自己的兵力是敌人兵力的两倍。

[3]敌：我方兵力与敌方匹敌。

[4]少：我方兵力数量比敌方的少。

[5]小敌之坚：小敌，战争中弱小的一方。坚，坚固，引申为硬拼。

[6]大敌之擒：为兵力强大的一方所擒获。

【译文】

所以，用兵的方法，有十倍于敌人的兵力就包围它，有五倍于敌人的兵力就进攻它，有两倍于敌人的兵力，就要分散敌人，与敌人的兵力相当就抗击它，比敌人兵力少，就要善于摆脱敌人，实力比敌人弱就要避免与敌人交战。所以，弱小的军队如果只知硬拼坚守，就会成为强大敌人的俘虏。

【原文】

夫将者，国之辅[1]也，辅周[2]则国必强，辅隙[3]则国必弱。

【注释】

[1]国之辅：国，这里指君主。辅，辅佐。

[2]周：周全。

[3]隙：与周相对，指不周全。

【译文】

将帅是国家的辅助，辅助得周密，国家就强盛，辅助的谋略有缺陷，国家就会衰弱。

【原文】

故君之所以患于军[1]者三：不知军之不可以进而谓[2]之进，不知军之不可以退而谓之退，是谓縻军[3]；不知三军之事，而同[4]三军之政者，则军士惑[5]矣；不知三军之权[6]而同三军之任，则军士疑[7]矣。三军既惑且疑，则诸侯之难至矣，是谓乱军引胜[8]。

【注释】

[1]患于军：对军队作战不利的事情。
[2]谓：通"语"，引申为命令。
[3]縻军：縻，音 mí，束缚、羁绊。束缚军队的行动。
[4]同：总揽，统治。
[5]惑：困惑。
[6]权：权变，机动。
[7]疑：疑惑。
[8]乱军引胜：乱，使……乱。引：招致。意思是自己扰乱军心招致敌军取胜。

【译文】

国君危害军队的情况有三种：不了解军队不可以前进而命令它前进，不了解军队不可以后退而命令它后退，这叫束缚军队；不知道军队内部事务而负责军队的行政管理，将士就会迷惑；不懂得军队的权谋而干预军队的指挥，将士就会疑虑。军队既迷惑又疑虑，那么各诸侯国乘机侵犯的灾难就来到了。这就叫做扰乱自己的军队而导致敌人获得胜利。

【原文】

故知胜有五：知可以战与不可以战者胜，知众寡之用者胜[1]，上下同欲[2]者胜，以虞[3]待不虞者胜，将能[4]而君不御[5]者胜。此五者，知胜之道[6]也。

【注释】

[1]知众寡之用：了解兵力多或兵力少的各种不同战法。

[2]欲：意志、愿望。上下同欲：上下同心。

[3]虞：有准备。

[4]能：有才能。

[5]御：原意为驾御，这里指牵制、制约。

[6]知胜之道：知道、把握胜利的规律。

【译文】

预知胜利有五个方面：知道可以打或不可以打的，能胜利；懂得多兵与少兵的不同用法的，能胜利；军队上下意愿一致的，能胜利；以有准备的对阵无准备的，能胜利；将帅有指挥能力而国君不加牵制的，能胜利。这五条，是预知胜利的途径。

【原文】

故曰：知彼知己，百战不殆[1]；不知彼而知己，一胜一负；不知彼，不知己，每战必殆。

【注释】

[1]殆：危险，失败。

【译文】

所以说，既了解敌人虚实，又了解自己强弱，百战都不会有危险；不了解敌人但了解自己，可能胜利也可能失败；不了解敌人也不了解自己，那就每战都必定失败。

运用谋略取胜的法则

孙子认为,用兵的最上策是用谋略战胜敌人,其次是施用外交手段,再其次是用强大的军力,最下策是攻击敌人的城堡。攻城是最不得已的事——制造大盾、攻城车及多种器械,需要三个月才能完成;而修筑攻城用的土垒阵地,又需要三个月的时间。如果指挥官觉得进度太慢,焦躁忿怒,贸然下达攻击令,士兵像蚂蚁般爬上城墙,死伤达三分之一,而城池仍攻不下来,这是攻城的最大灾祸。

所以,孙子又认为,善于用兵的将帅,使敌人屈服,不必使用武力;占领敌人的城市,不必依靠攻击;消灭敌国,不必长期战争;最好用"保全"的方式争取胜利。这样战力不受损失,却能获得辉煌的战果,这就是运用谋略取胜的战争法则。

集中优势兵力的法则

用兵的法则是:有十倍于敌人的兵力时,就包围敌人;有五倍于敌人的兵力时,就集中力量攻击;有两倍优势的兵力时,就分散敌人;双方兵力相等时,就伺机与敌决战;如果兵力比敌人少,就要坚守城池;如果兵力比敌人弱得太多,则应转移闪避,避免决战。力量弱小的军队,假使不自量力地硬碰硬,必定是以卵击石的下场。

将帅是国家的辅佐,辅佐得力,国势必强,反之国势必弱。国君对军事的为害有三:

1. 不应该进军时下令进军,不应该退军时下令退军,这就叫做牵制用兵。

2. 不懂军政而干涉军政,会使将士迷惑,无所适从。

3. 不懂兵法的权谋变化而干涉军事指挥,会使将士疑惑,敌国就会乘隙来攻,这就是所谓自乱阵脚导致敌人胜利。

争取胜利的条件有五项:

1. 知道什么时候可以打,什么时候不可以打。

2. 懂得根据兵力多寡而采取不同战法。

3. 官兵有共同信念,同心同德。

4. 有充分准备而敌人准备不周。

5. 将帅有能而国君不加干涉。

所以说,知己知彼,明了敌我情势,虽经百战,也不致有危险;不了解敌人,只了解自己,胜算只有一半;不了解敌人,又没有自知之明,每战必败。

【古今中外著名典例】

避其锐气 智挫水师

公元1854年,曾国藩率湘军水师击退太平天国的西征军,企图趁西征军力量锐减之际,乘胜追击,置西征军于死地。为扭转不利局面,天王洪秀全命令石达开溯江而上,增援西征军。

曾国藩的湘军水师实力强劲,咄咄逼人,太平军的将领们对迎战曾国藩都感到惴惴不安。石达开在观察了湘军水师和行动后却说:"湘军水师固然很厉害,但也有其短处:快蟹、长龙船笨重,体积大,行动不便;舢板、轻舟易于行动,但不利食宿。这两种船只有相互依附才能有战斗力,如果将它们分开,则可以各个击破!"

石达开面对湘军连连获胜的现实,采取了避其锐气、层层设防、等待时机的策略,在鄱阳湖河口设置木排,宽达数十丈,木排外用铁锁篾缆层层防护,又在东岸和西岸层层设立炮台,严阵以待。悍勇的湘军水师在付出沉重代价之后,仍然闯过了湖口木排关。石达开早有准备,连夜将数条装砂石的大船凿沉在江心,又故意在西岸留下一个仅容湘军舢板小舟通过的隘口。

湘军水师将领萧捷三率舢板小舟从隘口冲入翻阳湖,一直深入到离湖口40里的姑塘才停了下来。石达开命令太平军将隘口堵塞,然后用艨艟、巨舰对付舢板、小舟。萧捷三发现退路已断,方知中计,虽奋力死战,但舢板、小舟被石达开的艨艟、巨舰一撞即翻,萧捷三全军覆没。

与此同时,石达开派出小船,向湘军水师的快蟹、长龙等大船发起火攻。一时间,数千支火箭齐发,40多艘装备精良的"快蟹"、"长龙"顿时在一片火海之中化为灰烬。

石达开趁湘军水师惊魂未定之际,又在半夜派小船潜入湘军水师设在九江的大营,突然发起火攻,大江之上,一片火海。湘军水师丧失殆尽,

曾国藩本人也险些葬身火海。

石达开在湖口重创湘军水师,扭转了太平天国西征军的不利局面,使太平军得以再度攻占湖北重镇武昌。

信陵君窃符救赵

魏国公子信陵君,是魏昭王的小儿子,名魏无忌。昭王病逝后,魏安僖王继位,封同父异母的弟弟魏无忌为信陵君。贤明的信陵君,家中养着许多有杰出才能的门客,在各国间名声很响。因此各国诸侯,有十多年不敢进犯魏国。当时各国公子为壮大国王的政治势力,都养了很多门客,比较出名的有孟尝君、平原君等政治活动家。在战国时期,群雄割据互相攻战,各国诸侯为自保,不但应该拥有英勇善战的军队,更需要有足智多谋的谋士。公子的谋士实际上是个智囊团,武可安邦,文可治国。在各种错综复杂的政治斗争中,谋士们起了非常重要的作用。

各国公子求贤,都非常恳切。魏公子无忌(信陵君)听说有一位隐士,名叫侯嬴,是大梁城东门守门人,已经有70多岁了。信陵君便前去拜访他,送他很多钱财。侯嬴不肯接受魏无忌的馈赠,信陵君于是就在家中宴请他,大办酒席,高朋满座。客人们到齐了,也都坐好了。公子带着马车,

亲自去请东门守门人侯嬴,还特意留着马车上左边的座位,让给侯嬴坐,表示对贵宾的尊敬。侯嬴接受邀请,稍微整一下破旧的帽子和衣服,毫不客气地坐到左边的尊位上,一点也不谦让,也不来一点客套话。侯嬴想用这种傲慢无礼的举动来考察无忌,没想到信陵君毫不介意,反而亲自拉着缰绳和马鞭,为贵客驾车赶路,态度显得更加恭敬。侯嬴想进一步考验公子,便说:"鄙人有个朋友在市场里卖肉,请委屈一下您的车马,送我去拜访他一下。"信陵君答应后,便执鞭驾车来到市场。侯嬴走下马车会见他的朋友朱亥,他故意磨磨蹭蹭拖延时间,在那里和朋友聊天,一边偷偷地看着无忌,暗中观察无忌是否有急躁等不正常情绪。不料无忌坐在车头,像个忠实的车夫,脸色反而显得更加温和亲切。与此同时,魏国文官武将、贵族宗室、社会贤达挤满了信陵君的宴会厅。大家等得很焦急,不过,大家猜想今天公子亲自驾车迎接,一定是很了不起的贤人,只好耐心等待。市场中的人看见公子一手勒马绳、一手握马鞭站在马车旁等候侯嬴,都好奇地围过来看公子。公子的随从们急了,都在背后责怪侯嬴无礼。侯嬴再观察无忌的神态仍然是那样地祥和与宽容,打内心佩服,心想人家都说信陵君贤明大度,今天经我观察的确名不虚传,这时才上车赴宴。到了无忌家里,公子请侯嬴坐在尊位上,并向客人们一一作了介绍。客人们都感到非常惊讶,一个看门人能有多大本领?大家正喝得高兴的时候,公子站起来走到侯嬴面前,高举酒杯,毕恭毕敬地为他敬酒祝福。侯嬴感动地说:"我今天在市场里的举动,太为难公子了。我不过是个守门人,公子却屈尊亲自驾车,在人群稠密的市场里来回迎接我。相形之下,市场里和沿途路上的百姓都认为我是缺乏修养的鄙陋之人,都认为公子是有德行的显贵人物,能虚心礼贤下士。"

从此,侯嬴成了公子无忌家中的上等客人。侯嬴又向他介绍屠户朱亥,说:"那天,鄙人委屈您驾车去市场拜访过的那一位屠户名叫朱亥,是个很有才德的贤士。他有远大志向,目前隐伏在屠户中,只要遇到明君,他会诚心报效的。"于是信陵君经常去朱亥家拜访。

魏国安僖王20年,秦国大将白起带领的大军,已取下赵国长平城,守城赵军,全军覆没。秦军乘胜前进,进逼围困赵都邯郸。赵公子平原君一次又一次派人送信向魏国国王和公子无忌告急,请求救援。

魏国国王接到求援信后,即派大将晋鄙带领 100000 大军救援赵国。秦昭王闻讯,派遣使者前往魏国游说:"我秦国攻打赵国都城,已成瓮中捉

鳌之势,迟早要灭掉赵国。诸侯中如果哪个国家,敢插手干涉,得罪秦国,打败赵国之后,定要兴师问罪。"魏王害怕招祸,马上传令晋鄙停止前进,在魏国边境屯兵。只是象征性地救援,援而不救,按兵不动,观察战局,见机行事。魏国信陵君的姐姐是赵惠文王弟弟平原君的妻子。平原君一看魏军犹豫不前,急得如热锅里的蚂蚁,接二连三地派使者到魏国责怪信陵君不讲情义,不管姐姐安危。

公子信陵君多次催请魏王发兵投入战场助战,魏王无论如何也不愿宣战。邯郸的围困无法解除。姐姐又再三责备,公子再次带门下宾客中的辩士,据理力争,阐述种种理由,论证必须救赵的种种道理,但魏王始终不采纳。公子无忌的门客们纷纷表示,拼死也要和赵国战士一起抗秦。信陵君便断然决定亲自带着门客奔赴前线,与赵国将士并肩拼杀。救急如救火,不容迟疑,众志成城,同仇敌忾。几千名宾客赶赴前线,路经东门时,信陵君与侯嬴告别,说了自己要带宾客去拼死救赵的情况,说罢立即告辞,带着队伍赶路。侯嬴毫不动情,而冷冷地说:"公子请便,老朽不能跟随您了。"公子很不痛快地走了。路上越走越觉得这老人家今天情绪不对头:"我礼待你如上宾,平素待你不薄,你却一不提警语,二不报赞言。"越想越不通,走了几里路又折回来,带着车队人马回来请教老者。侯嬴笑着说:"赵国有难,您一急之下只想去与秦军拼命,根本起不了作用,又断送了这么多贤士的性命。我刚才的态度是刺激您,使您能冷静地回头想一想,果真您回头了。回来一定是要问个明白,到底鄙人有什么想法。"公子拜了又拜,请侯先生指教。侯嬴请公子避开左右,单独密谈,悄悄对信陵君说:"调遣晋鄙的兵符必定存放在魏王的卧室内,在众多的妃子中,如姬是最受魏王宠爱的,唯有她可以随便进出魏王的卧室,只有她才有办法盗出兵符。有了兵符就可以调兵遣将,改变战局。听说公子曾为如姬的父亲报仇雪恨。现在公子如果开口请如姬帮助窃兵符,如姬一定会慨然答应的。有兵符可以指挥晋鄙,晋鄙如不听命,即可夺取兵权,由公子发兵救赵。"无忌忙命队伍暂不出发,就地待命,立刻进后宫找如姬请求相助。如姬顺利地偷得魏王所存的另半个兵符。公子拿了兵符向侯嬴告别,侯嬴说:"将帅在外,君令有所不受。要预防晋鄙不听命令。鄙人的朋友屠户朱亥,是个果敢的大力士,如果晋鄙违抗不交兵权,就让朱亥杀掉他。"于是信陵君邀请朱亥同行。临别时侯嬴说:"老朽年事已高,不能同往助战,请君恕罪,待公子到达晋鄙军营那一天,我将面朝北方自尽,以报

44

公子知遇之恩。"无忌噙泪而别。无忌来到邺城，会见晋鄙，假托魏王有令，先让晋鄙对证兵符，相合无误后，便说奉魏王命接晋鄙的领兵职务。晋鄙对目前所发生的事情，先是一愣，甚为疑虑，便说："魏王亲自委我为这10万大军的统帅，驻守在国境沿线，是国家信任我，给我的重任。我不能凭你嘴说就交出兵权。"晋鄙拒不交出兵权。在这瞬息万变的紧急关头，朱亥拿出藏在袖中的40斤大铁锤，一锤打死了晋鄙，信陵君立即掌帅旗发号："晋鄙不听军令已就地处死，今进攻邯郸，贪生怕死，违命者立即处决。"遂领兵进攻围困邯郸的秦军。在魏军和赵国军队前后夹击之下，秦军变主动为被动，自动解除对赵城邯郸的包围，仓皇撤军。赵惠文王与平原君亲自到国境线上迎接魏公子无忌，平原君在前头带路，赵王向公子无忌再三拜谢，感激而又赞叹说："自古贤人能士，没有一个比得上公子急公好义，不顾自己安危，拯救盟国。"平原君也自愧不如。信陵君得知在自己赶到晋驻地时侯嬴果然为信守诺言而自尽，感到万分钦佩。只是自己杀死了魏安僖王的大将晋鄙，得罪了魏王，索性派遣将官率领军队回到魏国，他自己和他的门客都留在赵国。

信陵君窃符解救了邯郸，保住了赵国。

挟此余威一书降燕

秦朝灭亡后，刘邦和项羽为争夺天下展开了殊死的较量。

刘邦命令韩信从侧翼迂回，牵制项羽。韩信能征善战，仅用4个月的时间就灭掉了代国、魏国，越过太行山，逼近赵国。

赵王歇和统帅陈余率领20万兵马集结在井陉口，谋士李左车向陈余献计道："韩信乘胜而来，锐不可当，但他们长途跋涉，必定粮草不足。井陉山路狭窄，车马难行，汉军走不上100里路，粮草必然落在后面。我们派3万精兵从小路截断他们的粮草，再深挖沟、高筑垒、坚营寨，不与他们交战，用不了10天，我们就可以活捉韩信。"

陈余笑道："兵书上说：兵力比敌人大10倍，就可以包围他，韩信不过两三万人马，我们怕他做什么？"一口回绝了李左车的建议。

韩信得知陈余没有采用李左车的建议，暗暗欢喜。他以背水为阵和疑兵之计一举击溃赵军，杀死陈余，活捉了赵王歇，然后出千金重赏，捉拿李左车。几天后，李左车被缉拿归案。韩信一见李左车，立即上前亲自为

他松绑，并请李左车坐在上座，自己坐在下手，就好像弟子对待师傅一样。

李左车道："败军之将，不敢言勇；亡国之夫，不可图存。我是将军的俘虏，将军为什么这样对待一个俘虏呢？"

韩信道："从前，百里奚住在虞国，虞国被消灭了，秦国重用了他，从此才强大起来，今天你就好比是百里奚，如果陈余采用了你的策略，我早已是你的俘虏了。正因为陈余不听你的建议，我才能有今天的胜利。我是诚心向你请教，请你不要推辞。"

李左车见韩信真心敬重自己，开口说道："将军连克魏、代、赵三国，虽然取得不小的胜利，但将士们已十分疲劳，再要去攻伐燕国，倘若燕国凭险固守，将军恐怕要费一番周折。"

韩信问："先生认为该怎么办呢？"

李左车道："将军一日之内击败赵国20万大军，威名远扬，燕国也肯定知道。将军挟此余威，派一使者去燕国，晓以利害，则可不战而使燕国屈服。"

韩信大喜，连声赞叹："先生高明至极，就这样办！"

韩信当即修书一封，在信中阐明了汉军的优势，分析了燕国的处境及战与降的利害，派了一名能言善辩的使者把信送上，摆出一副咄咄逼人的进攻架势。

燕国君臣早已得知赵国灭亡的消息，今见韩信大军压境，无不惶恐。燕王看了韩信的书信后，表示同意归降。

于是，韩信只凭一纸书信，未费一卒一兵，就顺利地攻下了燕国。

李世民的"中国功夫"

孙子"不战而胜"的战略思想为历代兵家所推崇，然而，历史上，真能将这一观念运用于实践中并取得显著战绩的国君和将领，没有几人，著名的唐太宗李世民，可算是这少数中的佼佼者。

唐朝立国之初，东突厥屡屡侵扰中原，成为唐初的最大外患。当时，有人上奏皇帝唐高祖，认为东突厥之野心在于首都长安，建议迁都，并火烧长安城，东突厥见首善之地化为灰烬，自然不会骚扰中原。高祖居然也想接受此建议。但当时的秦王李世民极为反对这种幼稚的主张，他请求父皇，给他几年的时间，平定东突厥，如若战况不果，再举都迁徙，亦为时不晚。高祖准许了他的请求。

于是,李世民等待着时机到来。果然,东突厥的颉利、突利二可汗出动全国的兵力,攻击关中,唐高祖即命令李世民和他的弟弟李元吉率兵迎击。

东突厥的万余名骑兵在凉州摆开惊人的阵势,唐军将士震恐不已。李世民问李元吉:"蛮虏直逼眼前,我们不能显得畏怯,应该与他们大干一场,你能与我并肩作战吗?"平时不可一世的李元吉,此时已吓得面无人色,不敢表态。

李世民则毫无惧色,他仅带领 100 名骑兵向敌阵走去。他对着敌阵喊话说:"我国已跟你们可汗和亲,为何你现在又负约?我是秦王李世民,可汗如果真有本事,就出来和我单战;如果想打群架,我也只用这 100 名的兵力迎战。"

阵前的颉利可汗深恐李世明有诈,他担心除了眼前的 100 人之外,唐军另有埋伏,因此笑而不答。

李世民再度向前,派遣使者对突利可汗说:"你以前和我们有盟约,说好有难同当,如今反而引兵攻击,不守信用。"突利可汗也是一言不发。

李世民再次向前挺进。颉利可汗见李世民这般大胆前进,又听到他对突利可汗说的那番话,心里怀疑李世民和突利可汗暗中勾结。他愈想愈不对,便下令军队后退,暂缓行动。

当时天气正是小雨不断,唐军的军粮供应受阻,士兵疲累,斗志消沉,从朝廷到军中,都觉得天时于唐军不利。李世民用巧计不战而退敌之兵,立即使得战况有了新的转机。

接着几天,雨势更大,湿气重,对弓箭的影响不小,对以射箭为主要武器的突厥人尤为不利;反观唐军,由于在室内烧火煮食,空气较为干燥,兵器保养得十分周到,整体局势对唐军极为有利。因此,李世民在夜雨中挥军进击,突厥大吃一惊。在敌军闻风丧胆之际,李世民不是举兵痛击,而是派人向突利可汗分析利害。颉利可汗想出战,可是得不到突利的支持,不得不与唐军和解。原本大规模的兵戎相见,就在李世民运用谋略造势、转不利为有利的情况下化解了。

李世民的"中国功夫",直到他登基后依然不减。在他称帝的当月,东突厥的大小可汗(颉利可汗、突利可汗)又一次组成联军,出动十几万兵力,向中原进军,局势紧张。李世民沉着应敌,先派尉迟敬德大挫敌军,先声夺人。

几天后,颉利可汗进抵渭水便桥北岸,派遣一名心腹担任使者晋见,顺便打探虚实,李世民为了打压突厥大军的嚣张气焰,干脆来个下马威,

将使者逮捕囚禁。

李世民在气势上连连压过对手之后，乘势追击，亲率房玄龄等六名官员，骑马来到渭水南岸，和颉利可汗隔水对话，并以严厉的口吻指责他背信负约，气势之盛，唬得东厥士卒下马遥拜。

此刻大唐的主力部队浩浩荡荡赶到，颉利可汗见派去的使者一去不回，唐朝皇帝却亲自挺身而出，再加上唐军军容壮大整齐，不由得面露惧色。李世民下令大军后退布阵，只留下他一个人在岸边，和颉利可汗谈话。朝臣萧瑀认为此举过于冒险，万一敌人射出冷箭，皇上安危甚忧，但李世民胸有成竹地说："你知道他们为什么敢倾巢而出，直逼京畿吗？只因他们以为我国才发生内乱不久（指玄武门之变），而我又刚登上帝位，一定没有抵抗能力。我如果在他们面前示弱，闭门防守，他们必定大军攻来，局势难以控制。所以我单枪匹马，表示不把他们放在眼里；又炫耀强大的军容，摆出不惜一战的姿态。一切都出乎敌方意料之外，让他们一时无法应变。突厥深入我国境内，对我颇具戒心，我们如和他们开战必胜，如和他们谈和必成，一切操之在我。制服突厥就在此一举。你等着看看吧！"

果然，东突厥当天便派人前来请和，两天后，双方斩白马为誓，突厥退兵。这样不战而退敌的谋略，令萧瑀叹服不已，又百思不解，他问李世民说："当突厥尚未请和时，众将官请求一战，陛下不准，我们都深感怀疑；但不久敌人就自行退兵，这到底是什么样的计策？"

于是李世民说出了他的决策秘诀，他说："据我观察，突厥军队的人数虽多，却不严整，君臣一心只想要钱。当他们前来请和时，可汗一个人留在渭水西岸，其他的高级官员都来见我，我如果设宴款待，趁他们喝醉时下手，加以逮捕，并且袭击他们的部队；在他们奔逃时，我又派兵追击，加上我事先安排长孙无忌、李靖在他们回归必经之路埋伏重兵，伺机出击，歼灭他们必如摧枯拉朽，易如反掌。

"然而我并不这样做，为什么？只因为我即位不久，国家不够强盛，民众不够富庶，需要生息休养。万一开战，损害一定很大；敌人若因此与我结怨，必然后患无穷，对我反而不利。所以，我不出战，而送给他们金帛钱财，让他们志得意满，心生骄惰，导致战斗力大减，届时我军出击，必可一举歼灭他们。老子说：将欲取之，必先予之（想让他吃尽苦头，一定要先给他们一点甜头），就是这个意思。其中的奥妙，你了解吗？"

萧瑀叩头说："我的智慧没有那么高，想不到这么远。"

第四章　军　形

【内容提要】

　　形者,形体之谓也。即指兵力数量的多少,军队战斗力的强弱,军事素质之优劣。善用兵者,总是先创造必胜的条件,以"先胜"为基础,取胜于无形。"将军盘弓故不发。"

【原文】

孙子曰：昔之善战者，先为不可胜[1]，以待敌之可胜[2]。不可胜在己，可胜在敌。故善战者，能为不可胜，不能使敌之可胜[3]。故曰：胜可知，而不可为[4]。不可胜者，守也；可胜者，攻也。守则不足，攻则有余。善守者，藏于九地之下；善攻者，动于九[5]天之上，故能自保而全胜也。

【注释】

[1]先为不可胜：首先造成一种不可战胜的形势。

[2]待敌之可胜：等待能战胜敌军的机会。

[3]不能使敌之可胜：不能强使敌军提供被战胜的机会。

[4]不可为：不可以强求。

[5]九：虚数，泛指多。九地，形容极其深的地方。九天，形容天高不可测。

【译文】

孙子说：从前善于用兵指挥作战的人，首先要造成自己不会被敌人战胜的形势，然后等待机会战胜敌人。使自己不可能被敌人战胜的主动权在于自己，可能战胜敌人则在于敌人有疏漏可乘之机。所以说：善于用兵打仗的人，能够做到自己不会被敌人战胜，而不能做到使敌人必定为我所胜。所以说，胜利可以预见，但不能强求。要不被敌人战胜，就要进行防守；可能战胜敌人时，就要采取进攻。采取防守是因为兵力不足，取胜条件不足，采取进攻是因为兵力有余。善于防御的人，如隐藏于极深的地下；善于进攻的人，像行动于极高的天上，使敌人无从防备。所以，能保全自己而取得完全的胜利。

【原文】

见[1]胜不过众人之所知，非善之善者也；战胜而天下曰善，非善之善者也。故举秋毫不为多力，见日月不为明目，闻雷霆不

为聪耳。古之所谓善战者，胜于易胜者也。故善战者之胜也，无智名，无勇功。故其战胜不忒，不忒[2]者，其所措必胜，胜已败者也。故善战者，立于不败之地，而不失敌之败[3]也。是故胜兵先胜[4]而后求战，败兵先战而后求胜。善用兵者，修道而保法[5]，故能为胜败之政[6]。

【注释】

[1]见：预见。

[2]忒：音"特"，差错。

[3]不失敌之败：不放过使敌人失败的机会。

[4]先胜：先制造取得必胜的形势。

[5]修道而保法：修明治道，严明法度。

[6]政：正，引申为主宰。

【译文】

预见胜利不超过一般人所知道的，不是高明中最高明的；经过激战取得胜利，天下人都说好，也不是高明中最高明的。这就好比举得起秋毫算不上力大，能看见日月算不得眼明，能听得见雷声算不上耳灵一样。古时候所谓善于指挥作战的人，都是战胜容易战胜的敌人。所以，善于指挥打仗的人所取得的胜利，没有显出智谋的名声，没有勇武的战功。因为他的战胜是能见微察隐，不会有差错的。他之所以没有差错，是因为他的作战措施是建立在确有把握的基础上，他所战胜的是已处于失败地位的敌人。所以善于指挥打仗的人，总是使自己立于不败之地，而又不放过任何足以击败敌人的交战。所以打胜仗的军队，总是先制造取得必胜的形势，然后才交战；打败仗的军队，总是先同敌人交战而后企求侥幸取胜。善于用兵指导战争的人，必修明政治，确保必需的法度，因而能够掌握胜败的主动权。

【原文】

兵法：一曰度[1]，二曰量[2]，三曰数[3]，四曰称[4]，五曰胜。地生度，度生量，量生数，数生称，称生胜。

【注释】

[1]度：度量。这里指土地幅员的大小。

[2]量：容量。这里指人口和物资的多少。

[3]数：数量。这里指兵员的数量。

[4]称：衡量。这里指敌、我双方实力的对比情况。

【译文】

用兵之法：一是"度"，二是"量"，三是"数"，四是"称"，五是"胜"。根据敌我所处的地域不同，产生双方土地面积大小不同的"度"；"度"的不同，产生双方物产资源多少不同，产生双方可能投入兵力的数量；"数"的不同产生双方军事实力强弱不同的"称"；根据双方兵力的对比最终决定作战的胜负。

【原文】

故胜兵若以镒称铢[1]，败兵若以铢称镒。

【注释】

[1]以镒称铢：镒和铢都是我国古代的重量单位。1镒是24两，1两是24铢。这里比喻胜者对败者的力量相差悬殊。

【译文】

所以胜利的军队对失败的军队来说，就好比处于以"镒"称"铢"那样占绝对优势的地位，失败的军队对胜利的军队来说，就好像用"铢"称"镒"那样处于绝对劣势。

【原文】

胜者之战民[1]也，若决积水于千仞[2]之谿[3]者，形也。

【注释】

[1]战民：作战的人。
[2]仞：古代的高度单位。一仞等于7尺。
[3]谿：山涧。

【译文】

胜利者在指挥作战的时候，就好像在几千尺的山涧高处决开河中积水一样，其势猛不可当。这就是军事实力的"形"！

【兵法精粹】

孙武在本篇中提出了一个重要的作战指导思想："胜兵先胜而后求战，败兵先战而后求胜。"十分明确地表示出不打则已、打则必胜这样一种不打无把握之仗的思想，反对侥幸求胜的鲁莽冒险的作战指导思想。他正是围绕这一中心，对攻防关系作了极其深刻而精辟的论述。

为了进行有把握取胜的作战，孙武主张先要"先为不可胜，以待敌之可胜"。那么什么是"不可胜"和"可胜"的手段呢？他明确回答说："不可胜，守也；可胜，攻也。"由于他认为不可被敌战胜的最好作战形式是防守，因而要求采取防御态势，消除自己的弱点，巩固自己的战场地位。

孙武如此周密的战术计算，是与当时生产力发展水平一致的。据《左传·昭公三十二年（前510年）》载：晋国的士弥牟修筑成固城，由于他对整个工程的长度、高度、宽度，沟渠的深度，用土的数量，运输的远近，竣工的日期，需用的人工及所要消耗的粮食数量等等，进行了精确的计算，

因而在 30 天内如期完成了任务。由此可见当时对数学的运用已有较高的水平,这也必然反映在战争上。成书于春秋至战国的《管子》中就有论述计算在军事上的运用的众多内容,例如《七法》篇说:"刚柔也,轻重也,大小也,实虚也,远近也,多少也,谓之计数。"战国时代的兵学家们,对于战术计算更加重视,也更加缜密。例如《六韬》中谈到"法算"这一职掌,就是专门进行战术计算的参谋人员。

【古今中外著名典例】

王世充大败李密

隋朝末年,朝政败坏,民怨四起,兵变、民变、政变此起彼落,大一统的局面再度破裂。谁能取得最后的胜利? 可说是人人有希望,个个没把握。李密,就是当时不容忽视的领袖之一。他曾经一度控制黄河南岸,牵制住东都(洛阳)的隋朝王室兵力,然而他未能充分利用有利的资源,反而留下缺口让敌人有机可乘,终于被王世充的政府军攻破,令人扼腕。

批评李密未能好好掌握手中王牌,完成霸业,一点也不为过。从几件小事就可见微知著。譬如,他的仓库存粮过多,而东都正为粮草所苦,这是相当有利的资源,他不但不知加以利用,反而大方地当起散米童子,打开仓库让民众自由拿取。有些人抱着不拿白不拿的心态,搬走一大堆米,搬不动了,就随地抛弃;从仓库门口到城门,地上的米铺成好几寸厚,车马碾踏而过,马路变成米路。就连附近强盗都闻讯而来,携家带眷,将近有百万人之多。他们没有瓦罐、木盒,只有荆条编成的箩筐,米从缝里溜出,洛水两岸十里之间,一眼看过去,仿佛白色沙滩。

李密正为存粮丰富而沾沾自喜之时,有人泼他冷水说:"国以民为本,民以食为天。如今人民之所以不断扶老携幼涌来,正是因为我们这边有粮食的缘故。而你却不知珍惜这项资源,这般浪费,我怕一旦人民将粮食搬够了,就不再投靠我们,这样如何能够成就大业呢?"

李密听了之后,心生感激,便封他为官。由此看来李密似乎略有所悟,但实际上却悟得不彻底,接下去又犯了一个错误。他认为在洛阳的王世充军队屡战屡败,力量薄弱,内部又不和,应该是不堪一击才是,对王世充的戒心顿减。

李密显然过于自信,事实上,王世充备战已久,正秘密计划消灭李密。

此时李密军队缺乏衣服,而王世充则粮食不足,于是王世充提出彼此交换、互通有无的要求。李密起初觉得不妥,可惜意志不够坚定,有些部属基于私利竟大力鼓吹交换的好处,李密最后终于接受了。

然而,后遗症马上出现了,原先从洛阳来归附李密的民众,每天至少上百人,如今却日益减少,原因出在哪里?原因在于洛阳民众的民生问题既已解决,又何必辛苦地投奔李密?李密在后悔中紧急刹车,结束交换计划。

王世充这边也开始评估进军李密的胜算。从民心士气的角度来看,李密有几项致命伤。首先,李密在接连几次胜仗后,得意洋洋,态度骄奢,不懂得体恤士兵;仓库的粮食虽然不少,但缺乏钱财布帛,无法犒赏部属,偏偏对新近归附的人,又特别优厚,旧有的部下心里极不平衡。

其次,李密几次征战下来,精兵良马死伤甚多,侥幸不死的也疲病交加,斗志不高。王世充经此评估之后,决定逮住机会,狠狠地进行致命一击。但他担心人心涣散,于是想出一个办法,安排手下一个名叫张永通的卫士,自称周公曾三度托梦给他,请他转告王世充,应当好好击退李密。等全体将士信以为真后,他就盖一座周公庙,每次出兵前都先祈祷。

经过几次实验,发现效果良好。待时机成熟,王世充通过巫师宣称:周公命王世充立即讨伐李密,一定可立下大功,否则士卒会得瘟疫而死。王世充的手下有许多楚人,对类似的迷信一向深信不疑,纷纷请求出战。王世充选出精兵2万余人,配备2000匹马,并且亲自领军,出兵攻击李密。

李密立刻召开参谋会议,商议大计。会中分成两派,一派主张采取攻势,另一派则主张严阵以待,以逸待劳。后者以裴仁基及李密本人为代表。

裴仁基认为:"王世充倾巢出动,洛阳必定空虚,我军可分出部分兵力控制险要,使他们无法向东推进;然后我军派出精锐,沿洛水而西,进逼洛阳。王世充如果还师,我们按兵不动,如果他又出兵,我们再度进逼。几次下来,他疲于奔命,而我军以逸待劳,胜算就大了。"

李密的看法更为乐观,他认为连出兵都免了,因为王世充的军队有三大有利因素难以抵挡。一是武器精良,二是旺盛的企图心,三是粮食不足,狗急跳墙。所以最好的办法是坚守不出,王世充的大军求战不得,想转进又受阻无路,不出十天,大军自然瓦解。

然而李密的见解并不获认同。若干战将认为王世充的军队人数不

多,且连连受挫,根据兵法"倍则战"的说法,人数占尽上风时,应该主动出击,不可错失机会。李密拗不过大家,只好下决心出战。

如果说主动出击的决定,是李密所犯的第一个大错,那么轻敌大意,便是他致命的失误。他不把王世充看在眼里,所以军营四周不设堡垒。而王世充正好相反,他精选两百余名骑兵,摸黑潜入北邙山的溪谷中。天亮后,王世充率英勇战士发动攻击,李密还来不及摆好阵势,就被冲杀得一塌糊涂。

为了提高士气,王世充此时又派人将一名面貌和李密神似,被绳索绑住的人带出来示众,佯称已逮住李密本人。全体将士果然信心大增,以为擒贼先擒王,胜利就在眼前,他们哪知道,其实这是王世充事先安排的计谋。原先的将士配合着整个局势的发展,也适时展开奇袭,直扑军营,并且发动火攻,李密就此大败,仓皇逃走。

孙子说:"胜兵先胜而后求战,败兵先战而后求胜。"王世充事先给士兵们以必胜的信心,这是他取得战争胜利的关键。

秦赵邯郸之战

公元前260年,秦、赵在长平决战,秦将白起利用赵括只知纸上谈兵、鲁莽自大的特点采取后退诱敌、包围歼灭的作战方针,全歼赵军四十余万。取得胜利后,白起还想一鼓作气,灭掉赵国。他将秦军分为三部分,一部分攻占邯郸以西的要冲武安(今河北武安西)等地;一部分北上夺取太原郡(今山西中部地区);一部分兵力留驻上党,准备进攻邯郸。白起亲自率领三军。

秦军的进攻势头,引起了赵国及周围诸侯国的恐慌。赵国与韩国合谋,派苏代携带重金赴秦游说秦相范雎。苏代从范雎的个人利益及秦国的得失两方面来动摇其灭赵的决心,同时提出割让本土,以求议和。范雎为苏代的分析所打动,便向秦王建议准许赵国割地议和。秦王考虑长平之战相持三年,秦军虽然战胜,但士卒死者过半,国虚民饥。于是同意韩割垣雍,赵割六城给秦国,达成和议。秦王于公元前259年正月撤兵。

秦国撤兵后,赵王准备按照和约割让六城与秦。赵相虞卿反对,他分析说,秦国撤兵是由于师老兵疲,力量不足。如果每年割六城给秦,那么赵国之地会很快割完,而秦国的贪婪之心愈大,长此以往,赵国必亡。他向赵王建议以六城贿赂齐国,齐与秦结怨较深,齐得到赵国的六城后,必

愿与赵合力攻秦,赵国虽失地于齐,然而可取秦地以补损失。韩、魏也会尊重赵国,从而与齐、韩、魏结成联盟。赵王采纳了虞卿的建议,同时料定秦国不会善罢干休,便积极进行抗秦准备。

赵国推行了一系列内政外交政策。对内,赵国君臣努力缓和内部矛盾,努力发展农业生产以增强国力,抚养孤幼以增加人口,整顿兵甲以增强战斗力。与此同时,还利用人民对秦军在长平坑杀赵军降卒暴行的愤恨来激励全国军民同仇敌忾,使全国上下出现了军民一心奋起抗秦的有利态势;对外,赵国积极开展外交活动,赵王派虞卿东见齐王,商议联合抗秦的计划;同魏国签订了合纵的盟约;同时以灵邱(今山西灵邱)作为楚相春申君的封地,与楚国建交;此外,还对韩、燕两国极力拉拢。这一切,促成建立了反秦统一战线。

孙子说:"不可胜,守也。"赵国知道自己不是秦国的对手,采取守势,发展生产,团结国民,结盟邻国,促成反秦的统一战线,巩固了自己的国家地位。

李牧守代郡

李牧是赵国边境的良将,曾经驻在代郡、雁门郡防备匈奴。

他根据实际情况,灵活设置官吏,从市场收来的租税都收入将军府中,作为士卒的费用;每天都要杀几头牛赏给士兵吃。他精练骑射,严格执行焚举烽火的制度,派间谍去伺察敌人的动静,给士卒们订立守约说:"匈奴进入境内侵扰时,我军应立即收拾起人马、牛羊、物资等退入堡垒中固守,有胆敢逞强捕捉俘虏的,一律处斩!"匈奴每次入侵,李牧的军队都严谨地点燃烽火报警,然后人马、物资退入堡垒中,只守不战。

像这样过了几年,边境人畜都没有伤亡损失。匈奴都以为李牧胆怯,赵国驻边境的兵士也以为自己的将领胆怯。赵王责备李牧,李牧照旧坚持以往的战法。于是赵王派了别人去代替李牧守边。一年多的时间,驻边境的赵军多次出战,不能战胜匈奴,人畜多有逃亡损失,边境上不能耕作放牧。赵王又来请李牧出任守边将领,李牧以生病为借口闭门不出来接待。赵王强令起用他。李牧说:"大王你一定要任用我为将领,我只能像以前一样,才敢接受你的任命。"赵王答应了李牧的要求。

李牧到了边境,按他过去的方法约束军队。匈奴连年入境没能得到好处。守边士卒每天都得到赏赐却不用他们去作战,他们都希望出战。

李牧于是便备置挑选过的战车 1300 乘,挑选的马骑 13000 匹,能够擒杀敌将的战士 5 万人,能够张弓射击的兵士 10 万人,进行操练,作战演习;同时,纵放牲畜,命人民遍布旷野中。匈奴前来进攻以探虚实,军民便假装失败逃跑,又将几十人放弃给匈奴。匈奴单于听到取得胜利,就大张旗鼓率领部众进攻。李牧布设了许多奇阵,把匈奴打得大败,杀死匈奴骑兵 10 余万人,灭了襜部族,打败了东胡族,使林胡部族投降。单于失败,仓惶逃走,10 多年不敢接近赵国的边境。

这是以守为攻的好例子。如果不能保证主动出击取胜的,就采取守势。在守的过程中养精蓄锐,待时机成熟一举歼灭敌方。

张巡守城

唐肃宗至德元年 2 月,雍丘县令令狐潮带领民众投降安禄山叛军。安禄山任命他为将军,派他率领军队在襄邑阻击淮阴来的唐朝援军,令狐潮将唐军打败了,并俘虏了 100 多人,拘禁在雍丘,准备杀掉他们。有些被俘但因事尚未被杀的淮阴士兵趁令狐潮出城去办事的机会杀了看守,然后关闭了城门,占据全城。令狐潮自知责任难逃,只好抛下妻儿狼狈逃走。16 日,令狐潮率领精锐部队攻打雍丘。贾贲出城迎战,战败阵亡。张巡拼命抵抗,打退了叛军,于是,同时统领贾贲的军队。

3 月,令狐潮又与叛军将领李怀仙、杨朝宗、谢元同等 4 万多士兵突然进攻雍丘,兵临城下,张巡的部下都很恐慌,坚守城池的意志不坚定。张巡说:"叛军虽精锐,但有轻视我们的心理。如果我们出其不意地攻击敌人,他们一定会惊惶溃散的。我们的城池就可守住了。"

于是,张巡就派千余名士兵登上城墙;又亲自率领千余人,分成若干队,开城门冲出去。张巡率先冲入敌阵奋力杀敌,敌军人马惊恐败退。第二天,叛军又来进攻,摆上百门火炮包围城池,雍丘的城楼和堞墙被炸毁。张巡命令士兵在城墙上竖起木栅来抵御敌人的进攻。叛军附着在城墙上往上攀登,密集成群,像蚂蚁一样。张巡的军队把干枯的秸秆捆成一束一束,浇上油脂,然后点燃扔下去,使叛军不能爬上城楼。他们有时又趁叛军松懈的时候,出兵袭击;有时就在夜间用绳子把战士吊下城外,去偷袭敌人的军营。这样坚守了 60 多天,经过大小 300 多次战斗,叛军终于失败逃走。张巡率领部队乘胜追击,捕获敌人约 2000 人,胜利归来。

5 月,令狐潮再次率领叛军攻打雍丘。令狐潮与张巡原来是多年的朋

友,他们先在城下像平时一样相互问好。令狐潮趁机劝说张巡:"唐朝的气数已尽,你坚守孤城,是为了谁呢?"张巡回答说:"你说自己是忠义的人,现在你投降叛军,还来攻打我们,忠义在哪里呢?"令狐潮惭愧地退下去。

令狐潮包围张巡据守的雍丘,双方相峙40多天,张巡与朝廷联系不上。听说玄宗皇帝已经仓皇逃往四川,令狐潮又写信招降张巡。张巡部下中有6员大将,他们力劝张巡说兵力敌不过叛军,况且皇帝的生死也不知道,不如投降安禄山。张巡假装答应。第二天,张巡在大厅上悬挂皇帝的画像,带领将士朝拜,每个人都挥泪哭泣。张巡把那6个说要投降的大将拉到前面来,责备他们不忠不义,把他们当场斩首。这样,将士们的斗志更加激昂,表示要为国尽忠。

箭用完了,张巡就用稻草扎成1000多个草人,披上黑衣服,用绳子拴住,夜间将它们吊到城下,叛军都争先恐后地向它们射箭,很久才发现那些是草人,结果张巡的部队智取了10万支箭。这以后又在一天夜间把士兵缒下城去,叛军以为又是草人,因此不作防备。张巡就这样派出500名敢死队员偷袭敌营,放火烧掉营垒,令狐潮的军队大乱,狼狈逃跑,张巡的军队追杀了十几里。后来,令狐潮气愤不已,又加派了军队,重新包围雍丘。

张巡派中郎将雷万春在城楼上与令狐潮对话,贼兵用弩箭射击雷万春,雷万春不小心头上中了6箭,却仍然站在那里不动。令狐潮怀疑那是木头人,就派间谍探听,知道是雷万春,大为惊讶,远远地对张巡说:"看见雷将军这种英勇气慨,才知道足下军令之严啊!但是唐朝的气数快要完了,谁能救你们?"张巡对他说:"我如背叛朝廷投降叛军,就是不知道做臣子的要忠于君主的道理,又怎么能知道天命呢!"没多久,张巡又出城迎战,活捉了敌人14名将领,杀死100多个敌人。叛军连夜逃走,退入陈留,不敢再出来。

过了不久,叛军骑兵70多人驻扎在白沙涡,张巡于夜间突袭,大破敌军。部队返回时在桃陵遇到敌人的救兵400多人,又把他们全部俘虏了。张巡分别对待这些人,凡是檀州和胡人等安禄山的嫡系士兵,全部斩首,而荥阳、陈留等地的胁从士兵,全部解散,让他们回家从事原来的职业。10天之内,有1万多户民众离开贼军而来归附张巡。

不能取胜的便守,但守并不是消极防守,而是等待时机出击。

張巡

第五章　兵　势

孙子兵法·三十六计

【内容提要】

　　"势"者,"形"之象也。"形"是运动的物质,"势"是物质的运动。"形"是客观物质力量的积聚,"势"是主观能动作用的发挥。孙子曰:"战势不过奇正。""凡战者以正合,以奇胜。"

　　"正"是情理之中而"奇"是意料之外,将"正"与"奇"有机地结合起来,就会形成强不可当的"兵势"!

【原文】

孙子曰:凡治众如治寡,分数[1]是也;斗众如斗寡,形名[2]是也;三军之众,可使必受敌[3]而无败者,奇正[4]是也;兵之所加,如以碫[5]投卵者,虚实是也。

【注释】

[1]分数:曲为分,什伍为数,指军队编制。

[2]形名:旌旗为形,金鼓为名。形名就是指古代作战用的旌旗金鼓。

[3]必受敌:必,通"毕",完全、全部。全部军队遭受敌军的攻击。

[4]奇正:正面面对敌人为正,侧对敌人为奇。

[5]碫:音 duàn,一种很坚硬的石头。

【译文】

孙子说:要做到管理大部队如同管理小部队一样,这是军队的组织编制问题;要做到指挥人数多的部队像指挥人数少的军队一样,这是指挥号令的问题。全国军队之多,要使其如果遭受敌人进攻而不失败,这是"奇正"的战术变化问题。军队进攻敌人,要能像用石头打鸡蛋一样,所向无敌,这是"避实就虚"的正确运用问题。

【原文】

凡战者,以正合,以奇胜[1]。故善出奇者,无穷如天地,不竭如江河。终而复始,日月是也;死而复生,四时是也。

【注释】

[1]以正合,以奇胜:正,正兵,正道。合,会合。奇,奇特,奇兵,奇计。以奇胜,以奇兵取胜,出奇计制胜。

【译文】

大凡作战,一般都是以正兵迎敌,用奇兵取胜。所以善于出奇制胜的将帅,其战法变化就像天地那样变化无穷,像江河那样永不枯竭。终而复始,像日月的运行一样。死而复生,像四季更替一般。

【原文】

声不过五[1]，五声之变，不可胜听[2]也；色不过五，五色之变，不可胜观也；味不过五，五味之变，不可胜尝也。战势[3]不过奇正，奇正之变，不可胜穷也。奇正相生[4]，如循环之无端[5]，孰能穷之？·

【注释】

[1]声不过五：五，指宫、商、角、徵、羽五种音调。声调不过五种。

[2]不可胜听：胜，作"尽"解。指听不尽的音乐。

[3]战势：指具体的兵力部署和作战方法。

[4]奇正相生：奇兵与正兵相互依存、相互作用、相互转化。

[5]端：端点、终点。

【译文】

声乐不过五种，然而五种声音变化，却会产生出听不胜听的声调来。颜色不过五种，而五种颜色的变化就看不胜看。味道不过五种，然而五种味道的变化就产生尝不胜尝的滋味来。作战的战术阵势，不过"奇"、"正"两种，然而奇正两种的变化就无穷无尽。"奇"、"正"相互变化，就像顺着圆环旋转一样，无头无尾，谁能穷尽它呢？

【原文】

激水之疾[1]，至于漂石[2]者，势[3]也；鸷鸟[4]之疾，至于毁折[5]者，节[6]也。是故善战者，其势险，其节短。势如彍弩[7]，节如发机[8]。

【注释】

[1]激水之疾：激水，激流的水。疾，迅猛。像激流的水一样迅猛有力。

[2]漂石：使石头漂移。

[3]势：这里指事物本身态势形成的内在力量。

[4]鸷鸟：一种很凶猛的鸟，如鹰、雕、鹫之类。

[5]毁折:毁伤,杀死。这里指捕鸟、捕杀动物。

[6]节:时、关键。

[7]扩弩:扩,音kuò,张开。弩,一种弓箭。

[8]发机:机,机纽。扳动机纽。

【译文】

湍急的流水飞快地奔泻,以致能使石块漂移,这就是由于水势强大的缘故;雄鹰迅飞搏击,以致能捕杀鸟兽,这是由于掌握了时机节奏的缘故。所以善于指挥作战的人,进攻时态势险峻,掌握的时机节奏是短促而猛烈的。险峻的形态就像张开的弓弩,急促的节奏就像触发弩机。

【原文】

纷纷纭纭[1],斗乱而不可乱[2]也;浑浑沌沌[3],形圆而不可败[4]也。

【注释】

[1]纷纷纭纭:纷纷,紊乱。纭纭,多而乱的样子。

[2]斗乱而不可乱:在人数众多而又混乱的战斗中,部队的秩序,一定不能被打乱。

[3]浑浑沌沌:混乱,迷蒙不清的样子。

[4]形圆而不可败:摆成圆阵,首尾连置,与敌作战应付自如,不致失败。

【译文】

在旌旗纷纷、人马纭纭的混乱状态中作战而指挥自己的部队不发生混乱,在浑浑沌沌、迷迷蒙蒙的复杂形势下作战,必须把部队部署得四面八方都应付自如,使敌人无隙可乘,无以胜我。

【原文】

乱生于治,怯生于勇,弱生于强。[1]治乱,数也[2];勇怯,势也;强弱,形也。

【注释】

[1]乱生于治,怯生于勇,弱生于强:能够示敌以乱是源于严格的军事训练和军队纪律;能够示敌以怯来源于将士们有勇敢顽强的素质;能示敌以弱来源于军队强大的实力。

[2]治乱,数也:数,指分数,即军队的编制和组织。军队的治与乱取决于军队的编制和组织是否合理。

【译文】

在一定条件下,"乱"由"治"产生,"怯"由"勇"产生,"弱"由"强"产生。严整、混乱,这是组织编制指挥的问题;勇敢、怯懦,是态势好坏、破敌之势的问题;强大、弱小,是军事实力的问题。

【原文】

故善动敌者,形之[1],敌必从之;予之,敌必取之[2];以利动之,以卒待之[3]。

【注释】

[1]形之:动词,即示敌以形,用假象迷惑欺骗敌人。

[2]予之,敌必取之:只要伪装给予敌军以"利",敌军便来夺取。

[3]以卒待之:卒,这里泛指军队,可引申为伏兵、重兵。用重兵伺机破敌。

【译文】

所以,善于调动敌军的将帅,用假象迷惑敌人,敌人就会被牵着鼻子走;用好处引诱敌人,敌人就会上当前来夺取;用利益来引诱调动敌人,并以重兵等待敌人,就可以伺机聚而歼之。

【原文】

故善战者,求之于势,不责于人[1],故能择人而任势。任势者,其战人也,如转木石。木石之性,安则静,危则动[2],方则止[3],圆则行[4]。故善战人之势,如转圆石于千仞之山者,势也。

【注释】

[1]求之于势,不责于人:追求有利的作战态势,而不苛求下属。
[2]危则动:把木头、石头放在险峻陡峭的地方,它们就会滚动,而且势不可当。
[3]方则止:方形的物体静止不动。
[4]圆则行:圆形的物体会滚动。

【译文】

所以善于指挥作战的人,他的注意力总是在"任势"上,而不责成部属,因而他能选择将帅去造成破敌的态势。善于造成有利态势的将帅指挥部队作战,就像滚动木头和石头一样。木头、石头的特性是放在安稳平坦的地方就比较稳定,放在险险倾斜的地方就滚动,方形的静止不动,圆形的滚动灵活。所以高明的将帅指挥部队与敌人作战时所造成的有利态势,就好像使圆石从几千尺的高山上往下飞滚一样,不可阻挡,这就是"势"。

孙子兵法·三十六计

奇正相合,善变取胜

管理大部队就如同管理小部队一样简单,这关键是善于组织编制;指挥大部队作战,就像指挥小部队作战一样容易,这是善于运用号令的关系。军队人数虽多,然而,一旦受到敌人攻击而不溃败,就要靠奇正战术的配合运用;要想攻敌能像以石击卵般所向无敌,就要以我之实击敌之虚。

大凡作战,都是运用兵的正常法则与敌人交锋(正),然后把握时机,用奇兵取胜(奇)。所以善于出奇制胜的将帅,其战法如天地那样不可穷尽;又像江河那样不会枯竭;周而复始,如日月循环;生生不息,如四季交替。

乐音不过宫、商、角、徵、羽五种音阶,但是其配合变化,却让人听不胜听;颜色不过青、赤、黄、白、黑五种色素,但是其配合变化,却让人看不胜看;口味不过酸、咸、辛、苦、甘五种味素,但是其配合变化,却让人尝不胜尝;作战的形态不过是奇正两种,但是其配合变化,却无穷无尽,奇正互相变化,永无止尽。就像圆环一样无始无终,谁能穷尽呢?

运用兵势,势不可当

激流快疾奔泻,足以冲走石块,是由于流速飞快的缘故;猛禽高飞疾下,足以撕毁兽骨,是因为善于凝聚力,全力一击。所以善于用兵的将帅,其气势险峻如张满弓的弩,其节奏急促如扣发扳机。

在纷纭混乱的状态中作战,要使自己的军队不乱;在浑沌不清的情况下打仗,要使自己的部队部署妥当,四面八方都能应付自如,让敌人无机可乘。在敌人面前假装混乱,自身必须有严格的训练;在敌人面前假装怯懦,自身必须有勇敢的素质;在敌人面前假装弱小,自身必须有强大的实力。

队形的严正或混乱,是军队编组(数)的问题;对敌人显示勇敢或怯懦,是态势(势)的运用问题;兵力表现出来的强或弱,是战力展示(形)的问题。所以善于引诱敌人,使敌人盲动的将帅,会利用各种假象,左右敌人的行动;或以小利为饵,诱惑敌人来攻,如此就能以利诱敌,然后用强大

的兵力击败敌人。

善于作战的人,会在战争的态势上求胜,而不苛求每一部属的战斗力,因而他能选择适当人才,利用有利的态势(任势)。

善于"任势"的人,与敌作战,好像转动圆木和石头一样。圆木和石头的特性是:放在平坦的地方就静止,放在陡斜的地方就容易滚动,遇方正即停止,遇圆滑即滚动。所以高明的将帅所造成的态势,就像把圆石从千丈高山上滚下来那样,势不可当,这就是军事上所谓的"势"。

【古今中外著名典例】

李自成用兵强调兵势

用兵在势,势强则兵强,李自成大败明军就在于强调兵势。

公元 1642 年,李自成率数十万大军转战河南,包围了河南首府开封。崇祯皇帝急调左良玉、丁启睿、杨文岳等大将统率 40 万兵马去解围。李自成闻讯后,做了两项重要布置:一,抢先占领开封的重要门户——朱仙镇,截断沙河上游水道,以断绝明军水源;二,在西南要道上挖掘深、宽各丈余长百余里的壕沟,以截断明军逃往襄阳的道路。

左、丁、杨派使者与开封明军取得联系,希望开封明军开城出战,夹击李自成,但开封明军唯恐李自成乘机攻入,不敢开城。所以那三路人马也按兵不动。明军与李自成相持了数日之后,断水缺粮,左良玉率先下令南撤,丁启睿和杨文岳跟着也下令撤离朱仙镇。

左良玉的 10 万余兵马是明军中的精锐,撤退的路线恰是直奔襄阳。李自成的部将纷纷要求出击,李自成道:"左良玉有勇有谋,如果追击,必然死战,不如放其一条生路,以示我军怯弱,待他人困马乏,又无防备之时,然后攻之,其必不敌我军。"于是,李自成与左良玉的骑兵交战后,打不多时即自动退却。

左良玉果然中计,他错误地认为农民军不敢追击官军,便放心大胆地命令队伍向襄阳疾进。快到襄阳时,经过 80 余里的奔波,又遇到大沟深壕,明军人马拥挤,顿时乱作一团。紧跟在左良玉身后的李自成见时机已至,指挥大军一鼓作气,突然从后面杀向前去。明军人困马乏,全无斗志,

一个个争先恐后,越壕逃命,人马互相践踏,你拥我挤,尸体几乎将丈余深的壕沟填平。虽然左良玉越过壕沟,但早已埋伏在前方的农民军又截杀过来。左良玉的 10 万精锐部队全被歼灭,左良玉只带领几名亲信杀开一条血路,逃入襄阳。

李自成全歼左良玉的军队后,乘胜追击,追歼丁启睿和杨文岳的军队。丁、杨听说左良玉已败于李自成,无心恋战,仓惶逃窜,在亡命的路上,连崇祯皇帝赐给的金印和尚方宝剑都丢失了。李自成的农民军声威大壮。

淝水之战

公元 338 年,东晋孝武帝太元八年,历史上有名的"淝水之战"——前秦与东晋的大对决。上百万兵力的前秦部队竟然未战先败,输得离谱,败得荒谬。更说不过去的是,前秦的总指挥正是胡人中罕见的奇才——结束中国北方大分裂时代的苻坚大帝。

"投鞭于江,足断其流"的人海战术。

苻坚在统一中国北方后,开始梦想拥有整个中国的土地。和前秦隔着淮河,建都于建康(今南京)的东晋帝国,是他实现大一统美梦的唯一障碍。于是,伐晋便成为当务之急。尽管不少大臣持反对意见,但苻坚信心十足,自认军力空前强大,士卒投下马鞭,足可使江水断流。东晋的什么长江天险,在他眼中,不值一文。于是大规模的攻势,就在当年 8 月底展开。苻坚命他的弟弟苻融率领 30 万人打前锋,他自己则率步兵 60 余万,骑兵 27 万,从首都长安出发,部队前后延绵千里不绝,气势骇人。此外尚有水师 8 万,自四川沿长江、汉水顺流东下。

东晋这边听说大军压境,无不震惊,不知所措。晋帝命谢石、谢玄等率 8 万人迎敌,并派胡影率水军 5000 人,救援前秦即将攻打的目标寿阳(今安徽寿阳)。寿阳被苻融攻克。前秦另一名大将梁成,率军 5 万,沿洛涧布防,并在淮河构筑工事,阻挠晋军可能的攻势。

但谢石和谢玄畏于梁成的军势,不敢前进。而原拟军援寿阳的胡影,粮食已尽,自知无力退却敌人,便派人通知谢石,不料使者被俘。苻融由这名使者口中得知晋军的军力不足畏惧,喜出望外。建议苻坚发动快攻,

不要给晋军丝毫喘气的机会。苻坚闻讯,更是乐不可支,连忙抛下大军,仅带领8000骑兵,日夜赶路到寿阳和苻融会合,准备大克晋军。

原本反对攻晋,态度谨慎的苻融,此时变得疏忽大意。这是前秦军队所犯的第一个错误。苻坚派朱序前往东晋游说,是第二个错误。

为何派朱序?只因他是晋的降将。但朱序对晋仍忠心耿耿,苻坚却始料未及——或者应说,苻坚已被胜利的感觉冲昏了头,不在乎,也不认为此举会带来任何后遗症。结果,负有招降任务的朱序乘机向谢石等人分析说:"目前秦军尚未全部集结,你们应立刻发动攻击,如果能击溃他们的前锋,必可挫其锐气,若等到秦军百万大军全数集聚,再行攻击就难以取胜了。"

谢石原先听说苻坚已亲抵寿阳而惧怕不堪,只想打拖延战,在无计可施之下接受朱序的建议。他派遣精锐部队5000人强行渡过洛涧,大破防守的前秦大将梁成,并派出一支部队切断其退路。前秦步骑兵霎时崩溃,纷纷跳入淮河,死者多达1.5万人,大批军械被晋军掠夺。

"风声鹤唳,草木皆兵"的恐怖气氛。

苻坚和苻融登城眺望,看见晋军军容整齐,又听说前锋失利,不禁眉头紧皱,连对面一座山上的草木,都错认为是晋军,两军气势至此全然逆转。这个时候,苻坚犯下第三个错误,也是最为致命的大错,他答应谢玄的要求——先后退,以迎接决战。

谢玄见前秦军紧沿淝水两岸布阵，而晋军在东只能守，不能攻。便派使者晋见苻融说："阁下派大军南下，却一直沿河布阵，这是准备打持久战的做法，不是速战速决之道。不如后退些许，让我军渡河决一胜负。"前秦大将大都反对晋军这项请求，他们认为敌寡我众，只要守住淝水，至少能立于不败之地，晋军兵败是早晚的事。

根据孙子对河川战的战争原则，在河岸布阵的一方，若遇敌人渡河来攻，最好等他渡河一半，兵力分散在河中，近靠河彼岸时发动攻击（具体见《孙子兵法·行军篇》）。

苻坚兄弟不见得读过兵法书，但当时心中所盘算的，正是这种计谋，再加上他们急着决战定胜负，因此同意晋军请求，下令部队后退。不料，不退则已，这一退前秦军中没有人搞得清楚，为什么还未开战，前面弟兄就往后退，莫非……？朱序此时借机散布谣言说："我们被打败了！"全军秩序大乱，竟像推倒骨牌般向后冲撞，不可收拾。

眼见前秦部队乱成一团，晋军顺势挥师渡河进击。苻融在乱军中还想发号施令，控制大局，却已无能为力，最后遭晋军斩杀。主帅一死，全军覆溃，士卒急于逃生，于是你踩我，我踏你，死伤无数，尸体漫山遍野。有些士卒在逃亡途中，听到风声鹤啼，还以为是晋军追到。他们一路没命地逃，涉草而行，露天而宿，连大路都不敢走，连房子都不敢住，怕被发现而送命。这些惊弓之鸟，又饿、又累、又冷、又心慌，以致死去的士兵总数占了全军十分之七八，惨不忍睹。

不可一世的苻坚大帝，身中流箭，单身脱逃。虽然保住一命，但好不容易雄霸北方的大一统局面又濒临瓦解，统一中国变成苻坚永远无法企及的目标。

军事要求奇正相合，东晋一面向敌军示强——这是奇，一面主动出击——这是正，最终取得战斗的胜利。

官渡之战

公元199年，袁绍准备南下进攻曹操的统治中心许昌。

袁绍举兵南下的消息传到许昌，曹操手下的一些部将为袁绍的优势所吓倒，认为袁军强不可敌。但曹操很自信，他对将士们说，袁绍野心虽

大,但缺少智谋;表面上气势汹汹,而实际上谋略不足;疑心重且忌人之能,兵虽多但组织指挥不明,而且将帅骄傲、政令不一。因此,战胜他是有把握的。曹操的谋士荀彧也认为袁军内部不团结,将帅、谋士之间矛盾重重,并非坚不可摧。曹操与荀彧的分析,增强了曹军战胜袁军的信心。曹操决定采取以逸待劳、后发制人的战略方针。他将主力调到袁军的正面进攻,同时派卫凯镇抚关中地区,以魏种守河内,阻止袁绍军队,派于楚屯守黄河南岸的重要渡口延津(今河南延津北),协助扼守白马(河南滑县东,在黄河南岸)的东郡太守刘延,阻滞袁绍军渡河和长驱南下。

公元200年正月,袁绍发布声讨曹操的檄文。2月,袁绍大军开进黎阳(今河南浚县东北),企图渡河寻曹军主力决战。袁绍首先派大将颜良进攻白马的东郡太守刘延,夺取黄河南岸要点,以保障主力渡河。颜良率军渡过黄河,直扑白马与刘延交战,刘延在白马坚守城池,士兵伤亡严重。这时,曹操的谋士荀攸提议曹操引兵先到延津,佯装要渡河攻击袁绍后方,这样,袁绍必然分兵向西;然后我军再派轻装部队迅速进攻白马的袁军,攻其不备,一定可以击败颜良。曹操采用了荀攸这一声东击西之计,袁绍果然中计。曹操立即调头率领轻骑,派张辽、关羽为前锋,急趋白马。曹军在距白马十余里路时,颜良才发现他们。关羽迅速地迫近袁军,乘其措手不及,斩杀大将颜良。袁军大乱,纷纷溃散。

袁绍领军进至延津以南,派大将文丑与刘备率兵追击曹军。曹操命令士卒解鞍放马,又故意将辎重丢弃道旁,引诱袁军。待袁军逼近争抢辎重时,曹操才命令上马,突然发起攻击,打败了袁军,杀了文丑,顺利地退回官渡。

袁军虽初战失利,但兵力仍占优势。7月,袁绍进军阳武(今河南中牟北),准备南下进攻许昌。这时沮授又劝袁绍说:"曹操的粮草不如我们多,速战对曹军有利而对我们不利,我们应用打持久战的办法消耗曹军的实力。"但是袁绍仍然不听。

袁军于8月逼近官渡,双方在官渡相对峙。曹军在官渡设防,想寻找时机打击袁军。9月间,曹操向袁绍军发起了一次进攻,但未能取胜。此后,曹操便固守阵地。这样双方之间相持了大约3个月。

在相持的过程中,曹操动摇过,他觉得自己兵少,不太稳定,这样长期周旋下去相当危险,因此便想退还许昌。他写信给留守许昌的荀彧,征求

他的意见。荀彧回信建议曹操坚持下去，他指出：曹军目前处境困难，同样袁军的力量也几乎用尽，这个时候正是战势即将发生转折的时刻，这时谁先退却谁便会陷入被动。曹操听取了他的意见，一方面决心坚持危局，加强防守；另一方面则积极寻求和捕捉战机，想给袁军以有力的打击。

曹操决定以截烧袁军粮食的办法争取主动。他先派人把袁军将领韩猛督运的数千辆粮车截烧掉了。不久之后，袁绍又把1万多车粮食集中在乌巢，派淳于琼等率军守护。

沮授鉴于前次粮草被烧，便建议袁绍另派一支部队驻扎在淳于琼的外侧，两军互为犄角，防止曹军抄袭。袁绍没有采纳。袁绍的另一谋士许攸向他献策说："曹操兵少，集中力量与我军相持，许昌一定空虚，我们可以派一支轻骑日夜兼程袭击许都，这样可以一举拔取；即使许都拿不下来，也会造成曹操首尾不相顾，来回奔命的局面，也可以进而打败他。"袁绍却傲慢地说："不必，我一定要在此擒住曹操。"他拒绝这一出奇制胜的建议，继续与曹操相持。恰巧在此时，许攸的家属在邺城犯了法，被留守邺城的审配关押起来了。许攸一怒之下，连夜离开袁营，投降了曹操。

曹操热情地迎接他。许攸见曹操重视自己，就向他介绍袁军的情况并献计说："袁绍的辎重粮草有1万多车在故氏、乌巢，屯军防备不严，如果以精兵袭击，出其不意烧掉他的粮草，不出3天，袁绍必定失败。"曹操当时只有1个月的军粮，许攸的建议，正符合曹操寻找战机出奇制胜的想法。曹操留曹洪、荀攸等守大营，自己亲自率步骑5000前往攻打乌巢。

曹军一律改穿袁军的服装，用袁绍的旗号，夜间从偏僻小道向乌巢进发。途中，他们遇到袁军，曹军诡称是袁绍为巩固后路调派的援军，骗过了袁军的盘问。到达后，他们立即放火烧粮。袁军大乱，淳于琼等仓促应战。袁绍得知这一情况后，又作出了错误的决策。他不派重兵增援淳于琼，反而认为这是攻下官渡的好机会。他命令高览、张郃等大将领兵去攻打曹军大营。张郃指出这样做很危险，但袁绍手下的谋士郭图迎合袁绍的意图，坚决主张攻打曹营，他认为攻打曹营，曹操必定引兵回救，这样，乌巢之围就会自解。于是袁绍只派少量军队救援乌巢，而以主力攻官渡的曹营。

曹操得知袁绍进攻自己大本营的消息后，并没有马上回救，而是奋力击溃淳于琼的军队，决心将袁绍在乌巢积存的粮食全部烧掉。这时，袁绍

增援的骑兵迫近乌巢,曹操没有分兵,说:"等敌人到了背后再报告!"这样,曹军士卒都与敌军殊死决战,最后大破淳于琼军,杀了淳于琼并将全部粮草烧毁。

乌巢粮草被烧光,袁军军心动摇。原来反对张郃用重兵救援乌巢主张的郭图等害怕袁绍追究自己的责任,就在袁绍面前说张郃为袁军失败而高兴。张郃遭到中伤,既气愤又害怕,便与高览一起焚毁了攻战器具,投降了曹操。这使得袁军军心更加不稳,军队不战自乱。这时,曹操趁机率军全面发起攻击,迅速消灭了袁兵7万多人,袁绍仓皇退回了河北。官渡之战以曹操的胜利而告终。

在这场战斗中,曹操善于捕捉战机,能够根据战场势态的发展灵活地变换战术,以正兵抵挡袁军的进攻,以奇兵袭击袁军的屯粮库,使袁军军心动摇,内部分裂,最后击败了袁军,这是历史上以少胜多的著名典例。

耿弇平定胶东

光武帝刘秀推翻王莽"新"政权后,派建威大将军耿弇平定胶东张步的割据势力。耿弇率军在西安与临淄之间的画中(西安城东南)驻扎下来。

当时,守护西安的是张步的弟弟张蓝,他有精兵2万;防守临淄的军队则只有1万余人,西安城小,临淄城大。耿弇说:"西安城小,但异常坚固,且有重兵防守,我军攻城,必然要付出大的代价,即使攻破西安,张蓝逃走,也是对我军的威胁。临淄虽大,但兵力弱,我军攻下临淄,西安就是孤城一座,何愁不破!"

耿弇统一了诸将意见之后,积极准备攻取临淄,同时又放出风声,5天后攻取西安!张蓝闻报后,日夜加强西安的防护。到了第4天,耿弇率领大军于五更时分突然出现在临淄城下,仅用半天时间就攻下临淄。张蓝见状,果然担心孤城难守,竟率军逃出西安投奔张步,将一座坚固的城池白白扔给耿弇。

张步眼见自己连连失利,倾尽所有,亲率20万大军打算与耿弇决一死战。耿弇将主力隐蔽在临淄城后,又命刘歆、陈牧二将引兵于临淄城下,然后亲自出马引诱张步出击。张步倚仗兵力强大,恨不得一口把耿弇

吞掉。耿弇且战且退，张步则步步紧追，眼看追到临淄城下，刘歆、陈牧二将奋勇冲杀上前，与张步纠缠在一起，隐蔽在城后的耿弇主力大军则突然向张步的侧翼发起猛攻，张步损失惨重，慌忙回师。

张步遭到重创，士气衰落，遂决定撤回老巢剧县（今山东昌乐西北）。却没想到，耿弇探知张步的行动，预先设下埋伏，待张步退至埋伏圈时，伏兵骤然杀出。张步的士卒闻风丧胆，仓惶逃跑。耿弇乘胜追击，直取剧县，又追赶张步至平寿，逼迫张步投降。从此，胶东平定下来。

耿弇运用奇正相合的战术取得了胜利。

郭子仪单骑退敌

郭子仪，生于公元697年，华州郑县（今陕西华县）人，武举人出身，曾任天德军使兼九原太守。公元755年11月，平卢、范阳、河东节度使安禄山起兵叛唐，很快攻陷洛阳、长安两京。唐玄宗带着一大批大臣仓皇逃往四川，命令郭子仪率兵讨伐。郭子仪受命后，联合回纥兵，先后杀死安禄山部将周万顷，击败高秀岩。至德二年（公元757年），他又大败叛将史思明的军队，收复长安、洛阳两京，恢复唐王朝。由于郭子仪屡屡破敌，很快升任中书令，但是由于受奸臣鱼朝恩等人的妒忌，郭子仪在朝廷遭排挤，官职也降了。

公元762年，唐代宗李豫即位，郭子仪由于是赫赫有名的三朝名将，更加受到朝廷奸臣的忌恨，他们在唐代宗面前屡进谗言，郭子仪被罢免了副元帅职务。为了解除唐代宗对自己的疑虑，郭子仪把唐肃宗赐给他的诏敕千余篇都送给唐代宗看，并上书表明自己的忠诚。唐代宗深为感动，下诏自责说："我错疑你了，使你这样忠于国家的大臣忧虑，我觉得很是惭愧。往后，你再也不要有任何疑虑了！"从此，代宗对郭子仪更加信任和礼遇了。

公元764年，原属郭子仪部将铁勒族人仆固怀恩，因不满唐朝对他的待遇而起兵叛变，他派人与回纥和吐蕃联系，欺骗说："郭子仪已被鱼朝恩杀害了，唐天子也没了，我们要进军中原，建立王朝。"回纥吐蕃军队信以为真，很快，仆固怀恩纠集了10万吐蕃兵和回纥兵，杀气腾腾地向长安进发。行至鸣沙（今宁夏中卫东），仆固怀恩得急病死去，回纥、吐蕃大军继

续进攻，一直打到长安附近的泾阳。此时，长安城里，官兵、百姓人心惶惶，唐代宗也惊恐万状，命郭子仪屯兵奉天（今陕西乾县），并向他询问破敌方略。郭子仪胸有成竹地说："仆固怀恩等几个叛将虽然凶悍，但不得人心。他的军队原是我的部下，我待他们很好，现在他们必不忍心以锋刃相向。"唐代宗听了，心里镇定很多。另外，他又任命郭子仪为关内副元帅，但实际并没有多少士兵，原来，郭子仪罢帅后，在家闲住，把自己的亲兵、亲将也遣散了，因此接受新的诏命时，麾下只有数十人。他们行至咸阳时，回纥、吐蕃军队已渡过渭水，唐代宗逃离长安。郭子仪一路招兵买马，在洛南会合王知节部，军威才开始振作起来，但人数不足一万人，不足叛军的1/10。当唐军进驻陕西商县后，郭子仪派一部分士兵击鼓，还漫山插上旗帜，晚上又点燃千万把火炬，虚张声势。回纥、吐蕃军队非常恐惧。当时，仆固怀恩已死，吐蕃和回纥军队之间，由于争夺统帅权而产生矛盾，两家军队已经分开。郭子仪看出这个破绽，决定拆散两家联盟，利用原来与回纥的关系，说服回纥军队与唐军联合彻底击垮吐蕃军。

郭子仪派部将李光瓒，去向回纥首领药葛罗陈说利害。药葛罗惊讶地说："郭令公还在吗？仆固怀恩说郭公已死，唐天子也不在了，中国无主，我们才答应起兵的。现在唐天子是否也在？"回答说："唐天子很健康。"回纥首领说："我们被仆固怀恩骗了！"李光瓒见机，传达郭子仪的话："过去你们回纥兵跋涉万里，帮助我们平定安禄山、史思明叛乱，收复两京，我们曾共过患难。现在你们放弃旧好，帮助叛将，况且仆固怀恩背主弃亲，这对你们回纥有什么好处呢？"回纥首领说："怀恩说郭公已死，不然我们哪会到这儿来。如果郭公真还在，能否引他见见？"李光瓒回营，把此消息告知郭子仪。郭子仪决定亲自到回纥营中走一趟。部下觉得这是个好办法，但又觉得太危险，建议挑选500精骑一同前往，以备不测。郭子仪认为这样会引起回纥人的怀疑，坏了大事，因此决定孤身前往敌营。

回纥将士听说郭子仪来了，都大吃一惊。药葛罗命令将士排好阵势，自己把箭搭在弓弦上，站在阵前，看看唐军是不是在要花招，郭子仪远远看到这个场面，干脆把盔甲和枪卸下，骑马往前走。回纥将士见郭公真的来了，都下马围着郭子仪行礼下拜。郭子仪下马，扶起下拜的回纥将士，握着药葛罗的手，语重心长地说："各位兄弟，咱们曾共患难扫除安禄山叛乱，怎么忍心忘掉？""我今天到这儿来，就是要劝你们悬崖勒马。我现在

是单身到这儿，你们可以把我杀掉，但是我的将士一定会跟你们血战到底的。"回纥首领听了这番话，很是惭愧，说道："令公别这样说，我们是上当受骗了，要是得知唐天子和令公您还健在，我们哪敢同您打仗呢?"郭子仪又趁机告知回纥将士："吐蕃、唐朝本是甥舅亲戚（唐朝两次出嫁公主给吐蕃首领，以示和好），但吐蕃背亲弃义，他们从唐朝掠去的财物不计其数，牛马遍布数百里。你们若倒戈攻击他们，一方面可以获得财物、牛马，一方面可表示对唐朝和好，一举两得。"听了郭子仪的劝说，药葛罗忙说："行! 我们一定替令公出力，戴罪立功。"

郭子仪和药葛罗会谈结束后，药葛罗命令将士大摆酒席，宴请郭子仪。宴会上，郭子仪按照盟誓的规矩，把酒倒在地上，起誓说："大唐天子万岁! 回纥可汗万岁! 谁要违反盟约，就死于阵前，家族灭绝!"接着，回纥首领药葛罗也跟着起誓。双方签订了盟约。

吐蕃军队听说回纥军与唐军签订盟约，个个吓得胆颤心惊，连夜打点行装，往西逃窜。药葛罗率领回纥兵趁势追上去，郭子仪也命精锐将士协助回纥兵，一同追击吐蕃军队。在陕西灵台和泾县一带，唐军和回纥骑兵截击了吐蕃军，杀得吐蕃军丢盔弃甲，死伤无数，并且还解救了被吐蕃劫掠去的几千名百姓和无数物品。

郭子仪单骑退敌，仅以几句话便解除了唐朝的危机。

第六章　虚　实

【内容提要】

虚实二者迥异,然为兵法所用又归于一;作战必须支配敌人,而不为敌人所支配。

行军作战要避实击虚,这样就能将自己的兵力最大限度地发挥出来,从而取得主动权。

"假作真时真亦假",在一定条件下虚与实也是可以互相转化的,用兵的规律像水的流动,不是固定不变的。

【原文】

孙子曰：凡先处战地而待敌者佚[1]，后处战地而趋战者劳。故善战者，致人而不致于人[2]。能使敌人自至者，利之[3]也；能使敌人不得至者，害之也。故敌佚能劳之[4]，饱能饥之，安能动之[5]。出其所不趋[6]，趋其所不意。行千里而不劳者，行于无人之地也。[7]攻而必取者，攻其所不守也；守而必固者，守其所不攻也。

【注释】

[1]处：占据。佚通"逸"。

[2]致人而不致于人：致，招致、引来。致人，调动敌人。致于人，被敌人调动。

[3]利之：以利引诱敌人。

[4]敌佚能劳之：劳，作动词用，使⋯⋯劳，敌人本来安逸，却可以使它疲劳。

[5]安能动之：安，安稳。动，使⋯⋯动。敌人本来安守营寨，却可以使它出动。

[6]出其所不趋：趋，趋向。我军出击敌军无法救援的地方。不，无法，不能。

[7]行千里而不劳者，行于无人之地也：无人之地，比喻敌松懈无备之处。我行军千里却不感到疲劳，是因为行进在敌军松懈无备之地。

【译文】

孙子说：凡先占据战场迎战敌人的就安逸、从容、主动，后到达战场仓促应战的就疲劳、被动。所以善于指挥作战的人，总是能调动敌人前来而不被敌人调动。能使敌人自己自动来上钩的，是用小利引诱的结果；能使敌人不能进入我防区范围的，是以利害威胁的结果。因此，敌人休息得好，要能设法使其疲劳；敌人给养充足，要能设法使其饥饿；敌人驻扎不动，要能使其调动。出兵指向敌人无法援救的地方，行军于敌人意料不到的方向。行军千里而不疲劳，是因为走的是没有敌人阻碍或防守不严的

地区。进攻必然得手,是因为进攻的是敌人不注意防守或不易守住的地方;防御而必能稳固,因为扼守的正是敌人不敢攻或不易攻破的地方。

【原文】

故善攻者,敌不知其所守;善守者,敌不知其所攻。微乎[1]微乎,至于无形,神乎神乎,至于无声,故能为敌之司命。

【注释】

[1]微乎:微,微妙。乎,语气词。

【译文】

所以善于进攻的,使敌人不知道怎么防守;善于防守的,使敌人不知道怎么进攻。微妙呀,微妙到看不出一点形迹;神奇呀,神奇到听不出一点声息,所以能成为敌人命运的主宰。

【原文】

进而不可御[1]者,冲其虚[2]也;退而不可追者,速而不可及也。故我欲战,敌虽高垒深沟,不得不与我战者,攻其所必救[3]也;我不欲战,画地而守之,敌不得与我战者,乖其所之[4]也。

【注释】

[1]御:抵御。

[2]冲其虚:冲,攻击,袭击。虚,松懈之处。

[3]攻其所必救:救,救援。我军攻击的地方正是敌军必定要援救的地方。

[4]乖其所之:乖,违,相反,这里指改变、调动。之,往去。调动敌人,将其引到他处。

【译文】

进攻时使敌人不能抵御的,是因为冲向敌人防守空虚的地方;撤退时使敌人无法追击的,是因为行军速度很快,敌人追赶不上。所以,我军要

孙子兵法·三十六计

战,敌人即使高垒深沟坚守,也不得不脱离阵地与我交战,是由于进攻的是敌人必救的地方;我军若不想交战,虽然画地防守,敌人也无法和我军交战,是因为我军设法诱使敌人改变进攻方向。

【原文】

故形人而我无形[1],则我专而敌分;我专为一,敌分为十,是以十攻其一也,则我众而敌寡;能以众击寡者,则吾之所与战者,约矣[2]。吾所与战之地不可知[3],不可知,则敌所备者多[4]。敌所备者多,则吾所与战者,寡矣。

【注释】

[1]故形人而我无形:第一个形是动词,使……现形。第二个形是名词,形迹。

[2]吾之所与战者,约矣:约,少、寡。我军能以众击寡,则我欲击之敌必定弱小。

[3]吾所与战之地不可知:即我准备与敌作战之地点,不能让敌人事先知道。

[4]敌所备者多:备,准备、防备。多,指多处、多方面。

【译文】

所以,尽力想办法使敌军暴露形迹而使我军的行迹隐蔽得无影无踪,这样,我军便可以集中兵力而使敌军分散兵力。我军兵力集中在一处,敌人兵力分散在十处,这样我就能用十倍于敌人的兵力去攻击敌人,造成我众敌寡的有利态势。能做到以众击寡,那么我军与敌人作战所用兵力就少了。我军所要进攻的地方不能让敌人知道,敌人不知道,那么要防备的地方就很多,敌人要防备的地方越多,兵力就越分散,这样我军所要进攻的敌人就少了。

【原文】

故备前则后寡,备后则前寡,备左则右寡,备右则左寡,无所不备,则无所不寡。寡者,备人者也;众者,使人备己者也。

【译文】

所以，处处防备，防备了前面，后面的兵力就薄弱；防备后面，前面的兵力就薄弱；注意防备左边，右边的兵力就薄弱；注意防备右边，左边的兵力就薄弱；这样就要处处防备，就处处兵力薄弱。兵力少，是因为处处防备的结果；兵力充足，是由于迫使敌人处处防备而分兵的结果。

【原文】

故知战之地，知战之日，则可千里而会战；不知战地，不知战日，则左不能救右，右不能救左，前不能救后，后不能救前，而况远者数十里、近者数里乎？

【译文】

所以，能预先知道同敌人交战的地点，预知交战的时间，这样就可以跋涉千里去同敌人交战。如果不能预知交战的地点，不能预知交战时间，那么就会左不能救右，右不能救左，前面不能救后面，后面不能救前面，何况远的几十里、近的也有好几里呢？

【原文】

以吾度之，越人之兵虽多，亦奚益于胜败[1]哉？故曰：胜可为[2]也。敌虽众，可使无斗。

【注释】

[1]奚益于胜败：奚，何、何有。益，益处，帮助。与上句连起来就是：越国军队不能知道众寡分合的运用，即使人数众多，对胜败又有什么裨益呢？

[2]胜可为：为，造成、创造、争取。《形篇》中孙子从战争的客观规律的角度指出："胜可知而不可为。"此处是从主观能动性角度认为："胜可为。"

【译文】

以我之心忖度、推断，越国兵力虽多，对于决定战争的胜败又有什么

84

裨益呢？所以说,胜利是可以争取的,敌人兵力虽多,但可以使它无法用全部力量同我军较量。

【原文】

故策之而知得失之计[1],作之而知动静之理[2],形之而知死生之地[3],角之而知有余不足之处[4]。故形兵之极[5],至于无形;无形,则深间[6]不能窥,知者不能谋[7]。

【注释】

[1]策之而知得失之计:策,策算。得失,指敌方计谋的得与失。经过筹算,了解并判断敌人作战计划的优势。

[2]作之而知动静之理:作,兴起,此处指挑动。动静之理,指敌军活动规律。故意挑动敌人,以了解其活动的规律。

[3]形之而知死生之地:形,示形于敌。通过示形于敌,了解敌方的优势和劣势。

[4]角之而知有余不足之处:角,较量。有余不足,指兵力的强弱。通过试探性的较量,掌握敌军虚实强弱的情况。

[5]形兵之极:形兵,伪装示形于敌。极,极点。军队部署过程中的伪装达到最佳状态。

[6]深间:深藏的间谍。

[7]知者不能谋:知,通"智"。聪明的人也不能计谋。

【译文】

所以,认真分析判断敌情,以了解敌人作战计划的优劣长短;挑动敌军以求了解他们的活动规律;示形诱敌,以了解敌人所处地形的有利不利;进行战斗侦察,以求探明敌人兵力部署的虚实强弱。所以,示奇正、虚实之形以诱敌的方法运用到极妙的程度,伪装到最好的地步,能使人看不出形迹;看不出形迹,这样即使有深藏的间谍也无法窥察到我军的底细,聪明的敌人也想不出对付我军的办法。

85

【原文】

因形而错胜于众[1]，众不能知。人皆知我所以胜之形，而莫知吾所以制胜之形[2]。故其战胜不复[3]，而应形于无穷。

【注释】

[1]因形而错胜于众：因，由、依据。错，通"措"，安置。根据敌人的情况而取胜，将胜利置于众人面前。

[2]皆知我所以胜之形，而莫知吾所以制胜之形：都知道我军取得胜利的作战方法，却不知道我军所以克敌制胜的奥妙。

[3]战胜不复：复，重复。不重复使用克敌制胜的手段。

【译文】

把根据敌情的变化之形灵活运用而取得的胜利摆在众人面前，人们还是看不出其中的奥妙。人们都知道我取胜的战术，但是不知道我是怎样运用这些战术来取胜的。所以，每次战胜的策略、筹算都不是重复老一套的方式，而是适应敌情的不同情况发展而变化无穷。

【原文】

夫兵形像水，水之形，避高而趋下，兵之形，避实而击虚[1]。水因地而制流，兵因敌而制胜。故兵无常势，水无常形，能因敌变化而取胜者，谓之神。

【注释】

[1]避实而击虚：避开敌人坚实之处，攻击其空虚薄弱的地方。击，出击。

【译文】

用兵的规律像水的流动，水流动的规律是避开高处而流向低处；作战的规律是避开敌人坚实之处而攻击它虚弱的地方。水因地势的高下而制约流向，用兵则根据敌人的变化而决定取胜方针。所以用兵作战没有固定的方式方法，就像水流没有固定的形状一样，能根据敌情的变化而夺取胜利的，就叫做用兵如神了。

【原文】

故五行无常胜,四时无常位,日有短长,月有死生[1]。

【注释】

[1]月有死生:死生,指月亮的盈亏。

【译文】

所以说,五行没有常胜,四时没有常位,日有短长,月有盈亏。

【兵法精粹】

以主动制胜

凡是先到达战地而等待敌人的,就能以逸待劳;后到达战地而仓促应战的,就会疲于奔命。所以善于用兵的人,能主动制敌,而不受制于敌人。

能使敌人自动上钩,是以利引诱的结果;要使敌人不敢前来,须使敌人感到有败亡之害。敌人安逸时,应设法使它疲惫;敌人粮秣充足时,应截断其补给,使其饥饿;敌人安定时,应设法使其动荡不安。

出兵要指向敌人无法救援的地方,行动要指向敌人意想不到的方向。长途远征而不疲惫,是因为走在没有敌人抵抗的地区;进攻必然得手,是因为所攻的是敌人未设防的地区;防守必然稳固,是因为所守的是敌人不敢攻不易攻的地区。所以善于进攻的,敌人不知道怎样防守;善于防守的,敌人不知道怎样进攻。微妙啊!微妙到看不出一点形迹。神奇啊!神奇到听不见一点声息。因而能操纵敌人的生死,成为敌人的主宰。

我军进攻时,敌人无法抵抗,那是因为我军进攻的是敌人防守薄弱的地方;我军退却时,敌人无法进攻,那是因为我方行动迅速,敌人追不上。当我想和敌人决战时,即使敌人坚守高垒深沟,也不得不出来应战,那是因为我军进攻的是敌人必须援救的要害地区;当我不想决战时,即使随便画地防守,敌人也无法与我军交战,那是因为敌人受我军牵制,被我军欺骗。

分敌以众击寡

所以虚张声势，欺骗敌人，让敌人暴露行动或部署，而自己却不露形迹，就能使自己的兵力集中，而使敌人的兵力分散。如果自己的兵力集中为一，而敌人的兵力分散为十，就等于我方以十倍的兵力打击敌人，造成我众敌寡的态势。能够以众击寡，就很容易获胜。

我军所要进攻的地方，不能使敌人预知；敌人不得而知，就会处处设防，这样同我军作战的敌人数量就少了。敌人防备前面，后面的兵力就薄弱；防备后面，前面的兵力就薄弱。敌人兵力之所以分散，是由于处处防备，兵力分散；我方兵力之所以众多，是由于迫使敌人分兵防备。

因此，能预知与敌人交战的时间和地点，就是跋涉千里，也可与敌人交战；不能预知与敌人交战的时间和地点，则敌人攻我右翼，我不能调动左翼部队相救；敌人攻我左翼，我不能调动右翼部队相救；敌人攻我后方，我不能调动前方部队相救；敌人攻我前方，我不能调动后方部队相救。前后左右尚且不能相救，更何况部队之间远的相隔几十里，近的也有好几里。

藏形迹于机变

因此将帅必须分析判断（策之），明白利害得失，挑动敌军（作之），了解其动静规律；故意显露我方态势（形之），以探求所处地形的利与不利之处；用少数兵力和敌人较量（角之），以探明敌人兵力部署的虚实强弱。

战斗态势运用到了极致，就看不出一点形迹，即使深藏的间谍，也窥察不到底细；智谋再高的人，也无计可施。以变化莫测的战斗态势取胜，众人不知我是怎么获胜的，一般人只知道我获胜，却不可重复同一套战法，而应依据不同的情况灵活变化。

用兵的规律像水一样（兵形像水），水从高处往低处流，用兵则是避开敌人的坚实之处，攻击其虚弱之处。水随地形高低而改变流向，用兵也要顺应敌情变化而克敌制胜。所以用兵作战没有一定的方法，就像流水没有一定的形态，能因应敌情变化而取胜，就称得上用兵如神。

用兵的规律就像自然现象：五行相生相克，四季交替更迭，白天有长有短，月亮有圆有缺，永远处于变化之中。

徐敬业兵败高邮

唐朝著名的一代女皇武则天，被立为皇后之后，开始干涉朝政。等她升级当上母后，权力更加扩充，最后甚至罢黜当朝皇帝中宗，封其为武陵王，独揽大权，最终引起唐室旧人反感，徐敬业就是在这种背景下于扬州起兵讨伐的。

徐敬业起兵后十天之内，便集结了十几万人。有人劝他直攻洛阳，以号召山东豪杰，也有人劝他先攻取江南的常州、润州，奠定基础，再求进一步打算。

主张直攻洛阳的是魏思温。他的理由是：徐敬业以拥护皇帝复位为号召，如果直攻洛阳，可获各方响应支持；如果窝在江南，无法造势用势，军事力量将难以拓展。

然而这段话徐敬业听不进去，他宁可相信薛仲璋的计策。薛仲璋说："金陵有王气，而且长江形成的天险，足以巩固我们的霸业，因此应先拿下常、润两州，作为霸业的基础，然后北上，图谋中原，如此，进可攻，退可守，是上上之策。"

徐敬业采用薛仲璋的保守战略，另外派人防守江都大本营，自己则率兵渡过淮河攻打润州，虽然很快就攻下了，但李孝逸领导的政府军随后也直逼徐军的大本营而来。徐敬业立即回师准备迎敌，把所有兵力分守三大据点，分别是韦超、尉迟昭进驻都梁山，徐敬猷守淮阴，他自己则进驻高邮。

对李孝逸而言，当前最大的问题是，应该先攻打哪一个据点。几乎所有的将领都是主张分出一小部分兵力包围据守险要地形的韦超，主力部队直扑徐敬业的大本营江都。补给官薛克杨独排众议，以为不可，他分析说："韦超虽然据守险要，但兵力不强。如今我们派出一部分兵力包围他们，假使派得多，主力部队相对的就减弱，假使派少了，又不见得能长久守得住。还不如全力进攻，击败都梁山的韦超后，防守淮阴的徐敬猷和高邮的徐敬业，随之也必然瓦解。"

李孝逸手下大将魏元忠接着提议，把攻击目标锁定徐敬猷，其他众将官一致反对。他们认为，应该直接攻打徐敬业，徐敬业一败，实力较弱的

徐敬猷将不战自败。反之,若先打徐敬猷,徐敬业率兵救援,唐军势必腹背受敌。

魏元忠的意见刚好相反,他说出他的看法:"由徐敬业亲自领军,镇守在高邮的军队,乃精锐之师,但他们临时凑合在一起,一次决定性的会战,对他们有利,而我军万一失利,大势就难以挽回。至于徐敬猷,他是个赌徒,不谙军事,他的兵力薄弱,军心容易动摇,很容易攻破。徐敬业就算想赶来救援也来不及,我们克制徐敬猷后,乘胜追击,即使韩信、吴起再世,也抵挡不了我军锋芒。不先攻弱者(徐敬猷),却贸然打强者(徐敬业),这是相当不明智的。"

李孝逸最后接受薛克杨和魏元忠的意见,率军进军韦超,韦超乘夜逃走;再攻打徐敬猷。徐敬业三角破了两角,只剩下自己的主力部队了。

李孝逸多次出击,攻打徐敬业,均告失败,有意打退堂鼓。此时魏元忠等人发现气候干燥,适合火攻,而徐敬业大军布阵已久,疲劳尽露,军心涣散。李孝逸因此采取火攻,徐敬业率领的军队果然大败,七千余人被斩首,在败逃中被淹死的更是不计其数。徐敬业和徐敬猷在逃亡中被部将杀死。这场兵变,为时仅三个月。

李孝逸集中自己的优势兵力主动攻击徐敬业的弱势,取得了战争的胜利。

识破计策　大破敌军

兵家作战,虚虚实实,难以分清,只有知己知彼,才能百战百胜。知彼,就是要知道敌人的虚与实。

汉景帝即位不久,刘濞勾结已蓄谋造反的六个诸侯王,统率 20 万大军势如破竹地杀向京城。汉景帝任命中尉周亚夫为前方统帅,火速赶往前线,挡住刘濞。

周亚夫情知战事危险,只带了少数亲兵,驾着快马轻车,匆匆向洛阳赶去。到达洛阳,进兵睢阳,占领了睢阳以北的昌邑城,深挖沟,高筑墙,断绝了刘濞北进的道路。随后,又攻占淮泗口,断绝了刘濞的粮道。

刘濞的军队在北进受阻之后,首先攻打睢阳城,但睢阳城十分坚固,而且城内有足够的粮食和武器,守将刘武因为得到周亚夫的配合,率汉军拼死守城。

周亚夫知道刘濞远道而来，现在，粮食又被自己断绝。为了消耗刘濞的锐气，坚守壁垒，拒不出战，刘濞无可奈何。

渐渐地，刘濞因粮道被断，粮食日见紧张，军心也开始动摇。刘濞调集全部精锐，孤注一掷，向周亚夫坚守的壁垒发起了大规模的强攻。

刘濞在强攻中采取了声东击西的战术，他表面上是以大批部队进攻汉军壁垒的东南角，实际上将最精锐的军队埋伏下来准备攻击垒壁的西北角。但是，周亚夫识破了刘濞的计策。当东南角的汉军连连告急请派援兵时，周亚夫不但不增兵东南角，反而调主力到西北角。

激战从白天一直打到夜晚，刘濞的军队在壁垒前损失惨重，将士勇气和信心丧失殆尽，加之粮食已经吃光，只好准备撤退。周亚夫认为这是歼灭刘濞的大好时机，他命令部队发起全面进攻，只这一仗就把刘濞打得落花流水。刘濞见大势已去，带着儿子和几千亲兵逃往江南，不久就被东越国王设计杀死。周亚夫乘胜进兵，把其余六国打得一败涂地。楚王、胶西王、淄川王、济南王先后自杀身亡，一场惊天动地的"七国之乱"就这样被平息了。

齐魏桂陵、马陵之战

战国初年，在齐、魏、韩、赵、秦、楚、燕七国中，魏国是非常强盛的国家。首先魏国在三家分晋时，分得了河东地区，这一地区生产较发达，经

济基础较好；其次，魏国在魏文侯时期，任用了李悝、吴起、西门豹等人，进行了各方面的改革。在政治上，逐步废除了世袭的禄位制度，实行"食有劳而禄有功"的制度，建立起比较健全的封建地主政权。在经济上，推行"尽地力"和"善平籴"的政策，鼓励开荒、兴修水利，促进了生产的发展。在军队建设上，建立了"武卒"制度，大大地提高了军队的战斗力。这些措施的实施，使魏国日益强盛起来。魏惠王时期，国力达到了它的鼎盛时期。齐国在当时不是较大的诸侯国。公元前 356 年，齐威王即位后，任用邹忌为相，改革政治，加强中央集权，进行国防建设，国力逐渐强盛。在魏国不断向东扩展的形势下，齐国为了同魏国抗衡，便利用魏国与赵、韩之间的矛盾，展开了对魏斗争。

公元前 354 年，赵国为了同魏国抗衡，向卫国发动了进攻，卫国位于赵、魏之间，赵取了卫国就取得战略上的有利地位。卫国原是魏国的属国，现在赵要将它变为自己的属国，魏国自然不会同意。魏国以保护卫国为借口，出兵包围了赵国的国都邯郸。赵与齐是盟国，当邯郸告急时，赵国派使者向齐国求救。齐国此时正在图谋向外发展，因此答应救赵。

齐威王召集大臣商讨救赵的办法。齐相邹忌主张不去救赵，齐将段干朋则主张力救，认为不救不仅对赵国失去信用，而且对齐国本身也不利。他从齐国的利益出发，提出了一个先让赵、魏两国相互攻战，等到两败俱伤之时，才出兵救赵的战略方针。齐威王同意了段干朋的意见。齐国以少量兵力南攻襄阳陵，以牵制魏国，坚定赵国抗魏的决心。齐军主力则按兵不动，静观事态发展，准备在时机成熟时出兵救赵。

公元前 353 年，魏国攻破了赵都邯郸。时机已成熟，齐威王命令田忌为主将，孙膑为军师，统率大军救援赵国。

孙膑是春秋时期著名军事家孙武的后裔。年轻时他曾和庞涓一起学习兵法，后来庞涓在魏国做了将军，他自知能力不及孙膑，便伪造罪名，私用刑法割断孙膑的两脚，并在他的脸上刺字涂墨，妄图使他永远不能够出头露面。孙膑忍辱负重在魏多时，直到有一天他听说齐国使者来到魏国，便以犯人的身份偷偷地见了使者。齐使认为孙膑是个了不起的人才，就暗地把他藏在车子里，带回了齐国。到齐后，孙膑得到将军田忌和齐威王的赏识。这次齐军救赵，威王打算派孙膑为主将，但孙膑不想把自己的名字暴露出来，于是推说自己是受刑身残的人，不宜为将。齐威王遂改用田忌为主将，孙膑为军师，大举伐魏救赵。

田忌打算直奔邯郸,以解邯郸之围。孙膑不赞成这种打法,他说:"要解开乱成一团的丝线,不能用手硬拉硬扯;要调解别人打架,自己不能帮助去打。派兵解围的道理也一样,不能以硬碰硬,而应该避实击虚,避强击弱,冲其要害,使敌人有后顾之忧,自然就会解围了。现在魏、赵相攻,已经相持了一年多,魏军的精锐部队都在赵国,留在自己国内的是一些老弱残兵。如果你统率大军迅速向魏国都城大梁进军,魏军必然回兵自救,这样我们不但可以解赵国之围,同时又能使魏军疲于奔命,便于我们打败它。"田忌采纳了孙膑的意见,率齐军主力向魏国国都大梁进军。大梁是魏国政治经济中心。庞涓得知大梁危急的消息,大惊失色。魏军不得不以少数兵力留守邯郸,而以主力回救大梁。这时,齐军已将地势险要的桂陵作为作战区域,在路上阻击魏军。魏军由于长期攻赵,兵力消耗很大;长途跋涉使士卒更加疲惫不堪,而齐军则是占有先机,士气旺盛。因此,面对齐军的阻击,魏军完全陷入了被动挨打的局面,终于惨败而归。

在桂陵之战后,魏军虽然败了,但仍具有一定实力,并未因此而放弃邯郸。后来,秦国不断向魏国进攻,魏国没有力量同时与多国相争,才放弃了吞并赵国的打算。真正使魏遭到严重削弱的是 10 年后发生的马陵之战。

公元前 342 年,魏国攻打韩国。韩国急忙向齐求救。田忌认为如不救韩,韩将有被吞并的危险,主张尽早救之。孙膑既不同意不救,亦不同意早救。他认为:现在韩、魏两军均未疲惫,如果立即发兵去救,将陷入政治上被动听命于韩、军事上代韩受兵的困境,并且胜利亦无把握。可首先向韩表示必定出兵相救,促使韩国竭力抗魏。等到韩国处于危亡之际,再发兵救援。齐威王采纳孙膑的建议,并亲自接待韩国使者,暗中答应出兵帮助。韩国仗恃着齐国的帮助,坚决抵抗。

韩、魏先后 5 次交战,韩国均失败了。韩国向齐告急,齐威王认为时机已到,又任命田忌为主将,孙膑为军师,率领齐军攻魏救韩。孙膑又使出"围魏救赵"的老办法,直向魏都大梁进军。魏国主将庞涓立即把军队从韩国撤回来。这时,齐军已经越过齐国边界,进入魏国的国境。孙膑知庞涓已从后面赶来,于是对田忌说:"魏国的军队素来强悍英勇,看不起齐国,我们应装着胆怯而逃亡的样子,诱魏军中计。现在我军进入魏国境内已有很远了,可用减灶之计。我们齐军今日进入魏地,在宿营地做 10 万个灶,明日只做 5 万个灶,后日到宿营地只做 3 万个灶,逐日减灶,这样魏

军就会认为我们怯战,逃亡士兵很多,他们必然趾高气扬,日夜兼程前来追逐。这样,不但消耗了他们的力量,而且麻痹了他们的斗志。"田忌采纳了这个建议。

庞涓回兵进入国境,一路之上,庞涓为了了解敌情仔细观察了齐军安营的地方。追了 3 天,虽然还没追上,庞涓却很有把握地认定齐军逃亡的士兵已过半数。他决定甩下步兵,只统率一部分轻装的精锐部队,快速追赶齐军。孙膑估计了庞涓追兵的行程,认定晚上必然到达马陵(今河北大名东南)。马陵道路狭窄,在两山中间,便于埋伏军队。孙膑命士卒将道路两侧树木全部砍倒,只留下最大的一棵树,其余的树乱七八糟地横在路上,以阻塞交通。在留下的那棵树的东面,剥去一大块树皮,露出白色的树身,在上面用黑煤写上几个大字:"庞涓死于此树下"。孙膑又安排了 1 万弓箭手,分成两队埋伏在道路两旁的险要处,吩咐他们只要看到树下的火光一亮,就立即朝树下放箭。他又调一部分军队隐藏在离马陵不远的地方,只等魏军一过,便从后面截断退路。

那天晚上庞涓率领轻骑进入马陵,他隐隐约约地看到一棵大树露出白木,上面有着一行字,但看不清,于是就叫士兵点起火把来看,看完后庞涓心里一惊,知道又上当了。这时,齐军万箭齐发,魏军大乱溃散,庞涓自知败局已定,便愤恨自杀。齐军乘胜进攻,大败魏军,俘虏太子申。

马陵之战重创魏国。接着,齐、秦、赵从东西北三面夹攻魏国,后来到"会徐州相王"时,强盛一时的魏国终于屈服于齐国,战国的形势由此发生重大转折,齐国代替魏国而称霸诸侯。

在桂陵、马陵这两场战斗中,孙膑将《孙子兵法》的"避实击虚"、"攻其所必救"、"制人而不制于人"的战略指导思想进行了创造性的发挥。

第七章　军　争

孙子兵法·三十六计

【内容提要】

　　战场是人们高度发挥能动性的场所,情况千变万化,战机稍纵即逝,临敌应变全靠指挥员审时度势,因势利导。

　　战斗实际上就是一个"争"的过程,带领怎样的军队去"争"才不会失利呢? "争"有哪些途径呢? 在处于劣势时怎样"争"得一息转机呢?

【原文】

孙子曰：凡用兵之法，将受命于君，合军聚众，交和而舍[1]，莫难于军争[2]。军争之难者，以迂为直，以患为利[3]。故迂其途而诱之以利[4]，后人发[5]，先人至，此知迂直之计者也。

【注释】

[1]交和而舍：交，接触。和，和门，即军门。舍，驻扎。两军营垒对峙而处。

[2]莫难于军争：军争，两军争夺取胜的有利条件。

[3]以迂为直，以患为利：迂，曲折、迂回。直，近便的直路。将迂回的道路变成直达的道路，把不利的(害处)变为有利的。

[4]故迂其途而诱之以利：故，故意。其，之，均指代敌人。迂，使……迂。我军故意迂回道路，而以小利引诱敌军把它牵引到别的方向。

[5]后人发：人，指敌军，比敌军后出动。

【译文】

孙子说：大凡用兵的法则，将帅接受国君的命令，从组织民众编成军队，聚集军需，到开赴前线驻地扎营同敌人对阵，这中间最困难的莫过于两军争利，夺取制胜条件的了。两军争利中最困难的地方，又在于把迂回曲折的弯路变为直路，化有害为有利。所以要迂回绕道，并用小利引诱敌人，这样就能做到比敌人后出动而先到达所要争夺的要地，这就是懂得以迂为直的方法了。

【原文】

故军争为利，军争为危[1]。举[2]军而争利，则不及[3]；委[4]军而争利，则辎重捐[5]。是故卷甲而趋[6]，日夜不处[7]，倍道兼行[8]，百里而争利，则擒三将军。劲者先，疲者后，其法十一而至[9]；五十里而争利，则蹶[10]上将军，其法半至；三十里而争利，则三分之二至。是故军无辎重则亡，无粮食则亡，无委积[11]则亡。

【注释】

[1]军争为利，军争为危：为，这里作"是"、"有"解。军争既有有利的

97

一面,又有不利的一面。

[2]举:全部。

[3]不及:不能到达(预定的地点)。

[4]委:丢弃,舍弃。

[5]捐:损失,丢失。

[6]卷甲而趋:卷,收藏。趋,快速前进。

[7]日夜不处:处,止,息。夜以继日,不得休息。

[8]倍道兼行:倍道,加倍行程。兼行,日夜不停地前进。

[9]劲者先,疲者后,其法十一而至:士卒们身强力壮者先到达,身体羸弱者后到达,这种做法,只有十分之一的兵力能到位。

[10]蹶:失败,损失。

[11]委积:物资储备。

【译文】

所以两军相争既有有利的一面,也有不利的一面。全军带着所有装备辎重去争利,就会行动迟缓而赶不上,放下装备辎重去争利,辎重就会损失。因此,卷甲急进,日夜不停,以加倍的行程连续行军,走上百里路程去与敌争利,三军将领都可能被俘。身体健壮的士兵先到了,体弱疲倦的士兵掉了队,采用这种做法,可能只有十分之一的兵力赶到;走五十里路程去与敌争利,先头部队将领就可能会受挫折,这种方法部队只有半数兵力赶到;走上三十里路程去争利,部队只有三分之二的兵力赶到。所以军队没有辎重,就不能生存,没有粮食就不能生存,没有物资储备、运输不继就不能生存。

【原文】

故不知诸侯之谋者,不能豫[1]交;不知山林、险阻、沮泽之形者,不能行军;不用乡导[2]者,不能得地利。

【注释】

[1]豫:通"与",参与。

[2]乡导:向导。乡,通"向"。

【译文】

所以,不了解列国诸侯的战略计谋,不能与其结交;不熟悉山林、险阻、沼泽等地形,不能行军;不使用向导,不能得到地利。

【原文】

故兵以诈立[1],以利动,以分合为变[2]者也。故其疾如风,其徐如林,侵掠如火,不动如山,难知如阴,动如雷震。掠乡分众[3],廓地分利[4],悬权而动[5]。先知迂直之计者胜,此军争之法也。

【注释】

[1]立:成立,此处指成功、取胜。

[2]以分合为变:分,分散兵力。合,集中兵力。用兵打仗应当灵活使用兵力,或分散或集中。

[3]掠乡分众:乡,乡里。这里指敌人的领土。分众,分兵。要兵分数路掠取敌国的粮食。

[4]廓地分利:廓,同"扩"。利用有利的地形。要扩大占领区,分兵夺取敌方资源。

[5]悬权而动:权,指秤锤。悬权,秤杆。权衡利害而后行动。

【译文】

因此,用兵打仗要依靠诡诈多变为根本,根据是否有利采取行动,按照分散和集中来变化兵力的使用。所以军队行动快速时,像疾风;行动缓慢时,像严整的森林;攻击时,像迅猛的烈火;驻守时,像山岳,屹立不动;隐蔽时,像阴云蔽天;冲锋时,像万钧雷霆。掳掠乡邑,要分兵掠取;扩张疆土,要分兵扼守。权衡形势利害与得失,然后决定行动。事先懂得以迂为直、以直为迂的方法就能制胜,这就是两军相争的原则。

【原文】

《军政》曰:"言不相闻,故为[1]金鼓;视不相见,故为旌旗。"夫金鼓旌旗者,所以一人之耳目也[2]。人既专一,则勇者不得独进,怯者不得独退,此用众之法[3]也。故夜战多火鼓,昼战多旌

99

旗,所以变人之耳目也。

【注释】

[1]为:设置。

[2]所以一人之耳目也:意即金鼓旌旗之类,是用来统一部队的视听、统一军队的行动的。

[3]用:动用,驱使。法:法则,方法。

【译文】

《军政》上说:"因为用语言指挥听不到,所以设置鼓铎;金鼓之声,令其进或止。用动作指挥看不到,所以设置旌旗。"金鼓、旌旗都是用来统领军队作战行动的,军队行动既然一致,那么勇敢的将士就不能单独前进,怯懦的也不能单独后退,这就是指挥大部队作战的方法。所以夜间作战多用火光和鼓声,白天作战多用旌旗。之所以变换这些信号,是为了适应士兵视听能力。

【原文】

故三军可夺[1]气,将军可夺心。是故朝气锐,昼气惰,暮气归。故善用兵者,避其锐气,击其惰归,此治[2]气者也。以治待乱,以静待哗,此治心者也。以近待远,以佚待劳,以饱待饥,此治力者也。无邀正正之旗[3],勿击堂堂之陈[4],此治变者也。

【注释】

[1]夺:被剥夺。

[2]治:此处作掌握解。

[3]无邀正正之旗:邀,迎击,袭击。正正,平整的样子。不要迎击旗帜严整、队列雄壮的敌人。

[4]勿击堂堂之陈:陈,通"阵"。不要攻击阵容强大、实力雄厚的敌人。

【译文】

对于敌人的军队,可以挫伤它的锐气;对于敌人的将领,可以动摇他

孙子兵法·三十六计

的决心。军队初战时,士气旺盛,锐不可当,过一段时间,士气就逐渐怠惰,到了最后就疲乏衰竭了。所以善于用兵的人,总是避开敌人的锐气,等到敌人士气衰竭、松懈疲惫,人心思归时,再去打击它,这是掌握军队士气的方法。以自己的严整对付敌人的混乱,以自己的镇静对付敌人的急躁,这是掌握部队军心的方法。以自己部队的靠近战场来对付敌人的远道而来,以自己的安逸休整对付敌人的奔走疲劳,以自己部队的粮足食饱对付敌人的粮尽人饥,这是掌握军队战斗力的方法。不要去迎击旗帜整齐、部署周密的敌人,不要去攻击阵容严整、实力强大的敌人,这就掌握了因敌变化的方法。

【原文】

故用兵之法,高陵勿向[1],背丘勿逆[2],佯北勿从[3],锐卒[4]勿攻,饵兵勿食[5],归师勿遏[6],围师必阙[7],穷寇勿迫,此用兵之法也。

【注释】

[1]向:仰攻。

[2]背:倚托。逆,迎击。

[3]北:败北。从:跟随追击。

[4]锐卒:士气旺盛的军队。

[5]饵兵勿食:敌人若以小利作饵引诱我军,我军千万不能攻取他。

[6]归师勿遏:遏,音è,阻击。归师,向本国退却的敌人。

[7]围师必阙:阙,同"缺"。在包围敌军作战时,当留有缺口,避免使敌背水一战。

【译文】

所以用兵的法则是:敌人占领高地,不要去仰攻;敌人背靠高地,不要从正面进攻;敌军假装败退不要跟踪追击;对敌军精锐的部队不要去攻击;对敌军的以利引诱,不要去理睬;对正在撤退回去的敌军,不要去正面拦阻;包围敌人,要留有缺口;对濒临绝境的敌人不要过分逼迫它。这些都是用兵应当掌握的法则。

【兵法精粹】

战争的法则是,将帅奉国君之命,编成军队,组织民众,投入战场,其中最难的事,莫过于和敌人争夺有利的制胜条件。而争夺制胜条件最难的是,如何化迂回弯路为直线近路(以迂为直),如何化不利为有利(以患为利)。故意迂回绕道,并以小利引诱敌人,结果我军出发得迟,却到达得早,这就是懂得以迂为直的计谋。

争夺有利的制胜条件,可能有利,也可能有危险,若携带全部装备辎重去行军作战,必定来不及到达目标;若留下辎重行动,则必然损失许多物资。假使轻装急行,日夜不停,以加倍速度行军,赶上100里路去争夺有利目标,结果强健的士兵先到,体弱的士兵落队,真正抵达目的地的只有1/10,可能导致全军覆没,三军将领被俘;如果行军50里,去争夺有利目标,可能只有一半兵力能到达目的地,导致先锋部队受挫;如果行军30里,可能有2/3的人可到达目的地。

更何况军队没有辎重就会失败,没有粮食就不能生存,没有物资储存就会败亡。倘若不了解诸侯列国的企图,就不能展开外交;不了解山林、险阻、沼泽等地理因素,便不能行军;不利用向导带路,便无法获知地处所在。

用兵必须诡诈欺敌才能成功,必须对我军有利才采取行动,必须依情况的变化决定兵力的集中或分散。军队行动时,须快速如风;静止时,肃静如林木;进攻时,如火一般猛烈;防守时,如山一般稳固;隐蔽时,如乌云蔽天;行动时,如雷霆万钧。军队须把从占领区掠夺而来的资财,分配给士兵;把攻占的土地,分封给将士。能根据状况,伺机而动,事先懂得"以迂为直"计谋的将帅,才能得胜,这是争取制胜条件的原则。

四治之要诀

古代兵书上说:指挥大军,用口头传达命令听不见,所以使用金鼓;用动作传达讯息看不见,所以使用旗号。

以金鼓旗帜为号令,是为了使全军耳目统一,行动一致。这么一来,勇敢的人不致擅自向前,胆怯的人不致擅自后退,这是统帅大军的方法。至于夜间作战多使用火光和鼓声,白天作战多使用旗号,这些不同的指挥

信号，是为了适应人的视听。

　　打击敌人，可以挫伤其士气；打击敌将可以动摇其决心。军队在初期作战时，士气旺盛；到了中期，逐渐怠惰；到了末期，便士气衰竭，归心似箭。所以长于用兵的人，能利用敌人的士气消长——敌人士气旺盛时，回避不战；等敌人士气低落时，再加以攻击，这是掌握敌人士气高低的方法（治气）。以自己的严整，对敌人的混乱；以自己的镇静，对敌人的急躁，这是掌握军心的方法（治心）。先到达战场，以等待敌人远道来攻，以逸待劳，以饱待饥，这是掌握军队战斗力的方法（治力）。不要迎击旗帜整齐、部署周密的敌人，不要攻击阵容严整、实力强大的敌人，这是掌握因敌而变的方法（治变）。

兵法八忌

　　所以，用兵法则是：

　　对居高临下之敌，不要仰攻；

　　对自高处俯冲而下之敌，不要正面迎击；

　　对假装退却之敌，不要追击；

　　对士气正旺之敌，不要急于进攻；

　　当敌以饵引诱我时，不要理他；

　　当敌班师回国时，不要去阻击；

　　包围敌人，要虚留缺口；

　　对陷入绝境之敌，不要过分迫近。

　　这些都是用兵应掌握的原则。

【古今中外著名典例】

魏吴东兴之战

　　曹魏嘉平四年（252年），孙权建筑东兴堤用以遏止巢湖之水外流，后来进攻淮南，却因巢湖内的船只不利而失败，于是废弃大堤不再修筑。这年10月，太傅诸葛恪会集众人，重新建筑大堤，连结左右两座山，于大堤之间建筑了两座城，派将军全端守西城，都尉留略守东城。

镇东将军诸葛诞对大将军司马师说:"如今趁着吴国的内部灾荒,派王昶逼取江陵,派毌丘俭攻取武昌,牵制住吴国上游的兵力,然后挑选精锐兵力进攻其两城,等他们救兵赶到,我们已大获全胜了。"当时征南大将军王昶、征东将军胡遵、征南将军毌丘俭等人各自都说了征伐吴国的计策。朝廷因三种征伐方案不同,于是下诏征询尚书傅嘏的意见。

傅嘏回答说:"有人主张直接渡江,横行于江面之上;有人主张兵分四路同时进攻;也有人主张屯兵边境,平时耕作土地,然后乘其内乱之机发动进攻。吴国与我为敌,将近60年了,这期间他们君臣团结,同甘共苦,最近又丧其统帅,君臣上下必定加强戒备,假使他们在重要渡口排列战船,坚固城池,那么我们横行大江之上的计策,恐怕就难以奏效了。如今边境的守军,与敌军相隔甚远,敌军设置的观察联络哨所,又数量众多,戒守严密,我们的间谍不能进入,得不到任何消息。如果军队没有耳目消息,侦察不够详细,却贸然发重兵,会面临巨大的危险,这就是怀着侥幸心理以获取成功。这不是保全军队的良策。只有屯兵边境的计策最为完备牢靠。

"可以先命令王昶、胡遵选择地方驻扎在形势险要之地,调查可以安置兵力之处,然后让3万兵力同时进驻守地。第一,要夺取肥沃的土地,让敌人退回到贫瘠的土地。第二,不许欺压劫掠百姓。第三,实行招抚怀柔政策,使每天都有投降归附之人。第四,从远处开始设置侦察联络哨,使间谍不能过来。第五,敌兵退守之后,侦察联络哨必然不能深入,耕作土地也不容易开展。第六,军队就地食用生产的粮食,不用分出兵力运输。第七,敌军内部矛盾混乱情况可以及时知道,能迅速作出征讨突袭的决断。以上七个方面,是军事行动的当务之急。不掌握这些,敌军就会独占便利的资财;掌握这些,利益就会归于我国,所以不可以不明察。"但是,司马师没有采纳这个意见。

十一月,王昶等三股兵力袭击吴国。十二月,王昶进攻南郡,毌丘俭进攻武昌,胡遵、诸葛诞率7万大军攻打东兴。甲寅(十九日),吴国太傅诸葛恪率兵4万,日夜兼程,救援东兴。胡遵等人命令各军做浮桥渡水,分兵攻打两城;城在高峻险要之处,不能很快攻破。诸葛恪派将军丁奉和吕据、留赞、唐咨等人为前锋,从山的西面攻上。丁奉让各路军马从道路上避开,他亲自率领属下3000人快速突进。当时正刮北风,丁奉扬帆行船两天就到达了东关,随即占据了徐塘。当时漫天飘雪,十分寒冷,胡遵

等人正在聚会饮酒。丁奉见魏军前部兵力稀少，让士兵们都脱下铠甲，丢掉长矛大戟，只戴着头盔拿着刀和盾牌，裸身爬上堰。魏兵看见他们，都大笑不已，而不立即整兵对敌。吴兵爬上之后，立即击鼓呐喊，偷袭攻破魏军前部营垒，吕据等人也相继赶到。

魏军四散奔逃，争相抢渡浮桥，浮桥毁坏断裂，魏兵自己跳入水中，互相践踏着逃跑。魏军前都督韩综、乐安太守桓嘉等人都沉没在水中，死者数万人。韩综是吴国的叛将，多次为害吴国，吴大帝孙权非常痛恨他，诸葛恪命人送回韩综首级以祭告大帝庙。

争夺有利地形对战争的胜利至关重要，也是《军争篇》讲的核心，吴军先占领东兴险要之地，为大败魏军奠定了基础。

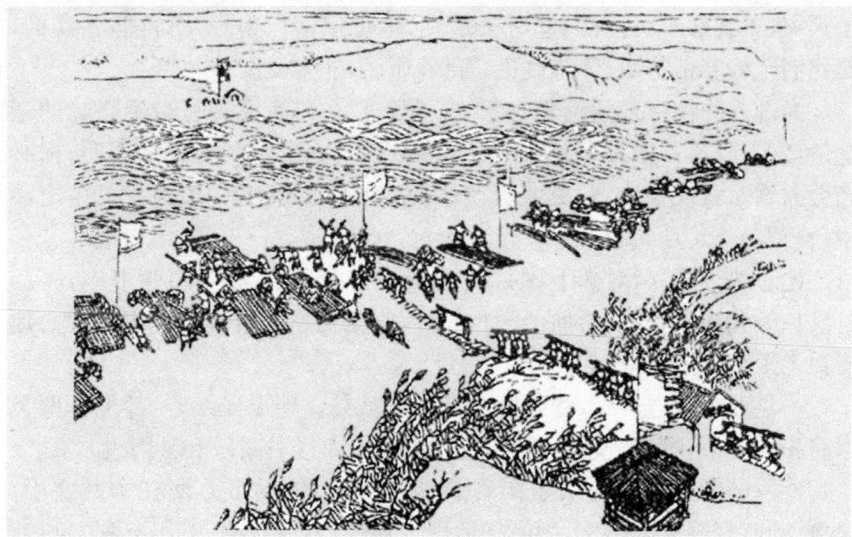

以屈求伸　等待良机

吐蕃赞普达摩于公元842年逝世，因他无子，便立一位宠妃3岁的内侄为赞普。

首相不服，被这位宠妃杀了。洛川门（今甘肃武山县东）讨击使论恐热早有篡国之心，闻得此事，自封国相，和青海节度使勾结，举兵造反。论恐热很快就杀败官军，占了渭州。

不过，论恐热有块心病，他很担心鄯州（今青海乐都县一带）节度使尚婢婢袭击他的后方。论恐热决定先灭尚婢婢，以绝心腹之患。

公元843年，论恐热率大军攻鄯，行军途中，遇到了少有的坏天气：行到镇西（今甘肃省东乡族自治县以西）时，狂风大作，电闪雷鸣。突然间，一个劈雷，草原上烈火熊熊，被雷劈死和被火烧死的裨将有十几名、牲口有100头。论恐热以为是上天发怒，不敢前行。

尚婢婢闻得此事，马上命人准备送去大批物品，去犒赏论恐热的将士。尚婢婢的部将十分生气，阻止尚婢婢，认为这是胆怯的行为，在向敌人示弱。

尚婢婢说："我哪里是真给他送礼啊，我只不过是假装臣服，助长他的骄气。论恐热率大军前来，简直把我们看得像蝼蚁一样不堪一击，现在遇上天灾，正犹豫不决，我们此时去送礼，他肯定信以为真，不再防备我们，而我们正好养精蓄锐，等待良机。"部将听了，非常佩服。

尚婢婢的使臣来到论恐热军中，呈上厚礼和尚婢婢写给论恐热的亲笔信，信上写道："国相举义师匡国难，只要派人送个信来，谁敢不听，何必亲劳大驾。我仅嗜读书，更兼资质愚钝，如能退回乡里，才是我平生之愿望……"

论恐热很高兴，对部下说："尚婢婢是个书呆子，就知道啃书本，哪会打仗！等我当了赞普，给他个宰相职位，叫他在家呆着算了。"于是放心地撤兵走了。

一晃3个月过去了，尚婢婢一切准备就绪。他派庞结心、莽罗薛两员大将率兵5万，突然进攻论恐热的驻地大夏川（今甘肃政和县附近）。

莽罗薛领兵4万埋伏于山谷险地，庞结心领兵1万藏在柳林之中。又派1000轻骑登上山头，用箭把信射入城中，羞辱论恐热。论恐热见信，暴跳如雷，破口大骂。他率兵数万怒冲冲出城追杀。大兵刚至柳林，即遭庞结心拦击，猝不及防，论恐热折了许多人马。但一会儿工夫，庞结心人马渐呈败相，拨马而逃。论恐热率兵追出几十里，眼见庞结心的人马逃入山谷，也就追了进去。

突然，杀声震天，谷内外伏兵四起，庞结心领兵返身掩杀，论恐热的几万人马被切成数段，恰在此时，谷内狂风大作，走石飞沙，溪水漫溢。论恐热的士兵被杀死、溺死者不可计数，几十里内全是尸体。论恐热单骑侥幸逃脱。

106

哥舒翰的失败

哥舒翰是唐朝名将，安史之乱时，在领命讨伐安禄山之前，对敌人的谋略、诈术分析甚详。

天宝十五年（公元756年）六月，叛将安禄山已在当年正月一日于洛阳登基，建立燕国。此后唐朝官兵和燕军多次鏖战，互有胜败。6月初，朝廷根据情报得知，燕军将领崔乾祐驻守在陕郡，兵力单薄，不到4000人，而且尽是老弱残兵，士气低落，这正是唐军出击收复失地的大好良机。

哥舒翰奉命担任攻击任务，但他认为事情并不如此简单，其中可能有诈。他的理由是：安禄山的军事常识丰富，对叛变一事，处心积虑已久，怎么可能留下那么大的防御破绽？一定是他以老、弱、病、残为饵，诱使唐军落入陷阱。于是他上奏分析说：

"贼寇（指安禄山）远征，必须速战速决，对他们才有利；我军尽可占据险要地形，坚守不出。更何况贼寇暴虐无道，不得民心，军队的气势将如日薄西山，愈来愈虚弱，可望发生内讧，我军趁机出兵，不战就可获胜。我们所要的是最终的胜利，何必求快？现在多路征兵还没集结完成，请暂时等待。"

郭子仪、李光弼两位名将支持哥舒翰的看法。他们上疏主张直捣范阳（北京）贼寇巢穴，至于哥舒翰的潼关大军，只要固守阵地即可，不宜轻易出动。

遗憾的是唐玄宗听信杨国忠的谗言，唯恐错失攻敌时机，连续派人传达攻击命令。哥舒翰明知不宜出兵，但君命难违，只得在痛哭声中接旨。

哥舒翰就这样硬着头皮率大军出潼关，他派王思礼率5万人打先锋，庞忠等将领率10万人跟在后面，他本人则带3万人，在黄河北岸观战，并击鼓助阵。

唐朝官军包括总指挥哥舒翰在内，当下都未能料到，崔乾祐早已布置精锐部队在险要之处——此处南面近山，北面控制水道，中间的隘道，只有70里宽。直到唐军对眼前看似不堪一击的敌军发动进攻时，才惊讶地察觉，敌人的大军其实就在后头。燕军趁唐军陶醉在胜利的喜悦、放轻戒备之际，攻其不意，从高地滚下巨大石块。唐军死的死，伤的伤，其余的受困于狭隘的地形，毫无用武之地。

哥舒翰见变故突生，下令以毡车为前导，冲向燕军，不幸地利、天时仿

佛都和唐军过不去：当时已过中午，东风急起。崔乾祐以几十辆装满枯草的车，挡住毡车的去路，并且纵火焚烧。顿时，浓烟迷漫，唐军眼睛被熏得睁不开，情急之下，乱砍一通，自相残杀。稍加定神之后，又错以为敌军必在烟雾之中，个个以乱箭射过去，直到傍晚，箭射完了，烟雾也散去，才知道眼前只有几辆破车，什么人影也没有。

燕军此时到底在哪里？唐军方寸大乱，早已失去主意，惊惶疑惑间，崔乾祐率精锐部队自后方突袭。唐军手足无措，兵败如山倒，有的弃甲藏匿于山谷里，有的你挤我、我挤你掉进河川，活活溺死，哀鸿遍野。而没死的也已吓破胆，全军自行崩溃，哥舒翰带着3万人和其余败逃的官兵逃回潼关。

潼关的外围筑有三道深广的大沟，残兵败将争先恐后地涌向潼关，人马纷纷坠入沟中，顷刻间就已填满沟壑，后到的便践踏着沟中弟兄和马匹的身体过去，18万大军，回到潼关的才不过8000多人。次日，潼关就被攻破，哥舒翰成为俘虏。

刘备智取汉中

汉中的地理位置对于刘备、曹操来说都是十分重要的，它是四川东北的门户。曹操占据汉中，可以使益州北方无险可守，这对占据四川不久的刘备无疑形成了极大的威胁。如果刘备占据汉中，那么他则进可以攻关中，退可以守益州。因此，刘备决心将汉中夺到自己的手中。

公元217年，刘备亲率主力进攻汉中，诸葛亮留守成都，负责军需供应。刘备大军进攻阳平关，想攻下这一战略要点。他选精兵万余，轮番攻战，始终没能得手。双方在阳平关对峙一年有余。

公元219年正月，刘备经充分的准备与策划，决定采取行动以改变这种长期对峙的局面。他率军避开地势险要、防守严密的阳平关，南渡汉水，沿南岸山地东进，一举抢占了军事要地定军山。定军山是汉中西面的门户，地势险要，刘备占领了定军山，就打开了通向汉中的道路，并且威胁着阳平关曹军侧翼的安全。

为防止刘备进军和北上，曹军在汉水南岸和定军山东侧建营垒，修围寨，设鹿角(一种栅栏式的防御工事)。刘备夜攻曹营，火烧南围鹿角。夏侯渊命张部守东围，亲率轻骑往救南围。刘备军又急攻东围，并派黄忠率

精兵埋伏在东、南围之间的险要地段。夏侯渊又急忙率军回援东围。黄忠居高临下,以逸待劳,突然攻击行进中的夏侯渊。夏侯渊军毫无防备,战败溃逃,夏侯渊本人也被黄忠斩杀,张郃率军退守阳平关。

夏侯渊死后,曹军由张郃统领。曹操得知汉中战场失利,亲率主力从长安出斜谷,迅速赶赴阳平关前线救援汉中。这时,打胜仗的蜀军士气旺盛,刘备通过定军山争夺战变被动局面为主动局面。待曹军到达汉中后,刘备利用有利地形,拒守险要之处而不与曹操决战。同时,刘备遣游兵扰袭曹军后方,劫其粮草,断其交通。曹军攻险不胜,求战不得,粮草缺乏,军心恐慌,兵无斗志,士卒逃亡不少。一个多月后,曹操不得不放弃汉中,全军撤回了关中。刘备如愿占据了汉中,不久,他派刘封、孟达等攻取了汉中郡东部的房陵(今湖北房县)、上庸(今湖北竹山西南)等地,势力得到了扩大与巩固。刘备在汉中争夺战中大获全胜。

孙武在《孙子兵法·军争篇》中提出,用兵作战最困难之处在于争夺制胜条件。从刘备、曹操争夺汉中之战中,确实证实了孙子这一观点的正确性。

于谦智败瓦剌

明王朝第六帝英宗朱祁镇在位期间,荒淫无能,政治腐败,朝纲不振,大权旁落在宦官太监王振手中。蒙古族的瓦剌部落首领宁顺王也先早已企图恢复元朝的统治,此时,便下决心进犯明王朝。在英宗继位的第十四年(1449年),也先派出二千余名先遣人员,以"贡马"为名,借削马价引起纠纷,寻找战争导火线,接着以"污辱贡使"为借口,于当年7月4日分兵四路,向明王朝发起正面进攻。

由于明王朝军事松懈,一时措手不及,猫儿庄(今山西大同北)、阳和(今山西高阳)等地相继失守。军情十分紧急,边关告急表章飞入京都。朱祁镇不顾大臣异议,在无充分准备的情况下,于7月16日,留下皇弟朱祁钰镇守北京,同心腹太监王振等带领10万兵马,匆匆赶赴大同。

也先得知朱祁镇御驾亲征,便设下诱兵之计,立即传令部队撤出塞外,打算引明军出塞后,用训练有素的骑兵一举歼灭之。英宗帝和王振不善战略战术,怎知是计,带兵前往塞外。当明军到达大同时,才知瓦剌北撤是阴谋,决定班师回朝。此时,已来不及。8月13日,朱祁镇君臣回到

孙子兵法·三十六计

宣府以南,在宣府往大同的驿站——土木堡,被瓦剌军包围并切断水源。可怜数万人马,三天两夜滴水不入,渴得口干舌燥,苦不堪言。狡猾的也先用欲擒故纵之计,故意放一条生路,引诱明军就范。昏庸的皇帝和草包太监立即移营,正在此时,瓦剌军从四面八方冲杀过来,明军被杀得丢盔弃甲、狼狈而逃。护卫将军樊忠平时早已恨透为非作歹的宦官太监,故乘机杀死王振,自己也以身殉国。明朝10万兵马,全军覆没,朱祁镇被俘。这就是历史上著名的"土木之变"。

英宗帝被俘的消息,传入北京。正在关键时刻,兵部侍郎于谦挺身而出,他主张说:"京都是国之根本,一动百扰,大势去矣!"他列举前朝南迁的前车之鉴。他铿锵有力的言辞,得到诸多大臣的赞同。皇太后和朱祁钰见在这关节眼中,能站出一位力挽狂澜的忠臣于谦,当然满心欢喜,立即同意他的奏请,委以兵部尚书的重任。

于谦得到太后和威王的准许,立即把京中老弱兵马加以整顿,部署守城。并且十万火急调遣山东、河南军队增援,使得京中人心安定,后方巩固,奠定了下一步战略布置的基础。

俗语云:国不可一日无君。这是涉及领导班子的核心问题,是政权能否巩固的关键。一日,威王朱祁钰临朝理事,众臣早已厌恨王振党羽,提出族诛。谁知王振死党马顺不识时务,还气势汹汹地斥责众人,众臣不服,一气之下,把马顺打死于朝堂,把尊贵威严的金銮殿闹得一塌糊涂,朱祁钰惊恐万状,想一走了之。于谦眼见此状,立即从班中挤出,赶到威王面前,口称:"殿下!请留步坐下。"接下奏曰:"马顺等人助纣为虐,罪该当死,不杀不平民愤,望殿下以国家社稷为重,下令惩办王振死党,局面就会好转。"威王见于谦说的有道理,立即采纳他的意见,面向众大臣宣布,曰:"王振一伙罪恶滔天,马顺等人死有余辜。锦衣卫王心(王振侄儿)也应凌迟,死者皆陈尸东门外示众,王振从党要继续查办!"这一顺乎民意的决定,得到众大臣的拥护,很快使局面稳定下来。

朝中,由于观点不同,事实上已分成主战和主和两派,兼之英宗帝一时尚不能回朝,长此下去不是办法。于谦等人为了拯救国家危亡,向皇太后提出请求,立威王朱祁钰为皇帝。太后考虑再三后,赞成此议。9月,朱祁钰即位,号代宗皇帝,年号改为景泰元年(1450年),尊英宗为太上皇。

景泰元年9月,代宗即位不久,瓦剌军逼宣府城下。于谦面对敌我兵力悬殊的态势,一手抓防卫,一手抓备战,大力征募新兵,调运粮草,赶制

兵器。不到一个月，征集20万人马，做好一切迎敌的准备。

10月，也先带被俘皇帝朱祁镇攻破紫荆关，兵逼北京城。于谦主张先打掉也先的嚣张气焰，鼓舞士气，立即调集22万军队，做好迎战的周密布置：都督王通、副都御史杨善率部守城，兵分九个城门外，列阵待敌。总兵石亨等列阵德胜门外，挡住也先来路；陶谨驻安定门；刘安驻东直门；朱瑛驻朝阳门；刘聚驻西直门；顾兴祖驻阜城门；李瑞驻正阳门；刘德驻崇文门；汤节驻宣武门。九路兵力统受石亨调遣。于谦布置毕，严格宣布军队行兵纪律：临阵将领不顾部队先退者，斩其将；部队不顾将领先退者，后队斩前队，晓谕全军，鼓舞士气。

10月11日，明军副总兵高礼等，在彰义门外首战告捷。歼敌数百，夺回民众千人。狡猾的也先，眼看明军有于谦等将领有力指挥，阵容强大，硬攻不能取胜，故意变换手法，以送还朱祁镇为名，行诱杀于谦等主战派之阴谋。于谦早已识破也先的诡计，严辞拒绝之。

也先见此计不成，便采取强攻。13日，瓦剌军向德胜门攻击。于谦不以正面与敌人拼杀，以其人之道反治其人之身，也采用诱兵之计，派骑兵佯攻，引敌进入伏击圈之内，而明军早已在民房内埋伏好火炮，待机歼敌。此计甚妙，瓦剌军伤亡惨重，也先之弟勃罗也在炮火中丧生。

也先在德胜门受挫，转攻西直门又不得逞，只好退回原地。瓦剌军先头部队又遭到副总兵武兴等挫败，士气低落，军威不振。

瓦剌军围攻京都,屡遭挫败,进攻居庸关又遭守将罗通抵抗。也先惧怕归路被明军切断,忙带朱祁镇向良乡(北京房山县东)后撤。于谦见机,即令神机营炮击也先营,打死打伤瓦剌军万余人。敌兵溃不成军,狼狈逃窜。明军乘胜追击,大获全胜。也先带残兵败将逃回塞外。

北京之战,瓦剌军受此重挫,引起了内部不和,也先眼见朱祁镇留之作用不大,不如空送人情遣还明朝,遂于景泰元年年底,送朱祁镇送返京都。从此,瓦剌再也不敢进犯明朝了。

当敌以饵引诱我时不要理他。于谦未理也先送还朱祁镇的阴谋,避免了上敌人的圈套。对假退之敌,不要追击。瓦剌军就是追击佯攻的明军才陷入了明军的包围圈。

井冈山会师

1928年4月28日,巍峨的井冈山像被水洗过一样,显得格外清新。满野葱绿的稻田,散发着清香。太阳喜洋洋地挂在高空,照得溪水盈盈闪光。这是一个多么美好的日子。

南昌起义保存下来的部队和湖南南部的农民军在朱德和陈毅带领下,来到了宁冈砻市。4月底,毛泽东率领工农革命军主力,从湖南江西边境回到砻市。两支革命武装在井冈山胜利会师,对推动全国革命高潮的到来,产生了深远的影响。

"八一"南昌起义的队伍,经过九个月的辗转,才来到井冈山革命根据地。自从他们撤离南昌,毛泽东一直非常关心这支革命武装。可是消息被敌人严密封锁着,不知道他们的下落。直到在酃县水口镇打游击的时候,毛泽东才偶然发现一张敌人留下的报纸,报纸说朱德的部队已经到了广东省潮州、汕头一带。

南昌起义部队有了下落,毛泽东非常高兴,他马上召集干部开会,告诉大家这个好消息。毛泽东说:"南昌起义打响了武装反抗国民党反动派的第一枪,这支部队是我们党领导下的一支重要武装力量,我们一定要设法同他们取得联系。"大家都表示同意,于是就派何长工去广东寻找朱德的部队。

何长工化装出发了。一个多月后,毛泽东的弟弟毛泽覃突然来到茅坪,他是朱德派来找毛泽东的。原来朱德听说毛泽东在井冈山建立了革命根据地,就特地派他来进行联系。毛泽覃向毛泽东报告了南昌起义剩

下来的这支部队，几个月来转战各地的经过：他们先是在江西、福建、广东边境打游击，后来接到中央指示，去参加广州起义，没想到才到韶关，广州起义已经失败，只好把队伍撤到韶关附近的犁铺头进行休整。毛泽东分析了南昌起义部队目前的处境，决定把他们接到井冈山革命根据地来，并让毛泽覃留下来做建党工作。

话说何长工出来寻找朱德的部队，他多次躲过反动派的搜捕，到韶关后，因几个月的奔波，满身的灰尘，他便到旅馆的澡堂洗澡。当时韶关驻扎着云南军阀范石生的第十六军，恰好澡堂里有几个军官也在洗澡，他们在谈论事情，何长工竖起耳朵听他们讲话。他们中的一个人说："王楷的队伍到犁铺头了。听说他原来叫朱德，是范军长的老同学。"另一个说："同学归同学，那是一支暴徒集中的部队，我们要对他严密戒备。"何长工听到这里高兴极了，急忙洗完澡，当时已经是下半夜一点多了，何长工不顾一切，急匆匆地赶路，终于找到了朱德、陈毅等人。真是踏破铁鞋无觅处，得来全不费功夫。

第二天，朱德握着何长工的手，给他一封介绍信和一部分盘费，说："希望你赶快回到井冈山，和毛泽东同志联系，我们正在策动湘南暴动。"

何长工带着介绍信，回到了井冈山，毛泽东听了何长工的报告后，更加密切注视这支革命武装的行踪。不久，朱德发动了湘南暴动，但很快就失败了。朱德不得不带领队伍向湖南、江西边境转移，但是敌人一直尾随不放。毛泽东这时候住在酃县水口镇，一听到这个消息马上带领工农革命军支援朱德。在毛泽东亲自掩护下，朱德的部队安全到达宁冈砻市，受到了根据地军民的热烈欢迎。朱德笑呵呵地说："好，好，我们总算到家啦！"

毛泽东完成了掩护任务后，率领工农革命军主力返回砻市。早就有人报告说："朱德同志住在龙江书院，他在等您回来。"毛泽东一听非常高兴，就朝龙江书院走去。

朱德、陈毅等人早就在门口等候了。等毛泽东走近龙江书院时，朱德抢前几步，毛泽东也加快了步伐，把手伸出来，两只有力的手，紧紧地握在一起了，他们使劲地摇着对方的手臂，是那么的热烈，那么的深情。

毛泽东带着祝贺的口吻说："这次湘赣两省的敌人竟然没能整倒你。"

朱德说："我们转移得快，也全靠你们的掩护。"

两支革命武装会合在一起了，虽然战士们来自不同的省份，大家的说话腔调不一，但都有一个共同的心愿，跟随毛泽东、朱德，建设和发展井冈

山革命根据地,使星星之火得成燎原之势。

5月4日,山清水秀的砻市,到处张灯结彩,美丽的砻市变得更加漂亮、可爱。两万军民在大草坪上举行庆祝会,主席台被无数云霞似的红旗簇拥着,上面挂着一条横幅写着"庆祝两军胜利会师暨红四军成立大会"。

十点钟,担任司仪的何长工宣布:"大会开始,放鞭炮!"大会执行主席陈毅首先发言,他讲了两支革命武装胜利会师的重要意义。朱德接着讲话,他幽默地说:"参加这次胜利会师大会的同志,一定都很高兴吧!可是,敌人却在那里难过。那么就让他们难过吧!"接着,他还勉励大家加强团结,提高战斗力,巩固根据地,发展革命力量,他的话刚结束,就博得了士兵们热烈的掌声。

接着陈毅请毛泽东向大家讲话,毛泽东阔步走到主席台前面,会场上立即响起雷鸣般的掌声,尤其是参加过南昌起义的指战员和士兵们,他们历尽千辛万苦,转战闽赣粤湘四省,终于见到了他们日夜想念的毛委员,他们再也抑制不住内心的激动,拼命地鼓掌,会场上群情振奋,大家如饥似渴地倾听着毛委员的讲话。

毛泽东指出这次会师的伟大意义,同时分析了根据地和红军的光明前途。他风趣地说:"现在我们在数量上、装备上虽然比不上敌人,但是,我们有马列主义,有群众的支持,不怕打不败敌人。敌人即使有孙悟空的本事,我们也有办法对付他们,因为我们有如来佛的本事,他们总逃不出如来佛的手掌!"

毛泽东用生动的比喻,说出了无产阶级藐视敌人的革命气概,毛泽东一番话,把大家说得信心倍增,心花怒放,全场响起了暴风雨般的掌声和热烈的欢呼声。

大会宣布成立中国工农红军第四军,毛泽东任党代表,朱德任军长,陈毅任政治部主任。毛泽东成功地把革命的退却和革命的进攻结合起来,使星星之火,终成燎原之势。大会还向全体指战员重申了红军的"三大任务"和"三大纪律,八项注意"。

红四军的成立,使井冈山革命根据地出现了蓬勃发展的新局面。工农红军在毛泽东的带领下,走上了"工农武装割据"的正确道路,根据地展开了轰轰烈烈的"打土豪,分田地"活动,井冈山地区的红军力量更加壮大,井冈山革命根据地得到更大发展。在毛泽东的亲自培育和指挥下,红四军由小到大,由弱到强,为中国革命事业立下了赫赫的战功!

第八章 九 变

孙子兵法·三十六计

【内容提要】

军队越境千里,南北转战,地形复杂,情况多变,通讯联络不便,因此孙武才提出"九变",为将争"权"。

将帅是一支军队的核心人物,其素质的高低甚至可以决定一支军队的优劣。

事物是瞬息万变的,一名明智的将帅应该善于变通,顺应事物发展的规律。

【原文】

孙子曰：凡用兵之法，将受命于君，合军聚众，圮地无舍[1]，衢地交合[2]，绝地无留[3]，围地则谋[4]，死地则战[5]。涂有所不由[6]，军有所不击，城有所不攻，地有所不争，君命有所不受。

【注释】

[1]圮地无舍：圮，毁坏，坍塌。舍，驻扎。不可在难以通行的山林、沼泽等地驻扎军队。

[2]衢地交合：衢，四通八达。交合，结交邻邦作为自己的后援。

[3]绝地无留：绝地，难以生存之地。不要在难以生存的地方停留。

[4]围地则谋：围，包围。指四面地形险恶的地方。谋，谋划。进入险恶之地，必须尽快设法离开。

[5]死地则战：死地，前无进路、后无退路之地。陷入绝境之地只有与敌作决死之战。

[6]涂有所不由：涂，通"途"，道路。由，从、通过。有的道路不要通过。

【译文】

孙子说：大凡用兵的法则，主将接受国君的指派，征集兵员组织军队，聚集军需。出兵时，在塌陷地带不要驻扎；在四通八达之地应结交边境的邻国外助；遇到危险之地不可停留；遇到前有强敌后有险阻的地方要巧设计谋；陷入"死地"就要殊死拼搏。于我不利的道路不要行军；对有的敌军不要攻击；对有些城邑不要攻占；对有些地方不要争夺；国君的命令有些可以不要听。

【原文】

故将通于九变之利[1]者，知用兵矣；将不通于九变之利者，虽知地形，不能得地之利矣；治兵不知九变之术，虽知五利[2]，不能得人之用[3]矣。

【注释】

[1]将通于九变之利:将,将帅。通,通晓、熟练。九变,指"圮地无舍"到"地有所不争"的九变。变,权变。将帅通晓九种地形的利弊及其处置之法。

[2]五利:指"涂有所不由"到"君命有所不受"的五种变化。

[3]得人之用:充分发挥军队的战斗力。

【译文】

所以将帅能够精通以上九种机变而得好处的,就懂得用兵了;将帅不精通"九变"之利的,即使知道地形险要,也不能得到地利。指挥部队而不懂得"九变"的方法,虽然知道"五利",也不能充分发挥军队的作用。

【原文】

是故智者之虑,必杂于利害[1]。杂于利,而务可信[2]也;杂于害,而患可解[3]也。

【注释】

[1]必杂于利害:必须充分考虑到有利的和有害的两方面。

[2]务可信:务,任务,事务。信,通"伸",伸张、舒展。这里指完成。战争任务可完成。

[3]解:化解,消除。

【译文】

因此明智的将帅考虑问题,总是兼顾到利害两个方面。在有利的情况下,考虑到有害的方面,事情可以顺利进行。在不利情况下,考虑到有利的因素,祸患就可能解除。

【原文】

是故屈[1]诸侯者以害,役诸侯者以业,趋诸侯者以利。故用兵之法,无恃其不来,恃吾有以待也[2];无恃其不攻,恃吾有所不可攻也。

【注释】

[1]屈:使……屈服。

[2]无恃其不来,恃吾有以待也:恃,倚仗,依赖,寄希望。不要把希望寄托在敌人不来,而要寄希望于自己的充分的准备。

【译文】

所以能制服诸侯是靠计谋高明,能役使诸侯,是靠本国富强的基业、雄厚的实力,能使诸侯归附调动是靠利益去引诱他。所以用兵打仗的一般原则是,不要把希望寄托在敌人不来进犯上,而要依靠自己的准备,严阵以待;不要寄望于敌人不会进攻,而要靠自己拥有力量使敌人无法进攻。

【原文】

故将有五危:必死,可杀也;必生,可虏[1]也;忿速,可侮[2]也;廉洁[3],可辱[4]也;爱民,可烦[5]也。凡此五者,将之过[6]也,用兵之灾也。覆军杀将,必以五危,不可不察也。

【注释】

[1]必生,可虏:将帅如果一味贪生,则会成为俘虏。

[2]忿速,可侮:忿,愤怒,忿懑。速,快捷,迅速,这里指急躁、偏激。如果将帅性情急躁,容易愤怒、偏激,可能因受到敌人设计侮辱而贸然进兵,致使失败。

[3]廉洁:这时指重视人格、名誉。

[4]可辱:辱,侮辱。可能因受到敌人设计侮辱人格而轻易出战。

[5]爱民,可烦:爱民,有"仁人爱民"之心。烦,烦劳,烦扰。

[6]过:过错。

【译文】

将帅有五种弱点:有勇无谋,只知死拼,就可能被敌诱杀;临阵畏怯、贪生怕死,就会被俘虏;急躁易怒,暴跳如雷,就会被凌侮而妄动;廉洁好名、过于自尊就会陷入敌人侮辱的圈套;仁慈爱民,唯恐杀伤士众,可能会

被敌出奇不意扰得不得安宁。以上五种情况是将帅易犯的过错，是用兵的灾害。军队覆灭，将士被杀，一定是由这五种危险造成的，为将帅的人不可不充分注意。

变与通　利与害

大凡用兵的法则是，将帅受国君的命令，征集兵员，组成军队。在难以通行的地区(圮地)，不可宿营；在四通八达的地区(衢地)，要与邻国结交；在交通及补给困难的地区(绝地)，不可停留；被敌人包围或陷入四面地形险恶的地区(围地)，要巧出奇谋；在没有退路的地区(死地)，要拼死奋战。有的道路可以不通过；有的敌军可以不攻击；有的城邑可以不占领；有的地区可以不争夺；国君的命令，如果对战争不利，可以不接受。

懂得变通的将帅，才算是懂得用兵；将帅如果不懂得变通，虽然了解地理状况，也无法获得地利；带兵如果不懂得变通，就算知道地利，也不能充分发挥军队的战斗力。

明智的将帅，在考虑问题的时候，必定兼顾到"利"和"害"两方面。在不利的情况下，考虑有利的一面，可以增强信念；在有利的情况下，考虑不利的一面，可以化险为夷。要使诸侯屈服，就要用诸侯最害怕的事威胁他；要使诸侯骚乱，就要用利益引诱他。

将帅用兵五大害

所以用兵的法则是，不要寄望于敌人不来，而应依靠自己强大的实力，有备无患；不要寄望敌人不进攻，而应依靠自己有敌人无法攻破的力量。

将帅有五大致命伤：只知死拼，就可能被杀；贪生怕死，就可能被俘虏；急躁易怒，就可能经不起凌辱；廉洁好名，就可能受不了羞辱；慈众爱民，就可能不胜烦扰。

以上五点是将帅易犯的过失，也是用兵作战的大害。军队覆灭，将帅被杀，都是这五项致命弱点所造成的。

韩国用计保国家

战国时期,秦国攻取了韩国的野王(地名),又成功地截断韩国救援上党郡的道路,使上党落入秦国的口袋之中。上党郡有17座城池,郡守冯亭眼见上党郡不保,便召集部下商量将城池送给赵国,让赵国派军队来。

冯亭派使者带着书信和上党郡的地图到了赵国。赵孝成王问平阳君赵豹:"冯亭投降我们,你看这件事于我们有利吗?"

赵豹说:"冯亭是想把矛盾转移给我们赵国,而上党郡已在秦国掌握之中,我们得了上党,秦国必定与我们作战。"

平原君则贪图韩国的17座城池,他说:"我们跟各诸侯国征战多年,一共才得到几座城池?现在不费吹灰之力即可得到17城之大利,秦国兵将强大,难道我们赵国的兵将就弱吗?"

平原君的话正合赵王的心意。于是赵王重赏冯亭,派平原君去接收上党郡的17座城池。秦昭王得知赵国派人收取了上党郡,勃然大怒,立刻派大将白起进攻赵国。赵王派大将廉颇迎战,双方相持不下。不久,秦昭王用计离间了赵王与廉颇的关系,赵王撤换了廉颇,代之以只会"纸上谈兵"的赵括。长平一战,秦国诱诈,坑杀赵国大军40万。从此赵国一蹶不振。

司马迁在《史记》中评述这件事时说:"平原君'利令智昏',贪冯亭邪说,使赵陷长平兵40余万众,邯郸几亡。"

韩国利用送让城池给赵国,将秦韩的矛盾转化成秦赵的矛盾,尽管失去了17座城池,但保全了国家。

纸上谈兵之害

赵括,是赵国名将赵奢的儿子。他自幼聪明过人,并从小喜欢学习兵法,谈论战争策略,谈起用兵之道,滔滔不绝。他以为朝野没有一个人能比得上他,甚是洋洋得意,自高自大。赵括对用兵攻守之策对答如流,连他父亲也难不倒他,说不过他。周围的人都夸赞他,唯独他的父亲赵奢不但不高兴,反而心情沉重,为儿子只尚空谈又骄傲自满而终日闷闷不乐,

忧虑重重。

赵奢夫人有些迷惑不解，问赵奢说："老爷，我有一事不明，愿意领教。"赵奢知道夫人语意，便说："夫人何必客气，何以言此'领教'两字。"夫人说："括儿议论起带兵打仗总是头头是道，每次辩论，都比别人略高一筹，但从来没听见你说过一句鼓励或赞扬的话，为什么？"赵奢说："括儿自幼通读和牢记许多兵书，辩论起来引经据典，对答如流，准确无误。可是兵书上的策略是前人的经验，打仗是最复杂的事，要综合当时当地敌我双方瞬息万变的情况，快速、准确地作出制胜的反应，那就难得多了。何况，括儿只满足于嘴巴说说，更由于许多人辩驳不过他，到处是钦佩、叹服和夸奖之声，早把他捧得昏头昏脑，连我的教训、提醒，一句也听不进去，这是我最担心的。我担心有朝一日由他带兵，将会导致全军覆没，造成国人的苦难。日后，我们如果在世，就会看得见我的顾虑不是多余的。"赵夫人说："你做父亲，还应苦口婆心，不厌其烦地用各种方法诱导他，启发他加强修养，讲求实践，临机应变。"赵奢说："是，但我估计他仍然自信地我行我素。"

秦国大将白起于公元前262年，率领大军进犯赵国。赵孝成王命大将廉颇率兵与秦军会战于长平。起初，赵军连连失利，秦军乘势节节进逼。廉颇马上改变战术，针对秦军远道而来，战线过长，给养难继，不利久战的情况，命令兵士修筑工事，加强防御，凭借城高墙固濠深的有利条件，坚守城池，拒不出战，意图拖垮秦军。两军对峙，战争拖了3年。秦军的粮草、兵械、运输给养困难，总是供不应求。官兵上下都有些担心和恐慌。白起见久攻不下，便巧施反间计，派奸细混入赵国，到处散布言论："廉颇年已老迈，几年不敢出战，不足为惧。秦军将士都唯恐以赵括为将，若遇赵括，秦军早就撤军了。"

社会流传的流言蜚语传进宫里，赵孝成王信以为真，以为廉颇这次对垒，总是处于守势，觉得他精力不足。赵王急于求胜，决定撤换廉颇，起用赵括。丞相蔺相如听说要起用赵括，不顾身患重病，赶紧进宫苦谏赵王收回成命，分析廉颇战术正确，最终会取胜，赵括没经验，在这紧要关头，万万不可起用赵括。赵母听说后，想起丈夫生前的话，紧急上疏赵王，历数丈夫赵奢在世警告，括儿只尚空谈，不懂实战，丝毫没有带兵经验，也不爱惜士兵，千万不宜委以重任。蔺相如的苦谏、赵母的上疏，都没有改变赵王的主意。赵王仍然撤回廉颇，任用赵括为大将。

赵括抵达长平前线后,按兵书所说,敌方长途跋涉,给养困难,战士恐战、必败,我方以逸待劳,胜利成果唾手可得,遂决定改守城为主动出击,改变了廉颇原来的一套战术。诸将纷纷反对他不切实际的部署。赵括充耳不闻,还撤了坚持主见的将领。秦国大将白起得到消息后,拍手叫绝,这下赵括中计了,立即重新部署作战方案:命令各营抽调精兵,组成一支骑兵敢死队,前去偷袭赵军大营。另派一支部队趁机切断赵军运送粮草的道路。

　　深夜,秦兵突然偷袭。赵括闻报,慌忙率领大军仓猝应战。没有几个回合,秦军竟然不敌败逃而去,赵括不知是佯败之计,以为是兵书所说的(秦兵)恐战心理,也没有先探听虚实,就冒失地指挥全军将士尾随追击。白起哈哈大笑说:"引蛇出洞,要打要切任我所为。这小儿又中计了,赵军此举可破也。"白起即率领主力大军发起攻击,全面冲锋,一下子将赵军拦腰切断,使赵军首尾不能相顾,失去联系,缺乏统一指挥,分别被如潮般的秦军团团包围。一直围困40多天,赵军内无粮草,外无援兵,士兵们个个又饥又饿,疲惫不堪,站都站不起来,怎么能对阵作战呢? 赵括无计可施,后悔不听别人的意见,只好带领一支精锐部队,想突围出去再作计较。遂与包围的秦军拼杀,与士卒们拼死作战,妄图杀开一条血路,但是冲来冲去也冲不出重围。赵括还没有与秦军主力正面交战,就被乱箭穿心,活活射死马下。赵军无主帅,旗倒兵散,赵军顿时大乱,40万大军或被俘、或投降,全军覆没。提起赵括,从古至今,人们就自然想起他父亲赵奢,赵国名将赵奢眼光锐利识子,早就有"一旦带兵,将全军覆没"的卓越预见。赵括只会纸上谈兵,不懂实践,只据兵书,不知变通,终于惨败。

　　明朝翰林院学士刘三吾曾以"朝野犹夸纸上兵"的诗句,讽刺讥笑只机械地熟读兵书,通晓战策,初次带兵打仗即全军覆没,自己送命沙场的战国时期赵国名将之后赵括的"纸上谈兵"只尚空谈的惨败。现在人们也把只会讲不会做的空谈家的夸夸其谈称作纸上谈兵。

宗泽守汴京

　　北宋靖康元年,宋城汴京(今河南开封)被金军攻克,徽、钦二帝成为金军俘虏。第二年宋高宗赵构即位,史称南宋。赵构起用主战派将领,收复了汴京,任命将军宗泽为汴京留守。同年10月,金军再次南下,赵构仓

惶逃至扬州,将汴京城留给了宗泽。

金军在迅速占领秦州(今甘肃天水)至青州(今山东北部)一线的许多重镇后,兵临汴京城下。守城官兵十分慌乱。宗泽自知不能与强敌硬碰硬,便摆下了空城计:做生意的做生意,娶媳妇的娶媳妇,大街小巷,人来人往,一派安详。金军统帅疑心顿起,认为城内有诈,下令暂缓攻城。宗泽跟一位客人下围棋,那种专注神情,仿佛压根儿不知道金人打来一样。

宗泽认为:"我们收复汴京后,招募了众多抗金义士,在汴城外修筑了24 座堡垒,连同护城河,构筑了坚固的堡垒群,还制造了 1200 辆决胜虎车,足可与金军决一死战。眼下敌军来势汹汹,兵力上又远远超过我们,我们就应该避其锐气,以计谋来迷惑敌人,然后击退他们。敌我尚未短兵相接,诸位就这样慌乱,士兵和百姓们该会怎样想呢?"

众僚属被宗泽说得面红耳赤。

金军看到城内一切井然有序,先按兵不动,派出间谍四处侦察,但不待他们把情况摸清楚,到了第三天,驻扎在城外的一支宋军即在统制官刘衍率领下,擂响战鼓,冲入了金营。金军没想到宋军会出击,遭到前后夹击,顿时大乱,抛下大量辎重和沿途掠夺过来的财物,落荒向北逃去。

自此以后,金军在较长的一段时间里,不敢再犯汴京。

鸿门宴杀机暗伏

项羽在巨鹿大战中打败章邯后,率领 40 万大军开到函谷关前。关口却有重兵把守,不准项羽的军队进关。原来刘邦已破了咸阳,现在关口的守兵正是刘邦手下人。项羽命令当阳君黥布等进攻函谷关,关口很快被打开,项羽军队长驱直入,驻扎在戏水西岸的鸿门,离刘邦军队驻扎地霸上只有 40 里路了。刘邦还没来得及见项羽,他的左司马曹无伤派人密告项羽说:"刘邦想在关中称王,要让秦朝投降的秦王子婴作丞相,秦朝的奇珍异宝都被他抢走了。"项羽一听火冒三丈,决定第二天攻打刘邦,一举歼灭他的军队。被项羽尊称为"亚父"的军师范增建议说:"刘邦在东边家乡的时候,又贪财,又好色,如今进关了,财物和美女都不要了,我看他野心不小,想跟大王争夺天下。你不如趁早下决心除掉他。"

项伯连夜赶往霸上密告自己的好友张良,要他赶快离开。但张良把项伯领去见了刘邦。刘邦万分焦急,希望他在项王面前求个情。为了结

兵者
國之大事
生死之地
存亡之道
不可不查也

宗澤將軍

交项伯,刘邦提出两人结为儿女亲家。项伯答应了,并对刘邦说:"明天一大早你要亲自来给项王道歉。"刘邦连声答应,然后项伯又连夜赶回鸿门。

第二天一早,刘邦带领100多人赶到鸿门。项羽叫人摆上酒席,宴请刘邦。宴会上,项羽和项伯坐在主位,亚父范增坐在北边,刘邦坐在客位,张良在旁边作陪。项羽举杯劝刘邦痛快地喝酒,态度越来越和气。

范增一再给项羽丢眼色,并多次举起胸前佩挂的玉玦作暗号,要项羽下决心杀掉刘邦。项羽默不作声,好像没有看见一样。范增急了,借个机会出去,把项羽的堂兄弟项庄找来,交代他说:"项王乃妇人之心,你到席上敬酒,然后舞剑助兴,趁机杀了刘邦。否则,你们这些人迟早会落到刘邦手里!"项庄果然进去给刘邦敬酒,敬完酒后说:"今天项王请沛公喝酒,我给大家舞剑助兴吧!"说完舞起剑来,渐渐向刘邦逼近,吓得刘邦面如土色、直冒冷汗。

项庄不怀好意,项伯怕刚结的亲家刘邦吃亏,也拔出宝剑说:"一个人舞剑没有两个人舞来得起劲。"就用身子护着刘邦与项庄对舞起来,使项庄没机会对刘邦下毒手。

张良见形势危急,找个机会溜出去,对樊哙说:"宴会上项庄拔剑起舞,总想对沛公下毒手,形势万分严峻。"樊哙听了急得大喊:"那太危险了,我去同他们拼了!"他带上宝剑和盾牌赶到帐前,把几个阻拦的卫兵撞倒,怒目圆睁直冲进去。

项羽冷不防看到冲进一个怒容满面的人,急忙按住剑把,抽腿半跪,喝问道:"你是什么人?"张良忙上前解释说:"他是沛公的车夫樊哙,一定是肚子饿了。"项羽用赞叹的口气说:"好一个壮士!快赏给他一斗酒,一只猪腿。"底下的人给了樊哙一斗酒,一只生猪腿。樊哙谢了,站着一口气喝完酒,然后把盾牌搁在地上,拔剑割着生猪腿吃。项羽越发觉得这人豪爽,说:"壮士,还能喝酒吗?"樊哙粗声说:"我死都不怕,还怕喝酒吗?想想秦王像虎狼一样凶暴,杀人唯恐杀不光,处罚人唯恐不够重,结果弄得天下人都起来造反。当初楚怀王跟大家有约:谁先打败秦军攻破咸阳,谁就做王。如今沛公先打进咸阳,他没拿一点东西,只是封了宫库,驻兵灞上,等待大王到来。如此劳苦功高的人,大王不但没给他奖赏,反而听信小人挑拨,想去杀害他,这不是跟秦王没区别吗?大王这种做法未免太不近情理了!"项羽一时答不上话来,招呼樊哙坐下。樊哙挨着张良坐下。

气氛缓和下来。刘邦稍稍镇定一些，他假装要上厕所，把樊哙也叫出去，张良也跟着出去了。刘邦想趁早溜回军营，又怕没有告辞失了礼数。樊哙说："干大事业的人不会拘泥小礼节的。如今人家如菜刀案板一样，我们好比任人宰割的鱼肉，命都难保了还讲什么礼数！"刘邦决定把张良留下来，自己回去。张良问："大王带了什么礼物没有？"刘邦说："我带了一双白璧，要献给项王；两只玉杯是准备给亚父的。刚才项王发脾气，我没敢献上，你就代我送去吧！"刘邦怕项羽派兵来追赶，干脆把车马和随行人员丢下，自己骑上一匹马，让樊哙、夏侯婴、靳强、纪信四个人护送跟随着，一行人沿小路穿过骊山脚下赶回霸上。临行时刘邦再三叮嘱张良，估计等他们回到军营的时候，才过去向项羽告辞。

刘邦走后，张良在外面等了好一阵子，估计刘邦已经到达军营了，才进去对项羽道歉说："沛公酒量小，今天喝多了，不能当面来向大王辞别。他嘱咐我奉上白璧一双敬献给大王；玉杯两只送给亚父。"项羽问："沛公现在在哪里呢？"张良说："沛公听说大王有意要找他的差错，不敢在此久留，已经早走一步，估计现在已经回到霸上军营了。"项羽接过白璧放在席位上，范增气得把玉杯扔在地上，又用宝剑劈碎，愤慨地叹气说："唉，笨蛋是不值得让我操心的！将来争夺项王天下的人一定是刘邦。等着瞧，将来咱们这些人都会成为刘邦的俘虏！"

鸿门宴实际拉开了楚汉战争的序幕。在以后的 4 年中，刘邦用智，项羽用勇，刘邦最终以弱胜强，迫使项羽兵败自刎于乌江边。

周亚夫平定七国之乱

西汉初期虽有所谓的"文景之治"，然而就在文帝在位时，封国日渐坐大，尾大不掉，景帝即位第三年（公元前 154 年），就发生了"七国之乱"。

七国之乱，说大不大，说小不小，怎么说呢？后代的史学研究者认为，如果最后七国胜利，那么中国势必回到战国时代群雄割据的纷乱场面。可见七国之乱，看似规模不大，却也非同小可。它之所以能够在短短 3 个月内，大事化小，小事化无，当时担任全国武装部队总司令的周亚夫，功不可没，而他所用的战术，正是对《孙子兵法》第八篇《九变篇》的灵活运用。

七国之乱，最早是由吴国所发动、主导，并且和楚国联合，成为反叛军

主力,他们首先攻击效忠王室的梁国。梁军被杀数万人,梁王紧守睢阳城,等待救援。

心慌意乱的汉景帝,派袁盎、刘通前往吴国劝吴王停战。但20万吴楚联军已兵临睢阳城下,吴王刘濞志得意满,以半个皇帝自居,根本不接受诏书,态度极其傲慢。眼见和平无望,景帝伤透脑筋,周亚夫建议皇上说:"楚军剽悍,国力强,抵挡不易,唯有让梁国当炮灰,我绕道断绝联军的粮道,才可能制服他们。"

周亚夫在建议获得皇上采纳后,便率一部分兵力出发,准备和大军会合于荥阳。行军至坝上,原拟向左转,经崤山、渑池至洛阳,然而手下的赵遮,独具慧眼,认为吴王财力雄厚,早已培养多名刺客,如今必然算准周亚夫的路线,派出杀手,在崤、渑之间的险隘狭径上狙击,这条路万万不可行。为万全计,应该逆方向而行,右转后趋兰田,出武关,到洛阳,虽是绕远路,但时间相差不过一两天,既安全,又能以奇兵之姿,制造从天而降的震撼效果,一举两得。

周亚夫认为赵遮说得有理,便改变路线,迂回抵达睢阳西边的洛阳,一路平安,事后派人搜索崤、渑一带,果然找到吴国伏兵。

周亚夫逃过这一劫。梁国的睢阳城却在吴楚联军连连猛攻下,难以支撑,派人向周亚夫求救,周亚夫竟然见死不救,置之不理。汉景帝亲自下达救援指示,周亚夫依然不买账——不接诏书,坚守不出,他唯一做的,只是派韩颓当等手下大将,率领轻骑兵,渡河绕到吴楚联军背后,切断他们的后勤补给线。

梁王眼见周亚夫毫无动静,只得自救,以韩安国和张羽为将军,他们两人,一个老成持重,一个骁勇善战,终于合力阻挡住联军的攻势。联军攻势受阻,干脆直攻周亚夫驻守的昌邑。结果周亚夫继续只守不攻,任凭敌人如何刺激,就是不出战。

周亚夫的定力,不仅表现在运筹帷幄之中,其个人的胆识,也展现出处变不惊的一流功夫。当联军围城之际,他的士兵突然发生夜惊现象,互相攻击,好像中邪一样,一直侵扰到军帐前,但他不动如山,继续睡大觉,不久,一切恢复平静,仿佛没事一般。

联军久攻不下,便集中兵力于东南角,此时周亚夫却又将兵力调往反方向的西北角。联军果然转向西北,受挫于周亚夫的兵力,无法奏效。而周亚夫早先派人截断联军补给线的举动,此时也发挥了功效。联军粮食

孙子兵法·三十六计

匮乏，无力，也无心作战，阵前叛逃的士兵不计其数，联军不得不退兵。

周亚夫不费一兵一卒，即解睢阳城之危。接着，他反守为攻，精锐尽出，大破联军。吴王刘濞狼狈不堪，弃其大军不顾，只带数千名部下乘夜逃跑，楚王刘戊自杀身亡。

吴王刘濞逃亡之后，叛军纷纷投降。刘濞于南逃途中被杀，其余各国也相继臣服。西汉初期著名的七国之乱，就这样有惊无险地被平定，前后不过3个月，一般认为周亚夫坚持不战，抢先断绝联军粮道，是胜利的关键。

换句话说，假设周亚夫当时怕皇上怪罪，怕招来杀身之祸或官位不保而出兵救梁，是否能够在这么短的期间内平定内乱，甚至是否能顺利获胜，恐怕还是个未知数。周亚夫胆敢违逆上意，而保存国家命脉，必须具备胆识和智慧；固执不见得是美德，但择善固执就变成了操守。同样的，抗命也不见得是好事，但若因抗命而保国卫民，在孙子眼中，便是一位良将。

其实，周亚夫不买皇帝的账，是有前科的。文帝（刘恒）在位时，为防范以数万兵力南侵的匈奴威胁京师，特命周亚夫等人屯军驻守。文帝亲自劳军，至霸上、棘门两个营区时，指挥官大开营门迎接，文帝长驱直入，好不威风；但随后到周亚夫的细柳区，却受到截然不同的对待。全体将士非但不迎接，反而全副武装，呈备战状态，把皇家卫队挡驾在营门外，负责守卫的军门都尉听说皇上即将驾到还理直气壮地说："军中只听将军的命令，不服从天子诏书。"待文帝抵达，派人通知周亚夫后，才获准进入，但随后卫兵司令又请求车队不得奔驰而入，因为"将军有令，军营之中不可以车马奔驰"。文帝一行人只得慢行，周亚夫面对皇上也不下拜，他说："身穿铠甲的武士不便下拜，请改用军礼参见。"

周亚夫一连串"犯上"的举动，让皇帝的随从、侍卫紧张得屏息无声，不料文帝非但不生气，反而严肃恭敬地手扶车厢横木，躬身行礼。出了营门后，他对周亚夫大为赞赏："这才是真正的大将。在霸上、棘门的军队防务简直像儿戏一般，敌方来袭，将领一定兵败被俘。至于周亚夫，谁敢惹他？"

一个多月后，周亚夫升官。文帝临终前，告诉太子刘启说："国家若有变乱，可任命周亚夫为太尉平乱。"而周亚夫也果然不负使命，充分发挥兵法中"有所不为"的哲学，轻易击败敌手。

萨尔浒之战

努尔哈赤建立后金后，通过两年多时间整顿内部，发展生产，扩大兵力。他开始把战略重点转向反抗明朝的民族压迫上来。

1618年，努尔哈赤召集八旗首领和将士们进行誓师，宣布后金跟明朝有七件事结下了极大的仇怨，叫做"七大恨"。其中第一条就是明朝无故挑衅，害死了他的祖父和父亲。为了报仇雪恨，努尔哈赤决定起兵征伐明朝。

誓师后的第二天，努尔哈赤亲自率领两万人马进攻抚顺。他先写信给抚顺明军守城大将，劝他缴械投降。明军守将李永芳一看后金军队伍庞大，毫无抵抗就乖乖地投降了。辽东巡抚赶紧派兵救援抚顺，也被后金军在半路上打垮。努尔哈赤命令士兵将抚顺城烧毁了，然后带着大批战利品回到赫图阿拉。

这个消息传到北京，明神宗大怒，决定派杨镐为辽东经略，率重兵讨伐后金。杨镐兵分四路，大举进攻赫图阿拉，目的是彻底消灭努尔哈赤。山海关总兵杜松率领中路左翼军，中路右翼由辽东总兵李如柏率领，北路是开原总兵马林，南路是辽阳总兵刘綎，他们把军队号称47万以扩大声势。杨镐坐镇沈阳，指挥全局。

那时，后金八旗军的所有兵力，合起来不过6万多，与明朝相比，相差悬殊。一些后金将士心中不免有点害怕，纷纷来找努尔哈赤拿主意。努尔哈赤胸有成竹地说："别怕他们，管他几路来，我就是一路去。"

经过侦察，努尔哈赤得知明将杜松率领的中路左翼是明军的主力，已经从抚顺出发打了过来。于是，他立即决定集中兵力，先对付杜松率领的明军。杜松是一员身经百战的名将，当他率部队从抚顺出发的时候，下起了大雪，杜松想抢头功，不管气候多么恶劣，下令军队冒雪行军。他先攻占了萨尔浒（今辽宁抚顺东）山口，接着分兵两路，把一半兵力留在萨尔浒扎营；自己则带了另一半精兵前去攻打后金的界藩城（今新宾西北）。

努尔哈赤集中八旗的兵力，一口气攻下萨尔浒明军大营，截断了杜松后路。接着，又急行军前去援救界藩。正在攻打界藩的明军听到后路被抄，都有些担忧，军心动摇。这时，驻守在界藩的后金军趁势从山上压下来，一阵激战以后，把杜松军杀得七零八落。努尔哈赤率领大军也及时赶到，把明军团团围住。杜松被一支暗箭射中头部，一头从马上栽下来摔

死。明军被杀得尸横遍野，血流成河。就这样，明军一路人马先覆灭了。

北路的马林从开原（今辽宁开原）出兵，刚刚到离萨尔浒40里的地方，就得到杜松兵败身亡的消息。他被吓得改变了行军计划转攻为守，就地依山，扎下营垒，准备严加防守。努尔哈赤率领八旗兵力从界藩马不停蹄地赶来，迅速攻破明军营垒，北路人马很快又被打散了。

坐镇沈阳的杨镐，得知两路人马覆灭的消息后，连忙派快马传令另外两路明军立即停止进军。

中路右翼的辽东总兵李如柏一接到杨镐命令，就率兵急忙撤退。在山上巡逻的20几名后金哨兵远远望见明军惊异撤退，就趁势大声鼓噪，吓唬他们。明军兵士以为后面有大批追兵，便争先恐后地逃跑。他们慌不择路，你拥我推，自相践踏，死伤不少。

在杨镐发出停止进军命令的时候，刘綎的大军已经深入到后金军阵地，各路明军失利的情况，他一点也不知道。刘綎在明军中以勇猛出名，他力大无穷，手中使用一把120斤的大刀，运转如飞，外号叫"刘大刀"。刘綎军军令严明，士兵善战凶猛，武器火药也多，进入后金阵地以后，连破几个营寨。

努尔哈赤知道刘綎骁勇，指挥有力，同他交战不能硬拼只能智取。于是，他选了一个投降过来的明兵，叫他冒充杜松部下，送信给刘綎，信中假说杜松军已经到赫图阿拉城下，只等刘綎军去会师，再合力攻城。

刘綎由于没接到杨镐停止进军的命令，不知道杜松军已经全军覆灭，于是就信以为真。他怕让杜松独得头功，就下令火速进军。这一带道路险窄，兵马不能够并列行进，只好改为单列进军。刘綎带兵走了一阵，忽然杀声四起，漫山遍谷的后金伏兵向明军大举杀来。刘綎正不知所措时，努尔哈赤又派出了一支穿着明军衣甲的后金兵打着明军的旗帜，装扮成杜松军前来接应他们。刘綎毫不怀疑，把大队人马带进假明军的包围圈里。于是，后金军里应外合，四面夹击，明军阵势大乱。刘綎毕竟寡不敌众，他左右两臂都受了重伤，坚持不了多久，终于倒下。

这场战争前后只有5天时间，杨镐率领的数十万明军损失了一大半。努尔哈赤取得的胜利，在于变通地利用有利的地形；杜松和刘綎的失败与他们只顾一身之勇，没有精确地分析天气、地理等重要因素有着密切关系。

第九章　行　军

【内容提要】

　　"行军"的主旨是"处军"和"相敌"。"处军"即指部队行军和作战方法,宿营的原则和方法。"相敌"即指战场观察的方法。

　　行军是一个不断变化的过程,随时会面临困难,面临选择。本章对行军中可能遇到的一些问题及其处理方法都作了详细的阐述。

【原文】

孙子曰：凡处军、相敌[1]，绝山依谷[2]，视生处高[3]，战隆无登[4]，此处山之军也。绝水必远水[5]；客[6]绝水而来，勿迎之于水内，令半济而击之[7]，利；欲战者，无附于水而迎客[8]；视生处高，无迎水流[9]，此处水上之军也。绝斥泽[10]，惟亟去无留[11]；若交军于斥泽之中，必依水草而背众树，此处斥泽之军也。平陆处易，而右背高，前死后生，此处平陆之军也。凡此四军之利，黄帝之所以胜四帝也。

【注释】

[1]处军、相敌：处军，带领军队行军作战。相敌，观察判断敌情。

[2]绝山依谷：绝，穿，穿越，渡过。依，依傍。谷，这里指溪谷。

[3]视生处高：视，审察，这里是面向的意思。生，生地，这里指向阳的地带。

[4]战隆无登：隆，高地。登，攀登。不能仰攻居高地的敌军。

[5]绝水必远水：横渡江河，一定要在离江河稍远处驻扎军队。

[6]客：指敌人。

[7]勿迎之于水内，令半济而击之：迎，迎击。水内，水边。济，渡。半济，渡过一半。不要在敌军刚到河边时迎击他们。当敌军渡河达到一半时才发起攻击。

[8]无附于水而迎客：无，勿。附，靠近。不要在靠近河边的地方同敌人作战。

[9]无迎水流：不要把军队驻扎在下游。

[10]绝斥泽：斥，盐碱地，泽，沼泽地。通过盐碱沼泽地带。

[11]惟亟去无留：惟，宜，应该。亟，急，迅速。去，离开。应当迅速离开，千万不要驻军停留。

【译文】

孙子说:凡是据守布置军队和观察判断敌情虚实,应该注意:在经过山地时,要靠近有水草的山谷行进;驻扎时,要选择居高向阳的地方。如敌人占领高地,不要仰攻。这些是在山地行军的原则。横渡江河以后应远离河岸驻扎,如果敌军渡水来攻,不要在江河边迎击,而要让它渡过一半、部分未渡时去攻击它,这样才有利;如果要与敌军交战,不要靠近江河水边列阵迎敌;在江河地带驻扎,要居高向阳,不要逆着水流在敌军下游布阵驻扎。这是在江河地带行军作战军队据守的原则。经过盐碱沼泽地带,应当迅速离开,不要驻军停留;若与敌军遭遇于盐碱沼泽地带,就必须靠近水草而且是背靠树林,这是在盐碱沼泽地带行军作战的原则。在平原上行军作战,要选择占领地域开阔,地势平坦的地方,最好要背靠高地,前低后高,这是在平原地带行军作战的据守原则。以上山、水、斥泽、平陆四种"处军"原则的好处,就是黄帝所以能战胜"四帝"的重要原因。

【原文】

凡军好高而恶下,贵阳而贱阴[1],养生而处实[2],军无百疾,是谓必胜。丘陵堤防,必处其阳,而右背之[3]。此兵之利,地之助也。上雨[4],水沫[5]至,欲涉者,待其定也。

【注释】

[1]贵阳而贱阴:贵,重视。阳,向阳。贱,轻视。阴,阴暗。重视向阳明亮的地方而卑视阴暗地带。

[2]养生而处实:养生,水草丰盛、粮食充足,能使人马得以休养生息。处实:指军用物资供应便利。

[3]处其阳,而右背之:处,占据。右,这里指军队的主要侧翼,置于向阳的一面,并且使自己的主要侧翼背靠高地。

[4]上雨:上,河流的上游。雨,下雨,河的上游下雨。

[5]水沫:指洪水到来。

【译文】

凡是驻军总是喜欢干燥的高平地带而讨厌潮湿的低洼地方,重视东南向阳方而避开西北阴暗地面,驻扎在生活便利和地势居高向阳的地方,人马得以休息,军需供应充足,将士就不至于发生各种疾病,这是军队必胜的一个重要条件。在丘陵、堤防地带,必须占领它向阳的一面驻扎,并且要侧翼背靠着它为上。用兵的这些好的措施,是得自地形的辅助。河流上游下大雨,洪水突至,要涉水,必须等水势平稳以后再渡。

【原文】

凡地有绝涧[1]、天井[2]、天牢[3]、天罗、天陷[4]、天隙[5],必亟去之,勿近也。吾远之,敌近之;吾迎之,敌背之。军行有险阻、潢井[6]、葭苇[7]、山林、翳荟[8]者,必谨复索之[9],此伏奸[10]之所处也。

【注释】

[1]绝涧:指两岸峭峻,水流其间的险恶之地。
[2]天井:四周交合,中间地形开阔的地形。

[3]天牢：地形险恶，易进难出之地。

[4]天陷：地势低洼，泥泞易陷之地。

[5]天隙：两山之间狭窄难行的谷地。

[6]潢井：潢（音huáng），积水池。井：指内涝积水，过陷之地。

[7]葭苇：芦苇，泛指水草。这里指水草丛生的地方。

[8]翳荟：草木茂盛，这里指草木茂盛阻碍多。

[9]谨复索之：谨，谨慎。复，反复。索，搜索，寻找。谨慎地反复地搜索。

[10]伏奸：伏兵和奸细。

【译文】

凡是遇到"绝涧"、"天井"、"天牢"、"天罗"、"天陷"、"天隙"等地形，必须迅速离开，不要接近。以上六害之地，我们应该远离它，让敌人去靠近它；我们应面向它，让敌人去背靠着它。军营两边有山川险阻之地，潢井低洼之地或多林木，或生芦苇，草木茂盛蒙蔽遮盖的地方，必须谨慎仔细地反复搜索，这些都是容易隐藏伏兵和奸细的地方。

【原文】

敌近而静[1]者，恃其险也；远而挑战者，欲人之进[2]也；其所居易者[3]，利也。众树动[4]者，来也；众草多障[5]者，疑[6]也；鸟起[7]者，伏[8]也；兽骇[9]者，覆[10]也；尘高而锐[11]者，车来也；卑而广[12]者，徒[13]来也；散而条达[14]者，樵采[15]也；少而往来[16]者，营军也。辞卑而益备[17]者，进也；辞诡而强进驱[18]者，退也；轻车先出，居其侧[19]者，陈[20]也；无约而请和[21]者，谋也；奔走而陈兵车[22]者，期[23]也；半进半退者，诱也；倚杖而立者，饥也；汲而先饮者，渴也；见利而不进者，劳也；鸟集者，虚也；夜呼者，恐也；军扰者，将不重也；旌旗动者，乱也；吏怒者，倦也；粟马肉食[24]，军无悬缶，不返其舍者，穷寇也；谆谆翕翕[25]，徐与人言[26]

者,失众也;数赏者,窘[27]也;数罚者,困也;先暴而后畏其众[28]者,不精之至也;来委谢[29]者,欲休息也。兵怒而相迎,久而不合[30],又不相去,必谨察之。

【注释】

[1]敌近而静:近,靠近。静,保持安静。

[2]欲人之进:欲,希望。人,敌军。进,贸然进军。

[3]所居易者:易,平易,这里指平坦地带。敌军在平地驻扎。

[4]众树动:众树,众多的树,即树林。动,摇曳、摆动。

[5]众草多障:众草,杂草。障,障碍。

[6]疑:使……疑、迷惑。

[7]鸟起:鸟雀飞起。

[8]伏:伏,埋伏,这里指伏兵。

[9]兽骇:野兽惊跑。

[10]覆:倾覆,遮蔽。这里指敌军铺天盖地而来。

[11]尘高而锐:尘土飞扬,直冲云天。

[12]卑而广:指尘土飞扬不高但面很广。卑:低下。

[13]徒:步兵。

[14]散而条达:散,分散。条达,细长貌。这里指尘土。

[15]樵采:樵,砍柴。采,伐木。这里指敌军砍柴伐木。

[16]少而往来:指尘土少而且此起彼伏。

[17]辞卑而益备:辞,言辞。卑,谦卑。备,战备。敌方的言辞谦卑,而实际上却在加强战备。

[18]辞诡而强进驱:辞诡,措辞诡诈。强,勉强。进驱,驱军前进。以诡诈的言辞作掩护并且强硬进逼。

[19]轻车先出,居其侧:轻车,战车。侧,侧翼。

[20]陈:通"阵"。

[21]无约而请和:约,困境,受制。敌人没有陷入困境却来请和。

[22]奔走而陈兵车:敌军急速奔走,摆开兵车阵。

[23]期:期求。期求作战。

[24]粟马肉食:粟,粮食。这里作动词,喂,拿粮食喂马,杀牲口食肉。

[25]谆谆翕翕:恳切和顺的样子。

[26]徐与人言:徐,徐缓温和的样子。人,指士卒。

[27]数赏者,窘也:数,多次,反复。窘,窘迫、困窘。敌军一再犒赏士卒,说明其处境窘迫。

[28]先暴而后畏其众:暴,暴虐、行暴。畏,畏惧。众,指士卒。长官先对部下横施暴虐,以后又怕部下叛变。

[29]委谢:委,委婉。谢,谢罪。

[30]久而不合:合,合战。敌军久久不向我军进攻。

【译文】

敌军离我很近而安静的,是倚仗它占领了险要地形;敌军离我很远而来挑战的,是企图引诱我进击,敌人之所以驻扎在平坦的地方,是因为据有有利条件。窥见离敌不远处有许多树木摇动,是敌隐蔽前来;杂草丛生的地方有许多障碍,是敌人布下疑阵,企图迷惑我;群鸟突然惊飞,是下面设有伏兵;走兽惊骇猛跑,是敌人大举突袭;尘土高扬而锐直是敌人战车驶来;尘飞飞扬不高但面广,是敌人的步兵前进而来;扬起的尘土呈分散、细长状,是敌军在砍柴伐木;尘土少而时起时落,是敌军察看地形准备扎营;敌方使者言词谦逊却又在加紧战备,是要准备进攻;措词诡诈而强硬做出进逼姿态,是准备撤退;敌方将便于驰骋的轻车先出动,部署在翼侧,是在布阵势,准备作战;敌方尚未受挫,没有预先约定而突然来讲和,是另有阴谋;敌方急速奔走并整列兵员车马,是期待士兵准备与我决战;敌军半退半进,是企图引诱我军;敌兵倚着兵器站立,是因为饥饿;打水急于先饮,是因为干渴;敌人见利而不前进,是因为士兵疲劳已极;敌兵营寨聚集鸟雀,说明营寨已空虚无人;敌营夜间士卒惊叫,说明敌军心理恐慌;敌营惊扰纷乱,是因为将领无威严不能持重;敌营旗帜摇动不定,是因为队伍已经混乱;敌军官急躁易怒,是因为敌军疲倦困乏;敌人杀牲口吃,抛弃炊具,又不返回营舍,是准备拼命突围的穷寇;敌兵在一起低声议论,强烈不

满,是因敌将失去人心;敌军不断犒赏士卒,说明势力窘迫,已没有办法;不断惩罚部属,是因为处境困难;将帅先对士卒强暴后又惧怕士卒,说明将领太不精明,失尽威信;敌人派使者拿着礼物,以委婉的措辞、谦逊的态度来传话,是想休兵息战。敌军盛怒向我前来,但久不交锋接战,又不离去,必须谨慎地观察它的企图。

【原文】

兵非贵益多也,惟无武进[1],足以并力、料敌[2]、取人[3]而已。夫惟无虑而易敌者[4],必擒于人[5]。

【注释】

[1]惟无武进:惟,只是。无,勿。武进,恃勇冒进。

[2]足以并力、料敌:足,足够。并,合并,引申为集中。料,预料,引申为判断明确。只要能充分判断敌情,集中使用兵力就可以了。

[3]取人:取,取得。人,这里是指部队。取得部下信任。

[4]惟无虑而易敌者:惟,只有。易,轻易。易敌,轻易地对待敌军。全句意思是只有那不深思熟虑而又轻视敌人的人。

[5]擒于人:被人擒。

【译文】

兵力并不是愈多愈好,只要不轻敌冒进,而集中兵力,判明敌情虚实,取得部下信任,也就足够了。那种既无深谋远虑而又轻敌妄动的人,必定会被敌人俘虏。

【原文】

卒未亲附而罚之,则不服[1],不服,则难用也。卒已亲附而罚不行,则不可用也。故令之以文[2],齐之以武[3],是谓必取。令素行以教其民[4],则民服;令不素行以教其民,则民不服。令

素信著者[5]，与众相得[6]也。

【注释】

[1]卒未亲附而罚之，则不服：亲附，亲近，信附。罚，刑罚。在士兵还没有亲近而依附之前就施用刑罚，士卒就会埋怨和不服。

[2]令之以文：令，命令，号令。文，文教。这里指政治道义。用政治、道义来教育士兵。

[3]齐之以武：齐，整理，规范。武，军纪军法。用军纪军法统一部队的行动。

[4]令素行以教其民：令，命令，军令。素，平时。行，实行。民，这里指军队、士兵。用平时发布的命令都必定坚决执行的事实来教育士兵。

[5]令素信著者：平时发布军令信实有证、威望昭著的人。

[6]与众相得：得，亲和。相得，关系融洽。

【译文】

将帅在士卒亲近依附时就贸然处罚，他们一定不服，人心不服就很难使用；如果士卒已经亲近依附，纪律仍不执行，这样的军队也不能用来作战。所以要用怀柔的手段，来颁布政令，用严格的手段去管束他们，这样的军队打起仗来必定能取胜。平素能严格贯彻命令、教育士卒，士卒就会服从；平素不严格贯彻命令、教育兵卒，兵卒就不会服从。军令平素就有很高威信的，表明将帅与兵卒之间相处融洽、互相信任。

【兵法精粹】

常见地形的兵法

军队部署作战和观察判断敌情，应该注意以下原则：

通过山地时，宜沿谷地前进；军队应注意占领可攻可守、进退自如的地点，并部署于可以俯瞰制约敌人的高地；如敌人先占领高地，切莫正面仰攻。这是山地作战的要领。

军队横渡河川后，应迅速离开河岸以免为敌所乘；敌人渡河来攻，不要在水中迎击，应等其一半已上岸、一半还在水中时，攻击才有利；如果要与渡水而来的敌军决战，不要沿着河岸配置兵力，而应在河岸后方高地部署，更不要在敌军下游布阵。这是河川作战的要领。

军队通过沼泽地时，要迅速离开，不要停留；如在沼泽地区作战，应占领水草繁盛之地，而且要背依树林。这是沼泽地作战的要领。

在平地作战，应在平坦开阔之地部署，右翼或后方应依托高地，占领的地形最好前低后高。这是平原作战的要领。

以上山地战、河川战、沼泽战、平原战四种战法，就是当年黄帝征服四方所运用的方略。

险恶地形之兵法

军旅驻扎，最好选择向阳高地，避免阴湿低洼之地。军旅处于身心健康、粮食充足的状态，不致百病丛生，打起仗来就有取胜的把握。

在丘陵堤防驻军，应选择向阳的一面，并背依高地，面向敌人，如上部署，对用兵有利，可发挥地形的效用。如果发现河川中有泡沫，表示上游地区曾降下大雨，不久将有急流奔腾而来。要渡河时，应等水势平稳再说。

遇到下列六种险恶地形，必须尽量离开，切勿接近。这六种地形包括：绝壁断崖的溪谷（绝涧）；四面险峻，中间低陷的凹地（天井）；山林环绕，易入难出的地区（天牢）；荆棘丛生，进退两难的地区（天罗）；阴湿泥泞，流沙松软，难以通行的地区（天陷）；两山之间的狭长谷地（天隙）。遇到这些地形，我军应远敌，并引诱敌军接近，迫使其退无去路。另外，行军时，若侧旁有险阻地形，沼泽地区，芦草丛生的低地、树林、野草苍郁之处一定要仔细反复搜索，这些都是敌人伏兵及侦察人员藏身的地方。

观察敌情之法则

敌军离我很近，却能保持镇静，可见有险要地形可依恃；敌军离我很远，而又急来挑战，是企图诱我前进；敌军不居险要，而在平坦之处布阵，必定有其利益和用意；许多林木摇动，是有敌人来；敌军在草丛中设下许

多障碍物，是为了使我疑惑；群鸟突然飞起，是有敌人埋伏；野兽惊骇奔逃，是有敌人来袭。

至于尘土，形状高扬而尖锐，是车队前来，低扬而浓重，是兵卒前来；如果敌军派来的使者言词谦逊，但军旅仍加强备战，这是向我攻击的前兆；如果使者言词强硬，作出要向我进逼的姿态，这是退军的征兆；敌人如果先派出战车，占领主力两侧，是准备布阵与我决战。两军对峙，没有预先约定而突然提出和议，其中必有计谋。

如果敌军车马往来奔走列阵，可能是在期待援军，合力攻我；敌军半进半退，是企图诱我深入。

敌兵如依着兵器站立，是因为饥饿无力；敌军派人取水，结果取的人自己抢着先喝，表示阵营缺水。敌人见利而不行动，表示全军疲劳不堪。飞鸟群集敌营，表示敌人已经离开。

敌兵夜半惊叫，表示内心恐惧不安；敌军混乱无秩序，表示将帅威严不足。敌军将领急躁易怒，表示厌战。敌军杀马来吃，表示粮食缺乏。敌军抛弃炊具，又不返回营寨，表示已经陷入穷途末路。

敌军将帅对部属说话，反复叮咛，神情不安，低声下气，表示已得不到拥护；一再犒赏士卒，表示统帅无能；一再惩罚士卒，表示领军统帅有问题；军令严苛在先，姑息在后，是最不精明的将领。

敌军派使者来谈判，措辞委婉，表示想休兵停战。敌军气势汹汹而来，却迟迟不与我接战，又不退去，必有计谋，我们必须谨慎观察。

用兵作战，并非士卒多多益善，只要不武断冒进，集中兵力，判明敌情，即可战胜敌人；缺乏深谋远虑，而又轻敌妄动，必定兵败被俘。

将帅在士卒还没有亲近依附时，就施以处罚，士卒不会心服，心不服就难以指挥作战；士卒已经依附，该罚而不罚，也不能用来作战。所以平时要以仁义道德教育士兵，以法令军纪训示士兵，这样打起仗来，才会获胜。平日令出必行，施行教化，士兵就会心服，教化施行，命令贯彻，就能将帅契合，上下一心。

两代帝王与匈奴的战争史

当刘邦击败项羽,成为楚汉相争的大赢家之后,心头还轻松不起来,因为他的内忧解决了,外患却才开始。剽悍的匈奴,早在中国内战之际崛起于中国北方,并吞、消灭、攻击、驱逐楼烦、白羊、东胡、月氏等部落,虎视眈眈,对中原的威胁日深。

刘邦为拔去眼中钉,御驾亲征,却中了匈奴的计谋,险些丧命,吓得刘邦此后六十几年不敢再动匈奴的脑筋。直到汉武帝刘彻即位,才再度派兵出击,但也碰了一鼻子灰,计谋被识破,无功而返。

检讨这两次出击,汉军之所以失败,关键在于对敌情的侦察和认识不够正确——仅知侦察的重要,不明研判的要领。

先说刘邦中计的一役吧!汉高祖六年(公元前201年)匈奴大军南下,直逼晋阳,汉军反击成功,刘邦决定乘胜追击,此时得到一项情报:单于冒顿正驻防在代谷。刘邦见机不可失,准备大肆出击,擒杀冒顿。为了谨慎起见,他先派人前去侦察敌情,探究虚实,结果侦察者纷纷回报说,此时出击,情势大好,因为他们眼中所见,尽是老弱残兵和瘦弱的牲畜,此时不战,更待何时?

143

真的这么乐观吗？实战经验丰富的刘邦，不免半信半疑，于是他再命娄敬前往侦测。

娄敬所侦察到的景况，和其他人没有两样，一样是老弱病残和瘦的牲畜。然而他所赋予的解释却恰恰相反，他对刘邦分析说："两军交战前，任何一方都必定会虚张声势，夸大国力，展示长处；但我所见到的却是衰老羸弱的人畜，他们必是故意示弱，引诱我军出击，然后用伏兵，出奇制胜。"

娄敬的结论是"匈奴不可击"。

尽管这些分析言之有理，可惜刘邦根本听不进去。刘邦在听了这段长匈奴志气、灭自己威风的言辞后，怒火中烧。娄敬被痛骂一顿，成为阶下囚。或许是被预期的胜利冲昏了头，早在娄敬返国之前，刘邦就已发动33万大军，浩浩荡荡地出发北伐匈奴。

志得意满的刘邦，显然已不把匈奴放在眼里，当他抵达平城时，汉朝主力部队还在后头，直到他到了平城附近的小城白登，才突然发现已被冒顿的40万精锐大军团团围住。至此，刘邦终于恍然大悟，原先所观察到的老弱残兵，根本是个诱敌之计；壮士勇夫、肥牛、健马，早已被藏匿起来，制造出战斗力不足的假象。

在这生死存亡的紧要关头，幸赖足智多谋的陈平献计，买通冒顿的妻子，再加上和冒顿原先约好共同夹击汉军的两名汉朝叛将迟迟不来，冒顿疑心其中有诈，因而防务稍松，这才给刘邦以突围的机会。刘邦被围七天七夜，大难不死，返国后封娄敬为侯，并恼羞成怒地斩杀了那些负责侦察报告的使者。

刘邦这一仗吃了大亏后，再也不敢对匈奴用兵，改以和亲的政策维持边境的和平，即使遭到骚扰，也无可奈何。六十几年来，汉朝政府只能无可奈何地忍受匈奴的百般挑剔与屈辱，直到雄才大略的武帝刘彻即位，愈想愈不甘心，才开始伺机反击。他即位后第八年（公元前133年），机会来了。

在马邑当地有权有势的聂壹，通过朝廷官员王恢向皇上建议说："匈奴和我国和亲不久，目前与我关系良好，大可利用此时，以利诱之，引导他们大军进入我国边境，我派兵埋伏，给他们致命一击。"

武帝随即召开御前会议，主战的王恢，以及主和的韩安国，在朝廷中展开精彩的激辩。韩安国引用《孙子兵法》中"作战"、"谋攻"、"军争"等篇

的要意指出,善于用兵的人必然以饱待饥,以治待乱,以逸待劳。所以圣人的用兵法则是不战而屈人之兵,若出动轻骑兵,深入敌境,恐怕难以奏效;推进太快,后勤补给不继,行动太慢,又无法建功,行进不到千里远,就会人困马疲。所以韩安国的结论是"匈奴不可击"。

这个说法很快就被王恢攻破了。原来王恢所说的出击,并非深入敌境,相反的,是以利诱为手段,引匈奴自投罗网,汉军埋伏在险要地形,必可杀得匈奴骑兵个个抱头鼠窜。

王恢的说辞有说服力。于是武帝命韩安国、王恢、李广、公孙贺等将领,率领30万大军,埋伏在马邑附近山谷中,只等单于中计,落入陷阱,以永除兵患。接下来的问题,就是如何让单于上当,自动进入马邑。最早建议出击匈奴的聂壹便负起重任。他假装逃亡至匈奴,向单于投降,并献上一计说:"我可以斩下马邑的县令和县丞两名主管的首级,举城投降,届时整座城的财产,尽入您的手中。"

单于一听,喜出望外,不疑有他。聂壹回到马邑后,便找两名囚犯作替死鬼,砍下他们的首级,悬挂在城墙上,奉命前去侦察的匈奴使者信以为真,回报单于后,10万匈奴大军出发,准备接收马邑。

眼看一场歼灭战即将展开。然而或许是单于命不该绝,当他推进到距马邑百里不到的地方时,突然察觉情况有异——眼前所见尽是无人放牧的牲畜,其中必有玄机。他愈想愈不对,于是攻打一处岗哨,俘获了指挥官,从其口中获知汉军阴谋,单于大为惊骇,急急还军。

汉军发现单于退兵后,追赶不及,让匈奴大军安然脱逃,主战的王恢,因为阵前退缩而被打入大牢,后来自杀身亡。而匈奴与汉朝的关系也至此破裂,他们再也不相信汉人的甜言蜜语,时时入关劫掠。

犒赏为下　治军为上

李从珂是五代后唐人,从小就跟随唐明宗李嗣源南征北战,立下汗马功劳,被封为潞王。李嗣源死后,其子李从厚继位,史称闵帝。闵帝年纪小,朝政由朱弘昭等人把持。朱弘昭将朝廷重臣贬的贬、黜的黜,李从珂眼看难逃厄运,于是在凤翔(陕西凤翔县)起兵。朝廷闻报,立即派西都留王思同领兵征讨。

凤翔城低矮不坚固,护城河也很浅。王思同没费多少力气就连攻凤翔东西关城,直逼凤翔城下。李从珂见形势险峻,便冒险登上城楼向城外将士喊道:"我从小就跟随先帝出生入死,打下今天的江山,如今朝廷奸邪之人当道,挑拨我们骨肉之情,我有什么罪过,非要置我于死地呢?"说罢,声泪俱下。

王思同手下的兵将都曾跟随李从珂出征过,十分同情李从珂。御林指挥使杨思权跟朱弘昭不和,便乘机大喊道:"大相公(即李从珂)才是我们的真正主人啊!"率领自己的部队投降了李从珂。杨思权进入凤翔城,要求李从珂在攻克京师后封他为节度使,李从珂当即在白纸上写下"思权可任邠宁节度使"九个字,这个消息传到其他还在攻城的将士中间,有人嚷道:"杨思权已经入城受封了,我们还拼什么命啊?"将士们闻言,扔下兵器,纷纷要求归顺李从珂。王思同见大势已去,只好抛下军队逃命去了。

李从珂由败转胜,欣喜万分,倾尽财物犒赏将士,并发布东进命令:凡攻入京都洛阳者,赏钱百缗(1000 文为 1 缗),将士们欢声雷动。

王思同逃回洛阳,闵帝惊慌失措。侍卫亲军指挥使康义诚率兵去征讨李从珂,结果全军投降了李从珂,并引导李从珂杀入洛阳。在这样的情况下,太后被迫下令废除闵帝,立潞王李从珂为皇帝。

李从珂即位后,下诏打开库府犒赏将士以兑现出征时的诺言,哪知道库府空空如也,但是犒赏所需费用高达 50 万缗。李从珂以各种手段搜刮民财,逼得老百姓上吊投井;把宫廷中的各种器物,包括太后、太妃的簪珥都拿了出来,才勉强凑了 20 万缗,还缺 3/5。

端明殿学士李专美劝说李从珂道:"国家的存亡在于修法度、立纲纪,如果一味犒赏,即使有无穷的财宝也填不满骄兵的贪欲。"李从珂也认为李专美言之有理,对将士不再一味纵容,但他唯恐有乱,不敢从根本上立纲纪、修法度,对违法乱纪行为也是大事化小、小事化了,一味迁就。

李从珂即位后的第三年,河东节度使石敬瑭兴兵造反。由于李从珂治军不严,纲纪不明,派出去平叛的军队降的降,逃的逃,石敬瑭长驱直入,李从珂登楼自焚,后唐从此灭亡。

由此可以看出,赏罚不明,虽胜犹败。

东西魏沙苑、渭曲之战

公元534年,统一了我国北方的北魏分裂为东魏和西魏两个政权。西魏建都长安(今陕西西安),丞相宇文泰把持政权。东魏建都邺(今河北漳南),丞相高欢把持政权。双方政权为吞并对方,进行过多次战争。

东魏依仗地广人多,军事上占有相对的优势,便出动军队企图占领西魏重要关口潼关,但被西魏击退,没有成功。此后,东魏二次出军攻占潼关未成。对于高欢多次袭击西魏要地,宇文泰愤愤不平,便于公元537年8月率军东进,攻占了东魏的军事要地恒农(今河南三门峡市西)。没过多久,东魏高欢就命大将高敖曹领兵3万,由洛阳向西反击恒农;同时亲自率主力20万,由太原、临汾南下,从蒲坂(今山西永济西)西渡黄河,进袭关中。

从高欢行动的趋向来分析,他是想分兵二路向长安方向推进。一路由高敖曹军从洛阳至恒农,夺回恒农后向潼关、渭南方向推进;另一路由高欢亲自带领,从蒲坂西渡黄河,占领军事要道华州,然后向前推进,与高敖曹军会合。

宇文泰得知高欢西进的消息,决定尽力阻止魏军西进,派人到各地征收兵马,并从恒农抽调出近万人回救关中。东魏高敖曹趁势包围了恒农;高欢军渡过黄河后,即刻攻华州城,但是华州城坚难攻,于是高欢军队在距华州北30余里的许原驻扎。

宇文泰军回到渭南后,便欲攻打高欢。部将们认为,各地征调的兵马还未赶到,敌我兵力悬殊较大,还是暂时不迎战为好。宇文泰坚持己见,他解释说:现在东魏军远道而来,首攻华州不下,便屯兵许原观望,说明他们军队人数虽多,但没有战斗力,也没有苦战克敌的精神,我们应趁他立足未稳,地理不熟,趁机迎击。如果让其站稳脚跟,继续西进,逼近长安,那样形势对西魏将更为不利。宇文泰的解释打消了部将的疑虑,西魏军抓紧做好北渡渭水的准备。

9月底,西魏军在渭水上搭好浮桥。宇文泰亲率轻骑7000,携带3天的粮秣,北渡渭水。10月1日,宇文泰军进至距东魏军60里处的沙苑(今陕西大荔南)驻扎下来,立即派人化装成许原一带的居民,潜入东魏兵营附近活动,侦察高欢军队的情况。经过侦察,宇文泰证实了自己的判断。

而这时，宇文泰部将李弼建议利用十里渭曲（渭河弯曲部分）沙丘起伏、沼泽纵横、芦苇丛生的有利地形，采取预先埋伏、布设口袋、诱敌深入的伏击之计，一举消灭敌人。宇文泰采纳这个建议，决定利用渭曲复杂的地形环境打一场歼灭战。

高欢听说西魏军已进入沙苑，便决定与之决战。高欢取胜心切，在未作认真部署的情况下便从许原率兵前来交战。西魏军见敌军出动，便依照原计划在渭曲布设了埋伏，以击鼓为号，以突然袭击的战法，围歼东魏军于既设阵地。高欢军行进至渭曲附近，大将解律羌举见到渭曲沼泽、沙丘起伏，沼泽地深处长满茂密的芦苇，认为这苇深泥泞的地形不利野战，便向高欢建议留下部分兵力在沙苑与宇文泰相持，然后另以精骑西袭长安。高欢急于寻找宇文泰军决战，没有同意他的意见，下令挥军前进，进入沼泽沙丘搜索宇文泰军。东魏军自恃兵多势众，深入沼泽地，队伍混乱，毫无战斗队形。宇文泰等到东魏军进入伏击圈后，擂鼓出击。西魏军从左右两翼猛烈冲击东魏军，将其截为数段。东魏军遭到突然袭击，本来乱糟糟的队形更加乱成几团，在复杂而又陌生的地形中无法展开行动。东魏军穷于应战，互相践踏，大败溃散，高欢逃至蒲津，渡河东撤。沙苑、渭曲之战以东魏的大败宣告结束。

知己知彼，百战不殆，行军时，时刻观察敌军的动态、形势至为重要。对地形的充分利用也是胜利的关键。宇文泰正是做到这两点才取得了战争的胜利。

第十章　地　形

【内容提要】

　　"地有六形","兵有六败"。用兵作战,要了解地形。地理条件是用兵作战的重要因素。判断敌情,谋求战机,掌握地形的险要程度及远近,这是将帅的职责。

　　了解敌人的虚实并知道自己的强弱,这样就会减少危险;了解天时,取得地利,战胜之功方可万全。

【原文】

孙子曰：地形：有通[1]者，有挂者[2]，有支者，有隘者，有险者，有远者。我可以往，彼可以来，曰通；"通"形者，先居高阳[3]，利粮道[4]，以战则利。可以往，难以返，曰挂。挂形者，敌无备，出而胜之；敌若有备，出而不胜，难以返，不利。我出而不利，彼出而不利，曰支。支形者，敌虽利我[5]，我无出也；引而去[6]之，令敌半出而之，利。隘形者，我先居之，必盈之以待敌[7]。若敌先居之，盈而勿从[8]，不盈而从之。险形者，我先居之，必居高阳以待敌。若敌先居之，引而去之，勿从也。远形[9]者，势均[10]，难以挑战，战而不利。凡此六者，地之道[11]也，将之至任[12]，不可不察也。

【注释】

[1]通：通，通达。全句指广阔平坦，四通八达的地区。

[2]挂者：悬挂，险碍。指前平后险，易入难出的地区。

[3]先居高阳：先，抢先。高阳，地势高而且向阳处。

[4]利粮道：保持粮道畅通。

[5]敌虽利我：利，利诱，以利引诱。敌军以利引诱我军。

[6]引而去：带领军队佯装撤退。

[7]盈之以待敌：盈，满，充足的意思。一定要动用足够的兵力堵塞隘口，敌军就不能攻击。

[8]盈而勿从：从，顺随，这里指进攻，当敌军已用充足的兵力堵住隘口，我军就不能攻击。

[9]远形：指敌我营垒距离甚远。

[10]势均：势力相当，形势相当。

[11]地之道：道，方法，原则。用兵打仗、利用地形的原则。

[12]将之至任：至，最，极至。将帅担负最大责任。

【译文】

孙子说：地形有"通形"、"挂形"、"支形"、"隘形"、"险形"、"远形"等六类。凡是我们可以去，敌人可以来的地域叫"通形"。在"通形"地域，要抢

先占领地势高而向阳的地方，保证运粮道路畅通，这样与敌交战就有利。凡是可以前往、不易返回的地方叫做"挂形"，在此地区，如果敌军没有防备，就可以出击战胜它；如果敌军有防备，出击不能取胜，难以返回，就于我不利了。我军出击不利、敌人出击也不利的地方，叫做"支形"，在"支形"地区，敌人即使以利诱我，也不要出击；最好是带领部队假装离去，诱使敌军前出一半时再回兵突然发起攻击，这样就有利。在"隘形"地域上，我军若先敌占据，就要用重兵封锁隘口等待敌人来攻；如果敌军先占领隘口，并用重兵据守，就不要去进击。如果敌人没有用重兵据守隘口，就迅速攻取它。在"险形"地区，如果我军先占据，必须控制地势高而视界开阔的地段，以等待来犯之敌，如果敌人已先占据，那就主动引兵撤退，不要去进攻它。在"远形"地域上，双方势均力敌，不要前去挑战，勉强求战，于我不利。以上六点，是利用地形而制胜的原则，是将帅重大的责任，是不可不认真考察研究的。

【原文】

故兵有走者[1]，有弛者，有陷者，有崩者，有乱者，有北者。凡此六者，非天之灾，将之过也。夫势均，以一击十，曰走；卒强吏弱，曰弛；吏强卒弱，曰陷；大吏[2]怒而不服，遇敌怼[3]而自战，将不知其能，曰崩；将弱不严，教道不明，吏卒无常[4]，陈兵纵横[5]，曰乱；将不能料敌，以少合众，以弱击强，兵无选锋，曰北。凡此六者，败之道也，将之至任，不可不察也。

【注释】

[1]兵有走者：兵，指败军。走，与下文弛、陷、崩、乱、北，共为六败的名称。

[2]大吏：指小将。

[3]怼：音 duì，怨恨，心怀不满。

[4]无常：没有法纪，军中上下关系处于失常状态。

[5]陈兵纵横：布兵列阵杂乱无章。

【译文】

军事上作战失败的情况有"走"、"弛"、"陷"、"崩"、"乱"、"北"等六种情况。这六种,都不是由天灾造成的,而是由于将帅的过错造成的。在敌我条件相当的情况下,攻击十倍于我的敌人,叫做"走"。兵卒强干,军官懦弱,不能约束驾驭,叫做"弛"。将吏高明强干,兵卒懦弱,不堪使用,叫做"陷"。部将怨怒而不服从指挥,遇到敌人忿然而擅自出战,将帅又不了解他们的能力如何而加以控制,叫做"崩"。将帅懦弱不严,训练教育不明法典,军吏士卒不受军纪约束,出兵列阵杂乱无章,叫做"乱"。主将不能正确预料敌情的强弱虚实,以少击多,以弱击强,又没有精选的先锋部队,叫做"北"。以上六种情况,是造成军队失败的原因,是将帅的重大责任,不可不认真考虑研究。

【原文】

夫地形者,兵之助[1]也。料敌制胜,计险厄、远近,上将之道也。知此而用战者必胜,不知此而用战者必败。故战道必胜[2],主曰无战[3],必战可也;战道不胜,主曰必战,无战可也[4]。故进不求名,退不避罪,惟民是保[5],而利合于主[6],国之宝也。

【注释】

[1]兵之助:兵,用兵作战。用兵作战的辅助条件。

[2]战道必胜:战道,战争的规律。按照战争的规律办事,必然会取胜。

[3]主曰无战:君主说不能战。

[4]无战可也:即是说自行决断与敌开战,无需听从君命。

[5]惟民是保:惟,惟一,只有。惟一的目的就是保护广大民众的利益。

[6]利合于主:合,符合。对君主有利。

【译文】

地形是用兵的辅助条件。正确判断敌情夺取胜利,考察地形的险隘和计算道路的远近,这些都是将领必须做到的。懂得敌情、地形去指挥作

战必然胜利。不懂得敌情、地形去指挥作战必然失败。所以，从战争规律上分析，出师行军确有必胜把握，国君说不要打，可以坚决去打；根据战争规律分析不能打胜的，国君说一定要打，也可以不去打。所以，作为一个将帅，应该进不贪求名利，退不回避罪责，只求保全民众和士卒，且有利于国家，这样的将帅才算是国家宝贵的人才。

【原文】

视卒如婴儿，故可与之赴深溪；视卒如爱子，故可与之俱死。厚而不能使[1]，爱而不能令[2]，乱而不能治[3]，譬若骄子，不可用也。

【注释】

[1]厚而不能使：只知道厚待而不能使用。
[2]爱而不能令：只知道爱护不重视教育。
[3]乱而不能治：士兵行为乖张而不能加以约束治理。

【译文】

将帅对待兵卒如同对待婴儿一样，兵卒就能与他共赴危难；将帅对待士卒能像对待自己的"爱子"一样，士卒就能与将帅同生共死。但是对士卒厚养不使用，一味溺爱而不教育，违法乱纪也不按律惩治，这样的军队，就好比受溺爱的娇子一样，是不能用来打仗的。

【原文】

知吾卒之可以击[1]，而不知敌之不可击，胜之半也；知敌之可击，而不知吾卒之不可以击，胜之半也；知敌之可击，知吾卒之可以击，而不知地形之不可以战，胜之半也。故知兵者，动而不迷[2]，举而不穷[3]。故曰：知彼知己，胜乃不殆；知天知地，胜乃可全[4]。

孙子兵法·三十六计

【注释】

[1]知吾卒之可以击：了解自己的军队可以作战。

[2]动而不迷：动，行动。迷，迷误。采取某种军事行动而不致发生迷误。

[3]举而不穷：举，举动，举措。穷，穷尽。举措千变万化，没有穷尽。

[4]胜乃可全：全，完全。可以取得完全的胜利。

【译文】

只知道自己部队锐勇能打，而不了解敌军不可以打，胜利的可能性只有一半；只了解敌势虚弱可以打，而不了解自己的部队怯懦不能打，取胜的可能性也只有一半；了解敌势虚弱可以攻打，也了解自己部队精锐可以打，而不了解地形不利于打，胜利的把握仍然只有一半。所以，真正懂得用兵的将帅，行动起来不迷惑、没有失误，采取对敌措施变化无穷。所以说：了解敌方虚实，又了解自己强弱，争取胜利不会有危险；了解天时，懂得地利，战胜之功方可万全。

【兵法精粹】

巧用六种地形

地形有六种类型：通形、挂形、支形、隘形、险形、远形。

平坦开阔、四通八达，敌来我往都很方便的地形，叫作通形。在这种地形作战，先要取得制高点，保持补给路线的畅通，这样与敌交战才有利。

进入容易、后退困难的地形，叫做挂形。在这种地形作战，乘敌人无防备时出击，可以取胜；敌人如有防备时，冒险出击，胜算不大，而且退兵不易，非常不利。

敌我出击都不利的地形，叫做支形。在这种地形，敌人虽以利诱我，也不可出击，这时宜带兵离去，诱敌来追，等敌军半数进入这种地形时，再来个回马枪，发动攻击，这样才有利。

遇到隘形地，我军应先占领隘口，并守住隘口制敌；如果敌人先占领隘口，而且在隘口设防，我军不可进攻；如果敌人只占领隘口，未封锁隘口，我军可考虑进攻。

至于敌我距离遥远的远形之地,双方若势均力敌时,不宜主动挑战;谁先出击,谁就不利。以上六点,是地形作战的原则,也是将帅责任所在,不能不仔细体察。

致败六大害

军队致败的情况有走、弛、陷、崩、乱、北六种类型。这六种都不是天时和地形造成的,而是将帅的过错所致。

在敌我相当的条件下,以一分的兵力攻击十倍于我的敌人,因而失败,叫做"走";士卒强悍而将帅无能,因而失败,叫做"弛";将帅强勇而士兵懦弱,因而失败,叫做"陷";各级指挥官怨怒不服从命令,迎敌时意气用事、擅自出战,主将又不知下级将领的能力,因而失败,叫做"崩";主将懦弱不够威严,教育训练无力,各级指挥官和士兵不受军纪约束,布阵杂乱无章,因而失败,叫做"乱"。主将不能正确预料敌情,以少击多,以弱击强,又没有精选的先锋部队,因而失败,叫做"北"。

以上六种都是部队致败的因素,也是主将的首要职责,不能不仔细体察。

胜算之道

地形是用兵的辅助条件。判断敌情,制定克敌制胜的作战计划,考察地形险隘,计算道路远近,是将帅的职责。

能够了解这些道理,并善加运用,必胜,否则必败。如果主将依战场状况判断,有必胜的把握,即使国君下令不得开战,也可以坚决作战;反之,如果主将依战场形势判断,没有得胜的把握,即使国君下令开战,也可以坚决不战。

所以不贪求战胜的美名,不回避战败的责任,这样的将帅,才是国宝。

将帅对士卒像对婴儿般慈爱,士卒就能追随将帅赴汤蹈火;将帅对士卒像对子女般呵护,士卒就能与将帅同生共死。但是,如果厚待士卒,却无法使他听从使唤;溺爱士卒,却无法使他接受命令;士卒违反纪律,却不能加以惩治,那么这样的军队就像娇生惯养的孩子,是不能用来作战的。

只知道我军可以作战,却不知道敌军不可攻打,胜算只有一半;只知

道敌军可以攻打，却不知道我军无力进攻，胜算也只有一半；既了解敌军的弱点，也知道我军的能力，却不了解地形不利于作战，胜算仍然只有一半。

真正懂得用兵的人，他的行动绝不迷乱，应敌措施变化无穷。所以说：知己知彼，胜利就已在握；知天时，知地利，更可获得完全的胜利。

【古今中外著名典例】

李愬雪夜袭蔡州

安史之乱后，各地出现了藩镇割据的局面。各地节度使割据一方，独揽军政、财政大权，都想称霸，并在实力雄厚之时抗拒朝廷。唐王朝为了维护统一的局面，恢复中央集权，便在国家财力比较雄厚和边疆形势逐渐缓和的情况下，开始削平割据藩镇。公元807年，唐宪宗顺利地平定了西川、夏绥、镇海三镇的叛乱。然后讨伐淮西等割据势力。

元和九年(公元814年)淮西节度使吴少阳病死，其子吴元济世袭了吴少阳之职，他拒绝唐朝吊祭使者，并且发兵在今河南舞阳、叶县、鲁山一带四处烧杀掳掠，唐宪宗决定对他用兵讨伐，但一直没有进展。公元815年至816年间，唐朝曾多次调整淮西的东、西路军的统帅。朝廷派唐邓节度使高霞寓接任原西路军将领严绶，但高霞寓先胜后败。于是，朝廷派袁

滋接替高霞寓,但仍无进展。在西路军屡战屡败的情况下,李愬接替袁滋进攻淮西。

公元817年正月,李愬到达蔡州。由于唐军连战连败,士气低落,士兵们都十分惧怕作战。为了安慰士兵,李愬对士兵们说:"天子知道我李愬柔懦,能忍受战败之耻,故此派我来安抚你们。至于攻城进取,那不是我的事。"士卒们听了李愬的这些话,稍稍安下心来。

李愬接着做了许多安定军心的工作。他亲自慰问士卒,抚恤伤病者。由于战乱频繁,李愬派人安抚百姓,用他的军队保护他们。另外,在军中,李愬故意不强调军政的严整。他此举,一方面是为了安抚士兵,另一方面也是为了向敌人佯示无所作为。他的行动果然麻痹了吴元济,让他放松了对唐军的戒备。

在将士情绪稳定之后,李愬开始着手修理器械,训练军队,以提高军队的战斗力。他优待俘虏及降军家属,俘获吴元济手下的官员、将领丁士良、陈光洽、吴秀琳、李祐等人后,对他们给予信任委以官职,并且通过他们逐渐摸清了淮西军的虚实。

同年5月,李愬攻占了蔡州的一些外围要点,并且占领了蔡州以南的白狗、汶港、楚城等地,切断了蔡州与附近申州、光州的联络。5月26日,李愬派兵攻打朗山,淮西军队前来救援,唐军遭到内外夹击而败阵。官兵懊悔不已,但李愬却说:"我如果连战连胜,敌人必定有所戒备。此次败北,正可麻痹敌军,为以后攻其不备奠定基础。"他招募了敢死的士兵3000人,亲自训练,以增加军队的突击力,准备袭击蔡州。

9月28日,李愬经周密准备,率军出其不意地占据了关房(今河南遂平)外城,淮西军千余人被歼,其余人退到内城坚守。将士们要乘胜追击,攻取其城,李愬不认可。他认为,如不取此城,敌人必分兵守卫此城,这样就可以分散敌人的兵力。因此他下令还营。此时,降将李祐向李愬建议:"淮西军的精兵都在洄曲及周围拒守,可以乘虚直抵蔡州城,等外边的叛军听到消息,吴元济就已经被擒了。"李祐的意见与李愬的想法不谋而合。

10月,李愬见袭击蔡州的条件已经成熟,便开始部署袭击蔡州的计划。为严守行动秘密,军队从文城出发时,李愬没有告知他们行动的目的地,只命令说:"往东前进。"军队东行60里后,到达张柴村。李愬率军迅速攻破了这个村子,全歼守军及烽火兵,抢占了这一要地。李愬命令士兵小憩片刻,吃点干粮,并布置留下500人截断桥梁,以防洄曲方面的淮西

军回救蔡州,另留500人以警戒朗山方向的救兵。布置完后,李愬亲自带领部队乘夜继续向东前进。众将问其去向何方,李愬此时方告之实情:去蔡州城捉拿吴元济! 将士们听了都大惊失色,以为此去必死无疑。这夜的天气异常寒冷,狂风大作,大雪纷飞,旌旗也被风撕裂,沿路随处看见冻死的士兵和马匹,军队所经的道路非常险峻,尽是官军从未走过的。李愬严格军纪,没有人敢违抗军令。军队继续行进了70里,赶到蔡州时,天还没亮。

自从吴少阳抗拒朝廷以来,官军不到蔡州城已有30余年了,因此蔡州城的戒备松弛,淮西军未作防范。李愬的军队很快进入了蔡州城并攻占了战略要地。长期受吴元济压制的蔡州民众帮助唐军火烧内城南门,唐军破门擒获了吴元济。当时,吴元济的部将董重质拥有的数万精兵据守洄曲,李愬派人厚抚董重质的家属,叫董重质之子前去召降董军,使这部分淮西军归顺朝廷。之后,申、光二州的守兵见蔡州已破,也先后投降。至此,平定吴元济之战告终。

在这场奇袭中,李愬针对士兵因屡战屡败而产生的厌战心理,制定方针稳定士兵情绪,更主要的是他制定了利用险峻的地形、恶劣的天气攻击敌人的策略,可以看出李愬通晓孙子所说的一些重要的用兵原则,如示弱惑敌、速战速决、避实击虚等等。《孙子兵法·九地篇》说:"投之亡地然后存,陷之死地然后生。"李愬的因势利导、因情用兵以及将兵法原则与地理条件相结合的出色的作战指挥是成功的关键。

岳飞巧借地形战襄阳

南宋绍兴年间,襄阳、邓州等六郡,被金人的傀儡政权——伪齐所领占。岳飞受命去收复。

襄阳左临襄江,凭借天险,守则难攻,襄阳右边一马平川,是适合骑兵厮杀的战场。驻襄阳的伪齐守将李成有勇无谋,命令步兵驻在平地上,却把骑兵布置在江岸边上,岳飞知道李成的布防情况后,破敌之计了然于胸。他命令部将王贵:"江边乱石林立,道路狭窄,正是步兵的用武之地,你可利用江边的地形,率领步兵,用长枪攻击李成的骑兵。"岳飞又命令部将牛皋:"敌步兵列阵于平野,你率骑兵冲击敌步兵,不获全胜不得收兵!"两将领命而去。

159

战斗开始后，王贵率步兵冲入李成江岸的骑兵队伍中，一支支长长的利枪直往战马的腹部刺去，战马在江岸摆不开身，一匹匹应枪而倒。由于江边道路坎坷，前面的战马倒毙后，后面的战马无路可走，也纷纷被绊倒，许多战马被迫跳入水中，李成的骑兵很快就失去了战斗力。

牛皋是员猛将，他率领铁骑闪电般地向李成的步兵发起冲击，骑兵在平野随意驰骋，李成的步兵连招架之力都没有，纷纷丧命铁蹄之下，转瞬之间，步兵队伍就全线崩溃。

李成巴巴地看着自己的队伍土崩瓦解，掉转马头，弃城而去，岳飞顺利地收复了襄阳城。

刘邓大军鏖兵羊山集

1947 年 7 月，晋冀鲁豫野战军奉命从豫北出发，渡过黄河，向大别山方向挺进。在刘伯承、邓小平率领下，一路上晋冀鲁豫野战军攻郓城、夺定陶，直逼羊山集，决心在这里将蒋介石嫡系精锐部队第 66 师一举歼灭。

大镇羊山集有居民 1000 余户。镇子依山而立，东西走向，约莫有 5 华里长，远远望去，羊山集的地形就像一只正在吃奶的小羊羔。

羊山集这个地方自古便是据守屯兵之地，羊山的周围，至今还保存着

明末时期的墙寨。日军侵占这里的时候,又在原有的墙寨外面,按东、南、西三面,挖了丈余深的大水壕。如今国民党第66师开进,又在墙寨、水壕之间加筑了一道坚固的鹿砦,明明暗暗大大小小的碉堡、射击孔密布在鹿砦之中,火力可以控制羊山集周围1000米以外。敌军第66师师长名叫宋瑞珂,毕业于黄埔军校,很有作战眼光,骁勇多谋,他巧妙地利用羊山的"羊身"、"羊头"制高点,与山下集镇的民房构成核心阵地,隐蔽工事一层又一层,防守体系相当严密,再加上一流的武器装备,战斗力很强,给我军进攻增加了难度。

7月13日晚7时,刘邓大军第二、第三两纵队扫除了羊山集外围敌军阵地后,开始向镇内进攻。根据作战部署,第二纵队攻"羊尾",第三纵队攻"羊头",分别从东西两面向镇内合力攻击。这两条进攻道路都多水,部队爆破鹿砦时,羊山上的"头""背""尾"和镇内制高点四面火力一齐猛压过来,我军伤亡很大,拂晓时被迫撤出战斗。

7月16日,我二、三纵队召开党委扩大会,研究羊山集战斗形势,到会的同志纷纷要求再战,但激动之余,却没有对第一次进攻失利的原因深入分析,只是决定重新调整部署兵力,继续强攻。17日晚,第二次攻击开始,战斗打响后,我22团战士在炮火掩护下,奋勇向前突破层层封锁,跃过寨墙、水壕和鹿砦,前赴后继,终于越过峭壁,攻上"羊头",但却未料到"羊头"石坚少土,一时无法构筑工事,等到天一大亮,全团兵力便暴露在山上。第二纵队第19团主攻"羊尾",情况与第三纵队相似,虽然攻上了"羊尾",但在天亮后,敌军居高临下,进行轰击,部队三面受敌,伤亡惨重,第二次进攻又宣告失利。

对于第二次失利,我前线指挥员仍未认真分析原因,总结教训,只是决定再加强兵力,希图通过硬拼死打,一举成功。殊不知因连日大雨,羊山脚下,已经是一片沼泽,水壕积水两米多深,敌军阻击的火力,密集得像一堵墙。我主攻部队一次一又一次地攻上"羊头""羊尾",与敌军争夺山头,战斗异常激烈。"羊头"是敌军防御系统的核心,敌师长宋瑞珂增调兵力,多次冲锋反扑,来势凶猛异常。我主攻部队又另由镇南、镇西突破前沿,深入纵深,宋瑞珂又把火力集中到这里,炮火像山洪般地猛压下来,于是我军第三次攻击又失利了。

我军接连三次进攻,均告失利。7月23日,刘伯承司令员亲自驱车来到了羊山集前线,与纵队首长陈锡联、陈再道共同总结经验教训,研究下

一步对策。

刘司令员说："这仗打得太蠢，太蠢了。不管你是多么高的指挥官，权威有多大，你也没有权力让哪怕是一个士兵作无谓的牺牲！歼敌3000，自损800，一个指挥员要负歼敌3000之责，也要负自损800之责，不能随便死一个人！……"

陈再道说："我们主要的问题是轻敌，连打了几个胜仗，开始麻痹大意了，对敌军的防御能力估计过低，对羊山的地形侦察得不详细。第一次攻击，5旅报告已攻下了'羊尾'，其实是因为天黑，对地形不熟悉，并没有真正占据'羊尾'，只是攻下了几个小山包。而我们听说'羊尾'攻下了，就让4旅向羊山集发起正面进攻，结果到天亮时，敌人用火力向我军反击，我军密集，遭到炮火攻击大量杀伤……"

陈锡联说："我们三纵过黄河后眼见得兄弟部队攻郓县，拿定陶，打六营集，挑起了战士们急于求战的情绪，对敌情的侦察不够仔细，工事做得不够坚固……"

经过这次认真分析形势，总结经验教训，在刘伯承、邓小平的亲自指挥下，7月27日，我军重新组织力量，发起攻击，当晚12时我军占领了羊山集制高点。28日下午，我军通过对羊山地形的详细侦察和分析，终于取得了攻占羊山集的彻底胜利。

第十一章　九　地

孙子兵法·三十六计

【内容提要】

　　不同的战地,不同的战况,士卒会出现不同的反应。将领必须认识、进而利用这些心理,激发士气,使士兵勇往直前,不畏不惧。

　　孙武将战地分为 9 类,各有优劣,并指出了怎样处理这些地形。

　　不但要选择好自己的战地,也要学会分析敌军的战地。

【原文】

孙子曰：用兵之法，有"散地[1]"，有"轻地[2]"，有"争地[3]"，有"交地[4]"，有"衢地[5]"，有"重地[6]"，有"圮地"，有"围地[7]"，有"死地[8]"。诸侯自战其地，为"散地"；入人之地而不深者，为"轻地"；我得则利，彼得亦利者，为"争地"；我可以往，彼可以来者，为"交地"；诸侯之地三属[9]，先至而得天下之众者，为"衢地"；入人之地深，背城邑多者，为"重地"；行山林、险阻、沮泽，凡难行之道者，为"圮地"；所由入者隘，所从归者迂，彼寡可以击吾之众者，为"围地"；疾战则存，不疾战则亡者，为"死地"。是故"散地"则无战[10]，"轻地"则无止[11]，"争地"则无攻，"交地"则无绝[12]，"衢地"则合交[13]，"重地"则掠[14]，"圮地"则行，"围地"则谋，"死地"则战。

【注释】

[1]散地：诸侯在自己领土上同敌人作战，遇上危急情况，士卒们容易因恋家而逃散，所以叫做散地。

[2]轻地：进入敌军境内不深，官兵们容易因怀恋家乡而意志不专一，打起仗来，官兵们易于轻返，所以叫"轻"地。

[3]争地：敌我双方无论谁占领都有利的地域。

[4]交地：道路纵横，地势平坦，四通八达的地域。

[5]衢地：谁先到达就可以得到四方诸侯的援助的地域。

[6]重地：进入敌国境内很深，隔着很多敌国的城邑的地域。

[7]围地：道路狭窄，返回的道路迂回曲折，敌人能以少击多的地域。

[8]死地：一种背山阻水，粮草断绝，进退两难，或者被敌军包围难以突围的地域。

[9]诸侯之地三属：三，泛指众多。属，归属。与众多诸侯国交界的地方。

[10]无战：无，通"毋"。不要出战。

[11]无止：止，停留。

[12]无绝：绝，隔绝。行军序列不能断绝。

[13]合交：结交。结交诸侯盟友，以为己援。

孙子兵法·三十六计

165

[14]掠:抢掠。在敌方之腹地,不能从本国运粮,要就地解决军队的补给问题。故"重地"则掠。

【译文】

孙子说:依照用兵的法则,战地可分为散地、轻地、争地、交地、衢地、重地、圮地、围地、死地等九类。诸侯在本国境内与敌作战的地区是"散地";进入敌境不深的地区是"轻地";我军先占领对我军有利,敌军先占领对敌军有利的险要地区是"争地";我军可以去,敌军可以来的地区,是"交地";三面连接邻国,先到就可以得到诸侯各国援助的地区,是"衢地";深入敌境,越过许多敌国城邑的地区是"重地";行进于山林、险阻、沼泽,凡是道路难于通行的地区,是"圮地";进入的道路狭隘,退出的道路迂回,敌军能够以其少数兵力击败我众多兵力的地区,是"围地";迅速奋勇作战则能生存,不迅速奋战就会被消灭的地区,是"死地"。因此,在"散地"不要作战,在"轻地"务要深入,不宜停留;遇"争地"不宜在被动情况下进攻,延误时机;在"交地"则各部队的互相联系,不可断绝,以防敌人截击;在"衢地"则应结交诸侯;在"重地"则应夺取物资,就地补给;在"圮地"要迅速通过;在"围地"要巧设计谋;在"死地"要奋勇作战、死中求生。

【原文】

所谓古之善用兵者,能使敌人前后不相及[1],众寡不相恃[2],贵贱不相救[3],上下不相收[4],卒离而不集,兵合而不齐。合于利而动[5],不合于利而止。敢问:"敌众整而将来,待之若何[6]?"曰:"先夺其所爱,则听矣[7]。"

【注释】

[1]前后不相及:及,策应。前军与后军不能相互策应配合。

[2]众寡不相恃:恃,依靠,主力部队与小部队之间不能相互协助、相互依恃。

[3]贵贱不相救:军官和士卒之间不能相互救助。

[4]上下不相收:收,聚集,联系。军队上下不能聚合。

[5]合于利而动,不合于利而止:合,符合。动,作战。止,不战。

[6]待之若何:待,对待,对付。之,指示代词,指代前句的"敌"。如何对付它(敌)。

[7]听矣:听,听从。听从我军的摆布。

【译文】

所谓古代善于指挥作战的人,能使敌人前后无法相顾及,大部队和小部队无法相依靠,官兵无法相救援,上下隔断,不能协调,兵卒溃散难以集中,交战阵形也不整齐。敌人虽惊扰,也要看有利就行动,不利就停止。试问:"敌军人数众多、阵势严整地向我军进发,用什么办法对付它呢?"回答是:"先夺取敌人要害,这样,敌人就会被迫听从我的摆布了。"

【原文】

兵之情主速[1],乘人之不及,由不虞之道[2],攻其所不戒也。

【注释】

[1]兵之情主速:兵,用兵。情,情理。主,这里指重要、重视。

[2]由不虞之道:由,经过,通过。虞,意料,料想。从敌人之意料不到的地方。

【译文】

用兵之理贵在神速,乘敌人措手不及的时机,走敌人意料不到的道路,攻击敌人没有戒备的地方。

【原文】

凡为客之道[1]:深入则专,主人不克[2];掠于饶野[3],三军足食;谨养而勿劳[4],并气积力[5],运兵计谋,为不可测。投之无所往[6],死且不北。死焉不得,士人尽力。兵士甚陷则不惧,无所往则固,深入则拘[7],不得已则斗。是故其兵不修而戒[8],不求而得[9],不约而亲[10],不令而信[11]。禁祥去疑[12],至死无所之[13]。吾士无余财,非恶货也;无余命,非恶寿也。令发之日,士卒坐者涕沾襟,偃卧者涕交颐[14]。投之无所往者,诸、刿之勇也。

孙子兵法·三十六计

【注释】

[1]为客之道:为客,这里指进入敌国领土。道,道理,原则,规律。离开本国进入敌国作战的规律。

[2]主人不克:主人,这里指本国作战的军队,在本国作战的军队往往不能战胜入侵的敌军。

[3]掠于饶野:饶野,富饶的原野。掠取敌方遍地富饶的庄稼。

[4]谨养而勿劳:谨,谨慎。养,休整。劳,劳累。小心休整部队,不要使将士劳累。

[5]并气积力:并,合并,引申为集中、保持。积,积蓄。保持士气,积蓄战斗力。

[6]无所往:没有去处,无路可逃。

[7]拘:拘束,引申为凝聚、集中。

[8]不修而戒:修,整治。戒,戒备。军队不需要整治便会自觉地进行戒备。

[9]不求而得:求,强求。对士兵无需强求,他们就能完成任务。

[10]不约而亲:亲,团结。士兵们不待约束便能亲爱互助。

[11]不令而信:信,服从。不需对将士三令五申便能得到他们的信任和服从。

[12]禁祥去疑:祥,吉凶的预兆,这里指迷信活动。疑,疑虑,猜疑。

[13]至死无所之:之,往。即使到死也不会逃跑。

[14]偃卧者涕交颐:偃,仰倒。颐,面颊。仰卧着的士兵眼泪在面颊两边流着。

【译文】

大凡对敌国进攻作战,其规律是:越深入敌境,军心就越专一,敌军就越不易取胜;进入敌境后,要在富饶的地区夺取粮草,保障全军能有充足的粮食;注意休整部队使其不疲劳,提高士气积蓄力量;用兵作战,巧设计谋,使敌人无法判断。把部队置于无路可走的境地,虽死也不会败退。既然死都不怕,官兵就都能尽力而战了。士卒深陷危险境地,就无所畏惧,无路可走,军心就能稳固。深入敌国,军队就团结,人心专一而不涣散。迫不得已时,就会拼死战斗。因此,这种条件下的军队,不待整治就能加强戒备,不待苛求就能完成任务,不待约束就能亲近相助,不须申令就能

遵守纪律。禁止妖神迷信,消除疑虑谣言,即使战死也不逃避。我军士兵没有多余的钱财,并不是厌恶财物;没有人贪生怕死,他们并不是厌恶生命。作战命令颁布的时候,士兵们坐着的泪水沾湿了衣襟,躺着的泪流满面。把军队置于无路可走的危地,就会像专诸、曹刿一样勇敢。

【原文】

故善用兵者,譬如"率然";"率然"者,常山之蛇也。击其首则尾至,击其尾则首至,击其中则首尾俱至。敢问:"兵可使如'率然'乎?"曰:"可。"夫吴人与越人相恶也,当其同舟而济,遇风,其相救也,如左右手。是故方马埋轮,未足恃也;齐勇若一,政之道也;刚柔皆得,地之理也。故善用兵者,携手若使一人,不得已也。

【译文】

所以善于用兵打仗的人,能使部队像"率然"一样。"率然"是常山的一种蛇,打它的头,尾巴就过来救应;打它的尾,头就来救应;打它的身子,头尾就都来救应。试问:"军队可以使它像'率然'一样吗?"回答是:"可以。"吴国人和越国人历来是互相仇恨,他们同船渡河,遇到大风,也能互相救援就像一个人的左右手一样。因此,用缚住战马、掩埋车轮的办法来稳定军心,是靠不住的。要使部队上下齐心协力勇敢如一人,这是军队组织管理的方法问题;使强者弱者都能发挥作用,这是恰当地利用地形的问题。所以,善于用兵的人,能使全军携手如一人那样,这是因为形势迫使他不得不这样。

【原文】

将军之事:静以幽,正以治。能愚士卒之耳目,使之无知。易其事,革其谋,使人无识;易其居,迂其途,使人不得虑。帅与之期,如登高而去其梯;帅与之深入诸侯之地,而发其机,焚舟破釜,若驱群羊,驱而往,驱而来,莫知所之。聚三军之众,投之于险,此谓将军之事也。九地之变,屈伸之利,人情之理,不可不察。

169

【译文】

统率军队，要沉着冷静，幽深莫测，公正严明，使人不敢触犯。要能蒙蔽士卒的耳目，使他们对军事行动毫无所知。变更作战部署，改变原计划，使人们无法识破其用意。驻军常改驻地，迂回行进，使人们无法推断所考虑的策略。将帅与士兵约期出战，如同登高而抽去梯子一样不能后退；将帅与士卒深入诸侯国内，策划机谋，烧船毁锅，决心死战。对待士卒如同驱赶羊群一样，赶过去，赶过来，使他们不知要到哪里去。聚集全军，把他们投入危险的境地，使他们拼死奋战，这便是统率军队的要务。根据九种地形的不同地势采取不同的行动方针，适应情况，掌握攻防进退的利害得失，官兵上下的不同心理，这些都是不能不认真审察和仔细研究的。

【原文】

凡为客之道：深则专，浅则散。去国越境而师者，"绝地"也；四达者，"衢地"也；入深者，"重地"也；入浅者，"轻地"也；背固前隘者，"围地"也；无所往者，"死地"也。是故"散地"，吾将一其志；"轻地"，吾将使之属；"争地"，吾将趋其后；"交地"，吾将谨其守；"衢地"，吾将固其结；"重地"，吾将继其食；"圮地"，吾将进其途；"围地"，吾将塞其阙；"死地"，吾将示之以不活。故兵之情：围则御，不得已则斗，过则从。

【译文】

大凡进攻敌国作战的原则,进入敌境越深,军心愈稳定专一;进入得浅,军心就容易涣散。离开本国进入敌国作战的地区,叫做"绝地";四通八达于旁国的地区叫"衢地";进入敌国纵深的地区叫"重地";进入敌境浅近的地区叫"轻地";后险固前阻狭的地区叫"围地";无路可走的地区叫"死地"。因此,在"散地"我就要统一全军的意志坚守;在"轻地",我就要使部队阵营紧密相连接;遇"争地",我就要迅速迂回到敌后,做到后人发、先人至;在"交地",我就要督促部队严密防守;在"衢地",就要巩固与其他诸侯国的结盟;在"重地",我就要保证军粮的供应;在"圮地",我就要迅速通过这条路;在"围地",我就要堵塞缺口;在"死地",我就要昭示士卒要有死战的决心。所以,军事上的情势、士兵的心情状态就是:被包围就会协力抵抗,迫不得已就要拼死战斗,陷入危险的境地,就会听从指挥。

【原文】

是故不知诸侯之谋者,不能预交[1];不知山林、险阻、沮泽之形者,不能行军;不用乡导者,不能得地利。四五者,不知一,非霸王之兵[2]也。夫霸王之兵,伐大国,则其众不得聚[3];威加于敌,则其交不得合[4]。是故不争天下之交[5],不养天下之权[6],信己之私[7],威加于敌,故其城可拔,其国可隳[8];施无法[9]之赏,悬无政[10]之令,犯三军之众,若使一人。犯之以事[11],勿告以言[12];犯之以利,勿告以害[13]。投之亡地然后存,陷之死地然后生。夫众陷于害,然后能为胜败。

【注释】

[1]不能预交:预,预先。交,结交。不能预先结交。

[2]四五者,不知一,非霸王之兵:四五者指这些事,如有一样不能了解,就不能成为霸王的军队。

[3]其众不得聚:其,指示代词,这时是指敌国,聚,聚集。

[4]威加于敌,则其交不得合:交,结交。合,合作,联合。国家强大的实力形成压力施加给敌国,敌国想与别国结交,以求取得援助,也不能成功。

[5]不争天下之交:争,争取。天下,指各诸侯国。交,结交,不争天下之交:无需争着与其他国家结交。

[6]不养天下之权:养,培养。权,权势,势力。无需在各诸侯国家培植自己的势力。

[7]信己之私:信,通"伸"。私,私意,这里是指自己的谋略。伸展自己的谋略。

[8]隳:摧毁、毁灭。

[9]无法:没有超越常法。

[10]无政:不合常规。

[11]犯之以事:犯,用。事,指作战。使用士兵们作战。

[12]勿告以言:言,计谋。不要告诉他们计谋。

[13]害:危害、危难。

【译文】

因此不了解诸侯各国的战略动向,就不能与他们结交;不熟悉山林、险阻、湖沼等地形,就不能行军;不使用向导,就不能得到地利。这几方面,有一方面不了解,就不能算是"霸王"的军队。凡是"霸王"的军队,进攻大国,能使其军民不得会聚;兵威凌压敌国,就能使同其结交的国家不得前来援救。所以,不必争着同天下的诸侯国结交,也不必在别的诸侯国培植自己的权势,只要伸展自己的战略意图,兵威凌压敌国,那么,敌国的城池就可以夺取,国家就可以毁灭。施行超出常规的奖赏,颁布打破常规的号令,指挥全军如同指挥一个人。驱使士卒执行战斗任务,而不说明意图,只告诉他们有利的条件,不告诉其中有什么危害。把士卒投入"危地",然后才能转危为安;把士卒陷入"死地",然后才能转死为生。军队陷入危害的险境,然后才能力争胜利。

【原文】

故为兵之事,在于顺详敌之意[1],并敌一向[2],千里杀将,此谓巧能成事者也。

【注释】

[1]顺详敌之意:顺,顺随。详,详细,仔细。仔细了解敌军的意图。

[2]并敌一向:并,合并、集中,集中兵力。敌,攻打,进攻。一向,一个方向。集中兵力攻打一个方向。

【译文】

所以,指挥作战,在于假装顺从敌人心意,谨慎观察敌人的战略意图,集中兵力于主攻方向。即使出兵千里,也可擒杀敌将,这就是所谓用巧妙的方法取得成功。

【原文】

是故政举之日,夷关折符,无通其使;厉于廊庙之上,以诛其事。敌人开阖,必亟入之。先其所爱,微与之期。践墨随敌,以决战事。是故始如处女,敌人开户;后如脱兔,敌不及拒。

【译文】

因此,当决定战争行动之日,就要封锁关口,销毁凭证,禁止与敌国使节往来;在庙堂秘密谋划,作出战略决策,严令军机不可外泄。一旦发现敌人有隙可乘,就要迅速乘机进入。首先要夺取战略要地,但不要与敌人约期决战。破除陈规,敌变我变,灵活掌握作战行动,以求战争的胜利。所以,战争开始要像处女一样沉静,以示其弱,使敌人放松戒备,开启可攻之门;战争展开之后要像脱逃的野兔一样迅速行动,使敌人来不及抵抗。

【兵法精粹】

九种战略地形

　　根据用兵原则,战地可分为散地、轻地、争地、交地、衢地、重地、圮地、围地、死地九大类。

　　在自己国土内与敌作战,这样的地区叫做"散地"。进入敌人国境不深的地区,叫做"轻地"。谁先占领对谁有利,这种兵家必争之地,叫做"争地"。我军可以去,敌军也可以来的地区,叫做"交地"。土地与两三诸侯国接壤,先到者可以结交邻近诸侯,并可以得援助,这样的地区,叫做"衢地"。深入敌人国境,已越过许多敌国城邑,这样的地区,叫做"重地"。山林、险阻、沼泽等难以通过的地区,叫做"圮地"。进入的途径狭隘,出来的道路迂远,敌人能够以寡击众制服我军,这样的地区,叫做"围地"。迅速决战就能生存,否则就会被消灭,这样的地区,叫做"死地"。

　　在散地不宜决战;在轻地则应迅速前进,不宜停止;遇争地应先占领,如果敌人已先占领,不可强攻;在交地宜时时保持各军之间的联络,不要被敌断绝;在衢地则结交邻邦;在重地应夺取敌人物资,就地补给;在圮地,应尽快通过;在围地,应运用谋略脱困;在死地,则应奋力作战,死里求生。

　　自古以来,善于用兵的将领,能使敌人的前锋与后卫不能互助呼应,大部队和小部队之间无法互相协力,官兵之间不能互相救援,上级与下级之间无法联络,士卒溃散,无法聚集,即使聚集,也无法行动一致。总之,有利才行动,不利就停止不动。

　　试问:敌军如果人数众多,并以严整的阵容向我进攻,怎么办?答案是,先攻击敌人最在乎的要害之处,就能使敌人受制于我。用兵之道首在迅速——让对手措手不及,从他们意想不到的道路,攻向其未加戒备的地方。

深入敌境之后

　　进入敌国作战的原则是:越深入敌境,军心斗志越专一,敌人越无法胜我;进入敌境后,必须在富饶的地区夺取粮食,使军旅吃得饱;注意休养

士卒,不要使他们过于劳累,这样才能提高士气,积蓄体力;用兵要巧设计谋,令敌无法预料;将部队置之死地,士兵宁死也不后退,连死都不怕,必能尽力作战。因为士卒深入险境,反而无所谓,无路可走,反而军心稳固;深入敌国之地,精神就能集中而不涣散,走投无路时,就会拼死搏斗。

这样的军队,不待督促,就知警惕戒慎;不需要求,就知尽忠职守;不用约束,就知亲爱团结;不必下令,就知信守服从。此外,更应禁止迷信,扫除谣言,这样全军便能勇往直前,义无反顾。我军士卒没有积蓄财货,并非不爱财货;不怕死,并非不想活。当作战命令下达时,士兵无不泪流满面,一片悲愤,此时把他们置于无路可退的境地,个个都会像专诸、曹刿一样勇敢。

善于用兵者,就像"率然"一样。"率然"是常山地方的蛇,打它头部,它的尾巴就来救应;打它的尾部,它的头部就来救应;打它中间,它的头尾就同时来救。

试问:"用兵可以像率然这种蛇一样吗?"答案是:"可以。"例如,吴国人与越国人本为世仇,当他们突然遇到风浪时,也能同舟共济像左右手般互相救应。

因此,为使士兵行动一致,将马拴在一起,将车轮埋起来,还是不可靠。要让士兵勇敢齐一,有赖指挥得法;要让强者和弱者都能发挥战斗力,有赖善用地利。善于用兵的将领,指挥大军好像差遣一个人那么容易,那是因为把士卒置之于死地,使他们不得不战。

战场心态

将军的处事修养,必须做到宁静沉着,深思远虑;必须公正无私,严肃不乱,同时要蒙蔽士兵的耳目,使他们对作战机密无所知;也要相机改变计划,更动计谋,使他人无法探知意图;此外还要改变驻地,行军时故意迂回,使人难以意料。

当将帅率领士卒到达预期的地点,突然下令作战,就好像登高而抽去梯子般,使士卒有进无退,抱定必死的决心。当将帅率军深入敌国,必须像发射弓箭般,使士卒一往直前。又像赶牛车一样,赶过来,赶过去,使士卒根本不晓得要到哪里去。总之,集结大军投入危险的战场,是将军的责任。根据地形变化,采取不同的运动方针,掌握进退屈伸的利害关系,以及士卒的心理状态,都是身为将帅者不能不考虑的。

战场地形不外乎下述六种：

绝地——战地与本国隔绝的地区，即深入敌境。

衢地——四通八达的地区。

重地——深入敌境。

轻地——初入敌境。

围地——前有隘口，后有峻岭的地区。

死地——无处可逃的地区。

在散地，要使士卒战志专一；在轻地，要使部队密切联系；在争地，要迅速迂回到敌人侧背；在交地，要谨慎防守；在衢地，要加强外交；在重地，要注意补给；在圮地，要迅速通过；陷入围地，就要堵塞缺口；在死地，要表示必死的决心。士兵的心理是，被包围时就会尽力抵抗敌人，不得已时就拼死战斗，为形势所迫时，就会听从指挥行动。

不了解其他诸侯国的政策，就不能与之结交；不熟悉山林、沼泽等地形，就不能行军；不利用向导，就不能得到地利。以上三者缺其中一项都不能成为军事霸主。

静如处女，动如脱兔

军事霸主一旦攻伐大国，可使该国军民来不及动员；以强大威势施加于敌国，可使他国不敢与其结交。因此，军事霸主不必争取友邦与盟国，也不必在别的诸侯国培养深通权谋之士，只要伸展自己的谋略，以威势凌压他国，则就有破城毁国的机会。

带兵时，若能破格奖赏士卒，或颁布打破常规的法令，指挥全军能像使唤一个人一样。命令士卒做事，不必告诉他们为什么；差遣士卒只须告诉他们有利的一面，不必告诉他们有害的一面。

把军队投入有败亡之虞之地，反而得以生存，这是因为士卒身陷危险境地，常一鼓作气，转败为胜。所以指挥作战，必须佯装顺从敌人的意图，一旦有机可乘，便集中优势军力指向敌军某一处，长驱千里，擒杀敌将，这就是所谓巧于作战以取胜。

因此，当军事行动开始后，就应该封锁关口、毁坏信符、禁止通行、不通来使，并且反复计议，研究作战计划。只要敌人有隙可乘，我军就立刻乘虚而入，以迅雷不及掩耳之势，夺取敌人最重要的地点。不要让敌人得

知我方预定进攻的日期，须根据敌情修正作战计划。作战之初，要像处女一样沉静，不动声色；敌人戒备放松后，要像脱逃的兔子般行动迅速，使敌人措手不及。

井陉口大捷

这场战役发生在楚、汉争夺天下的第三年，当年除了楚、汉两大势力外，尚有齐、赵、燕等好几国在混沌战中搅局。这年冬天，韩信、张耳率领数万兵力攻击在东方的赵国。赵王赵歇和陈余闻讯后，立即聚集重兵，在井陉口布阵迎敌。

井陉口的地形，是标准的军事天险，四方高，中央低，就像一口井，易守难攻。赵军既已抢下这个地利，几乎可说稳操胜券。赵军中有个叫李左车的人，看准了这点便向陈余建议，好好利用这天赐的机会，痛击韩信。他分析说："韩信和张耳挟着胜利的余威远征，锋芒难挡。但我听说，军队行军千里，常因粮食接应不济，士卒面有饥色；若士卒先砍柴取草再煮饭，就表示有一餐没一餐的，没有存粮。如今，韩信进军井陉口，道狭路险，车马不能并行，粮草一定在后。请派给我 3 万兵力，抄小路劫掠他们的辎重，而您坚守阵营不出。韩信前进不得，后退无路，打野食无门。不出十日，韩信、张耳的首级可送到阁下面前，否则，我们将被他们所擒获。"

这段分析，对战地特性、战术运用，都有精辟的见解，此计若被采纳，韩信不是殉难，就是被俘。可是陈余在此时却迂腐之至，完全无视于孙子"兵者，诡道也"的训示，他自称其军队是仁义之师，不用诈谋奇计，他说："韩信的兵力既少又疲惫，此时进攻，会被其他诸侯看轻，以为我们胆怯而前来攻击。"

"太好了！"韩信派出间谍探听，得知李左车的计策未获采用，喜出望外，自知再无大忌，便放心大胆出动大军，直入险道，在离赵军不到 30 里之处扎营休息。半夜，韩信精选骑兵 2000 名，每人手持一面红旗，隐蔽在山头窥伺赵军。韩信下令说："赵军若看见我军败退，必然倾巢出动，一路追杀，届时你们以迅雷不及掩耳的速度，直奔赵军阵营，拔去他们的军旗，换上我方的旗子。"

孙子兵法·三十六计

177

接着韩信又传令全军，用餐时随便吃吃，暂时充饥即可，待大破赵军之后，再饱餐一顿。手下诸将皆不以为然，凛于军威，不敢吭声。他们心想，赵军军力强大，哪是那么容易可以击破的？

韩信心里很清楚，无论如何赵军的陈余决不是省油的灯。为了引诱赵军出击，他派遣万人部队渡河，背对着河流布阵，作准备出击状。赵军见韩信大批人马出动，正想见识一下他会摆出什么高明的阵法，谁料他竟像门外汉一样，让大兵在前，河流在后，这样一旦战败，根本退无脱路。赵军将领心想，原来韩信不过尔尔，不禁哄堂大笑。

很快天亮了，韩信击鼓出军，赵军开门出战，一场激战就此展开，杀得天昏地暗，难分难解。韩信、张耳眼见时机已近，便假装战败，弃军旗、军鼓往汉军云集的河岸落荒而逃。

赵军阵营中果真总动员，一方面追击韩信和张耳，一方面争夺汉军军旗、军鼓，和在河岸布阵的汉军正面对上了。由于汉军身后是河流，无路可退，打不过则死路一条，因此个个激起殊死作战的决心。而隐蔽在山头的2000名轻骑兵，此时也按原先韩信的指令，驰入已经是空城的赵军营垒，抽换军旗。

赵军见无力取胜，有意暂时退兵，重整旗鼓，回师一看，营区内赫然尽

是汉军的红旗。这一惊非同小可,士兵误以为赵王已被俘,否则怎么连旗子都换了主人?于是乱成一团,赵军将领以截杀威胁,也无法阻止部下的叛逃。在汉军的夹击之下,赵国的陈余被杀,赵王被擒。

汉军高唱凯歌,诸将领得意之余,不免纳闷,对韩信的兵法颇为不解,便发问说:"兵法有背山而战,面水而战的战术,从未听说背水一战。而将军您背水布阵,而且说要等攻破赵军再进餐,我们都很不服,但最后真的获胜了,这是怎么回事?"

韩信说:"我用的战术,在兵法上也有明文记载啊!只是你们不注意罢了。兵法不是说陷之死地而后生,置之亡地而后存吗?更何况我们的部队并非人人效死的敢死队,若不置之死地,怎能让他们戮力一搏?"将领听到后万分钦佩,都自叹弗如。

《九地篇》中说:"在死地,兵士们就会有必死的决心。"韩信利用这一规律战胜了陈余。

东晋灭南燕

淝水之战后,姚苌、姚兴建立的后秦取代前秦政权,北方出现了再度分裂的局面。他们互相争夺,战乱不已。这些割据政权主要有后燕、西燕、北燕、大夏、西秦、北魏、南凉、后凉、西凉、北凉等。公元 396 年北魏军南下,后燕被截割分为南北两部。南部的慕容德原是后燕的范阳王,于公元 398 年迁往滑台(今河南滑台)建立南燕,又因滑台四面受敌,于次年将都址迁往广固(今河南滑县)。北魏在这些割据政权中,是比较强大的政权。东晋在淝水之战后一度收复了保、兖、青、司、豫、梁六州(今山东、江苏、河南、陕南),但不久因东晋内部争权夺利,这些地方得而复失,分别被与东晋接壤的南燕、后秦所占领。后来,孙恩起义,桓玄叛乱,平民出身的刘裕因镇压起义和平息叛乱而官至车马骑将军,逐渐掌握了东晋朝廷的军政大权。

刘裕当权后,实行各种措施巩固政权。在政治上,排除异己,强化自己的势力;经济上,减轻徭役、田租,缓和阶级矛盾;军事上,提出恢复中原的口号,训练军队,积极准备北进。东晋的经济军事实力因此逐渐增强,这时,刘裕开始北伐。南燕是刘裕北伐战争的第一个目标,刘裕希望通过歼灭南燕,收复失地,进一步提高自己的声望。

公元 409 年,南燕主慕容超派将军慕容兴宗率骑兵攻陷东晋的宿豫(今江苏宿迁),俘获宿豫的阳平太守和济阴(今山东定陶西北)太守。不久慕容超又派兵攻陷济南,俘获太守及百姓男女千余人而去。彭城以南的广大民众纷纷奋起自卫,抗击南燕军。刘裕认为北伐的时机已经成熟。

刘裕分析了南燕国土幅员较小、政治腐败及没有长远的战略眼光等弱点,认为北伐定能成功。但是这个主张,除得到左仆射孟昶、本骑司马谢裕等少数人的支持外,多数朝臣对灭燕的信心不足。刘裕排除众异,制定了沿途筑城、分兵留守、巩固后方、长驱北进的作战方针。4 月 11 日,刘裕率兵十万从建康出发,由水路过长江,自淮水至泗水前进。5 月,刘裕抵达下邳(今江苏邳州西南),留下航船辎重,率步骑向琅玡(今山东沂北)进发。

不久,晋军到达南燕境内琅玡。晋军到达时,南燕已风闻晋国北伐军将至,急忙撤回营城(今山东莒县)梁父(今山东泰安)的守军。晋军继续北伐,希望通过琅玡至广固直捣南燕都城。当时,自琅玡至广固晋军面临三种选择:一是由琅玡经富城,越大岘山(今山东沂水北)直奔临朐、广固。这是条捷径,水路运输比较方便。但大岘山高大险峻,山高 70 丈,周围 20 里,其上关口(今穆凌关)仅能通一车,号称"齐南天险"。二是向东北经营城、东武(今山东诸城)入潍水北上,再转而西往广固。这条路比较远,行动起来劳师费时。三是向北越泗水经梁父,转而向北抵达广固。这条路过长,不利行军,运输困难。南燕鲜卑人战前曾利用其骑兵优势两次攻入东晋淮北地区,仅仅是为抢掠而不是攻击城池。刘裕据此认为,南燕首领定是没有远谋的贪婪之徒。同时,他又从南燕弃守莒城、梁父等要地的情况,判断燕军定是不准备在大岘山以南作战,因为燕军的优势是骑兵,适宜平地作战,以发挥他们的骑兵优势,依托临朐、广固等坚城,同晋军作战。刘裕通过对南燕的分析,决定走第一条线路。

6 月 12 日,晋军到达东莒,接着兵过大岘山。刘裕见晋军已过险地,高兴地对左右说:"我们顺利通过了危险地带,深入敌人腹地,可以拼死作战,现在庄稼已经成熟,我军无缺粮之忧,可以说胜利离我们不远了。"不久晋军临近临朐。南燕、东晋军为了争夺水源城,展开了激烈的争夺战。晋军夺取了水源,刘裕紧接着布置军队与南燕争夺临朐。6 月 18 日晋军主力到达临朐南,慕容超出动主力骑兵夹击晋军。由于南燕骑兵在平川作战具有优势,刘裕布置晋军以车兵 4000 名在步兵的两侧,骑兵列于车兵后,这样步、骑、车兵相互配合,有效地抵御了燕军骑兵的进攻。双方激

战半日,不分胜负。参军胡藩建议出兵走偏僻的小道,袭击临朐城,刘裕接受了他的建议。临朐守城兵力薄弱,被晋军一举攻下。慕容超惊慌失措,率领余部逃到了广固城中。晋军首战告捷。

晋军在临朐取胜后,连夜乘胜发起追击,直逼广固城下。广固城四周都是悬崖峭壁,一时难以攻取,刘裕命令晋军修筑长墙围困敌军,同时就地取粮。慕容超临朐战败后便请求后秦出兵援助,他不是积极防御,而是消极地等待援兵。公元410年2月初,晋军四面攻城,尚书悦寿开门迎降,慕容超率数十名骑兵突围逃走,后被晋军追获,送建康城斩杀。至此,东晋灭掉南燕。

东晋灭南燕之战,刘裕能够取得胜利的主要原因,在于他准确地判断敌情,慎重地选择了北伐的路线,利用地利之变灵活地变换战术。刘裕在这次战争中,不仅"料敌制胜,计险厄远近",而且做到了孙子兵法中所说的"动而不迷,举而不穷"。孙子在《孙子兵法·地形篇》中说:"隘形者,我先居之,必盈之以待敌","险形者,我先居之,必居高阳以待敌"。慕容超违背了孙子所说的这些原则,弃大岘山之险而不守,放弃了能有力地阻击敌人进攻的地形而过早与敌军决战,结果首战失败,丧失了战争的主动权,因而导致了最终失败。

项羽解救巨鹿

公元前208年(秦二世二年),项羽杀死了宋义,逼迫楚怀王封自己为上将军。

这时,秦国正攻打赵国都城巨鹿,赵将陈余被秦军打败,不敢再战,驻军于巨鹿城内。秦军乘胜追击,对巨鹿发起猛攻。巨鹿城内,人心惶惶,日夜不安,守城将士,伤亡惨重,粮食又逐日减少。眼见得是朝不保夕了,赵王歇、赵相张耳,连夜派人出城,一面促令陈余迅速出战,一面分别向齐、燕、代、楚等国求援。然而,慑于秦军威力强大,不仅陈余不敢出战,就是燕、代、齐三国援兵也只进至巨鹿城外,不再前进了。唯有楚国上将军项羽骁勇异常,率军渡过黄河后,即下令全军将士,破釜沉舟,每人只带三日干粮,誓与秦军决一死战。

秦将王离见楚军来救,当即调遣军队,亲往迎敌。两军相逢,秦军还没有展开阵势,楚军便冲来,乱砍乱杀,勇猛异常,秦军猝不及防,三战三

退。秦将章邯见王离战败，便率大军前往接战，与楚军对阵。这时，燕、齐、代等国援军都留在自己营中观望。

项羽身先士卒，命令将士各自为战，不拘形式，只求杀敌取胜。这时的楚军已是破釜沉舟，怀着必死之心前来，见主将冲锋在前，更是奋勇百倍，故能以一当十，以十当百。一时间，真正是呼声动天地，怒气冲斗牛，不但在场交手的秦兵，挡不住这股劲敌，一个个被吓得胆战心惊，就是观望的各国将士，看了那情景也禁不住目瞪口呆。秦将章邯本来曾是项羽手下败将，这次遇到楚军如此勇猛，斗了几个回合便下令退兵，这时部队伤亡已有三成了。项羽见章邯退去，也下令收兵回营休息，到了夜间，仍严装以待。

第二天，项羽命令将士饱食干粮，再次出战。临出发时，项羽对将士们下令说："今日务必尽扫秦兵。否则，我军粮食已尽，将会全军覆灭。你死我活，就在今日一战！务请诸君拼力杀敌，以求全胜！"楚军将士得令后，一个个信心十足，勇气倍增，才进入战场，便一声呼啸，直向秦军奔去。秦将章邯刚刚上阵便陷入被动，尽管他也鼓励士卒，要与楚军决一雌雄，无奈经过昨日战败，士卒们已经胆怯，任他如何鼓励，总是敌不过楚兵奋力冲杀。章邯屡次下令前进，每次都被楚军攻退，直到五进五退，已经是溃不成军了。

项羽率军抵达巨鹿城下，与秦军先后大战九回合，秦军无一不败，章邯逃回城南大营。再说王离勉强守住本寨，不敢出战，项羽便又下令英布、蒲将军领兵堵住甬道，自己亲自率军攻打王离，一鼓作气，直捣王离营门。王离想夺路逃走，却正碰着项羽，只战三四回合，便被楚军生擒了。

项羽破釜沉舟，一举攻灭秦国主力。巨鹿之战是中国历史上以少胜多的著名战例。

第十二章 火 攻

孙子兵法·三十六计

【内容提要】

孙子所说的火攻，实质上讲的是以"火"助"攻"。"以火佐攻者明。""佐攻"就是配合作战部队达到歼敌目的。

火攻乃"奇兵"，常常能起到意想不到的作用。孙子指出"火攻"有五种情形，并阐述了"火攻"的条件以及可能出现的一些问题。

【原文】

孙子曰:凡火攻有五:一曰火人[1],二曰火积[2],三曰火辎[3],四曰火库[4],五曰火队[5]。行火必有因[6],烟火必素具[7]。发火有时,起火有日[8]。时者,天之燥也;日者,月在箕、壁、翼、轸[9]也。凡此四宿者,风起之日也。

【注释】

[1]火人:火,做动词,用火焚烧,用火焚烧敌军。人,指敌军。

[2]火积:积,积蓄,指粮草。放火焚烧敌军的粮草。

[3]火辎:辎,辎重,包括武器、兵车,以及各种军用器械。放火焚烧敌军的军用物资。

[4]火库:库,仓库。放火焚烧敌军的仓库。

[5]火队:队,通隧,隧道。放火焚烧敌军的隧道。

[6]行火必有因:行,施行。因,原因,条件。施行火攻必须具备一定的根据和条件。

[7]烟火必素具:烟火,这里指火攻的器具燃料等物。素,平时,经常。具,具备。放火用的器材必须经常准备好。

[8]发火有时,起火有日:发起火攻要选择有利的时机。

[9]月在箕、壁、翼、轸:指月亮经过箕、壁、翼、轸这四个星宿的日子,因为这些日子容易起风。

【译文】

孙子说:火攻有五种:一是用火烧敌军人马,二是火烧敌军的粮草,三是火烧敌军的辎重,四是火烧敌军的仓库,五是火烧敌军的运输设施。进行火攻须具备一定的条件,烟火器材必须先有准备。发火要选择有利的时候,点火要选准有利的日期。有利的时候,指天气干燥;有利的日期,指月亮行到"箕"、"壁"、"翼"、"轸"四个星宿的位置时。月亮经过这四个星宿的位置时,正是有风的日子。

【原文】

凡火攻,必因五火之变而应之[1]。火发于内[2],则早应之于

外^[3]。火发兵静者,待而勿攻,极其火力^[4],可从^[5]而从之,不可从而止。火可发于外,无待于内,以时发之。火发上风,无攻下风^[6]。昼风久,夜风止。凡军必知有五火之变,以数守之^[7]。故以火佐攻者明^[8],以水佐攻者强^[9]。水可以绝^[10],火可以夺。夫战胜攻取,而不修其功者凶^[11],命曰"费留"^[12]。故曰:明主虑之,良将修之。非利不动^[13],非得不用^[14],非危不战^[15]。

【注释】

[1]必因五火之变而应之:因,根据,利用。五火,即上述五种火攻的方法。应,策应,对策。必须根据五种火攻形式所引起的敌情变化分别采取相应的配合措施。

[2]火发于内:在敌军营内放火。

[3]早应之于外:早,提早,提前。应,策应。及早用兵在外面策应。

[4]极其火力:极,极点,顶点。让火势烧到最旺之时。

[5]从:进攻。

[6]火发上风,无攻下风:上风,风向的上方。下风,风向的下方。在上风方向起了火,不要在下风方向进攻。

[7]以数守之:数,规律,法则。守,守候。按照气象变化的规律等候火攻的时机。

[8]以火佐攻者明:佐,辅佐。明,明显。指火攻效果明显。

[9]以水佐攻者强:强,增强。用水攻的方法来辅助进攻,就能加强攻势。

[10]水可以绝:绝,绝断。用水攻可以隔断敌军的联系,或者断绝敌人的粮道。

[11]不修其攻者凶:修,举。凶,凶险。如果不能及时论功行赏以巩固胜利成果则会有祸患。

[12]命曰费留:命曰,名为。费留,吝惜钱财。这就叫做赏不及时。

[13]非利不动:于我无利,我们就不行动。

[14]非得不用:得,得到,取得胜利。用,用兵。没有取得胜利的把握,不轻易用兵。

[15]非危不战:不在危急的关头不轻易开战。

【译文】

凡是进行火攻，必须根据这五种火攻方式的不同实施，灵活地派兵配合。火从敌营内烧起，则要迅速派兵从外部策应。火已烧起，而敌营毫无动静，则要冷静观察等待，不要马上进攻，等火势烧得旺盛，视情况可以进攻就进攻，不可以进攻就停止。火也要从敌营外部放，这就不必等待内应，只要时机和条件方便就可以放火。火在上风放，不可以逆风进攻。白天风刮的时间长，夜间风就容易停止。凡是率军打仗，将领必须懂得灵活运用五种火攻方法的变化运用，等待条件进行火攻。因此，用火助攻的，效果显著；用水来配合进攻的，声势强大。用水可以分割断绝敌军，用火攻可以烧毁敌军的人马和物质。打了胜仗，夺取了土地、城池，而不巩固战果、奖赏有功的士卒是危险的，这叫做"费留"。因此，贤明的国君要慎重地考虑战胜攻取的事，明智的将帅要认真地奖励攻战中有功的士卒。不是对国家有利，就不轻易采取行动；没有取胜的把握，就不可轻易用兵；不到危急紧迫时，就不可轻易出战。

【原文】

主不可以怒而兴师，将不可以愠[1]而致战；合于利而动，不合于利而止。怒可以复喜[2]，愠可以复悦；亡国不可以复存，死者不可以复生。故明君慎之[3]，良将警之，此安国全军之道也。

【注释】

[1] 愠：怨怒。

[2] 怒可以复喜：复，回复。愤怒可以变为高兴。

[3] 明君慎之：明君，明智的君主。慎，慎重。明智的君主对此要慎重。

【译文】

国君不可凭一时之怒而发动战争，将帅不可因一时之忿而与敌交战。有利才用兵，不利就停止。愤怒可以恢复到高兴，怨忿可以转变为高兴。国家亡了就不能再复存，士卒死了就不能再复活。所以明智的国君对用

孙子兵法·三十六计

兵一定要慎重,贤良的将帅对交战一定要警惕,这些都是安定国家、保全
军队的根本道理。

【兵法精粹】

火攻的五种机变

　　凡是火攻必须根据上述五种火攻造成的变化,适时运用兵力策
应——从敌营内部纵火就要及早在敌营外部策应;如果火势已经燃起,敌
人却显得很镇定,这时就应观察等待,不要急着进攻;等火势燃烧到最旺
盛时,可攻则攻,不可攻则停止行动;火也可以从敌军营外施放,此时不必
等待内应,只要选择适当时机便可放火。另外还须注意的是:白天刮风较
久,夜间起风就容易停止。

　　所有军队都应知道这五种火攻的变化运用,并且注意箕、壁、翼、轸四
星宿的变化,严防敌人火攻。用火来辅助进攻效果显著;用水来辅助进
攻,声势浩大,然而水只能阻隔敌人,无法夺取敌人阵地或歼灭敌人。

東吳儒將

陸遜

慎用兵将之道

凡是攻克敌人、战胜敌人，却不能巩固战果，是很危险的。这种情形叫做"费留"，也就是长期浪费人力物力的意思。

所以明智的国君一定要深思熟虑，将帅一定要认真研究，不是对国家有利，决不行动；不能得胜，决不用兵；不是处于存亡危急之际，决不作战。国君不可因一时愤怒而兴兵打仗，将帅也不可因一时怨忿而出兵作战。对国家有利才行动，对国家不利就停止。愤怒可以转变为喜悦，怨忿可以转变为高兴，然而国亡不能再兴，人死不能复生，因而明智的君主用兵一定要警惕，优秀的将帅用兵一定要心存戒慎，这是安定国家、率领军队的根本道理。

【古今中外著名典例】

火烧连营

刘备称帝后第一年，头一件展开的军事大行动，就是由他亲自领军，进攻吴主孙权。

元帅东征，是相当危险的事，但由于关羽、张飞双双死于东吴之手，桃园三结义，如今仅剩孤零零刘备一人，此仇不报非君子。因此尽管部属劝他三思，仍无法动摇他东征孙权的决心。

面对蜀汉的 40 万大军，以及顺流而下的船艋，东吴则推出年轻的儒将陆逊迎敌。陆逊虽然只是一介书生，不谙武艺，但深通兵法。他的策略是以静制动，任凭刘备如何挑战，坚守不出。

刘备大军沿着长江南岸，翻山越岭，直逼东吴的军事重镇彝陵。吴国将领纷纷请求迎战，陆逊却不动如山。他认为，刘备目前锐气正盛，而且扎营高处，据守险要，此时出击，就算获胜，也无法取得决定性胜利；万一失败，所付出的代价谁也承担不起。所以当今之计，还是一个字——守。

吴国将领都以为陆逊懦怯，心里十分不快。陆逊不以为意，和刘备从二月一直对峙到六月。

刘备这边渐渐按捺不住了，他命吴班率领数千兵力在平地扎营。吴军将领觉得机不可失，要求迅速攻击，而陆逊又以其中有诈为由不动声色。陆逊和其他将领在阵中观察，几天后果然看到数千兵力从山谷中走出。所有的将领这才明白，原来这是刘备的诱敌之计。

刘备一等再等，等不到攻击的机会，便放弃水陆并进的计策，下令水军撤退到岸上，处处结营。始终按兵不动的陆逊，终于决定对蜀军发动反击，一洗长期以来的憋气。

然而，一向主张尽速出兵决战的各位将领，对这项迟来的攻击令并不以为然。他们认为："要攻击，一开始就得行动。搞到现在，敌军已经深入五六百里，和我军相持七八个月，每个要害部位的兵力都已经部署完善，我们攻击讨不到便宜。"

陆逊回答说："刘备老奸巨滑，作战经验丰富。当他刚抵达时，阵脚不稳，但相对的，他一定全神贯注，考虑周到，应付他反而不容易。如今驻屯已久，没什么战果，兵卒疲累，士气低落，更谈不上策略、规划。此时才是击败他们的时机。"

尽管如此，诸将领心中仍然不服，尤其在派出一支队伍试行攻击受挫后，更令人不禁对陆逊的自信深表怀疑。陆逊不理会这些冷言冷语，他胸有成竹地告诉大家，他已有万全破敌之计。

这个破敌之计，就是火攻。

刘备的军营连连不绝 700 里，气势上固然相当唬人，但是在陆逊眼中，这其实是刘备的致命伤。因为当时正值酷暑，刘备为求凉爽，扎营在树林旁，非常适合火攻。而且营寨延伸过长，犯下兵家大忌，失败在所难免。

一切发展果然一如陆逊所打的如意算盘。东吴大军带着茅草和火种，攻入蜀汉军营，顺风放火，刘备阵营陷入一片火海，将领投降的投降，被杀的被杀，40 几个营寨被攻破。刘备抱头鼠窜、一路撤退，所有的军需物资、武器、船艋丧失殆尽；将士尸首浮在江面，顺流而下，与几个月前刘备率领船队浩浩荡荡东下相比，真是此一时彼一时也，令人悲叹不已。

刘备在后卫部队的保护下，逃到白帝城。原应乘胜追击的陆逊，顾虑到魏王正在集结部队，可能会来个鹬蚌相争，渔人得利，对吴国不利，因此

放弃追击。刘备总算捡回一条命。性命虽保,但元帅东征,却落得这般下场,情何以堪。悲愤之余,健康大坏,隔年就病逝了。

火烧赤壁

曹操统一北方后,于公元208年秋天率兵30万,号称80万,南下攻打荆州,企图占领江东,而后一举统一南方。他派人给孙权送去了一封挑战书,上面写着:

近来奉命征伐有罪的人。旗子向南一指,刘琮束手归顺。现在率领水军80万,愿意跟将军在东吴相会,打猎玩玩。

孙权、刘备为各自利益,决定联合起来对抗曹操。孙权派周瑜为大战的总指挥,率3万精兵沿江西上,到夏口与刘备队伍会合。孙刘联军乘舟一直西上迎敌。

孙刘联军到了赤壁(今属湖北蒲圻县),在长江南岸与北岸的曹军相遇。曹操的先头部队眼看南岸的吴军不多,将士们想占个便宜,给它一个迎头痛击,就派了一部分战船去试探一下。不料两军一交锋,曹军就败下阵来,退到乌林,与他们的主力部队在一起,和孙刘联军隔江相峙。这就好像满天的乌云,下了几滴小雨,马上又停了。

曹操的士兵因来自北方,初到南方个个水土不服,很不习惯南方潮湿的气候。再加上不习惯乘船,一有风浪扑打战船,战船不住地颠簸,战士们经受不住战船的晃荡折磨,个个呕吐不已,没多久就病倒了许多。曹操看见士兵们虚弱的身体,难看的气色,心里十分焦急,只好召集谋士们商量对策。这时,有人献上连环计:如果能将大小战船分别用铁环锁住,大约十几条船一排,每排船上再铺上宽阔的木板,不用说人可以来回走,就是马也可以上船啦。如果这样训练士兵,那么,任凭风刮浪涌,也不会有人生病了。

曹操听了连环计,非常高兴,立即下令:连夜打造连环大钉,镇住大小战船。效果果然不错,人在船上走如履平地,一点也不觉得摇晃。这时曹操手下大将程昱不无忧虑地说:"船都连锁在一起,固然平稳,但如果周瑜用火攻,则难以回避,不可不提防。"曹操笑道:"凡是用火攻,必须借助风

191

力,如今正值隆冬,只有西北风,哪来的东南风? 如果周瑜用火攻,他在江东,只能是烧他自己,若在春夏,我早就提防了。"众将听了都伏地而拜,称"丞相高见,我等不及"。

聚集在长江南岸赤壁的孙刘联军,见曹操的战船接在一起,阵势浩大,这时他们也想用火攻。正在发愁无法将火种靠近敌船时,周瑜手下的大将黄盖主动要求自己假装投降,以便靠近敌船,把火种带过去。

正在操练水兵的曹操,突然接到一封来信。这送信人就是黄盖派心腹假扮的。曹操拆信细读:"我黄盖接受孙氏三代厚恩,一直当着将军,三代主人都待我不薄。但是天下大事,还得顾到大势。拿江东六郡和众多百姓去抵抗百万大军,兵力强弱,这是谁都看得明白的。只有周瑜、鲁肃两个人,不知道天高地厚,不明事理,硬要拿鸡蛋往石头上碰,非要跟您争个高低。我跟他们论理,反被他们打了50军棍。我受了点气,倒是小事,今天归顺朝廷,这是大义。交战的那一天,我愿担任先锋,到时候一定随机应变,立功以报效您。"

曹操有些不相信地把信翻来覆去地看了又看,怀疑地对送信人说:"你们这是要苦肉计搞假投降,是不是?"送信人竭力辩白,说:"黄将军这次来归顺一是为朝廷效力,二是为报仇雪恨。是非利益摆在眼前,丞相用不着怀疑。"曹操这才相信了他。

周瑜在江东已经将各路人马布置停当,这天忽听北岸鼓声震天,周瑜带着众将登上山顶,遥望曹操操练水军,只见江面上战船林立,却极有次序。忽然一阵大风刮过,刮起周瑜的帅旗,旗角从周瑜脸上掠过,周瑜猛地一怔,大叫一声,口吐鲜血,向后倒去,不省人事。众将领忙将周瑜送回帐中,求医调治。

诸葛亮闻讯后来到周瑜帐中,笑着对周瑜说:"我有一药方,可以治好都督的病。"周瑜一震,忙说:"请先生指教。"诸葛亮提起笔在一张纸上写道:想破曹公,当用火攻;万事俱备,只欠东风。

周瑜一看,脱口而出地问道:"是啊,可怎么办呢?"诸葛亮根据自己对天象的观测,对周瑜分析到:"目前是严冬腊月,西北风是经常的,后天就是冬至,冬的尽头是春的开始,节气转了,到时候,十之八九能起东南风。"周瑜给他这么一说,病完全好了,当即送走了诸葛亮,立刻叫黄盖准备

降船。

公元 208 年冬至那天半夜，果然刮起了东南风，而且风势越来越猛。黄盖又给曹操去了一封信，约定当晚带着几十只粮船到北营来投降。

当天晚上，黄盖率领 20 只战船，船上装满干草、芦苇，浇上膏油，上面蒙上油布，严严实实地把船遮盖住，每只船后又挂着 3 只划动灵活的小船，小船里都埋伏着弓箭手，降船扯满风帆，直向北岸驶去。曹军早已做好了接收粮船的准备，曹操带着几个谋士登上楼船向南望了望，此时月光映在江水之中，如同万道银蛇，翻波戏浪。这时忽然瞧见对岸的船队顺风而来，隐隐约约还飘着青龙旗。曹操迎风大笑，异常得意地说："黄盖果然来了。"谋士贾诩皱着眉头说："今天起了东南风，咱们得防备意外。"大将程昱接着说："来船轻快得很，决不是粮船！"曹操一听，大叫一声："哎呀，那还了得。"急忙派人拦截来船。

号令刚下，黄盖的大船已经过来了，离北岸约 2 里左右，只见黄盖大刀一挥，20 几只大船一齐着起火来，火焰腾空而起，战船像狂舞的火龙，一起撞入曹操的水军中。火趁风势，风助火威，水寨中一处起火，就成了火种，立刻烧到别的船。水寨外围都是用铁钉和木板连起来的首尾相接的

连环船，一时间拆也无法拆，逃也逃不走，只好眼巴巴地看着被大火烧尽。而黄盖他们则早已跳上小船，不慌不忙地接近北营，向岸上发射火箭。不但水寨里的战船被烧，连岸上的营寨也着了火。一时间，江面上火逐风飞，一片通红，漫天彻地。曹军士兵被烧得哭爹喊娘，焦头烂额，扑通扑通地都掉到水里。曹操正在上岸不得、下水不能的紧要关头，幸亏张辽带着一队小船把他救了出来，飞也似地逃走了。

刘备、周瑜率水陆两军乘胜追击，杀得曹军死伤了大半，曹操只率领一小部分残军从小道逃回许都。

赤壁之战，以孙刘联军胜利、曹操大败而告结束。这是三国时期以少胜多、以弱制强的著名军事战役，为三国鼎立奠定了基础。

田单大摆火牛阵

燕昭王起用乐毅伐齐，连下 70 多城。昭王死后新继位的燕惠王不喜欢乐毅。齐国最怕乐毅领兵，即用反间计诱使惠王撤掉乐毅，派骑劫为将。骑劫没有智谋，只借优势兵力日夜围攻即墨城，这时齐国只剩莒和、即墨两城。即墨城守将战死，大家公推田单为将军。这时的即墨城岌岌可危，被燕国大军包围得里三层外三层，水泄不通。城内田单的军队，将寡兵微、势弱力薄，又没有外援相呼应，很难突围，破城在即。

田单日夜冥思苦想，怎样用计打退燕军。一天黑夜，他正辗转反侧，忽听窗外人声喧闹。他走到门外看个究竟，只见一头惊牛东冲西撞，在街上狂奔。追牛的人边追边喊，躲避的人尖声惊叫，慌忙逃避。一片混乱嘈杂之声，惊醒了将士，也提醒了田单，失控的牛，疯狂的奔突，如入无人之境，势不可当，田单心中便盘算着破敌之计。

次日清晨，田单见将士长吁短叹为守城之计担忧，即召诸将安慰他们说："诸君不必犯愁，今我有一条妙计，即可退敌。"将领们都认为即墨被燕国大军围困已如此之久，城内兵员粮草逐日匮乏，外又无援兵，田单何计之有？田单笑着说："天机暂不泄露。总的要求，你们不要惊慌，按计行事便是。今请大家赶快传令给全城百姓，为了破敌，速把各种牛都收集到军营里。"许多将领都疑惑不解，有骑牛作战的？从来没听说笨牛也能派上

什么用场!晌午时分,聚集了一千余头牛。田单见牛已集齐,即请会裁缝的百姓,剪下大红色丝绸缝制牛衣,衣上还画了不同颜色的龙纹;田单又命将士请来铁匠,锻制两千余把尖锐的牛角刀,又购买了大量芦苇和易燃的油料。一切准备齐全后,组织军士和百姓,将花衣披在牛身上扎紧,将尖刀绑在牛角上拴牢,将浸透了易燃油料的成捆芦苇系在牛尾上,把牛圈在城墙里边,牛群"整装待发"。紧接着田单命军士在靠近牛圈处的城墙根处向城外凿一些大洞口,并先选拔 5000 名勇敢善战冲锋陷阵的战士,以便紧随牛后冲杀。

　　三更时分,田单即将牛放在洞口,点燃牛尾上的芦苇,一头头牛被烧烫作痛,像箭一般地向洞外冲跑,牛群愤怒而又疯狂地直向燕军兵营冲刺。五千勇士左执火炬、右握单刀紧随火牛阵后面。燕军将士从睡梦中惊醒,火光中隐约地见到一群满身龙纹的怪兽,暴跳如雷,横冲直撞,势不可当,躲也来不及躲。燕营军士措手不及,乱作一团,被牛撞死撞伤,或自相践踏,死伤惨重,元气大损。五千勇士紧跟牛后追杀,即墨城内士兵擂鼓呐喊,百姓敲锣击器助威,喊声震天,杀声动地,燕营死伤不计其数。被火牛吓得抱头鼠窜的燕营将兵,被齐军冲杀得溃不成军,狼狈不堪。指挥不灵的主将骑劫,被齐勇士刀劈于马下。燕军损兵折将,惨败于火牛阵中。齐军大获全胜,解除了即墨被困之危,士气高昂,军心大振。于是,田单带领齐军,乘胜追杀燕国残兵败军。一鼓作气,不断扩大战果,齐军所经过的城镇,官民无不反叛燕国归顺齐国。从此,齐国又重振旧日雄风。田单军胜利凯旋而归。齐王及百官诸将都赞田单出奇制胜,大摆火牛阵,史无前例,以少胜多,战果辉煌,真是奇才奇功。

曹彬用火灭南唐

　　公元 974 年 9 月,宋太祖赵匡胤命令大将曹彬统率水军进攻金陵的南唐政权。曹彬攻下铜陵、芜湖等地后,直接打到南唐都城金陵。此时已是公元 975 年正月了。

　　曹彬挥师进至金陵城外围,南唐的军队背靠金陵城摆下阵势,非常壮观。特别是南唐的水军,扼江而守,一道又一道的栅门,十分坚固,令宋军

195

不敢小觑。

当时正值初春，北风凛冽。曹彬与部将李汉琼观看南唐的水寨，都情不自禁地想起了当年周瑜火烧赤壁的典故来。李汉琼叹道："可惜没有内应，不然，何不效周郎，来一次火烧金陵！"

曹彬道："如今西北风猛烈，如用火攻，定可将南唐水军所设的栅门烧毁。到那时，我们乘势攻击，南唐军必然一片混乱，不怕金陵城不破！"

李汉琼道："言之有理！"于是，俩人进一步商定火攻的具体措施。

李汉琼命令士兵们割取河岸的芦苇装上船，又在芦苇上浇上油料，将小船驶近栅门，点燃油料。顷刻之间，火借风势，风助火威，大火很快将坚固的水栅门烧毁了，小船驶入南唐军的水寨，火焰熊熊的小船迅速引燃了南唐军的战船，南唐水军纷纷跳船逃生，乱作一团。曹彬乘势冲杀，一举攻破南唐水寨，兵临金陵城下，将金陵城团团包围。

曹彬对金陵城围而不攻，从春到冬，半年过去了，金陵城内连烧饭的柴草都没有了。南唐国君李煜企图与赵匡胤讲和，被赵匡胤一口拒绝。这一年的11月，曹彬率领宋军全力攻城，城内南唐军士饥寒交迫，无力抵抗，固若金汤的金陵城终于被曹彬攻破，南唐政权至此灭亡。

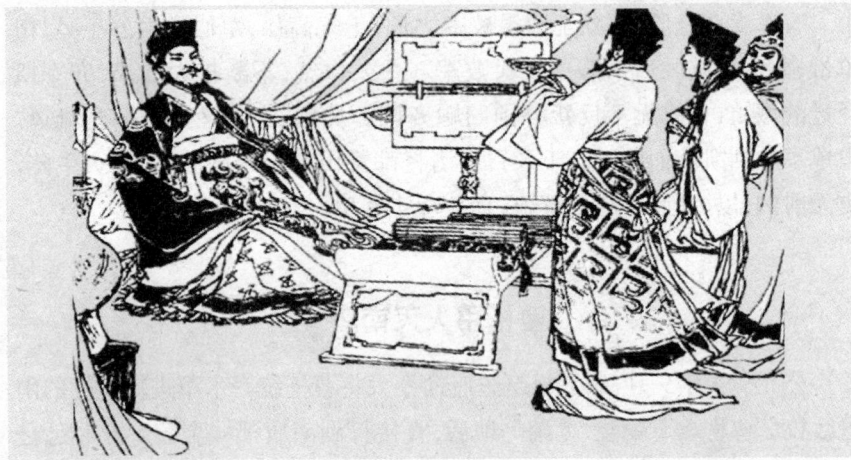

海湾战争

1990年8月2日,伊拉克出兵占领了科威特。联合国决定组织以美国为首的多国部队对伊拉克进行名为"沙漠盾牌"的惩罚行动。

8月7日凌晨2时,美国总统布什正式签署了"沙漠盾牌"行动方案;7时30分,即部署行动,付诸实施。美国82空降师先头部队2300人48小时内即赶抵沙特;一星期内,美军在海湾部署了50 000人;又隔20天后,400余架各种型号的战斗机、轰炸机进入阵地,"独立"号、"艾森豪威尔"号、"萨拉托加"号3艘航空母舰分别驶入阿曼湾、红海、地中海水域,"锁眼"照相侦察卫星、"曲棍球"雷达侦察卫星、"大酒瓶"和"漩涡"通讯卫星都进入轨道。同时,还有27个西方国家和第三世界国家向海湾派出了军队。

如此强大的军事阵营,陈兵海湾地区,目的是要迫使伊拉克从科威特撤兵。可是,伊拉克总统萨达姆却毫不示弱,在他的坚持下,伊拉克加强侵略兵力,正规军由90万扩展到125万,几乎举国皆兵;同时不惜牺牲部分领土与伊朗讲和,从两伊边境抽调数十个师加强南线防御;按照纵深部署、梯次支援防御、机动纵深进行反击的原则,萨达姆部署了50多万军队、3500辆坦克、2500辆装甲车,以及1500门大炮,并在阵地四周设置了沙墙、油沟、雷场等等设施,准备与多国部队打一场持久的消耗战。

沙漠天险对伊拉克部队十分有利。在阿拉伯半岛这片不毛之地,沙丘起伏,河床干涸,风狂沙猛;有些地带,地表虽然结成一层干硬沙土,下面却是凶险难测;在一些干湖浅滩上,几小时前还能安营扎寨、升降飞机,几小时后,就可能变成能置人于死地的陷坑;遍地鹅卵石的沙漠地区,坦克和装甲车以及履带式自行装甲火炮行动非常困难。另外沙漠白天气温奇热,阳光下飞机表面温度高达100度,常规兵车车内温度之高也令人难以忍受,稍有不慎,就会造成灼伤……萨达姆以为,这些有利的地形条件,也足以抵御多国部队进攻。

然而,事实却与萨达姆的预料截然相反。为了突破伊拉克的坚固防线和天然屏障,多国部队首先采用了"火攻"战术。1991年1月17日,当地时间凌晨2时50分,多国部队发起了大规模空袭。F—15E歼击轰炸

孙子兵法·三十六计

机、F—117A 隐型战斗机及"旋风"式歼击轰炸机,犹如漫天飞蝗飞临伊拉克上空,重磅炸弹倾泻而下;"威斯康星"号和"密苏里"号舰上 106 枚"战斧式"巡航导弹呼啸而至。在这一天中的 14 个小时内,多国部队连续进行了 3 次大规模轰击,向伊拉克境内预定目标投掷了 1.8 万吨炸弹,相当于当年轰炸日本广岛的原子弹 1.5 倍的威力!此后,多国部队又以每天 2000 架次的出动率,对伊方目标进行多层次的连续的狂轰滥炸。

在如此狂轰滥炸之下,伊拉克葬身于一片火海之中!山崩地裂,鬼哭狼嚎,巴格达几乎来不及做出反应便陷入瘫痪:国防部被炸毁,空军司令部被炸毁,总统府被炸毁,伊军的导弹基地、防空火炮、指挥部掩体、通讯系统都一一被炸得稀巴烂!又经过 1 星期的猛烈轰炸,整个伊军指挥系统更是基本失灵,军心大为恐慌。

1 月 24 日,多国部队发起了全线地面攻击。53 万大军从边境几个方向同时突破伊军前线各师的防线,一路横冲直撞,所向披靡,几乎没有遇到多少顽强抵抗,也几乎没有人员伤亡,便深入伊拉克境内。4 天战斗,第一天俘虏伊军 1.4 万,第二天又俘虏 5 万,其中还有 10 名将军。15 万伊军精锐共和国卫队望风而逃。

从 1 月 17 日开战,到 2 月 27 日结束,短短 40 天内,伊军有 40 多个师被歼或完全丧失战斗力,423 辆坦克损失了 370 辆,2870 辆装甲运兵车被摧毁 1856 辆,3110 门火炮被缴获 2140 门,至少有 8 万士兵被俘,伤亡达 8.5 万人。在如此惨败之下,萨达姆只得向多国部队投降。

可以这样说,海湾战争也是现代战争中一次以"火攻"助胜的例证。

第十三章 用 间

【内容提要】

孙子所强调的"用间",讲的是战略侦察,而不是讲一般的使用间谍或战场侦察问题。所谓战略侦察,其内容不仅仅限于军事战略侦察的范畴,它还包括对敌国政治情况的了解。

孙子曰:"知己知彼,百战不殆。"只有对敌人有了充分的了解,才可以运筹帷幄、从容应战。

【原文】

孙子曰：凡兴师十万，出征千里，百姓之费，公家之奉[1]，日费千金；内外骚动，怠于道路[2]，不得操事[3]者，七十万家[4]。相守数年[5]，以争一日之胜，而爱爵禄百金[6]，不知敌之情者，不仁之至也，非人之将[7]也，非主之佐也，非胜之主也。故明君贤将，所以动而胜人[8]，成功出于众者，先知也。先知者，不可取于鬼神，不可象于事[9]，不可验于度[10]，必取于人，知敌之情者也。

【注释】

[1]百姓之费，公家之奉：费，耗费，费用。公家，国家，政府。奉，给养，费用。百姓的耗费，国家的开支。

[2]怠于道路：怠，疲惫，疲劳。指百姓辗转运输而疲于奔波。

[3]操事：事，指农事。操持农事。

[4]七十万家：古代制度：1家从军，需要7家负担军粮等各种劳役。出兵10万，便有70万家不能正常操持家事。此指数目大。

[5]相守数年：相守，这里指与敌军相对峙。

[6]爱爵禄百金：爱，爱惜。爵禄，这里指官位与俸禄。百金，泛指钱财。吝惜爵位、俸禄和金钱。

[7]非人之将：人，用人。是不懂得用人的将领。

[8]动而胜人：动，行动，出兵。一出兵就要能战胜敌人。

[9]不可象于事：象，类比，比拟。事，事情。不能用对等的相似的事情的类比去推想敌人的情况。

[10]不可验于度：验，检验。度，计度。这里指日月星辰运行的位置。不能用验证日月星辰运行的位置的办法获得敌情。

【译文】

孙子说：凡是兴兵十万，千里征战，百姓的耗费，公家的开支，每天要花费千金；国内外一片骚动，民众服徭役，为运输物资疲惫于道路，不能从事耕作的计有七十万家。与敌相持数年，为的是争取最后一天的胜利，但却吝惜爵禄金钱而不重用间谍，以致不能了解敌情的虚实而致失败，这是不能仁民爱物到了极点。这种人不配当军队的统帅，不配做国君的助手；

这样的国君，不是取胜的好国君，不配为胜利的主宰。英明的君主，贤良的将帅，之所以一出兵就能战胜敌人，成功超出众人之上，其重要原因，就在于事先了解敌情。事先了解敌情，不可用迷信鬼神占卜方法去取得，不可用过去相似的事情类比推测，也不可用观察日月星辰运行的位置来算吉凶祸福，只能从知道敌情的人那里去了解敌情的虚实。

【原文】

故用间有五：有因间[1]、有内间[2]、有反间[3]、有死间[4]、有生间[5]。五间俱起，莫知其道，是谓神纪，人君之宝也。因间者，因其乡人而用之。内间者，因其官人而用之。反间者，因其敌间而用之。死间者，为诳事于外，令吾间知之，而传于敌间也。生间者，反报也。

【注释】

[1]因间：依赖与敌人的乡亲的关系获得情报；或利用与敌军官兵的同乡关系，打入敌营从事间谍活动。即下文的"乡间"。

[2]内间：指收买敌国官吏为间谍。

[3]反间：收买或利用敌国的间谍为我所用。

[4]死间：故意向外散布虚假情况，以欺骗迷惑敌人。

[5]生间：间谍活着回来报告敌情。

【译文】

使用间谍有五种：有"因间"，有"内间"，有"反间"，有"死间"，有"生间"。五种间谍都同时使用起来，使敌人无从了解我用间的规律，这就是奇妙莫测的要领，是国君的法宝。

"因间"，是利用敌方的乡野之民充当间谍。"内间"，是指利用敌方的官吏充当间谍。"反间"，是收买或利用敌方派来的间谍使其反为我方效力。"死间"，是指故意在外泄露假情报，让我方间谍传给敌方。"生间"，是指派往敌方侦察后，能活着回来报告敌情的间谍。

【原文】

故三军之事，莫亲于间[1]，赏莫厚于间[2]，事莫密于间[3]。非圣智不能用间，非仁义不能使间[4]，非微妙不能得间之实[5]。微哉！微哉！无所不用间也。间事未发，而先闻者，间与所告者皆死[6]。

【注释】

[1]莫亲于间：没有比间谍更应该成为亲信的了。

[2]赏莫厚于间：赏赐没有比间谍更优厚了。

[3]事莫密于间：事务没有比间谍之事更为机密了。

[4]非仁义不能使间：仁义，仁义之心。不具有仁义之心的人不能使用间谍。

[5]非微妙不能得间之实：处事不微妙不能得到间谍的真实情报。

[6]先闻者，间与所告者皆死：先闻，事先知道。事情先得暴露，则间谍和知情者必然要被杀以灭口。

【译文】

所以治理三军之事，没有比间谍更应该成为亲信的了，奖赏没有比间谍更优厚的了，事情没有比用间谍的事更秘密的了。不是圣智的将帅不能使用间谍，不是仁义的将帅不能指使间谍，不是用心微妙治事精明的将帅不能取得间谍的真实情报。微妙呀！微妙啊！真是无处不需用间谍。用间谍的工作尚未进行就事先走露了消息，那么间谍和他所涉及的人都要被处死。

【原文】

凡军之所欲击[1]，城之所欲攻，人之所欲杀，必先知其守将、左右、谒者、门者、舍人[2]之姓名，令吾间必索知之。必索敌人之间来间我者[3]，因而利之[4]，导而舍之，故反间可得而用也。因是而知之[5]，故乡间、内间可得而使也；因是而知之，故死间为诳事，可使告敌；因是而知之，故生间可使如期[6]。五间之事，主必知之,知之必在于反间,故反间不可不厚也。

【注释】

[1]军之所欲击:此句为宾语前置,即"所欲击之军"。

[2]守将、左右、谒者、门者、舍人:守将,主将。左右,守将的亲信。谒者,指负责传达通报的官员。门者,守门的官吏。舍人,门客,谋士。

[3]必索敌人之间来间我者:索,搜索。第一个间:名词,间谍。第二个间,动词,从事间谍活动。必须搜索出到我方从事活动的间谍。

[4]因而利之:因,由,趁机。趁机收买。

[5]因是而知之:从反间那里获悉敌人的内情。

[6]生间可使如期:如期,按期。生间可以使他们按期回来报告敌情。

【译文】

凡是要攻击的敌军,要攻占的敌方城堡,所要击杀的敌方人员,必须先了解主管将帅及其左右亲信,掌握传达通报的官员、守门小吏和近伴门人幕僚等人的姓名,命令我方间谍务必侦察清楚。必须搜查出敌方派来侦察我方的间谍,要利用收买、多方诱导,然后交给他任务放他回去,这样反间就可以为我所用了。由此而了解情况,于是"乡间"、"内间"就可以为我所用了。由此而了解情况,于是就能使"死间"假传情报给敌人。由此而了解情况,于是就可以使"生间"按照预定期限,回报敌情。五种间谍使用之事,国君都必须知道。想要知道敌情关键在于"反间",所以,对"反间"不可不给予优厚的待遇。

【原文】

昔殷[1]之兴也,伊挚[2]在夏[3];周之兴也,吕牙[4]在殷。故惟明君贤将,能以上智为间者[5],必成大功。此兵之要,三军之所恃而动[6]也。

【注释】

[1]殷:商朝。

[2]伊挚:即伊尹。原是夏桀的大臣,后归附商汤。

孙子兵法 · 三十六计

[3]夏:夏朝。

[4]吕牙:姜子牙。

[5]以上智为间者:用智慧高超的人作间谍。

[6]三军之所恃而动也:三军,全军。军队依靠间谍所提供的情报而行动。

【译文】

从前殷朝的兴起,因为伊挚曾经在夏朝为官;周朝的兴起,是因为重用了在商纣时曾居朝歌的吕牙。所以,贤明的国君,贤能的将帅,能用足智多谋的人做间谍,一定能建立大功。这是用兵作战的关键,整个军队都要依靠他提供敌情来决定军事行动。

【兵法精粹】

间谍的五种类型

明君贤将,一出兵就能胜敌、成就超凡,关键在于能事先掌握敌情。要掌握敌情,不可取决于鬼神,不可单凭过去类似的事例类比推断,也不可以日月星辰的运行为验证,一定要取决于间谍提供的情报,以了解敌情。

间谍有五种类型,分别是:因间、内间、反间、死间、生间。这五种间谍同时运用,可使敌莫测我之高深,就好像神妙的法术,真可说是国君的法宝。

间谍的活动方法

所谓"因间",是利用敌国乡里当地人做间谍;所谓"内间",是利用敌国官吏做间谍;所谓"反间",是利用或收买敌国的间谍而为我所用;所谓"死间",是故意泄露假情报,让敌国间谍带着假情报传回敌国;所谓"生间",是派间谍赴敌国刺探敌情,返国报告。

军中一切事务,没有比间谍更亲信的,没有比间谍的赏赐更丰厚的,没有比使用间谍更机密的。不是才智过人的将帅,不能运用间谍;不是大

仁大义的人,不能指使间谍;不是心思精细、手段微妙的人,不能判断情报的真伪。微妙啊! 微妙! 无处不可使用间谍呀! 但是用间必须特别留心,如间谍工作尚未展开就走露消息的话,间谍和告密者都必须被处死。

凡是要攻击的敌军,要占领的城塞,要刺杀的敌人,务必叫我方的间谍探听清楚其主将、左右亲信、招待宾客的秘书或副官、守门的警卫、勤务人员的姓名。同时必须找出敌方派来卧底的间谍,视情况以利诱之,经开导说服后,放他回国,担任我们的反间。借助反间的运用培养乡间,如期回来报告敌情。以上五种间谍的运用,国君都应了解,而运用的关键就在于反间。因此对担任反间任务的人,必须给予优厚的待遇。

从前商朝能灭夏而起,是因为伊尹曾在夏朝为官;周朝能代商而起,是因为姜子牙曾在商朝为官。所以明智的国君和将帅,任用智慧高超的人为间谍,一定能成大功。这是用兵作战的要诀,也是三军行动的指针。

【古今中外著名典例】

石勒用间胜王浚

西晋爆发了"八王之乱",使得汉族与少数民族人民的生活处于水深火热之中,人民纷纷起来反抗西晋政权的统治。他们当中的石勒后来吞并了王弥,战胜了拥兵幽州的西晋大臣王浚,摆脱了刘氏集团,自立为赵王(历史上称为后赵),成为中国北方出现的十多个少数民族政权之一(即历史上"十六国"之一)。石勒用间智取王浚之事发生在他自立为赵王之前。

石勒字世龙,羯族人,其家族世为部落小帅。到石勒这一代,部落小帅已没有什么待遇可言。为了生活,石勒给商人与地主当过田客。后被西晋并州刺史司马腾捉住并送到冀州,贩卖到一个叫师欢的地主家里当耕奴。石勒相貌不俗,善骑射,又有勇有谋。师欢怕他鼓动其他耕奴造反,就把他放了。石勒离开师欢,投奔了西晋朝廷的养马地——马牧的小头目汲桑,并在茌平(今山东茌平)一带组成"十八骑"。他们常常出入于专门繁殖名马赤龙、骐骥的场地,到远处劫掠珍宝,拿回来贿赂汲桑。

成都王司马颖挟持晋惠帝失败被废,他的部将公师藩等起兵赵、魏,要为司马颖报仇。石勒和汲桑就趁此机会率牧人乘马场马匹数百骑前往

206

响应。公师藩攻打邺城失败被杀,石勒与汲桑逃回马牧。他们在马牧劫掠郡县,释放囚犯,集山泽亡命之徒,势力得到扩充。石勒、汲桑在一次战斗中失败,汲桑被晋军杀死,于是石勒带领自己的队伍投奔已在左国城称汉王的刘渊。

石勒投奔刘渊后,在三四年时间内东征西讨,攻城夺地,为汉国立下汗马功劳,他的军队成为维护汉国统治的一支劲旅。石勒的势力也在征战中不断发展、壮大。公元311年,投奔刘渊的王弥在其势力得到扩大后,密谋要杀掉石勒,吞并他的势力。石勒知道后,设计杀掉王弥,兼并了他的全部人马。随着实力的不断增强,石勒渐渐起了称王的野心。但是他表面上仍然服从刘渊,同时在他的统治范围中实行优待汉族地主及汉族知识分子的政策,把一批富有统治经验的汉族地主阶级知识分子吸收到自己麾下。

石勒火并王弥后,又攻击西晋幽州刺史王浚。王浚在与石勒交战失败后,曾求助于鲜卑、乌桓人,但鲜卑、乌桓人没有响应。

石勒的军师张宾分析了王浚的兵势情况,建议石勒智取王浚,不要硬战。因此,军师张宾要石勒写一封措词谦恭的信给王浚,表示与他和好的诚意,愿意隶属于他,扶助他当皇帝,等到王浚对石勒疏于防备时,再乘其麻痹一举消灭他的势力。石勒同意了这个建议,并且马上开始依计行事。

石勒派他的门客王子春、董肇等人带着书信和许多珍宝,去见王浚。石勒在信中推崇王浚为天子,而谦称自己是无名小卒。

王浚见石勒归顺于他十分高兴,把王子春等人封为列侯,并派使者以地方特产答谢。不久,王子春等人与王浚的使者一同回来,石勒下令隐藏起强壮的精兵和武器,显示出仓库空虚、军队软弱的样子,面向北拜见王浚的使者,接受王浚的书信。王浚送给石勒的拂尘,石勒装做不敢拿,把它挂在墙上,每天早、晚都要敬拜这拂尘,石勒还派董肇向王浚上书,约定日期亲自到幽州去奉拜皇帝。

石勒见王浚已相信了自己,便开始准备袭击王浚。他先叫回王子春打听幽州的情况。王子春回来说幽州饥荒贫困,王浚众叛亲离。石勒听此情况,决定发兵袭击幽州。但他又怕并州刺史刘琨从背后袭击他,于是他与张宾商量如何应付刘琨。张宾建议利用刘琨与王浚的矛盾,写信与刘琨讲和,请求刘琨允许他以讨伐王浚来将功补过。石勒按张宾所说,办妥了这件事,稳住了刘琨,解除了后患。

公元 314 年,石勒发兵袭击幽州,率领轻骑兵日夜兼程向幽州进发。石勒在早晨赶到蓟县,因怀疑城内有埋伏,就先驱赶几千头牛羊,声称是献给王浚的礼品,实际上是堵塞王浚的军队使其不能出战。王浚这时才意识到大势不好,开始坐卧不宁了。石勒派手下抓住了王浚,并且将他送回襄国(石勒的都城,在今河北省邢台市西南)杀死。石勒占据了幽州,吞并了王浚的军队,为不久以后自立为赵王奠定了基础。

石勒吞并王浚的过程,实际上也就是连续用间的过程。孙子所说的用间的重要性、要领以及方法,石勒都能熟练掌握并灵活运用于战争的实践之中。

刘邦离间范增

孙子曾经阐释过"上兵伐谋"、"不战而胜"的兵法,兵不血刃的方式很多,利用反间计,不动刀枪除掉心头大患,也是军事战争中常见的手法。楚汉争霸时,刘邦身边的陈平,便是善用反间计的谋士。

就在项羽和刘邦争天下的第三年,汉王刘邦对胜利迟迟未到已渐感不耐,他问陈平怎样可以平定天下。

陈平不假思索地向刘邦分析说:"项羽的心腹干将不外乎范增、钟离昧、龙沮、周殷等人,大王您如果肯拨万斤黄金,离间他们君臣的感情,以项羽善于猜忌的性格,必然使他们君臣反目,此时我军乘势攻打,破楚便易如反掌。"

刘邦对陈平的建议深有同感,于是拨出 4 万斤黄金,由陈平运用,毫不过问。而陈平的金钱攻势果真见效,他用钱收买楚军间谍,散播谣言说:"钟离昧、龙沮、周殷等人功勋彪炳,却一直未能受封为王,心中极为不平,他们有意和刘邦同谋,里应外合,消灭项羽,分地为王。"

性格一向多疑的项羽,听到这项传闻后,认为空穴不来风,对钟离昧等大将日渐疏远。

第一步成功了,接下来目标指向老谋深算的范增。范增在项羽心目中的地位,自非钟离昧等人可比,不是三言两语那么容易挑拨的,但陈平还是把握住了绝佳的机会。项羽把刘邦团团围困在荥阳却始终无法攻破,因此心急如焚,此时,刘邦派人向项羽求和,愿意以荥阳为楚河汉界,各守一片天。项羽顾及刘邦非等闲之辈,荥阳又久攻不下,有意接受刘邦

的请和，但范增力劝项羽急攻荥阳，切莫心存"以退为进"的消极打算。刘邦为此大为苦恼，担心项羽改变主意，陈平决定施展反间计，逼走范增。

当项羽派使者前来时，陈平准备丰盛大餐款待，可是一见到这名使者时，故意露出惊讶的表情说："啊，原来是项王派来的人，我还以为是亚父（范增）派来的呢。"说完，眼前的佳肴立即被更换成粗茶淡饭。使者倍受冷落，心里颇不是滋味，回去后禀奏项羽。项羽不由得对范增起了戒心，对范增建议攻城之议更觉得其中有诈。范增自知受到怀疑，怒而请辞，在告老返乡途中，发病而死。

项羽麾下的智多星范增就这样被用计逼走。项羽少了范增，宛如缺了聪慧的头脑，徒留强健的躯壳，再猛也无济于事，注定了失败的命运。

皇太极巧设反间计

努尔哈赤受重伤去世以后，袁崇焕特地派使者到沈阳假意去吊丧，其实是为了探听后金的动静。皇太极对袁崇焕窝了一肚子的怨恨，但是因为后金刚打败仗，军队需要休整，再说他也想趁机试探一下明朝的态度，所以，不但接待了袁崇焕的使者，还派使者到宁远去表示感谢。双方表面上缓和下来，背地里却都在加紧准备下一步更加激烈的战斗。

第二年，皇太极亲自率领大军攻打明军。后金军分兵三路南下，先把锦州城团团包围起来。袁崇焕料定皇太极的进攻目标是宁远，决定自己

留在宁远率兵防守,派副将带领4000骑兵援救锦州。援兵还没出发,皇太极已经带兵攻打宁远了。袁崇焕亲自到城头上督战,下令用大炮猛轰后金军;同时,城外的明军援军也和城里的兵士内外夹击,把后金军赶跑了。

皇太极见攻城失利,又把人马撤到锦州。但是锦州的明军守得非常严实,加上天气转暖,后金军士气消极不振,皇太极只好退兵。

这次袁崇焕又打了一个大胜仗。可是,以魏忠贤为首的阉党却把功劳记在自己名下,反而责怪袁崇焕没有亲自率兵去救锦州。袁崇焕知道魏忠贤有心为难他,迫于魏忠贤的淫威,他辞去了职务。

1627年,昏庸无能的明熹宗得病死去,他的弟弟朱由检即位,就是明思宗,也叫崇祯帝(崇祯是年号)。

崇祯帝早就了解魏忠贤作恶多端、专横跋扈、民愤太大,他一即位,就宣布了魏忠贤的数条罪状,把魏忠贤充军发配到凤阳。魏忠贤知道自己十恶不赦,肯定活不成,在半路上服毒自杀了。

崇祯帝整治了阉党以后,又给杨涟、左光斗等人平反了冤狱。此时,许多大臣请求把袁崇焕召回朝廷。崇祯帝接受了这个意见,并且提拔袁崇焕为兵部尚书,负责指挥整个河北、辽东的军事。崇祯帝问他有什么计划与打算,袁崇焕说:"只要给我指挥军事的大权,朝廷各部一致配合,我敢说不出5年,可以恢复辽东。"

崇祯听了十分高兴,感到袁崇焕确实是雄才大略,是个难得的将领,于是下令给袁崇焕一口尚方宝剑,准许他全权行事。

袁崇焕重新回到宁远,选拔人才,整顿队伍。当时的东江总兵毛文龙作战不力,却又屡次虚报军功,不服从袁崇焕的指挥。袁崇焕一气之下,使用尚方宝剑,把毛文龙杀了。这件事震惊了全军上下,没有谁再敢违抗他的命令。

皇太极上次打败仗后,一直在伺机反击,他知道宁远、锦州防守十分严密,决定改变进兵路线。1629年10月,他率领几十万后金军,从龙井关、大安口(今河北遵化北)绕到河北,直扑明朝京城北京。

这一招大大地出乎袁崇焕的意外,给袁崇焕一个措手不及。袁崇焕赶快下令出兵,想在半路上把后金军拦住,可是已经来不及了。后金军长驱直入,一直来到了北京郊外。袁崇焕带着明军刚到北京,没顾上休息,就和后金军展开激烈的战斗。其他几路前来增援的明军,也陆续赶到,投

入战斗。

后金军大举进攻北京,这消息引起了全城震动。崇祯帝坐卧不宁,不知该怎么办才好,后来听说袁崇焕带兵赶到救驾,心里才安定了一些。他亲自召见袁崇焕,慰劳了一番。然而一些魏忠贤的余党此时却散布谣言,说这次后金军绕道进攻北京,是袁崇焕故意引进来的,说不定里面还有什么更大的阴谋。

崇祯帝是个猜疑心极重的人,听了这些谣言,也有些怀疑起来。正在这个时候,有一个被金兵俘虏去的太监从后金营设法逃了出来,向崇祯帝密告,说袁崇焕和皇太极二人已经订下密约,袁崇焕要出卖北京。这个消息像晴天霹雳,把崇祯帝吓呆了。

原来,明朝有两个太监被后金军俘虏了去,被关在后金营里。有天晚上,一个姓杨的太监半夜醒来,听见两个看守他们的金兵在外面轻声地谈话。

一个金兵说:"今天咱们临阵退兵,完全是皇上(指皇太极)的意思,你可知道这其中的原因吗?"

另一个说:"什么原因?"

一个又接着说:"刚才我就看到皇上朝着明营的方向急走,明营里也有两个人过来,他们谈了好半天话才回去。听说那两个人就是袁将军派来的,他已经跟皇上有密约,眼看大事就要成功啦……"

姓杨的太监偷听了这番话,趁看守他的金兵不注意,偷偷地逃了出来,跑回皇宫向崇祯帝报告。崇祯帝听了信以为真。他哪里知道,这恰恰是皇太极预先布置的反间计。

崇祯帝大怒,命令把袁崇焕押进死囚大牢。

有个大臣知道袁崇焕平日忠心为国,绝无他意,觉得这件事情非常蹊跷,于是就劝崇祯帝三思而行。崇祯帝拒绝大臣的良言劝告,一意孤行。第二年,袁崇焕被崇祯帝处死。

皇太极用反间计除掉了对手袁崇焕以后,就退兵回到盛京。从此以后,后金越来越强大。1635年,皇太极把女真改称满洲。1636年,皇太极在盛京称帝,改国号叫清,皇太极就是清太宗。

良将李牧之死

李牧,战国时期赵国人,是继老将廉颇之后的著名将领,长期驻守赵国北方边防,受封为武安君。

公元前229年,秦王嬴政派大将王翦等人进攻赵国,赵王任命李牧和将军司马尚领兵阻击。秦将王翦久经沙场,智勇双全,李牧与王翦交战一年之久,双方各有胜负。但是秦军远离本土,时间长了,后勤供应发生了困难,而且士兵厌战情绪高涨。为了尽快结束战争,秦王决心用离间计除掉李牧。

谋士王敖是受秦王嬴政的命令潜伏在赵国的间谍。王敖接到嬴政的密令后,借故来到王翦的军营对王翦说:"秦王让我们尽快除掉李牧,打败赵国,请老将军给李牧写封信,以商议讲和为内容,其余的事情由我来做。"王翦知道内情,对王敖的话心领神会。王敖走后,王翦立即写好书信,派使者送给李牧。李牧回了封信,派使者送给王翦。从此以后,双方的书信频繁往来,为和谈的条件"讨价还价"。

王敖回到赵国都城邯郸,广交"朋友",四处活动。王敖早就得知大臣郭开最得赵王宠信,平日里就经常出入郭开府中。郭开贪得无厌,王敖投其所好,黄金白银奇珍异宝,无所不送。郭开经常和王敖喝酒,酒酣之后无所不谈。一天,王敖对郭开说:"李牧在与王翦秘密来往,据说,秦王答应李牧,破赵之后,封李牧为代王⋯⋯"

郭开得知这一消息,急忙报告给赵王。赵王半信半疑,派人去李牧处察访,果然发现了李牧与王翦的许多信件。王敖乘机对赵王说:"李牧驻守北疆,十几万匈奴人都不是他的对手,四年前一场恶战,把占优势的秦军打得大败而退。如今王翦只有几万人马。他却按兵不动,这难道不是心怀叵测?"

赵王认为王敖的话有道理,于是升赵葱为大将,接替李牧的兵权。

赵葱有郭开作后盾,强行接管了李牧的兵权并将李牧杀害。秦国就这样运用离间计除掉了良将李牧。

李牧死后,王翦挥兵长驱直入。赵葱指挥不利,一败而不可收拾,秦军大获全胜。

孙子兵法·三十六计

三十六计概述

　　《三十六计》是我国古代一部讲述战争谋略的智慧读本，它对我国古代的斗争经验和军事思想进行了概括和总结，一经编撰成书问世，即受到兵家的关注与推崇。它蕴含有朴素的军事辩证法，详细叙述了切实可行的谋略计策，使之成为古代兵家行军作战的决胜宝典，对后世影响深远。

　　流传至今的《三十六计》为何人所著，尚待进一步考证。然而，这并不妨碍我们解读这本书，吸取这本书的精华。书中所蕴含的兵法中的攻防、奇正、刚柔、彼己、主客、劳逸等对立关系的互相转化的法则，充分体现了朴素的唯物论和辩证法思想，具有进步意义。当然，时值今日，战争的武器，战争的原则，战争的破坏性以及各国之间错综复杂的利益关系等，已经不能与古代同日而语，它的某些论述在今天看来不一定完全科学，或者不一定实用，然而它所蕴含的思想策略仍有许多可供借鉴之处。

　　《三十六计》不但被广泛运用于军事领域，实际上只要我们潜心细读，结合自身经验对照思考就会发现，它处处讲的是行军打仗，其实也是在讲政治、讲经济、讲日常生活中的人际交往。诚然，其作者的本意并非如此，可是事物是普遍联系的，万事万物都有相通之处，我们不妨做一下思维迁移，在阅读《三十六计》时，于那一个个令人拍案叫绝的计谋中，提炼出处世的黄金法

孙子兵法·三十六计

213

则,参悟出人生的点滴智慧。倘能如此,《三十六计》的内涵便更加深广,所能奉献给大家的也会更多。

　　本书在原《三十六计》的基础上,增加了"计谋精解"和"古今中外著名典例"两个小栏目。结合古今中外事例,从各个角度具体分析讲解每一个计策,通俗易懂,深入浅出,能够帮助广大读者进一步领悟"三十六计"之精髓,参悟人生之哲理。

第一计　瞒天过海

【计谋精解】

　　"瞒天过海"是示假隐真的策略。即利用人们习以为常的事物，"隐蔽"、"弱化"自己的真实目的。

　　作战讲究"奇正"、"虚实"，奇正是战法变化，虚实是制敌弱点，而且要互相配合，变化运用，才能发挥制人而不制于人的作用。"瞒天过海"就是用奇正、虚实的欺敌手段，来隐瞒、欺骗敌人，神不知、鬼不觉地达到自己的目的。

东汉末年,北海太守孔融被敌人困于城内,小将太史慈准备冲破封锁去请救兵。太史慈没有强行杀出重围,却带着两个骑兵,带上弓箭和箭靶,开门出城。城里兵士和城外敌人看见了,都大为吃惊。然而太史慈却牵马走进城边堑壕里,插好了靶,练习射箭。射完箭就回城。第二天又照样去练箭,围城的敌人有的起来看,有的躺着不动;第三天、第四天他仍然照样去,围城的敌人就不再理会。

第五天,太史慈吃饱饭,收拾好行装,像几天前一样走出城门。出敌不意之时,他突然跨上马背,挥动马鞭,像箭一样冲出敌人的包围,等到敌人发觉,他已经去远了。

瞒天过海计的成功诀窍,在于利用人们思维定势中出现的空隙,在常人以为万无一失、常见不疑的地方,施展计谋,赢取胜利。

【原文】

备周则意怠[1]，常见则不疑。阴在阳之内，不在阳之对[2]。太阳，太阴[3]。

【注释】

[1]备周则意怠：备，防御。周，周全。意，意志，思想。怠，懈怠。

[2]阴在阳之内，不在阳之对：阴，隐秘的谋略。阳，指公开的行动。对，对立，相反的方面。

[3]太：极端，极致。

【译文】

戒备森严，容易轻敌麻痹；司空见惯，往往不会怀疑。利用这一规律，可以将智谋隐蔽在公开的事物之中，不必与公开的形式相排斥，十分公开的事物往往掩饰着十分机密的东西。

【古今中外著名典例】

温峤佯醉诈王敦

东晋初年，大将军王敦握有重兵，驻守荆州，阴谋推翻司马氏政权，取而代之。

当初，东晋明帝信任中书令温峤，王敦请求让温峤当他的左司马，明帝被迫答应了。

温峤到了王敦军中后，故意装出顺从的样子，事无巨细，都办得井井有条，还时常向王敦进献密计。他主动地与王敦的亲信钱凤交结。他逢人便说："钱世仪（钱凤）满腹经纶。"温峤素来善于品评人物，钱凤十分欢喜，便与温峤结为好友。正巧，丹阳尹死了，温峤便对王敦说："丹阳是咽喉重地，您应该选派自己人去就任，如朝廷派人，恐对公不利。"王敦认为很有道理，便问谁可胜任，温峤说："我以为没有比钱凤更合适的了。"钱凤也推荐温峤，温峤故作推辞。但最后王敦还是听信了钱凤的意见，于明帝

太宁二年(公元 324 年)六月上表请求任命温峤为丹阳尹。丹阳地处京师,王敦想让温峤窥伺朝廷。温峤恐怕自己走后,钱凤在王敦身边进行挑拨,便在王敦设宴为自己饯别时,站起来行酒,然后故意装醉。钱凤起身敬酒,没等钱凤举杯,温峤就佯装酒醉,用手把钱凤的帽子掀掉在地上,并且大声说:"钱凤是什么人!"王敦以为温峤真喝醉了,便急忙从中调解。温峤在向王敦告别时,泪流满面,走出门以后又返回来,一连来回几次。温峤走后,钱凤果然对王敦说:"温峤与朝廷关系甚密,而与庾亮交情甚深。此人不可信。"王敦却怒道:"昨天温峤真喝醉了,对你说话时动了一些声色,何必因为这件小事来进他的谗言?"从此以后,钱凤再不敢在王敦面前说温峤的坏话。温峤到了建康以后,把王敦阴谋叛乱的计划全部告知晋明帝,并且在暗中和庾亮计划讨伐王敦。王敦的叛乱被平息后,得知真相,大怒道:"我竟为这个小人物所欺骗!"

薛仁贵设计瞒天过海

"瞒天过海"其本意为瞒着天子,顺利地渡过海洋而达到目的。这一故事原载于《永乐大典·薛仁贵征辽事略》中。

唐太宗亲率大军 30 万由北路出征,任命张士贵为前线总指挥,不久便攻下了松亭关,向辽东方向进发。太宗叹道:"看! 这辽河之水,从国都长安到此,已经走了五千里了。"

过了几天,到了海边,攻下敌人的寨子。太宗看到一望无际的大海就在眼前,向东则可看见远隔千里之外的安市(现今盖平县东北 70 里)。太宗说道:"为什么不渡海过去呢?"对于未能采纳房玄龄、杜如晦所献的计策特别懊悔。

于是唐太宗便召集各军指挥官,垂问过海之计谋。敬德说:"请垂询张士贵。"唐太宗就把张士贵召来问道:"你有什么计策没有?"张士贵答道:"容属下思考。"说完,各路指挥也就随即散去。

张士贵到寨中便与刘君昂商量,刘君昂说:"请问问薛仁贵,说不定他有什么奇计呢!"张士贵把薛仁贵召进帐中。薛仁贵两手叉腰说道:"报告司令官,现在天子为大海所阻,正为攻打安市困难而焦虑,属下倒有一计

218

可用,明天就在暂时不让人们看到海的情况之下,渡过千里大海。然后上自天子下至士卒都让他们平安地登岸如何?"张士贵立刻下帐紧握薛仁贵的手说:"我带你一起去见天子,把此事说明。"这时薛仁贵在张士贵的耳边说了一席话。张士贵听后甚是高兴。

一天,唐太宗又将各军指挥官召来,再次询问过海之计谋。近臣奏报:"附近海上住着一位老人,很希望陛下亲临民家一视。过海所需30万人的军粮也已准备妥当。"

天子非常高兴,就把老人唤进御帐,天子亲自垂询。不久,唐太宗以及文武百官都被引至海边。一看,一万多户的人家都用色彩艳丽的幕布围了起来。老人把唐太宗引至东方相反的一角,进入一室。这间屋子满挂着彩幕,地上铺着地毯。

太宗落座之后,百官齐向太宗敬酒,太宗心情特别愉快。这时,四面有风声吹动,夹着波涛的声音,响似雷鸣。不久,太宗手中的杯子也歪了,身体也摇动起来,而太宗却仍不知这是何故。当大家把彩幕拉开之后,才见窗外是一望无际的大海。唐太宗慌张地问道:"这是哪儿呀?"

张士贵赶紧站起来回答:"这就是臣拟就的过海之计。再趁着风势的话,船上所载的30万大军就可以渡过海去,到达东岸。"

唐太宗再仔细一看,原来自己已经在船上了。

诸葛亮巧收姜维

公元228年,诸葛亮率军北伐曹魏。不久,蜀军就将大军开入祁山。在蜀军攻取天水郡的时候,遇上了一个非同寻常的人物——文武双全、智勇兼备的天水参军姜维。赵云受孔明发派,领五千人马攻打天水郡时,中了姜维的计谋。接着孔明自为前部,来到天水郡城边,又中了姜维的计策。"兵不在多,在人之调遣。此人真将才也。"孔明爱才,决定收服姜维。

孔明听说姜维的母亲住在冀县,而他又是远近闻名的孝子,所以他派魏延率军攻此城,迫使姜维领兵救援冀县。事情果然如诸葛亮所料,于是诸葛亮乘机将姜维围困在城中,然后施展计策。

首先,诸葛亮料定夏侯楙不会劝降姜维,却故意给他衣服、鞍马,而且

不让人跟随，放他去"招安姜维"。诸葛亮对夏侯楙说："现在天水的姜维守着冀城，他派人带着书信来说只要驸马（指夏侯楙）在，我愿投降。"诸葛亮使用这个假情报，目的不在于争取夏侯楙，而是为了蒙骗他，在他心里先投下一个姜维已有投降之意的阴影。夏侯楙刚离开蜀营，忽然有几个人奔走，他们自称是冀县的百姓，现在被姜维献了城池归顺诸葛亮，蜀将魏延到处放火，抢劫财物，他们只能弃家逃走了。在奔赴天水的路上，诸葛亮又安排了几个奔逃的老百姓，最终，夏侯楙相信了姜维已经投降。这时，天水的一些将领还没有亲身感受，都不相信真有此事。恰恰就在此时，蜀兵又来攻城，并且在火光中见姜维在城下大叫："请都督答话！"夏侯楙与太守马遵等都到城上，见姜维耀武扬威地大喊："我为都督而降，都督为何背弃诺言？"夏侯楙说："你写信叫我降蜀，怎么能这样说呢？"姜维说："你要脱身却把我害了，我现在降蜀，封为上将，那怎么还有回魏的道理！"说完，就挥兵攻城，直到拂晓才退。在这事实面前，天水的将领们不得不相信。其实这又是诸葛亮的一计，那人不过是他找的一个貌似姜维的人假扮的。就在这时，诸葛亮又引兵攻打冀县。由于冀县缺粮，诸葛亮故意将粮草摆在城外引姜维出来抢粮，同时，又派魏延偷袭。姜维失城后单枪匹马逃奔天水城下。守城将领立即下令射箭，当姜维奔上前时，城上的将领大骂："叛贼，还敢来劫我城池！"于是又送给姜维一阵乱箭。姜维不能分说，不由仰天长叹。他在走投无路的情况下，只得投奔诸葛亮。

姜维来降，孔明亲自出迎，说："今天能够在此迎接你，实在是蜀国的造化。"姜维十分感激诸葛亮如此看重他，便不由得下跪。诸葛亮把他扶起来，请他坐下，跟他谈起军国大事，越谈越亲，彼此觉得遇到了知己。诸葛亮向刘禅推荐拜姜维为奉义将军，封阳亭侯。这时姜维才 27 岁。

诸葛亮就是这样巧妙地运用"瞒天过海"之计收下了姜维，他有了姜维的相助，迅速占领了天水、安定之郡所属各县，凉州的边防从此更加巩固了。

第二计　围魏救赵

【计谋精解】

　　"围魏救赵"的精义就是"攻其所必救"。

　　战国时代,孙膑与庞涓斗智、斗法,其中有一段"围魏救赵"的精彩故事。孙膑和庞涓都是鬼谷子的学生,俩人感情很好,相约日后发迹要互相提携帮助。但是庞涓深怕孙膑的才华超过自己,因此设计谋害孙膑,使其受刑致残。所幸孙膑装疯逃过一死,并经墨翟弟子禽厘滑将其救回齐国。

　　后来,魏惠王派庞涓率兵攻打赵国,赵国首都邯郸岌岌可危。赵王答应以中山地方相赠,请齐国出兵救援。

齐威王命令田忌为大将,孙膑为军师,领兵前往救赵。当时田忌要发兵去邯郸,孙膑献计说:"赵将非庞涓之敌,他又比我先至邯郸,其城已下矣。不如驻兵于中道,扬言欲伐襄陵,庞涓必还,还而击之,无不胜也。"

襄陵为魏国重地,襄陵若失,则首都安邑也将不保。庞涓攻打邯郸本已指日可下,听说齐军要攻打襄陵,只好放弃邯郸,日夜兼程回国保卫首都。齐军趁魏军回师疲惫,在中途予以截击,把魏军打得大败。从而解了邯郸之围,救了赵国。

所以,"围魏救赵"的计策,是"攻其所必救",不一定要直接和敌交锋。

【原文】

共敌不如分敌[1]。敌阳不如敌阴[2]。

【注释】

[1]共、分：集中、分散。

[2]敌阳、敌阴：敌，攻打。阳，指公开、正面，先发制人；阴，指隐蔽、侧面，后发制人。

【译文】

攻击集中的敌军时，不如先分散对方的兵力，再加以痛击。与其先发制人，不如等待对方的动向确定，才予以出击。

【古今中外著名典例】

晋国攻曹、卫救宋国

公元前632年，楚大将成得臣亲统大军，纠合陈、蔡、郑、许四路诸侯，一同攻伐宋国。宋成公派遣公孙固向晋国求救。然而，由于晋文公曾得到楚成王的帮助，故而不便直接和楚军作对。这时，晋文公的参谋狐偃便出了个主意，说道："我军不便直接前往救援宋国，与楚军作对，但是我们可以攻打曹国和卫国。这两国的国君在您流亡时期都曾对您极不友好，晋军出师有名；卫国的楚丘城是楚成王舅父的领地，而曹国则紧靠楚国本土，我军攻打这两国，楚军势必回师救援，这样便可解除宋国之围了。"

晋文公认为此计甚好，便一面叫公孙固回报宋成公务必坚守阵地，一面则以先轸为将，率领三军人马先向卫国进军，一举攻占了卫国的五鹿城，直逼楚丘，迫使卫成公向晋国谢罪请和；接着，又挥军东指，一举攻破了曹国。楚成王听说晋军已占领卫国五鹿城，直逼楚丘，不可不救，于是，便只留下一部分兵马由成得臣率领，继续攻打宋国，自己则亲自率领劲旅回师救援楚丘。但当他的兵马才走到半路时，又听说晋军已经攻破曹国，对楚国本土造成直接威胁了。情势紧急，迫于无奈，楚成王只得命令成得臣从宋国撤出全部人马，去解曹国之困。就这样，晋文公用狐偃的"围魏

救赵"计,成功地解了宋国之围。

如果把围魏救赵提高到哲学角度加以分析,就可以看出这是事物辩证发展普遍存在的一条规律。当人们掌握与使用它时,就是一种策略;当人们具体运用与操作时,就是一种方法论。

景阳设计解燕国之围

战国时期,齐、韩、魏三国联合起来攻打燕国。燕国眼看危在旦夕,就派太子去楚国请求救援。楚王和燕王很好,立即命景阳为将军,率兵前往,以解燕国之围。

在当时的情况下,直接杀向前线,与三国联军对阵虽然能起到援助燕国的作用。但是,楚国的军队并非十分强大,若贸然向三国联军发起进攻,势必冒极大的风险。

机智的景阳并没有直接发兵救援燕国,而是选择了三国军队中最为强大且后防最为空虚的魏国为目标,用一支精干的轻骑军偷袭魏国的雍丘,结果,没费多大气力便取得了胜利。

在魏国的城镇中,雍丘虽然算不上显赫的城市,可一旦被楚军夺去,国内的民心就开始混乱,前线的士气也必然会受到影响。在攻打燕国时,魏军思乡心切,作战也不如往常英勇了,这就间接地支援了燕国。

攻占雍丘之后,楚王十分高兴,准备重赏军中将领。可是,景阳却坚持要把雍丘做为礼物奉送给宋王。楚王非常气恼,并派人去质问景阳。

景阳答道:"我们这次发兵的目的,本来是去救援燕国,以解燕国之围,又怎能为了一座小小的城镇而使亡国的危险降临到我们楚国的头上呢?"

来人不理解景阳之意,问:"难道我们占据一座小城就会亡国吗? 这简直是危言耸听。"

景阳耐心地解释说:"表面上看,我们占领了雍丘之后,一方面援助了燕国,另一方面已经占领了一座城市,可算得上一举两得了。可是,如若这样做,祸事也就临头了。楚国虽说是兵强马壮,国力殷实,但与齐、韩、魏三国联军相比,实力还相差甚远。魏国见楚国乘机夺走一座城,也不会甘心,定会回师征讨。到那时,燕国战乱刚停,肯定不能援助我们,我国将独立与三国联军作战,此时战败的危险就可能降临在我们的头上。一旦

战败,国家还怎能存在呢?怎能说这是危言耸听呢?假使我们把它送给宋国,宋国的国君一定会特别感激我们,因为他们早就想得到这一座城市了。这样,在我们遇到困难时,他们还可能会出兵支援我们。除此之外,还有什么更好的办法吗?"

来人被劝说得心悦诚服,回去如实地向楚王做了禀报,楚王决定将雍丘送给宋国。

果真,没过多久,三国联军就不再攻打燕国,转而攻打楚国了。魏国的大军驻扎在楚国的西边,齐国的军队驻扎在楚国的东边,楚国的后路也被阻断了,形势非常危急。

聪明机智的景阳,再次运用"围魏救赵"之计谋,采用了联齐打魏、和东打西的策略,黑夜白昼,景阳不停地派出使者前往齐军的营地进行谈判,每次去都故意传扬。白天去时驾着马车,带着丰厚的礼品;晚上去时则点燃灯笼、火把,同时还派出疑兵往返于楚韩两军之间。三国的军队看到此情景之后,均以为楚军同另外两国在谈判,担心盟军做出不利于自己的行动。于是,齐军率先撤兵,接着韩国也撤了军,最后只剩下魏国一支军队,他们看到孤军难战,且楚军又很难攻破,也就只好言归于好,罢兵讲和了。

景阳如此这般地运用"围魏救赵"之计,不仅帮助燕国解除了灭国之危,而且还巧妙地使三国联军不战自退,轻松地取得了胜利。

朱健用计巧救辟阳侯

汉惠帝时，平阳君朱健为人刚正敢言，智慧超群。深受吕太后宠爱的辟阳侯欲与朱健结交，朱健则不肯。一日，朱健的母亲死了，因为家境贫穷，无钱发丧，辟阳侯借机给朱健送去100两黄金。这时，其他官员也看在辟阳侯的情面上，纷纷馈赠钱物给朱健。

后来，有人揭发了辟阳侯的隐情，惠帝大怒，不仅罢了辟阳侯的官，而且还要将他处死。吕太后感到很是羞愧，可又没有办法为他求情。而大臣们多数受过辟阳侯的伤害，都希望辟阳侯被处死。这时，辟阳侯就派人去找朱健，欲面见朱健。朱健却回答说："他犯了死罪，我不敢见他。"可是，朱健却在暗中求见惠帝的宠臣闳孺，朱健说："你得到皇帝宠幸的事，天下人没有不知道的。现在辟阳侯被罢官，人们都认为是你在惠帝面前说了坏话。如果辟阳侯被处死，吕太后一定会迁怒于你，而且肯定会设法杀害你。若要这般等死，不如脱去上衣，裸露身体去为辟阳侯求情，皇帝定会听从你的意见放了辟阳侯。那时，太后也定会非常感激你。此后，你就会得到两个人的宠幸，你的富贵也会倍增。"闳孺听此言后，心中十分惶恐，只好按朱健的计策去向皇帝求情，皇帝果真就放了辟阳侯。

朱健要救辟阳侯，不能自己亲自出面，如若自己去求情，很可能连自己也被杀头，别的大臣都恨辟阳侯，自然也不可能去救他。但找闳孺，以朱健的地位，如直接言明来意，即使苦苦哀求，闳孺也必然以不敢得罪别的大臣为由而拒绝。所以，朱健则采用攻击他的办法，使他害怕，他宁可得罪别的大臣也不敢得罪吕太后。这样，不必求他，他也会主动地去为辟阳侯求情。这种在政治斗争中运用围攻第三者，从而使处于险境的人得以解救的办法，同样是"围魏救赵"之良策。

孙子兵法·三十六计

第三计　借刀杀人

【计谋精解】

　　"借刀杀人"这一计，不可望文生义或以词害意。它并不一定要用刀，也不见得就要取人性命，而是指假借外力或他人之手而达到自己的目的。

　　春秋时期，齐国派兵大举进攻鲁国。孔夫子为了拯救自己的国家，特意派最得意的学生子贡外出游说各国诸侯。子贡善于辞令，首先说服齐军主帅将攻鲁之军移师讨伐吴国，随即星夜赶去吴国，劝说吴王同意出兵救鲁攻齐。

　　吴齐两国开战之后，子贡又赶到晋国，劝晋王整军备战以防吴国。不久，晋、吴两国交战，晋国击败吴国。至此，子贡利用诸侯的矛盾，巧借别国的力量，乱齐、破吴、强晋，从而达到存鲁的

目的。

　　这一出计策，叫做"借刀杀人"。其诀窍是：当敌方的征象已经暴露，另外又有一种势力不断扩张，将要参与活动的时候，应当设法借助这种力量去击败敌人，以有利于保存自己。

　　我国古代兵书颇为重视借刀杀人的谋略，专门设有"借"篇以论借敌击敌之术。书中说道："吾欲为者，诱敌役，则敌力借矣；吾欲毙者，诡敌歼，则敌刃借矣；抚其所有，则为借敌之财物；令彼自斗，则为借敌之军将；翻彼着为我着，因其计成吾计，则为借敌之智谋。"

【原文】

敌已明[1]，友未定[2]，引友杀敌[3]，不自出力，以《损》推演[4]。

【注释】

[1]敌已明：指打击的敌对目标已经明确。

[2]友未定：盟友的态度尚未确定。

[3]引：引诱。

[4]以《损》推演：根据《损卦》"损下益上"、"损阳益阴"的逻辑去推算。

【译文】

敌方已经发动攻势，友邦邻国却尚未表明态度，此时应设法拉友邦合作，使其进攻敌人，以保存我军实力。

【古今中外著名典例】

借敌手杀敌臣

春秋时代，郑桓公想攻击邻国。

邻是小国，以武力正面攻击，并不难，可是对方一定会奋力抵抗，郑国必有重大伤亡。桓公想出了一个不费力就能让对手主动投降的方法。

首先，他查出邻国有前途、才能、实力的臣子，并制成一览表。接着，制作一张写明贿赂良田、提供各种官职给上列人物的誓约书。

某个夜晚，故意设祭坛在邻国城门外，在祭坛下埋掉那些假造的誓约书，还在地上淋上鸡、猪的血液，让人看来很像有人在此立盟的迹象。

翌晨，邻王接到发现这种迹象的报告，深信有人背叛他，乃把一览表上的良臣全部杀光。

郑桓公得到消息后，立即下令进攻，邻国很快就灭亡了。

希特勒的阴谋

第二次世界大战之前,苏俄有个名将叫做托哈齐夫斯基。1936年,斯大林发动正肃运动时,希特勒接到托哈齐夫斯基似乎也被卷入这场风暴的消息。

托哈齐夫斯基这种优秀的将军,如果遇到正肃,对德国实在太有利了,所以希特勒立刻想到利用这个机会除掉托哈齐夫斯基。

他命令情报单位,捏造托哈齐夫斯基反叛的证据。

这些证据包括:托哈齐夫斯基一伙人与德军将领秘密通讯的信函,托哈齐夫斯基出卖情报给德国的详情以及报酬一览表,德国情报局给托哈齐夫斯基回信的拷贝资料等等。

不久,苏俄以300万卢布的高价,向德国买到这些假情报,并逮捕托哈齐夫斯基等八位将军。大量"铁证",使得那些将军毫无辩解的机会。

不消数十分钟的审问,托哈齐夫斯基等人被判死刑,并在十二小时内全部处决。

希特勒用计谋借刀杀人,不废一兵一卒便除掉了心腹大患。

复仇得城　一箭双雕

公元8年,西汉王室外戚王莽独揽朝政大权,罢黜年仅8岁的小皇帝——孺婴,自封为皇帝,改国号为"新"。

王莽自当上皇帝之后,为加强统治,举着复古的旗号,进行了"改制",致使国家日趋衰乱。王莽当政后,横征暴敛,加上连年的自然灾害,许多老百姓丧失土地,无法生活,纷纷组织起来,决心以武力推翻王莽政权。

公元17年和公元18年,分别爆发了王匡、王凤领导的绿林起义和樊崇领导的赤眉起义。同时,各地豪强和汉朝没落贵族也开始组织武装,先后打出反王莽的旗帜。

各地起义军联合起来,攻打王莽的官兵,接连取得胜利,鼓舞了千万老百姓,纷纷投奔起义军。起义军增加到十万多人。起义军将领决定趁热打铁,挥师北上,围攻宛城(今河南省南阳市)。当大军来到宛城东南清水(今河南白河)边上的时候,众将领一致推举汉朝皇族后裔刘玄当了皇

帝——历史上称他为更始帝。

更始帝刘玄迁都长安后，生活腐化堕落，不理朝政，游手好闲，吃喝玩乐，对国家大事一无所知。

公元24年春天，赤眉军兵分两路向长安进发。进军途中，他们另立做过放牛娃的刘盆子当皇帝。

在赤眉大军日益逼近长安时，刘秀派大将邓禹率领精兵两万，驻扎在长安附近。他的目的是趁赤眉军和刘玄作战的机会，坐收渔人之利。刘玄对刘秀派大将邓禹的活动，自然十分了解，立即派朱鲔、李轶驻兵洛阳，牵制刘秀。

刘秀立刻派寇恂守河内（今河南省武陟县），冯异守孟津（今河南省孟津县西），抵制朱鲔、李轶从洛阳方面的威胁。

驻守洛阳的副统帅李轶，最早曾和刘秀一起同谋反抗王莽。后来，他又觉得更始帝刘玄是平庸无能的人，跟着他走是没有好结果的。因此，他希望有人从中调解自己与刘秀之间的矛盾，以便将来另有出路。

冯异对李轶的这种心情十分了解。于是，他给李轶写信，劝其及早归顺刘秀。信中的言词委婉动听，真诚感人。李轶将信反复阅读，再三考虑，于是回复冯异一信，除表示感激之外，并暗示：如果刘秀攻打刘玄，自己绝不援救。

冯异得到李轶的保证，放心大胆地攻下了天井关（今山西晋城县南）和上党（今山西省长子县西）；接着又往南，接连打下13个县城。李轶果然袖手旁观，按兵不动。

冯异见李轶很守信用，就派人把李轶亲笔写的信送给刘秀。刘秀看完后，举起信来，当着众人的面说："李轶这人诡计多端，谁都摸不着他心里的鬼主意。"并且吩咐传令官把信交给各地守将传阅，还一再嘱咐："李轶不可轻信，要多加小心。"

众将士对刘秀的这种做法都不理解，而且感到如此重要的军事机密，怎能随便在大家面前公开呢？倘若走漏风声，李轶不就有被杀的危险吗？

刘秀就是想"借刀杀人"，趁机离间对方，为夺取洛阳准备。还有一个更重要的原因，李轶曾策划谋杀了刘秀的哥哥刘縯。他这次正好可以借机复仇。

刘秀传阅李轶写给冯异的信的事情被朱鲔知道后，感叹自己非常信

任的助手,竟会私通刘秀,遂立即派人把李轶杀掉。

李轶被杀,洛阳内部非常混乱,同情李轶的人都偷偷地逃出洛阳,投降了刘秀。刘秀既报了兄仇,又得到了洛阳,"借刀杀人"、"一箭双雕"的计谋成功了。

晏婴借桃杀士

春秋时代,齐景公手下有三位勇士:公孙捷、田开疆和古冶子。三人结义为兄弟并深得齐景公的宠幸。他们力大过人,挟功恃劳,横行霸道,趾高气扬,从不把别人放在眼里,甚至在齐景公面前也"你我"相称起来。这时乱臣陈无宁、梁邱据等乘机把他们收买过去,阴谋推翻齐景公,夺取政权。

对此相国晏婴实在看不过去,眼见这种恶势力逐渐扩大,危害国政,便时刻放心不下。他明白奸党的主力在于武力,三勇士则是王牌,几次想把三人除掉,可他们得宠于齐王,又担心齐王依从他们,反而弄巧成拙,便迟迟不敢动手。

有一天,晏婴在一次酒会上刚好与三勇士相遇,但三人连眼皮都不抬一下,更不可能像其他人一样离开座位向晏婴施礼。晏子心中想到:如不除去这三人,将来他们必然恃勇而不服管束。

于是,晏子便转身来见齐景公,向他陈述自己的看法:"这三人勇而无礼,目中无人,一旦到了国家需要他们的时候,还能指望他们做到对内制止暴乱,对外英勇杀敌吗? 我建议,要设法把他们除掉,越快越好。"

齐景公听了晏婴的一席话之后,长长地叹了一口气,面露难色地说:"寡人早知这三人恃功自傲,难以管束,但他们屡建战功,英勇盖世,若将他们三人定罪处置,恐难以服众,若让别人去杀死他们,却根本找不到可抵得过他三人的勇士,不知如何是好?"

晏婴听后,向齐王献上了一计。

三天之后,齐景公在宫内举行酒会大宴群臣。酒过三巡,晏婴上前奏请国王:"眼下御园里的金桃熟了,难得有此盛会,可否摘些来宴客?"

景公即派掌园官去摘桃,晏婴却说:"金桃是难得的仙果,须我亲自监摘,方显得庄重。"

232

一会，金桃摘回来了，装在盘子里。景公见了便问："怎么只有这几个？"

晏婴答："树上还有三四个未熟，只可摘这几个！"

景公拿了一个吃了。然后，乘兴对叔孙说："这金桃是难得之物，叔孙大夫贤名扬四海，有功于邦交，赏你一个吧！"

叔孙大夫跪下道："我哪里及得上晏相国呢？仙桃应赐给他才对！"

景公便说："既然你们相让，就每人吃一个吧！"

当盘中还剩两个金桃时，晏婴复请景公，传谕两旁文武官员，各人自报功绩，有功深劳重者可食金桃。

勇士公孙捷首先自夸起来，唾沫横飞地说："从前我同主公在山上打猎，亲手打死了一只老虎，主公才大难不死，这算不算是大功？"

晏婴忙说："这是擎天保驾之功，理当受赏！"

公孙捷赶紧拿过金桃三口两口地吃完了，眨了眨眼向左右扫视了一下。

紧接着古冶子也抢着站起身来说："打虎有什么了不起！我当年在黄河的惊涛骇浪中，浮沉九里，斩下妖龟之头，方救得主公一命，这功劳如何？"

景公接口就说："实为难能可贵，那一次若非将军舍身相救，怕是一船的人都被淹死了！"并将余下的一个金桃赐给他。

这时，另一位勇士田开疆则气愤地说："我曾奉旨攻打徐国，俘虏了500多人，迫使徐国纳款投降，威震四海，左右邻邦纷纷上表朝贡，为国家盟主地位的确立打下了坚实的基础。这还不算功劳吗？不应受赐吗？"说完，用目光横扫四座，好像要把各同僚都压下去。

晏婴立即回奏景公说："原来，田将军的功劳，确实比公孙捷和古冶子二位将军大。可惜金桃也赏赐完了，是否可先赐一杯酒，等金桃再熟时再补赐呢？"

景公也安慰道："田将军！比较起来，你的功劳最大，真可惜你说得太慢了。"

这时，田开疆再也听不进什么话了，怒气冲冲地按着剑嚷道："斩龟打虎有什么了不起！我为国家长途跋涉，千里征战，反被冷落，且在群臣面前受奇耻大辱，被人耻笑，我还有何脸面见世人！"说着，便拔剑自刎而死。

公孙捷大吃一惊，也拔出剑来，说到："我们功小得赏，田将军战功显

赫,反而不能得赐金桃,情理难容,实在是说不过去!"说完,便随手一剑结果了自己的性命。

这时,古冶子也坐不住了,疯狂般跳起来说:"我们三人是结拜兄弟,发誓同生死,同患难,现如今他二人已亡,我又怎能独自一人苟生!"话音刚落,人头也已掉下来了。景公欲要制止,哪里还来得及!

就这样,晏婴未动一兵一卒,只用"借刀杀人"这一计,就除掉了三位英勇无比的武士。

费无极智杀谷宛

战国时,楚昭王即位,以囊瓦为相国,和伯谷宛、鄢将师、费无极同执国政。

次年,谷宛出征吴国,大获全胜,俘获吴兵甲无数。昭王大喜,将所获兵甲一半赐给他,每事必和他商量,宠幸无比。

费无极心生妒忌,和鄢将师设计陷害他。

费无极去对谷宛说:"相国早有意想在贵府饮酒,大家快乐一下,现托我来问一问您愿意吗?"

谷宛不知是计,自然答应。

费无极又问:"既然相国要来,你准备送他什么礼物?"

"这倒提醒我了。"谷宛说,"不知相国喜欢什么?"

费无极故意停顿了一下,手捋胡须说:"他身为相国,对女子财帛并不稀罕。唯有坚甲利兵,他最感兴趣,平日也对我暗示过,他很羡慕你分得的一半吴国兵甲,要来你家赴宴,无非想参观一下你的战利品罢了!"

谷宛随即叫人拿出战利品来,费无极又帮忙挑选出一百件最坚固的且告诉谷宛:"这些够了,到时,你把这些放在门边,相国来的时候,必问及此事,一问,你就拿给他看,乘机献给他,如果是别的东西,恐怕他是不会接受的。"

谷宛信以为真,遂将那百件兵器和被俘士兵安排在门内,用布掩蔽起来。次日,谷宛大摆筵席,布置堂皇,托费无极去请囊瓦赴宴。

费无极到囊瓦府说:"谷宛有意请相国赴宴,托我来告。"囊瓦高兴地答应了,费无极却说:"谷宛近来的态度十分傲慢,此次设宴又不知其中缘故。人心不可测,待我先去探听一下,看他摆宴的情况怎样,相国然后去,这样比较安全。"

囊瓦同意。

费无极出去在街上转了一圈,然后故意跟跟跄跄地跑回来,一步一跌地,喘息未定,气急败坏地说:"几乎误事!我已探听明白了,谷宛这次请客,是不怀好意,要将置相国于死地。我看见他门内暗藏甲兵,杀气腾腾的,他这是在设计有意杀害相国。"

囊瓦一听,心里犹豫起来,说:"我和谷宛平日并无仇怨,他为什么要杀害我呢?"

费无极乘机挑拨说:"谷宛自从征吴有功,恃王之宠,早有对相国取而代之的野心了,这是尽人皆知的事,只瞒住相国一人。我和鄢将师正防他早晚也会有此一着。这样看来,他一定心怀鬼胎。此人若得势,楚国就危险了!"

他侃侃而言,渐渐把囊瓦的主意打乱了,但囊瓦还不大相信,便另叫心腹去谷宛家里打探个明白。

那心腹回来报告,说是真有其事,门内果真伏有甲兵。囊瓦登时大发雷霆,即叫人去请鄢将师到来,告诉他这件事,并问他要怎样处置。

鄢将师是早与费无极串通好的,遂又添油加醋地说:"谷宛想造反,已非一日了,他和城内三大家族伙同一党,正想谋夺国政,还幸今日发觉得快,再迟就后悔莫及了。"囊瓦把桌案一拍:"可怒也!我要宰了他!"

囊瓦当即奏请楚王,命鄢将师率兵围住了谷宛的家。

谷宛这才知道自己被费无极出卖了,欲诉无门,含冤莫辩,便长叹一声刎颈而死。

天王借刀杀东王

清末洪秀全借上帝名义,在广西成立"拜上帝会",利用宗教信仰开展政治活动,再变成军事斗争,在金田起义。从 1850 年开始,一年之间,洪秀全占领了南京,成立了太平天国,自立为天王。军政大权尽归东王杨秀清一手把持。

杨秀清为野心勃勃的时代枭雄,极富谋略。早在金田起义之后,已发生过阴谋窃取政权事件,今大权在握,自然更为专横傲慢,强横跋扈,对同等地位的其他诸大王,颐指气使,连洪秀权亦不看在眼里,也公开凌辱,甚至于有取而代之之企图,亦经常以"鬼上身"法宝,假传上帝意旨,杖责王兄洪仁发,并公开要天王洪秀全下跪,接受上帝惩罚。

那时,长江上下游军事节节胜利,太平军在杨秀清亲自督战下,击破了围困在南京达三年之久的清军大营,其主帅钦差大臣向荣,战败吊颈自尽,东王的声势更加强大,遂呕谋实现攘夺大位的野心。他先使调虎离山计,将异己诸王调离南京,翼王石达开回湖北督战,燕王秦日纲赴丹阳扫荡清军残余张国梁等,北王韦昌辉被调往江西主持军事。异己远去,他开始进行第二步计划:七月初,他又假传神旨,令天王亲至其王府,诡称天父下凡,问:"你与东王俱为我子,东王又有这样大的功劳,你何只称九千岁?"天王跪答:"东王打江山,亦当是万岁。"又问:"东世子(东王之子)岂只是千岁?"答:"东王称万岁,子亦便是万岁,且世代皆万岁。"天父喜曰:"吾回天矣。"洪秀全明知其奸,但在暴力压迫之下,不敢拂逆,只得定于八月二十五日东王寿辰那天正式颁予封典。

洪秀全在形势的挟持之下,亦不知如何是好,算起封典之日尚有一个多月,尚可任由支配,徐图对策。

虽已定期封典,杨秀清仍嫌时间太长,担心夜长梦多发生变化,乃迫不及待,提前发难,实行篡权,逼天王让位,如不肯则杀而代之,于寿辰日

236

再行登基大典。当初起义时，天王亦于寿辰日登基。正秘密进行时，忽一同谋的心腹胡以晃向天王告密，将其阴谋全盘托出，并誓言为王前驱，诛奸卫主。天王惊悟，当此生死关头，不能再俯首听命，束手待毙。但自感实力不足以抗争，便下密诏，分遣亲信飞召韦昌辉、石达开、秦日纲三人统兵回朝救驾。

秦日纲驻丹阳，离京近，先奉诏到京，自审力薄，非杨党敌手，苦等到8月3日，北王韦昌辉才率兵船20艘，精兵3000从江西赶回南京。当时正值深夜，军队从南门秘密进城，匆匆入宫觐见天王，随即部署兵力，派兵扼守全城要害地方，占据所有通往东王府的街道，然后躬率死士，以迅雷不及掩耳之势径闯王府，秦日纲亲手将杨秀清刺死。一时被胜利冲昏了头，杀得兴起，实行屠杀，府内全体人员，除东王第五幼子漏网外，无一幸免。府外的围军及伏兵，一闻府内信号，知已得手，亦同时发动乱杀东王党羽及部兵，一时喊杀声连成一片，炮弹互轰，全城陷入混战中。

照天王初意，要秦日纲和韦昌辉只杀东王及兄弟三人，其余不能杀。结果株连遇害者有三万人之多，此乃韦昌辉的借刀杀人阴谋，分明是公报私仇，想借此铲除异己，为自己铺平掌权道路。

石达开于事变十日后才抵南京，时全城已在韦、秦暴力控制下，入宫觐见天王，备知底细，很不满其杀人过多甚至株连无辜。乃见韦、秦，责问二人，又怕二人对己下毒手，连家门也未踏进一步，即带几名侍卫连夜缒城由小门出走，径返自己防地安徽，他在南京逗留时间只数小时。

当晚深夜韦昌辉就率兵围困翼王府，把石达开的家眷统统杀戮。

石达开得全家遇害噩耗，义愤填膺，誓报此不共戴天之仇。于是他将所领导的队伍集中到芜湖一带，准备回师靖难，要求天王将韦、秦二人正典刑。韦昌辉见石军调动，有回师反攻企图，乃先发制人，遣秦日纲率万余人向西进击，秦见军力与石相差甚大，不敢撄其锋，只作守势犹豫观望。

天王因北王包藏祸心，骄横跋扈，尤甚于东王，早存戒惧，见屠杀翼王全家后，责备北王。韦昌辉以为天王袒护翼王，共谋图己，于是把心一横，一不做，二不休，来个斩草除根，把天王干掉。遂率兵围攻天王府。天王早有准备，韦昌辉屡攻不入，且事前天王已密诏京外附近的义军及东王余党保驾。韦昌辉势孤薄(有数万精兵已随秦日纲离京对付石军去了)，在联合反击、内外夹攻下，支持仅两天，束手被擒，与家族、死党二百余人，一

同被诛。秦日纲亦被召回处斩,乱事遂平。

北王伏诛,石达开被召回京主政。回京后,他迅速收拾残局,重新建立比先前更优的领导核心。天王初期亦推心置腹,倚翼甚殷,却为王亲洪仁发、洪仁达所忌。他们向天王进谗,说"授人以柄,恐为杨、韦之继,终非王朝之福"。天王听此耸听危言,渐生戒惧之心,因之对翼王宠信日减,横加疑忌。年方26岁的石达开,年少气盛,对此"三日以前温又暖,三日之后冷如冰"的遭遇,也思前想后,担心终有一天又会中"借刀杀人"之计,遂骤然离京避祸,自领一军另辟战场去也。诚如他的告别军民诗所云:

"去岁遭祸乱,狼狈赶回京,自谓此愚忠,定蒙圣君明,乃事有不然,诏旨降频仍,重重生疑忌,一笔难尽陈。……"

曹操"借"孙权"杀"关羽

三国时代,形成了魏、蜀、吴三国鼎立之势。

蜀国刘备的猛将关羽率领大军攻打魏国的领土,并把樊城包围了起来。这时,曹操赶紧派遣军队援救以解樊城之围。可他随即又想到,如果遭到关羽反击的话,就很可能被歼灭,樊城仍将陷于孤立,且会落入关羽之手。曹操惧怕关羽,就想把都城迁远一些。就在这时,他的参谋司马懿向他建议说:"借用孙权的力量如何?孙权也同样担心关羽的力量强大。我们可以分割关羽的领土,把长江以南的领土分给他,作为交换的条件,让他出兵攻打关羽,这样不就可以解樊城之围了吗?"

曹操听后大喜,说:"好,好!就这样办!"

且说孙权一听可得关羽的领土,立即高兴地接受了曹操的要求,并秘密派遣军队占领了关羽的根据地江陵。这时,关羽无可奈何地解除了对樊城的包围,撤退返回。但此时根据地已经失掉了,事后关羽也战死在疆场上。

孙子兵法·三十六计

第四计　以逸待劳

【计谋精解】

　　春秋周简王十年,宋共公遣上卿华元与中军元帅栾书之子栾针出使楚国。

　　楚公子婴齐见栾针年轻貌美,气度不凡,欲度其才,问道:"上国用兵之法如何?"

　　栾针回答:"整。"

　　又问:"更有何长?"

　　栾针答道:"暇。"

　　婴齐听完,说道:"人敌我整,人忙我暇,何战不胜? 二字可谓简而尽矣!"

239

　　这是成语"好整以暇"的来历，它的意思就是"以逸待劳"。此计之延伸，还可用"以静制动"、"以近待远"、"以不变应万变；化被动为主动"、"静如处子，动若脱兔"、"不鸣则已，一鸣惊人；不飞则已，一飞冲天"等来形容或说明，也和孙子兵法中"藏于九地之下，动于九天之上"有异曲同工之意。

【原文】

困敌之势[1]，不以战，损刚益柔[2]。

【注释】

[1]困敌之势：势，情势，这里指军事态势。迫使敌人处于困难的局面。

[2]损刚益柔：语出《易·损·象》："损刚益柔有时。"

【译文】

迫使敌人陷入困境，不一定非要攻击敌人。坚守防线，造成敌人的疲倦，可使我方由劣势转为优势。

【古今中外著名典例】

李牧以逸待劳守边关

春秋末期，晋国被大夫韩、赵、魏三家瓜分。公元前403年，周威烈王承认韩、赵、魏三家为诸侯。

赵烈侯初为诸侯，传至赵武灵王，赵国日益强大。赵武灵王进行军事改革，胡服骑射，攻灭中山，打败林胡、楼烦，建立云中、雁门、代郡，占有今河北西部、山西北部和河套地区。赵悼襄王时，派遣将领李牧常年防守雁门郡（今山西省代县），防备匈奴袭击。李牧根据对国家和人民均有利的原则，设置官员；所收的租赋都集中到官府里，以供给士兵消费；每天还要杀牛宰羊供士兵享用。他训练士兵骑马射箭，并设置烽火报警，派出间谍，搜集情报。

匈奴每次入侵抢掠，李牧的部队总是集合起来坚守营寨，不与匈奴作战。如此，过了数年，赵国未受任何损失。

然而，匈奴认为李牧怯懦，甚至赵国的边防士兵也认为自己的将领怯

懦无能。赵国国君责备李牧，而李牧却依然如故。赵王不得已另换他人。自李牧被换后，赵国与匈奴作战每次都失利，边境地区被匈奴扰得日夜不宁。

于是，赵王打算重新任命李牧担任雁门郡防守部队的将领。李牧重返雁门，仍像以前那样约束部下。匈奴虽屡次入侵，一无所获，但他们仍然认为李牧怯懦无能。戍边的士兵觉得长期悠闲不打仗，每天还得到李牧的赏赐，心里过意不去，因而都愿意与匈奴决一死战。这时，李牧认为大打一仗的时机已成熟。他首先让当地人民漫山遍野放牧牲畜以诱敌人。匈奴不知是计，见了这种情景，又来入侵，李牧指挥部队假装败走，并且将数千人遗弃给匈奴。单于以为侵略赵国的时机成熟，遂率领大批部队长驱直入侵犯赵境，殊不知李牧设置了很多奇妙的阵势，展开兵力左右两翼夹击，一举大破匈奴军，歼灭匈奴兵十余万，单于仓皇逃走。在此后的十多年中，匈奴未敢再侵犯赵国的边境。

其实李牧守雁门，其所以长期不出战是在积蓄力量，同时使匈奴多次出征，劳而无功，官兵厌倦。这就是用的"以逸待劳"之计。

马陵伏击战

公元前 341 年，在围魏救赵之后 13 年，魏国发动了对韩国的战争。韩国向齐国求救。

很快，田忌和孙膑便率军前往，进攻魏国都城大梁。魏军统帅庞涓听到这个消息，立即从韩国撤兵回国。

孙膑深知庞涓刚愎自用，素来轻视齐军的力量，他还深信兵法中关于"百里而趋利者，蹶上将；五十里而趋利者，军半至"的传统观点。于是齐军采取示敌以弱的策略，故意装出畏惧逃跑的样子。

第一天，齐军挖了 10 万个行军灶，第二天减为 5 万，第三天只挖了 3 万。

恨不得立即战胜齐军的庞涓一看，误以为齐军贪生怕死，逃兵很多，战斗力锐减。于是就忘乎所以，丢下步兵，只率一支骑兵轻装前进，日夜兼程地拼命追赶。

孙膑盘算庞涓日落后将进入马陵，他就在此地布下埋伏，等待追赶的魏军。

一切如孙膑所料的那样，疲劳不堪的魏军中了埋伏，不堪一击，全军覆没。庞涓走投无路，自刎而死。

从马陵伏击战可看出，以逸待劳之计是指在战争中凭借有利地势，养精蓄锐，待敌军远道来袭，精疲力竭之后，转守为攻的谋略。此计诀窍是：使敌人陷于困境，不一定采取打的办法，可以设法调动强敌，使之疲惫而削弱，使我方因此由劣势转为优势。

古代兵书上说过：凡是先到达战地而待机击敌的，就可以从容不迫；后到达战地而仓促应战的，就容易疲劳不堪。

战争双方的劳逸情况，关系到能否掌握战争的主动权。以逸待劳的目的，不仅在于选择好有利地形，相机破敌，还在于以少制多，以简驭繁，以不变应万变，以小变应大变，以不动应万动，以小动应大动；通过控制主动权，左右四方局势的发展。

孙子兵法·三十六计

曹刿智胜齐军

春秋时,齐王拜鲍叔牙为大将,率兵进犯鲁国。

鲁庄公过去曾在乾时这个地方吃过齐国的败仗,听到齐军又来了,很是惊慌失措,遂问大臣施伯说:"齐国简直太欺负人了,有什么办法可以抵抗呢?"

施伯想了好一阵,仍未想出好办法来,却说:"我可推荐一人,或许他会有办法应付!"

"是谁?"

"曹刿,"施伯说,"他是一位隐士,虽然没做过官,但依我看,此人却有将相之才。"

"那就去请他来谈谈吧。"

施伯于是前往看望曹刿,寒暄过后,就告知来意。曹刿便笑着说:"难道在朝文武百官中就没有一个能担当起这一重任的人吗? 怎么跑到这穷乡僻壤之地来找我! 真是笑话,笑话!"

"老实说,若有人才的话,也就不会来麻烦您了。"施伯一面说着,一面观察着曹刿的表情变化,"如果你能有办法把敌人击退的话,不也一样可以入朝为官吗?"

曹刿思考了一阵回答说:"好吧! 我去试试看。这并不是做不做官的问题,而是国家兴亡,匹夫有责!"

说完就同施伯一起去见鲁庄公,庄公问:"你有什么办法可抵抗齐国的侵略呢?"

曹刿答:"战争的情况是变化莫测的,不可妄下结论,若能给我一个随军参战的机会,或许可随机应变,设计取胜。"

庄公听后,心里很是高兴,便叫他做个参谋,随军出征。到了长勺地方,和齐军对垒起来。

齐将鲍叔牙见鲁军来迎战,立即准备发起进攻,他从前在乾时曾击败

过鲁军，视庄公为手下败将，多有轻敌之心，下令全面攻击，想一举捉拿庄公。一时战鼓齐鸣，喊杀声震天，士兵如排山倒海般冲杀过来。

庄公一看就慌了，便赶紧下令擂鼓还击。曹刿立即阻止说："且慢，敌人的士气正在旺盛之时，我们只可严阵以待，不能急躁。"于是，传令偃旗息鼓，坚守阵地，不得惊扰喧哗、轻举妄动，违令者斩。

齐军一阵冲锋过来，却冲不进去，只好退下。过了一会儿，再次擂鼓冲锋，鲁军依然坚守不动，齐军又一次退下来。鲍叔牙得意地对部下说："鲁军吃过苦头，一定是害怕了，两次挑战都不敢出兵，证明已心怯胆丧，我们再发起一次冲锋，哈哈！我不相信它不夹着尾巴逃跑！"

接着下达第三次冲锋的命令，战鼓又一次雷鸣般响起，这时，虽然齐兵嘴上叫喊着，但是心中以为敌军不敢出来迎战，斗志无形中已松懈了。当曹刿听到齐军第三次擂响战鼓后，对庄公说："出击的时候到了。"于是下令冲出去。

鲁兵一听战鼓响，像猛虎下山一般，以迅雷不及掩耳之势冲向对方。齐兵未加防范，只是慌忙招架，结果被杀得七零八落，大败而逃。

　　庄公见打了胜仗，欢喜得像什么似的，忙下令乘胜追击。曹刿又加制止：“别急！等一会儿。”说完，跳下战车，看了看地上的车辙马迹，又站回车顶，向齐军望了一阵，然后说："放心地追击，杀它个片甲不留！"追杀了30里，把侵略军狠狠地赶回了齐国，鲁军俘获的战利品堆积如山。

　　在举行庆功宴的时候，庄公满怀喜悦地问曹刿："我很不明白，你当时为什么要等到敌军三通鼓罢之后才肯擂鼓出击，其中奥妙可以告诉我吗？"

　　曹刿答道："凡打仗，全凭一股勇气，擂鼓就是冲锋的信号。第一次鼓响，正是士气最旺盛的时候，好比一群猛虎下山，千万不可迎其锋；第二次鼓响，又碰不到对手的时候，士气就开始松懈，斗志逐渐下降了；到了第三次鼓响，士气已经到了疲惫的地步，虽能鼓噪，战斗力却已减少了大半。所以，我乘敌人的三通鼓罢，而后出其不意，一鼓作气，催马策鞭，攻击疲惫之兵，自然会把他们打败了！"

　　"可是，当敌人败退之时，你又为何阻止我，不要急于追击，待望过天，看过地之后，才下令追击呢？"庄公又问。

　　曹刿再次向庄公解释说："兵不厌诈乃古之名训。齐军是诡计多端的，它败走，也许其中有诈，诱我交锋，万一不慎，就有可能中其埋伏，遭受全军覆没的打击。所以，我特地下车去看车辙马迹，杂沓非常，证明确实是仓皇逃命，不规则地败阵了。可仍信不过，再次跳上车顶观望，见他们一窝蜂似地狼狈逃窜，连军旗也东倒西歪了，证实他们真的是败退，再没有什么生力军了，这才敢大胆地进军。"

　　这是"以逸待劳"的又一很好的例子。

第五计　趁火打劫

【计谋精解】

　　"趁火打劫"的奥秘就在于"乱而取之"。趁形势混乱或对方困难之际,迅速出击,获得利益,扩充实力。又称"趁虚而入"。

　　"趁火打劫"原意为,趁着别人家起火、混乱不堪时抢劫别人的财物。比喻趁别人危急或困难时去捞一把。

　　三十六计中的"趁火打劫"之计,则抛弃其原意中的非道德含义,演变为趁热打铁、乘敌之危,击败敌人的谋略。

　　战国时期,中国分成20多个国家,其中较大的有齐、楚、燕、韩、赵、魏和秦。齐韩结盟,并想攻打燕国,但由于赵、楚窥视其后,两国不敢贸然出兵。这时,秦国联合魏国攻打韩国。齐王急

欲发兵救援盟友，谋士田臣思建议齐王袖手旁观。他说："韩国受到骚扰，必将危及赵和楚的安全，所以它们很快就会担起帮助韩国的责任。"于是齐王听从田臣思的计谋，按兵不动。而赵和楚却正如田臣思所料，很快采取了行动。这样一来，秦、魏、赵、楚为了韩国互相混战。在这战火连天的时刻，齐国趁火打劫向邻近的燕国发动进攻，并于公元前270年征服了燕国。

【原文】

敌之害大[1]，就势取利。刚决柔也[2]。

【注释】

[1]敌之害大：害，灾难。敌人处于困难、危险的境地。

[2]刚决柔也：决，冲开，去掉。引申为摈弃、战胜。全句意为：乘刚强化的优势，坚决果断地战胜柔弱的敌人。

【译文】

当敌方陷入困境时，必须乘虚而入。这是强者乘势打击弱者的策略。

【古今中外著名典例】

两伊战争

1979年，霍梅尼领导伊斯兰革命，推翻了巴列维王朝的统治。为了巩固新政权，霍梅尼采取各种措施，首先扩展非正规的革命卫队，排挤原有的正规部队，这样不但没有增加国家实力，反而导致伊朗军队情绪动荡，士气低落，战备状况极差。加以革命刚刚胜利，百废待兴，国内政治、经济危机都十分严重，整个国家处于一片混乱之中。

此时，伊拉克总统萨达姆，眼见伊朗国内人心动荡，局势不稳，国防戒备松弛，诸多因素都已有利，他认为自己拥有绝对优势，于是决定趁人之危，下令对伊朗发起突然袭击。

1980年9月22日，萨达姆企图打一场速决战，一举击败伊朗。伊拉克军队陆空配合，分三路向伊朗进攻，他的总参谋部决定在两周内全线击溃伊朗部队。战争一开始，伊朗10个空军基地被伊拉克空军摧毁。伊朗空军一下子瘫痪在地，无力反击。同时，伊拉克5个步兵师全面出击，大炮、坦克急速前进，迅速突破伊朗边境防线。伊朗突遭袭击，混乱不堪，全国大乱，只好全面撤退，伊拉克乘胜夺取了伊朗重要的地区胡齐斯坦省。萨达姆正是利用伊朗混乱之际"趁火打劫"取得了战争的胜利。

趁火打劫是乘人处在危难之时,劫掳别人或因个人某种企图而把别人搞垮,就是说把自己的利益建筑在别人的痛苦上。此计用在军事上是指当敌人遇到麻烦或危难的时候,就要乘此机会出兵攻击,制服对手。在政治斗争中则表现为,当对手内部有乱或处于险境时,就趁机打击它。在现代的经济斗争中,其应用与政治和军事上的应用有相同的含义,即乘对手处于危险境地时采取行动,从而使自己获得利益。

清兵趁乱入中原

明朝末年,李自成领导的起义军攻陷京城,崇祯皇帝吊死在景山的一棵老槐树上,李自成占据宫廷,自称为帝,掳取明朝将领吴三桂的爱妾陈圆圆,而且胁迫吴三桂之父吴骧召降吴三桂。

吴三桂乃明朝名将,统领数十万人马镇守边关,防范满族的入侵。

一天,他突然接到父亲的劝降书,得知李自成已占领了京城,自称为帝。吴三桂认为大势已去,意欲归降,正在写降书之时,左右忽传报有家僮从京城赶来报信,吴三桂立即传见,忙问:"家里的情况怎么样?"

家僮说:"已被抄家了。"

吴三桂不以为意,说:"不要紧,待我返京时,自然会还给我。我的父亲呢? 他现在怎样?"

家僮放声悲泣地说："老主人已经被下进了大牢。"

"也无妨，将来定会释放的，"吴三桂仍然淡淡地说，"那么，我的夫人呢，她现在何处？"

这话可把家僮问倒了，他嗫嚅不敢言。

吴三桂见此情形，心中焦躁，急问："她究竟怎样，你可照实说来，我不怪你，倘有半句假话，我定不饶你。"

家僮一边拼命地叩头，一边涕泪横流地说："是小的们不中用，没能保护好夫人，夫人已被李自成抢去了。"

"气死我也！"吴三桂将笔一掷，怒发冲冠地拔出剑来，"呛啷"一声，将书案砍下了一角，指天大骂："押父之恨，夺妻之仇，怎能不报！不杀李自成誓不为人！"

吴三桂把原本已写好的降书撕得粉碎，重新展纸，愤然修书告其父道："父既不能为忠臣，儿安能为孝子？……"

吴三桂一边操练人马，准备回师讨伐李自成，一边暗地进行部署和谋划。只因自己势单力弱，不敢轻举妄动。

恰好当时清顺治帝即位，因年方 7 岁，一切军国大事，尽由摄政王多尔衮做主。多尔衮见明朝扰乱多年，久欲乘机而侵入，只因慑于吴三桂率精兵数十万镇守边关，一直未敢妄动。

被仇恨之火煎熬的吴三桂，失去了理智，把救助的目光投向了昔日的死对头，决意要借清兵协助，并立即亲自去见多尔衮。

多尔衮听说吴三桂求见，他对中原发生的事情也多少了解了个大概，猜测出吴三桂的来意，心中大喜，立刻传令以嘉宾之礼召见。

多尔衮见吴三桂眉头紧锁，便明知故问："吴将军驾临，不知有何见教？"

吴三桂直截了当地说："明清两国，世通和好。当年清国内部自相侵伐，我明朝也曾发兵相助过，今日明朝不幸，盗贼横行，京城沦陷，君王晏驾，此仇此恨，不共戴天。只是举国无一男儿，勤王起师，本军又兵微将寡，难当乌合之众。清国如尚念邻邦之友谊，亦应举国发兵，助我一臂之力。"

多尔衮听罢此言，正中下怀，暗自欢喜，心想，真是千载难逢之良机呀！他心里虽然这样想，口里却推搪拒绝。他故意皱了皱眉头说："贵国

内乱，按说应尽邻邦之谊而救援，只是我国国小兵弱，恐救助不成，于事无补，将来反自受其累，落得千古骂名。此事乃力所难及，请将军多加谅解。"

吴三桂哀求说："这也不必过虑，贼虽多，皆乌合之众，只要贵国肯出兵，无不奏凯之理。"

不管吴三桂怎样哀求，多尔衮却一直坚持不肯出兵。

就这样谈来谈去，转眼已过半月，仍无结果。谁知多尔衮虽口上没答应出兵，可在暗中却早已开始秣马厉兵，做好了战斗准备。

待一切都已布署妥当之后，多尔衮才假惺惺地说："既然将军如此恳求，本帅实为将军的诚心所感动，无论我国有多大困难，都以邻国之难为己难，决定出兵相助。"

吴三桂闻言大喜，感谢多尔衮赴援厚意，立即回来收拾自己的兵马与多尔衮的清军合并一处，长驱直入向中原大举进攻。

行至一片石积如山之地，清军与李自成的起义军相遇，战斗结果，起义军大败，清军乘胜追击，几天之间便直捣京城，李自成只好弃城西遁。清兵占据了京城之后，早把当初相助的许诺抛到一边，居然做起皇帝来。

李自成领导的起义军被平定之后，清兵马上调转枪口，向明朝官兵杀来，屠扬州，洗嘉定，把明朝的遗臣或收买，或杀害，中原人民罹难之惨，牺牲之多，均为历史所罕见。

当大好河山尽归清兵之后，多尔衮在写给史可法的信中说："国家之抚定燕京，乃得之于闯贼，非取之于明朝。"这是"趁火打劫"计谋成功的又一实例。

第六计　声东击西

【计谋精解】

　　"将欲西而示之以东"，故布疑阵，虚实莫辨，使敌人防不胜防。明攻无人之地，暗袭有用之城，才能歼敌于不测。

　　兵法有云："声言击东，其实击西"，这就是指故布疑阵，虚实莫辨，使竞争的敌人受到错误的诱导而疏于防范，在其松懈警惕、分散注意力之际乘虚而入，达到自己的目的。

　　汉景帝在位时期，七个分封的王侯一起造反，并攻打极受皇帝器重的大将周亚夫把守的一座城池。周亚夫固守城池，坚不出战。当叛军攻打城池的东南角时，周亚夫识破这是叛军声东击西之计，因此不往东南派兵，却下令加强对城池西北角的防

253

守。很快，敌人果然调集主力来攻打城池的西北角，但因周亚夫已加强了防守，故叛军一无所获。这是指挥者坚定沉着，不受迷惑的战例。

从以上战例看出，运用"声东击西"这一计谋的诀窍是：当敌方指挥意志发生混乱，不能辨明和应付突然事变的时候，就宛如潭水高出地面，随时都有溃决的危险，此时，必须利用敌方失去主见之机，将其歼灭。

同时，运用此计的关键还在于掌握秘密和主动，能掌握这两项原则，就能使敌人处于一夕数惊、防不胜防的困境中，否则将自陷于不利的地位。

【原文】

敌志乱萃[1]，不虞[2]，坤下兑上之象[3]。利其不自主而取之[4]。

【注释】

[1]敌志乱萃：指《易经·萃》卦中《象》辞："乃乱乃萃，其志乱也"之意。萃，悴，即憔悴。是说敌人情志混乱而且憔悴。

[2]不虞：虞，预料。不虞：意想不到。

[3]坤下兑上之象：《易经》萃卦下卦为坤，坤为地，上卦为兑，兑为泽。有泽水淹及大地，洪水横流之象。

[4]不自主：不能自主地把握自己的前进方向和攻击目标。

【译文】

敌人的指挥系统，一旦乱了阵脚，就无法应付情势的变化。这便是萃卦所显示的"坤下兑上"的混乱征兆。这时，可乘敌方混乱，一举歼灭。

【古今中外著名典例】

"我来也"用计出狱

南宋时国都临安（即今之杭州）有一位神偷，不明其姓氏，因他每次作案后，必留下"我来也"三字，故其绰号叫"我来也"，名气轰动整个临安，官府也奈何他不得。

有一次他失手被擒，审讯时找不到物证和人证，无法定罪，只好把他监禁起来慢慢审查。

"我来也"过着铁窗生活。一天，他对狱卒说："我是贼，却不是'我来也'，官府误会是我，看来会把我终身监禁，出狱是无希望了，只可惜我藏在外面的金银无法使用。在这一段时间里，你对我的确好，我决定用那些金银来报答你，金银就藏在保俶塔顶层上，你去取用好了。"

狱卒将信将疑地往塔上巡视,果然发现一个小包袱藏在顶层上。

他打开一看,尽是黄金白银。他满心欢喜地回来后,对"我来也"特别照顾。

过了几天,"我来也"又对狱卒说:"我还有一酒瓮放在侍郎桥下,装满金银,你可叫你的家人去那里洗衣服,取了酒瓮之后,拿回家就是了。"

狱卒叫妻子去取,果然又得了金银,更加照顾"我来也"。

又过了几天,一晚,"我来也"又对狱卒说:"已是深夜二更了,我请求你放我回去,料理一些私事。四更时候,我一定回来,决不会连累你的。"

狱卒因受了两次恩惠,不好意思不答应,同时认为他颇讲信用,只好放他去了。到了四更时,忽有人自檐间跃下,一看,原来是"我来也"依时回来了,狱卒大喜,将他套上刑具再锁起来。

次日,城内一名巨富赴县府报案,说昨晚三更时分,被贼劫去黄金千两,门上写着"我来也"三字。

赵老太爷闻报,抚案大惊说:"原来,'我来也'还逍遥法外,那么前日所捉之贼就不是'我来也'了。"便下令提讯前贼,判为犯夜行罪,略施惩戒便放人。

"我来也"出狱了。没几日,狱卒返家,其妻对他说:"昨晚四更时候,有人敲门,开门一看,并无人影,却有一包东西放在门口,并闻声说,'此是酬谢你丈夫的,不要声扬出去',打开一看,原来又是黄金和白银。"

狱卒当时心里明白,原来那贼果是真的"我来也",他用此声东击西诡计出狱。

名将也中计

1793 年,拿破仑率领法国舰队,由土伦出港,准备进行埃及登陆战。

那时,地中海的制海权,掌握在威尔逊率领的英国舰队手中。拿破仑自忖,如果想完成登陆战,定要避开英国舰队的阻挠。于是,他采用"声东击西"这个策略。

拿破仑将舰队集结在土伦港时,放出大量假情报,说这次远征的目的不是埃及,而是渡过直布罗陀海峡进攻爱尔兰。

威尔逊信以为真,将英国舰队集结在直布罗陀附近,蓄势以待。拿破仑"声东击西"骗过威尔逊,成功地登陆了埃及。

只要用得巧妙,连威尔逊这样的名将,也会中计。

"声东击西",班超取胜

东汉时期,班超出使西域,目的是团结西域诸国共同对抗匈奴。为了使西域诸国便于共同抵抗匈奴,必须先打通南北之通道。地处大漠西缘的莎车国,煽动四邻小国,归顺匈奴,反对汉朝。班超决定首先平定莎车国。班超联合了于阗等国,但兵力只有 25 000 人,敌众我寡,难以力克,只能智取。班超就定下声东击西之计,迷惑敌人。

他派人在军中散布对自己的不满言论,制造打不赢龟兹的舆论,并有撤退的迹象,还特意让莎车俘虏听得清清楚楚。

这天黄昏,班超命令于阗大军向东撤退,自己率部向西撤退,故作慌乱状,有意让俘虏趁机逃跑。俘虏逃回莎车营中,急忙报告汉军慌乱撤退的消息。

闻讯后,龟兹王大喜,误以为班超惧怕自己而慌忙逃窜,便立即下令,兵分两路,趁机追杀逃敌。于是,他就亲自率领精兵 1 万向西追杀班超。

班超胸有成竹,趁夜深天黑,撤退仅 10 里之地,部队就地埋伏。而龟兹王求胜心切,率领追兵从班超埋伏之地飞奔而过。这时,班超立即集中部队,与事先约定好的东路于阗人马,迅速回师,杀向莎车。班超的人马犹如从天而降,莎车毫无准备,猝不及防,迅速被瓦解。莎车王惊魂未定,来不及逃走,只得投降。龟兹王气势汹汹地追赶了一夜,也未见班超部队的踪影,又得知莎车已经被击败,人马伤亡惨重,无可奈何,只得收拾残兵败将撤回龟兹。

陈平设计救刘邦

话说楚怀王命令刘邦和项羽分别领兵,分路进攻咸阳,并当众宣谕"先入关者为王"。

刘邦先入，但权力尽归于项羽，刘邦反受项羽的控制，并被改封为汉中王，驻守南郑（今陕西）。谋臣范增深忌刘邦，屡谋把他杀掉，使之不能上任，留在咸阳，名曰辅助，实则软禁。

刘邦急欲逃脱虎口，便向张良问计，张良则去拜访陈平，陈平附耳向张良说了几句话，高兴得张良拊掌大笑，连称妙计。

第二天，陈平先以调虎离山之计向项羽奏请，派范增往鼓成催怀王徙居郴州。范增临行的时候，向项羽提出约法三章：一、不得离开咸阳；二、重用韩信，或不用则杀之，避免为他人所用；三、不得使刘邦归汉中。项羽应允，范增方起程。

事隔不久，陈平再次上表，言及国家经济首在节流，目前有几十万军队驻扎在咸阳，坐吃山空，不如将各诸侯遣回驻地，以减少开支。

项羽准奏，立即命令新封各诸侯限期在五天之内返回各自国土，唯独不准刘邦行动。

刘邦大惊，已觉察到项羽有加害之意，急忙与张良商量计策。张良眉头一皱，计上心来，让刘邦上表，跟项羽请假，说是要回家乡丰沛省亲，并教他如此这般行事。

项羽看了刘邦的表章后，思考一阵，对刘邦说："你要回乡接取父母，也是一片孝子之情，但怕不是出之本意，而是因我让你留在咸阳，才提出这一要求吧！"

刘邦假装悲伤地说："我父亲太公年事已高，无人侍奉，我日夜挂念，时刻放心不下。往日见陛下初即位，事务繁忙，所以不敢开口提省亲之事，今见各诸侯均返回驻地，能享天伦之乐，只有我留在这里，又不知何时才能见到老父！"说着，刘邦便哭了起来。

就在这时，张良故意唱起了双簧，启奏："不能放他回乡去接取家眷，宁肯让他回驻汉中，派人去丰沛把他的家眷接到这里来作抵押，好使他规规矩矩地做人，莫生妄念！"

听罢此言，项羽点了点头，说："你说得虽然有道理，但我不能放他回汉中去，就是怕他生异心。"

陈平又趁机启奏："陛下既封刘邦为汉中王，已布告天下，臣民共知，不让他上任，但恐不足取信于天下，人家会说陛下一登位就说假话，那对

以后的法令,他们不是也会阳奉阴违吗? 还不如听张良的话,拿刘邦的家眷作为人质,留在咸阳,遣他回汉中去。这样,既可保全信誉,又能约束刘邦,岂不是两全其美的好办法?"

沉思良久后,项羽才无可奈何地对刘邦说:"既然大家这样说了,也在情在理,现只准你去汉中赴任,不得回丰沛,明日就起程吧!"

听了项羽这番言语,刘邦心中无限欢喜,但外表上却装出一副可怜的样子,拜伏不起,继续请求准许回乡省亲。

项羽也有些心中不忍,便安慰他说:"你还是好好地去汉中,我会把你的父亲等家眷接到这里来抚养,等你到了汉中,把事情安排妥当之后,再派人来接,也不失奉养孝敬之意!"

这时,刘邦才勉强起身,感谢项羽的大恩大德。

刘邦回营后,迅即下令大小将士,火速起程,众将士如同猛虎下山一样,浩浩荡荡地奔往汉中去了。

至此,刘邦终于得以回汉中。

陈平设计"声东击西",假装让刘邦回乡省亲,其实是返回汉中以图大业。项羽粗人又怎能识得其中之计呀?!

259

晏子救烛邹

齐景公好打猎,喜欢养老鹰来捉兔子。一次,烛邹不慎让一只老鹰飞走了,景公下令把烛邹推出斩首。晏子知道了,去拜见景公,说:

"烛邹有三大罪状,哪能这么轻易杀他? 请让我一条一条地数落出来再杀他,可以吗?"

齐景公说:"可以。"

晏子指着烛邹的鼻子说:"烛邹! 你为大王养鸟,却让鸟逃走了,这是第一条罪状;你使得大王为了鸟的缘故又要杀人,这是第二条罪状;把你杀了,天下诸侯都会怪大王重鸟轻士,这是第三条罪状。"

齐景公听后,对晏子说:"别说了,我知道你的意思。"

晏子本意是想救烛邹,却没有替他说情,反而数落罪状,似乎是给烛邹罪上加罪,然而,事实上却是这三条罪状反而救了烛邹的命。原来,晏子用的是"声东击西"法,表面上是在给烛邹加罪,实则是为其开脱,并批评齐景公重鸟轻士,这样,既避免了说情之嫌,又救了烛邹;既指出了齐景公的错误,又不丢齐景公的面子,可谓"一箭双雕"。

第七计 无中生有

【计谋精解】

"无"不可以败敌；若变成"有"，则败敌可矣。

春秋末年，伍子胥被楚平王追杀，伍子胥欲经过昭关逃往吴国。在设计骗过昭关守将后不久，伍子胥遇到了一位姓左名诚的小吏，左诚认识伍子胥，他大惊地说："朝廷追拿你甚紧，你是

如何过关的?"伍子胥说:"楚平王追拿我的目的,是为了得到一颗夜明珠,但这颗宝物已落入他人之手。我刚才已禀报过昭关守将,蒙他释放,我现在就是要去寻回这颗夜明珠。"左诚不相信,要求伍子胥跟他回昭关解释清楚了再放走他。

伍子胥心想,若跟他回去不就是自投罗网,前功尽弃了吗?他灵机一动骗左诚说:"若是见到守将,我就说夜明珠已经交给你,而你把它吞到肚子里,到时看你如何向楚平王说明,我虽难逃一死,但楚平王若要剖开你的肚子寻找夜明珠,你恐怕也只有死路一条了。"一席话吓得左诚傻了眼,无奈之下,只好放了伍子胥。

伍子胥虚构莫须有的"夜明之珠",用怀璧其罪计吓左诚,就是无中生有的计策——把没有说成有,凭空捏造。

往昔"无中生有"大多指的是"无风起浪,惹是生非"或"造谣生事,兴风作浪",纯粹是一种唯恐天下不乱的心理。但是从计谋或计策的观点看"无中生有",则是所谓"创造性的发挥",它的意义是积极的、正面的,它的用途是多元的、无限的。

【原文】

诳也。非诳也[1]。实其所诳也[2]。少阴，太阴，太阳[3]。

【注释】

[1]诳：欺骗，迷惑。

[2]实其所诳也：实，实在，真实。全句意思是说把真实的东西充实到假象之中。

[3]少阴，太阴，太阳：原指《易经》中的兑卦（少阴），巽卦（太阴），震卦（太阳）。少阴指稍微隐蔽的军事行动，太阴是指大的秘密军事行动，太阳则是指最大的、公开的军事行动。

【译文】

诳骗，并不是长期的诳骗，而是在虚假诳骗之后，把真相推出。把小虚假发展到大虚假，在极端的虚假之后，采用极端公开的行动。

【古今中外著名典例】

自乱阵脚的苻坚

东晋定都南京时，统治华北一带的前秦苻坚，发动百万大军，打算消灭东晋，统一中国。

迎战的东晋，兵力只有八万（不及对方的十分之一），可是结局出乎意料，竟然让东晋打了大胜仗。

为什么占尽优势的前秦，会吃败仗呢？

关键在于苻坚因错觉而心生恐惧。两军交战之前，处于劣势的东晋，掌握先机，开始进攻。

苻坚在开战之前，一直轻视东晋的兵力。可是，当他站在城墙上看下去，发现对方摆出滴水不漏的阵势，缓缓逼近，不禁内心动摇，误以为前面八公山上的草木，皆是东晋的军队。

他在惊慌中回头问他的参谋：

"我的天啊！没想到东晋居然有这样的大军！"

孙子兵法·三十六计

符坚一慌,无法冷静地指挥作战,终于大败。这完全是东晋设法使符坚将"无"错觉成"有",自乱阵脚造成的结果。

陈平设计退兵

汉初,匈奴不断南侵,所到之处夺人抢粮,杀牛马,烧房屋,成了汉朝在北方的一大心患。为了解除心头之患,汉高祖刘邦率领大军 30 万御驾亲征。

当时,匈奴单于冒顿正率领几十万人马围攻晋阳(今山西太原),冒顿得知汉高祖亲征,便率领自己的人马悄悄地赶往白登山(山西大同北)设下埋伏。

因而,刘邦及所率 30 万大军被困在白登山。

得知中计,刘邦大吃一惊,他疾步奔出帐外,登高向下瞭望,只见山下旌旗蔽日,刀剑映月,匈奴兵已将白登山围了个水泄不通,刘邦匆匆回到帐内,下令突围。

可是,汉军向左突围,匈奴兵则集中在左边;汉军向右冲,匈奴兵则拥向右侧。无论左冲右突,刘邦始终不能突围。

就这样持续了七天时间,刘邦的大军不仅人困马乏,战斗力锐减,而且所带粮草已剩下不多,若不能尽快突出包围,刘邦及 30 万大军必将全军覆没。

刘邦在帐内苦苦地思索着突围之策,他两旁的文官武将也在绞尽脑汁地苦思计策。

苦思冥想了许久,刘邦仍一筹莫展,不由得仰天长叹,自言自语道:"难道朕气数已尽,是天将灭我也?"

忽然,谋士陈平跨前一步,屈膝而跪,两手抱拳在胸前说:"皇上,臣有一奇想,不知可否?"

听有破敌之策,刘邦急转身,忙把陈平扶起,说:"快快起来,讲讲你的奇想。"

陈平站起身来,向刘邦俯耳说道:"昨天有探子来报,说冒顿这人喜好女色,身边总离不了美女,偏偏他夫人阏氏是个出了名的醋坛子,二人常常为此而争吵反目。所以,每次冒顿出兵时,阏氏都是随侍左右以监督之,况且在此事上,冒顿因有把柄在其夫人手中,他对夫人总是言听计从。

264

我想……"

刘邦原以为谋士陈平有何妙计,等听完了陈平的想法后,却又犹豫起来,堂堂单于喝令千军万马,在两军对垒的大事上,难道真会受一个女人的左右? 刘邦觉得希望渺茫。

这时,陈平见刘邦在此紧急关头,还在犹豫不决,就急切地向刘邦劝道:"皇上,老臣愿意亲自出马,保证马到成功,请速速决断!"

刘邦沉思了一阵,苦于一时间并无其他良策妙计,也就答应了陈平。

接着,陈平便与一位使者在作了精心的准备之后,打扮成匈奴兵的模样,悄悄下山,混入匈奴营中,来到了位于营后单于皇后阏氏的帐前。

那位使者轻轻地掀开帐帘一角,向内窥视,见冒顿不在帐中,只有阏氏一人在对镜梳妆打扮。于是,他回身向陈平招了招手,二人掀起帐帘,大摇大摆地走进帐中。

阏氏见有两个陌生人闯进帐来,厉声问道:"什么人? 胆敢私闯我帐内?"

陈平弯腰躬身,朗声说道:"皇后息怒,我等乃汉朝皇帝的使者,特来求见单于讲和。"

阏氏一听说是汉朝的使者,顿时提高了警惕,说:"单于不在,你们可到前帐找他。"

陈平又是躬身弯腰,轻声说道:"遵命。只是汉朝皇帝送给阏氏皇后的礼物,须请您亲自过目。"说罢,陈平从使者拿着的兜里取出了黄澄澄、亮晶晶的金银珠宝及一些首饰、头冠等物品。

这些东西一放到阏氏的梳妆台上,就流金溢彩,灿烂生辉,这对于长期生活在漠北的阏氏来说,有着极大的诱惑力。她伸手拿起来,抚摸着、观赏着。

这时,站在一旁的陈平,察言观色,对阏氏的一举一动仔细揣摸。陈平一生见人无数,以他丰富的阅历,断定探子所报情真。于是,便恰到好处地说道:"皇后,我们汉朝皇帝听说单于喜欢美人,特地挑选了一些美女,准备送给他,这幅美人图,是选送给单于先看样子的,请皇后过目,看看是否可以?"陈平边说边从使者手中接过来一幅画轴。

画轴展开,只见画上的女人美艳绝伦,娇嫩无比,双目流盼,风情万种。不要说男人,就是女人见了也顿生亲近之感。

阏氏本来就对冒顿喜欢女人不放心,又气愤不过。这时,心中暗自思

量,怪不得单于每每攻掠中原,原来如此。倘若他真的得到一个美人,今后哪还会有我这皇后的位置。此时,阏氏的脸色忽而变白,忽而变红,怒火心中烧,可又不便当着汉朝使者的面发脾气,只是将牙咬得紧紧的,两眼盯着梳妆台发呆,不再说一句话。

一见这情景,陈平知阏氏已中了他的计,心中大喜。但为了把戏演得像,陈平轻轻地咳了一声,缓缓地将美人图收起,对阏氏说:"皇后,军情紧急,能否请您让下边的人到前帐去,将单于请过来,察看礼品并禀告其他讲和条件?"

阏氏定了定神之后,忙说:"不用了,你们将礼品放在这里,暂且回去,我让单于退兵就是了。"

陈平老谋深算,欲擒故纵。这时,他对醋意大发的阏氏激将道:"皇后,军情大事,还是请单于当面来谈为好。"

阏氏牙一咬,眼一瞪,愤愤地说:"怎么,不信任我?"

陈平再一躬身,做出一副诚惶诚恐的样子:"岂敢,岂敢,只是……"陈平故意拖长了声音,引而不发。

"回去告诉你们汉朝皇帝,单于决定退兵!"阏氏斩钉截铁地说。

陈平与使者站起身来,匆匆地答应了个"是"字,便立即转身退出帐外,悄悄地返回汉营了。

陈平见到刘邦,喜不自禁,大声说:"托万岁洪福,此计成矣!"

但刘邦还是半信半疑,一夜翻来覆去,难以入睡,他不知阏氏是否真做得了单于的主,在心中暗暗为自己祈祷着。

第二天,一夜未眠的刘邦正困倦地迷迷糊糊地躺着假寐,侍从突然来报:冒顿已经撤兵了。

刘邦急起身,再次登高而望,果然见冒顿的几十万大军已经撤帐远去。

第八计　暗渡陈仓

【计谋精解】

敌明我暗,虚晃一招,奇兵突出,致命一击。表面上是一套,暗地里又是另一套,互为表里,相得益彰。

秦末农民大起义后,项羽自封为诸侯之王,势力非常强大。刘邦虽然率先攻入秦王朝的都城咸阳,但仅有 10 万人马。为了防备秦降将章邯的侵袭,并表示无意与项羽争夺天下,麻痹项羽,刘邦下令烧毁了从关中到汉中的栈道,领着军队退居褒中。

数年以后,刘邦整练军队,任命韩信为大将,出师与项羽逐鹿中原。韩信为了迷惑敌人,先派了许多兵马去修复栈道,佯装要从老路杀出,暗地里却带兵从故道迂回到陈仓,出奇不意、攻其不备地把章邯歼灭,平定三秦,拉开了与项羽决战的序幕。

　　紧接着步步进逼,迫使项羽自刎于乌江,最终建立了刘邦的汉家帝业。刘邦之所以能成霸业得天下,实有赖于张良、韩信的这一出"明修栈道,暗渡陈仓"的妙计。

　　"陈仓"是一个地名,在今天陕西省的宝鸡山附近。后人将"暗渡陈仓"的意义加以扩大解释为,表面上是一套,暗地里又是另一套。也就是采取佯动的办法,造成假象,蒙骗敌人,利用对方已有主见固守之机,悄悄地迂回到另一方偷袭,从而乘虚而入,出奇制胜。

　　暗渡陈仓是以正面佯攻、佯动的迷惑手段,来伪装攻击路线和突破点的谋略。在战时,运用暗渡陈仓的谋略,可以攻敌不备,获取胜利。在平时,运用暗渡陈仓的谋略,可以化险为夷,甚至兴业发家。

【原文】

示之以动[1]，利其静而有主。益动而巽[2]。

【注释】

[1]动：行动，动作。这里是指军事行动。

[2]益动而巽：益和巽，都是《易经》的卦名。《易经·益·象》说："益动而巽，日进无疆。"表面上，努力使行动合乎常情；暗地里，主动迂回进攻敌人，必能有所收益。

【译文】

展开行动，引起对方注意，而加强守备，我方则暗中由另一边进行迂回攻击。这是利用机动作战攻击敌方薄弱处的策略。

【古今中外著名典例】

狄青智取昆仑关

宋仁宗皇祐四年（1052年），南方的侬智高叛乱，仁宗派狄青率兵征讨。

由于狄青的军纪森严，军容整肃，沿途草木不惊，秋毫无犯。所以，到了宾州（今广西宾阳县），很受民众的欢迎。

因过去的战役屡次失败，主将张忠阵亡，士兵都存有畏惧之心。狄青见此情景，便召集全体将士讲话："若没有接到命令，千万不要与敌人随便交锋。战斗必须有整体计划，计划妥当了，自然会命令大家出战的。"

当时，有一位地方驻军将领陈曙，驻守昆仑关的前一个隘口，与敌人相持了很久，他一时误听了部下袁用的话，想冒险邀功，私下率兵攻敌，却被打得落花流水，狼狈败回。狄青立即按军法从事，把陈曙、袁用等31名将士斩了。这样，谁也不敢再私自与敌作战了。

狄青处死了陈曙等人后，下令各将士坚守营寨，又命令屯积10天的粮草，以备军需。此令一出，被敌人间谍得知，贼将以为狄青最近不会出战，遂不加防备。没想到，第二天清晨，狄青突然下令，立即出兵，亲自率

领全军,浩浩荡荡赶到昆仑山下,直逼敌营下寨。

那天正值正月十五元宵节,老百姓家家户户悬灯结彩,欢度佳节。狄青也下令军中,大摆筵席,邀宴全体将士,事先宣布第一夜邀请高级将佐,第二夜邀请中下级军官,第三夜犒赏全体士兵。

第一夜邀宴将佐时,饮酒行令,尽情欢乐,毫不拘束,直到天亮才散。

第二夜欢宴下级军官,酒至半酣,狄青突然站起,向众人说:"忽觉不适,稍息后再来奉陪。"过了一会儿,传出话来,说狄青有病还没好,请副将孙沔暂代敬酒。众人尽情地吃喝,闹得不亦乐乎。至深夜,还不见主人出来,谁也不敢离开。

等到天亮后,忽有军卒来报说:"元帅已攻破昆仑关,特请诸位到关上吃早饭去。"

大家听了,都大为震惊,而且怀疑是奸细造谣。经几番传报后,才得以证实是真的,于是,大家赶往昆仑关去。

原来,狄青连夜宴请将士的消息,已被敌人的间谍探知,报告了贼将,贼将大喜,亦摆筵席款待部下。加上那几天,大风大雨,天气十分寒冷,狄青就趁机挑选部分精兵强将,趁敌人不备,猛然偷袭敌营,敌人一时仓皇失措,来不及抵抗,纷纷落荒而逃,降者不计其数。就这样,狄青"暗渡陈仓"偷袭敌营,轻而易举地攻下了险要的昆仑关。

马占山痛歼日寇

"九一八"事变之后,日本军队兵不血刃占领辽宁和吉林两省。日本想用怀柔政策以华制华,成立傀儡政府,并伺机攻打黑龙江。

当时黑龙江省主席万福麟已躲在北平,委任马占山为代理省主席,马占山受命于危亡之秋,一筹莫展。不久,省府之财经大员万国宝又秘密把银行现款以及黄金珠宝统统挟带溜往北平做寓公去了,马占山做了一个光棍主席。他在一个会议上沉痛地说:"万主席给我这个命令,担子实在太重了,以东北现在的局势来看,富庶的辽宁和吉林两省已沦陷在日本鬼子手里,只剩下我们黑龙江省这弹丸之地,西南部的张海鹏做了汉奸,西北部又有凌升骑兵旅的卖国投降,我们已三面受敌,兵力既少,武器弹药等军需又无补给,以孤军抗大敌,实在太危险了——他妈的,人活百年不也是死吗?咱姓马的认为和日本鬼子打仗打死,也是难得的光荣,胜也打,败也打,一定打到底,就是不投降当汉奸。本人已抱定拼死这条老命的决心,为国家争回一点光荣!"

马占山正在寝食不安忧心如焚之时,日本的特务机关长林义秀来拜访,他是奉上级土肥原命令来游说马占山脱离中央,投降日本的。他以经济提携、善邻友好为理由提出愿意与马占山合作。

马占山已成竹在胸,他的不易原则是:国土不能失,不投降靠敌,但面临困难之境,不能不加以利用。便说:"我马某承你日本人看得起,焉有不合作之理?但我是一个老粗,说话一是一,二是二,绝不含糊。我的条件是:一、拨给我一万支步枪,五百挺轻机枪,三百挺重机枪,三万颗手榴弹,一百五十门重炮。二、拨给我一万五千套被服,包括皮外衣等。三、拨给我一千吨粮食。四、借给我五百万银元。"

林义秀犹豫一下,然后说:"将军所提的确合情合理,我要转告关东军司令部,相信司令长官一定会答允的。三天后再作答复。"

三天之后,林义秀果然来了,却只带来五十万银元和三万斤粮食以及小部分被服,武器弹药一枪一弹都没有。马占山已洞悉日本意图了,加紧防御并迅速派高级亲信赵国潘携带这五十万银元往苏联购买军火。

正当此时,警讯到了,情报人员向马占山报告说:"日本关东军与张海鹏的汉奸部队,前锋已迫近嫩江桥,有向省会进攻的迹象。"

马占山一听报告,明白局势已到最后关头,嫩江桥的兵力太弱。他决

定亲往督察,便率参谋长张文涛跑往嫩江桥去。

一到嫩江桥,马占山下令火炮大力攻击。因为距离近,又因为村井部一时骄狂疏于防守,他的先头部队措手不及,被杀得人仰马翻,尸骸遍野。村井少将得悉败讯,才急着开始布阵,以重炮向守军猛轰,打得守军抬不起头来。经过十余小时的战斗,一千名守军已伤亡大半,眼看不支,幸马占山带来了一团骑兵增防,才把阵脚稳住。

在不可以力敌之时,马占山想出了计策,急从省会调来五百名蒙古骑兵,把桥防责任交给参谋长,自己悄悄地把五百骑兵带走。

这一夜是雪花飘飘,大地冰封,正当日军的炮声惊天动地,守军炮火渐渐微弱,日本参谋部官员准备过江之时,突然日军的神经中枢——旅团部里喊杀连天,有一支骑兵,好似从天而降,横冲直撞,锐不可当,突入了阵地,大炮与机关枪打得日军尸骸枕藉,顷刻间全部日军都做了无头之鬼。到天亮时,这支骑兵已不知哪里去了。旅团长村井少将到防地一看,不觉惊魂丧胆,老泪纵横,一句话也不说,即以日本人特有的方式拔出刀来剖腹自杀。

原来这支骑兵是马占山率领的五百蒙古兵,偷营袭击,一举成功。这一仗,唤醒了中华民族的灵魂,也奠下以后的全面抗战基础,马占山的嫩江桥战绩,为全国甚至世界人士所称颂,其人被誉为抗日的传奇人物。

诺曼底登陆战

1943 年的一天,斯大林、罗斯福和丘吉尔在德黑兰会晤,决定于 1944 年上半年在欧洲开辟第二战场,即从欧洲西部登陆,直接对德国作战。

当时,在法国西北部有三处比较适宜的登陆地区:康坦丁半岛、诺曼底地区及加来地区。为了选择最佳方案,丘吉尔和艾森豪威尔将军召集三军参谋长进行了认真的比较、研究,最后制定了在诺曼底登陆的“霸王”行动计划。

为了减少牺牲,盟军指挥部决定运用“暗渡陈仓”之计,制造假象,使希特勒错误地判断盟军的登陆地是加来而不是诺曼底,以确保在诺曼底登陆成功。为此,盟军实施了一系列疑兵之计:

第一,为了显示盟军将在加来登陆,盟军在东海岸的肯特设置了一个假司令部,发出了大量电讯,其空中无线电报务量多于真司令部的报务

量,使希特勒判断盟军的总司令部就设在肯特。

第二,巴顿是美国以勇猛著称的将领,他的英勇善战使德军上下官兵一听到巴顿的名字,就如同听到瘟神到来一样可怕。因此,德军统帅部分析,巴顿在哪里出现,哪里就会有大的军事行动。而盟军要在欧洲西部登陆,担任主攻任务的司令官非巴顿莫属。艾森豪威尔将军根据敌军统帅部这一心理,有意让巴顿在肯特街头亮相,以使德国间谍向其统帅部报告这一重要的"情报"。

第三,英军参谋部用木料、篷布、油漆等材料,制造了成千上万的假大炮、假坦克及登陆船只等,并把这些东西"部署"在英国东南部距法国的加来海峡最近的地方。

第四,盟军在肯特郡堆放了许多假造的滑翔机,故意派出一些卡车在森林边缘、田野上奔来驶去,让德国人以为在肯特郡的森林中贮备有大量的军用物资以供应加来的登陆部队。

第五,盟军经常派出一批批轰炸机同时对加来和诺曼底两个地区的德军军事目标实行战略轰炸,并且有意使两地的投弹比例为 2:1,让德国人相信加来是登陆地,而轰炸诺曼底只是掩人耳目而已。

第六,进攻前夕,英军派出一大批飞机,在空中撒下了无数的锡箔片,使德军从海岸雷达上看来,好似一支大舰队正从第厄普向东驶出,向加来进发。

事实证明,以上疑兵之计完全达到了预想的战略目的。

德军统帅部根据形势的发展,判断盟军可能在 1944 年进攻西欧。并认为倘若能一举击溃盟军在西欧的登陆部队,就可使盟军与苏军两面夹击德军的企图破产。这样,德军就可以抽出 50 个师的兵力来加强东线,以阻止苏军的进攻,进而从根本上扭转德军的败局。

为此,德军研究制定了集中大部兵力、兵器于敌人可能登陆的主要方向上的抵抗登陆的方案。可是,盟军的登陆方向则成了问题的关键。德军统帅部既派出了大量的间谍,又多次派遣飞机,飞越英吉利海峡进行空中侦察。而英国政府为了保守"霸王"行动的秘密,防止其间谍搜集并传递情报,宣布了一系列规定,致使德国的间谍一直没能搞到有关"霸王"行动的确切情报。德军侦察机在英国的上空拍了许多照片,只见加来对面的英国多佛尔港附近集结了无数的坦克、大炮和军用卡车,如同百万雄师在整装待发。

孙子兵法·三十六计

根据上述种种情况,希特勒和德国统帅部判定,盟军的登陆地定是在加来,并按照这一判断,在加来部署了 23 个师,沿海修筑了一道纵深 6 公里的坚固的防御地带。希特勒和德国统帅部上当了。

一日凌晨,盟军预定的进攻时刻到了。此时的英吉利海峡狂风大作、恶浪滔天,气候条件非常恶劣,对部队进攻十分不利。这时,"霸王"行动的总指挥艾森豪威尔将军和许多高级军官们正聚集在索斯威克公寓里。艾森豪威尔默默地沉思着:是按原计划实施进攻,还是延期呢? 思索了一会儿,他抬起头,斩钉截铁地下达了命令:"出发!"

此时,设在巴黎的德军司令部接到了盟军在诺曼底大举进攻的报告。可是,德国陆军元帅龙德施泰特却以为,这不过是盟军声东击西,以掩护在加来的登陆罢了。而西线德国海军部队从海岸雷达上发现一支庞大的舰队正向诺曼底进发,当他们把这一情况报告给总司令部时,总司令的参谋却说:"是不是你们的技术员搞错了,大概是一群海鸥吧!"当前线把盟军进攻诺曼底的消息报告给希特勒时,他仍然对自己的错误判断坚信不疑,气冲冲地训斥说:"盟军进攻诺曼底,不过是牵制性的佯攻而已。"

就这样,盟军使用"暗渡陈仓"之计,顺利地突破了希特勒大肆吹嘘的"大西洋堡垒",而且不断地扩大对德军的攻势,向纵深发展,向德国的本土进军,从而加速了希特勒的灭亡。

孙子兵法·三十六计

274

第九计　隔岸观火

【计谋精解】

　　俗曰:见蛇不打三分罪,见火不救七分过。但是,敌方蛇鼠一窝,内讧火拼之际,却是鹬蚌相争、渔翁得利之时。此时,静观其变,从中取利,实乃明智之举。

　　三国时期,曹操以少胜多,击败一度强盛的袁绍。袁绍死后,他的两个儿子袁尚和袁熙带着数千人马逃往辽东(今内蒙古南部,辽宁东部)。辽东太守公孙康曾与袁绍为敌。当时袁绍一直想吞并辽东,但未能得手。不过,后来曹操和袁绍争夺中原,公孙康也没有帮助曹操去打袁绍。袁尚、袁熙这次指望能在公孙康处暂避一时,他们商定,到辽东后要找寻合适的机会除掉公孙康,这样就可以凭借辽东出兵攻曹。

当时，公孙康已凭借远离中原的有利地形，公开对抗曹操。曹操的将士们都主张乘胜远征辽东，追杀两袁，以免他们与公孙康勾结在一起。曹操却听从了谋士郭嘉的建议：让公孙康和袁氏兄弟暂处一时，到时候辽东太守自然会把两袁的人头送来，不必劳师远征。

果不其然，没过多久，公孙康杀了袁尚和袁熙，派人把他们的人头送给曹操，表示不与曹操为敌。众将领不由得感到惊奇，问曹操其中缘故。曹操解释道："一方面，公孙康一直惧怕袁绍集团夺取他的地盘，这次袁氏兄弟投奔辽东必定引起他的疑心；另一方面，公孙康也怕我们进攻辽东。如果我们用兵紧追袁氏兄弟，那他们必定会联合起来共同抵抗。如果我们故意放松一下，停止进军辽东，让他们相互火拼，公孙康就会杀二袁，向我们送人情。"

曹操就这样除掉了他的两个敌手。在袁氏兄弟和公孙康争斗之时，他只是扮演了一个旁观者的角色。

曹操使用的谋略，就是"隔岸观火"。"隔岸观火"计起源于《孙子兵法·军争篇》中的"以治待乱，以静待哗"。计名原意为，隔着河观看人家起火，等待机会牟利。

因此，这一计策的诀窍是：敌方众叛亲离、秩序混乱之时，我方便静观其变。敌方穷凶极恶，反目仇杀，势必自取灭亡。我方可顺应敌情变化做好准备，见机行事，从中取胜。

【原文】

阳乘序乱，阴以待逆[1]。暴戾恣睢[2]，其势自毙。顺以动豫，豫顺以动[3]。

【注释】

[1]阳、阴：指敌我双方两种势力。乘，分崩离析。逆，混乱，暴乱。

[2]暴戾恣睢：穷凶极恶。

[3]顺以动豫，豫顺以动：语出《易·豫·彖》："豫，刚应而志行，顺以动豫，豫顺以动。故天地如之，而况建侯行师乎？"豫即豫卦，豫卦的意思是顺时而动，正因为豫卦之意是顺时而动，所以天地就能随和其意，做事就顺当自然。

【译文】

当敌方的内部矛盾丛生，漫无统制，我方就静等其变。不久，对方势必互相反目、厮杀，注定走上自灭之路。这一切我方只须站在高处，静观动态。

【古今中外著名典例】

苏代"点火"退秦兵

战国后期，秦将武安君白起在长平一战中，全歼赵军 40 万，赵国国内一片恐慌。白起乘胜连攻下赵国 17 城，直逼赵国国都邯郸，赵国指日可破。

赵国情势危急，平原君的门客苏代向赵王献计，愿意冒险赴秦，以救燃眉。赵王与群臣商议，决定依计而行。

于是，苏代带着厚礼到咸阳，拜见应侯范雎。范雎请他上座，问道："先生来咸阳有何贵干？"苏代答："我此番是为应侯而来。"范雎一提神，道："愿意请教。"苏代说："长平一战，武安君大胜赵军，今又发兵攻赵邯郸，你可知道？"范雎说："已知。"苏代道："武安君用兵如神，身为秦将，已

收夺 70 余城,斩首近百万。今番围攻邯郸,眼看着赵国必亡了。这样下去,秦国成就帝业之日,已不远矣。到那时,武安君白起,自然是头号功臣,犹如商朝的伊尹,周朝的吕望那样。应侯现在的地位在他之上,到那时,就不得不居其下了。"一席话说得范雎愣了半晌,问道:"那么,依先生之见,该怎么办呢?"苏代说:"应侯可向秦王建议,让赵国割地求和。如能成功,那就是应侯的功劳了。这样,解除了武安君的兵权,应侯您现在的地位就稳如泰山了。"

听了苏代一席话,范雎心中大喜,次日便上奏秦王:"秦兵劳苦日久,需要修整,不如暂时宣谕息兵,允许赵国割地求和。"秦王果然同意。结果,赵国献出 6 城,两国罢兵。

白起突然被召班师,心中不快,后来知道是应侯范雎的建议,也无可奈何。

两年后,秦王又发兵攻赵,白起正在生病,改派王陵率 10 万大军前往。这时赵国已起用老将廉颇,设防甚严,秦军久攻不下。秦王大怒,决定让白起挂帅出征。白起说:"赵国统帅廉颇,精通战略,不是当年的赵括可比;再说,两国已经议和,现在进攻,会失信于诸侯。因此,这次出兵,恐难取胜。"秦王说:"除了白起,难道秦国就无将了吗?"于是,又派王陵攻打邯郸,五月不下。秦王又命令白起挂帅出兵,白起伪装病重,拒不受命。秦王怒不可遏,把他削去官职,贬为士兵,迁到阴密,立即赶出咸阳城。这时,范雎对秦王说:"白起心怀怨恨,如若让他跑到别的国家去,肯定是秦国的祸害。"秦王一听,马上派人赐白起以利剑,令其自裁。使者即传秦王命。武安君持剑在手,仰天叹道:"武安君何罪,至此下场! 可是,长平一战,我诈坑赵兵 40 万,一夜之间皆死于非命,他们又有何罪呢? 我是该死啊!"说罢,就自刎而亡。可怜为秦国立下汗马功劳的白起,落得这个下场。

当白起围攻邯郸时,秦国国内本无"火",可是苏代"点燃"范雎的妒忌之"火",制造秦国内乱,文武失和。赵国则"隔岸观火",使自己免遭灭亡。

"隔岸观火"之计可引申为:当竞争双方因矛盾激化,而秩序混乱时,自己不卷入其中,而是静观其变。竞争越激烈,对双方越不利。自己要根据形势的发展做好准备,相机行事,以坐收渔人之利。

秦惠王坐山观虎斗

隔岸观火，意同"坐山观虎斗"，使用的正确方法是静止不动，让他们互相残杀，力量削弱，甚至自行瓦解。

战国时期，韩、魏两国连年交战不止。秦惠王想介入，大臣们有的赞成，有的反对，惠王也拿不定主意。这时，正巧陈轸来到秦国，秦惠王便向陈轸请教。陈轸想了一下，说："大王知不知道卞庄子刺虎的故事？"秦惠王说："寡人不知，先生请说。"陈轸说："有一次，卞庄子发现两只老虎在争相撕食一头牛。他抽出宝剑想去刺虎。一个童仆阻止了他，说：'两只老虎正在吃牛，尝出美味来就一定要争夺，争夺就一定要互相厮杀，结果是力气大的老虎受伤，力气小的老虎死亡。然后你再去追赶受伤的老虎，把它刺死。这样，你就可以一举而获得两只老虎了。'卞庄子认为童仆的话有道理，便站在那里等待老虎争斗。过了一会儿，两只老虎果然厮打起来，力气大的老虎受了伤，力气小的被咬死了。卞庄子追赶受伤的老虎，终于刺死了它。韩魏两国长年相互争战，这样卞去，迟早是强国受损，弱国失败。而后大王再出兵进攻受损之国，这样，就可以像卞庄子刺虎那样，一举而从两国得到好处。大王您不会有不同的看法吧？"惠王说："好！"于是，他继续缓兵待机，坐山观虎斗，后来果然魏国受损，韩国失败。秦国发兵进攻魏国，取得大胜。

孙子兵法·三十六计

隔岸观火要根据具体情况运用，观并不等于消极的观，除了观之外，还要想办法让火烧得更大，甚至还要趁火打劫，从中渔利。

淳于髡劝齐宣王

齐国准备攻打魏国，学者淳于髡对齐宣王说："韩子卢是天下跑得最快的狗，东郭逡是海内最敏捷的兔子。韩子卢追逐东郭逡，围着山跑了三圈，腾越山五次，兔子在前面尽力地跑，狗在后面拼命地追，狗和兔子筋疲力尽，都倒下死了。农夫见了，毫不费力地得到它们。现在齐国和魏国长久相持不下，两国军队劳顿，百姓疲困，我恐怕强大的秦国和楚国紧随其后，像农夫那样得益。"

齐王害怕了，收兵还将，不再伐魏了。

第十计　笑里藏刀

【计谋精解】

内藏杀机,外示柔和,以友好的表现使对手放松警惕,暗中策划,充分准备,伺机行动,致敌于死命。

唐朝宰相李林甫,待人接物笑容可掬,总是一副温和、谦恭的面孔,然而内心却阴险毒辣,谁不顺他的心,就要遭到陷害。他因此有"口蜜腹剑"、"笑里藏刀"之称,是历史上最擅长施展此计的奸臣。

"笑里藏刀"计借用到军事上,就成为表面上使局势缓和,欺骗麻痹敌人,暗地里伺机而动,致敌于死命的谋略。它的诀窍

是：使敌人轻信而安然不动，我方则暗中策划，做好准备，后发制人，不使敌方得以应变，就是暗怀杀机、外示和柔的计策。

公元前3世纪，燕国进攻齐国，并占领了齐国17座城池，仅有两座城尚未攻克，其中之一就是即墨。即墨守城大夫出城战死，田单替之。他利用燕惠王和燕军统帅乐毅的不和，挑拨离间，最后使燕惠王下令召回乐毅。随后，田单又设下诈降计诱骗燕军。他将城中老弱病残，包括妇女全集中在城头上，派使者前去与燕军接洽投降之事。燕军士兵得知消息后，爆发出阵阵欢呼声。田单又从百姓中收集了黄金千镒，将其与一封即墨富户写的信送交燕军将领。

信中写道：我们将准备投降，唯一的愿望是你们不要抓走我们家中的妻儿老小。燕将看完大喜，答应了这个请求。为此，燕军更加松懈。田单抓住时机，突然出城向燕军发动猛烈袭击。这一战以燕军大败而告终。

田单使用的计策，正是"信而安之，阴以图之"的"笑里藏刀"之计。

【原文】

信而安之,阴以图之[1]。备而后动,勿使有变[2]。刚中柔外也[3]。

【注释】

[1]信:使……相信。阴,暗地里。图,图谋。

[2]备:准备。变,指发生意外的变化。

[3]刚中柔外也:表面上软弱,内里却很强硬。即外柔内刚。

【译文】

先向敌方示好,解除敌方戒心之后,暗中策划打倒对方的计略。充分准备后才起而行动,这之前,不能让对方看出我方的意图。也就是暗藏匕首,表面上却故作微笑的策略。

【古今中外著名典例】

临危不乱的曹玮

宋朝有一位叫曹玮的将领,驻守渭州,负责监督西夏的动静。由于他军令如山,纪律严明,西夏非常怕他。

某日曹玮召集军官,大开酒宴,突然接到数千士兵叛逃西夏的消息,军官们一时惊慌无措。只有曹玮仍然不改谈笑风生的态度,以轻松的口气说:"他们是遵照我的命令行动的,大家无须惊慌。"

西夏听到这个传闻,以为宋军的逃兵意在诈降,其中必有陷阱,乃将他们全部杀光。

临危犹能如此从容地运用"笑里藏刀"之计,领导者就是要具备这种应变能力。

施滔芬贝格藏"刀"

一天，从柏林希特勒的元首大本营会议室里，传出一声惊天动地的巨响，刹那间，会议室里一百多块玻璃被震碎，浓密的黄色烟雾笼罩了会议室的上空，正在会议室主持军事会议的法西斯头子希特勒及参加会议的24名德国高级军官，全部被炸弹爆炸的气流掀翻在地上。这是第二次世界大战后期，最惊险的一次谋杀希特勒的行动。

这次谋杀行动的策划和实施者不是别人，而是一名积极为希特勒"效力"的37岁的受勋军官，希特勒的柏林陆军部办公室参谋长施滔芬贝格。

随着盟军诺曼底战役的胜利，希特勒败局已定，德军内部厌战、反战情绪急剧蔓延，就连为希特勒立过汗马功劳的"沙漠之狐"隆美尔元帅也主张早日结束战争，以免无谓牺牲。可是，希特勒一意孤行，妄想挽回败局。

这时，在战争中失去了一只眼睛和一只胳膊的施滔芬贝格，利用职务之便，联络了一批渴望早日结束战争的军官，决心谋杀希特勒，并准备接管德国政府。

希特勒一向奸诈多疑，他所居住的元首山庄，平时总是戒备森严，岗哨林立，根本就没有办法下手行刺。要达到谋杀希特勒的目的，关键是怎样接近希特勒，并能够得到下手的机会。施滔芬贝格设想了许多办法，但都未能得手。最后他决定，投其所好，设法接近希特勒，取得他的信任后，再图谋行刺。

机会终于来了，关在集中营里的成千上万的外国劳工，举行大暴动，对此希特勒束手无策，大伤脑筋。施滔芬贝格认为这是接近希特勒的大好时机。于是，就连夜制定了一个用以镇压外国劳工的庞大计划的纲要，代号为"女武神"，并立即报告给希特勒。他相信，为了这个重要的计划，希特勒定会召见他。

果不出所料，一天，元首山庄打来电话，要他立即进见。

"元首万岁！"施滔芬贝格一进门就用他那仅剩的一只胳膊向希特勒敬了一个标准的纳粹礼。"请坐。"希特勒向他胸前的勋章和那只空袖管

瞥了一眼,接着说:"我的勇士,你对镇压那些蚂蚁似的犹太人有何高见?"

"元首阁下,全部计划纲要都在这里,我相信按我的计划办理,那些外国猪猡一个个都会变得比绵羊还老实。"施滔芬贝格急忙递上他的"杰作"。

"啊,非常出色,特别出色!"希特勒一边用放大镜看着,一连禁不住激动起来。

见此情景,施滔芬贝格立即接上话题说:"元首阁下,这个计划还不大完善,请允许我进一步修改后再向您汇报。我还没有完全想好,究竟怎么处罚那些参加暴动的人们,要是统统枪毙,人数太多,恐怕会使我们的军工生产受到影响,另外……"

"很好,你尽快去修改,必须在一个月之内,拿出具体方案。"希特勒看着这个为他的战争献出了一只眼睛和一只胳膊的年轻军官,现在又在为他分忧解难了,心中不免产生了几分喜欢。临走时,还很关心地询问了他原来所在的部队及受伤的情况。

出师顺利,施滔芬贝格加紧了谋杀计划的实施。

一个月之后,他再次向希特勒汇报工作。这一次,在他的公文包里,除了装有"女武神"计划的详细方案之外,还装了一枚英国制造的大威力的定时炸弹。希特勒非常热情地接待了他,再一次肯定他的方案"特别出色"。他装出受宠若惊的样子,一再谦虚地说:"请元首指正","再进行修改"。正当他准备引爆炸弹时,一个偶然的因素,使他放弃了行动。原来,希特勒的两个死党戈林和希姆莱都是十足的战争贩子,希特勒之所以顽固坚持不结束战争,多半由于这两个"铁杆"给他打气,这三个人又经常在一起策划战争阴谋,施滔芬贝格一直想把他们三人同时炸死,以彻底铲除希特勒的主战派势力。很不凑巧,当时,另外两个人却不在场,所以,施滔芬贝格这次就没有引爆炸弹,给希特勒留下了一次活命的机会。

又过了半个月,机会再一次来了。这次是希特勒召见"女武神"计划的全体设计人员,可惜,因为会议时间太短,前后总计只有半个小时,他还没有机会打开引线,会议就结束了。

一天,施滔芬贝格被通知参加元首大本营由希特勒主持的军事会议。这次他做好了充分的准备。他先到厕所,从事先等候在那里的他的副官

手中取回装有炸弹的公文包,然后,对一位副官说:"我的衬衣脏了,你知道,元首阁下是不愿意见到他的部下衣冠不整的,请你带我找个地方,换换衬衣。"副官把他领到一间舒适的卧室,他从容地打开炸弹引线,然后,同一名上校一边谈笑着,一边并排走进会议室。门口的卫兵不仅没有检查他的公文包,反而还向他这位独眼独臂的军官立正敬礼。

一进会议室,希特勒正在听取一位军官的汇报,见他进来,看了他一眼,并很客气地回答了他的问候。他立即坐在向希特勒汇报情况的那位军官身边,同时,很自然地把公文包放在了桌子下,并顺势向希特勒一边推了推。炸弹距希特勒最多只有两米,此时,距爆炸时间还有5分钟。眼看大功就要告成,施滔芬贝格强压住内心的紧张和激动,趁希特勒专心听汇报而不注意他的时候,悄悄地离开了会议室,按照事先预定的路线,顺利地撤出了大本营。

5分钟后,一声巨响,炸弹按时爆炸。遗憾的是没有炸死希特勒,但他的双腿却被炸伤。原因是那位汇报情况的军官,无意中把公文包挪到桌子的另一边,才使希特勒再一次免遭一死。

施滔芬贝格运用投其所好,取其信任,诱敌上钩的计谋,一次又一次地获得暗杀希特勒的机会,虽然最终因为偶然的因素没能达到预计目的,但是,这次行动本身无疑是"笑里藏刀"之计的成功的体现。而且,在希特勒被炸之后,仍然不相信炸弹是"忠心耿耿"为他"效力"的施滔芬贝格放的,却以为是外国劳工干的,可见这一计谋的威力所在。

第十一计　李代桃僵

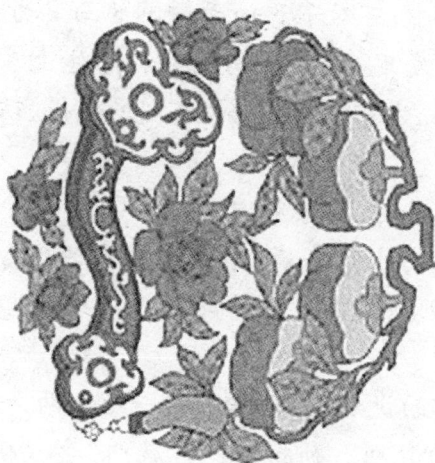

【计谋精解】

　　舍卒保车,弃车保帅,吃小亏赚大便宜。竞争是实力和智力的较量,实力居劣势的一方依靠智力的作用可以反败为胜。

　　"李代桃僵"这句成语出自古代的乐府诗《鸡鸣》:"桃生露井上,李树生桃旁,虫来啮桃根,李树代桃僵,树木身相代,兄弟不相忘。"意思是说:桃树李树长在一起,小虫本来要咬桃树的根,结果咬李树,李树就代替桃树枯死了。后来,这句话被人用来比喻以此代彼,代罪羔羊的替死鬼或冒充的替身。

　　我国古代的程婴牺牲自己的孩子救赵氏孤儿,伍子胥过昭

287

关以皇甫讷冒充自己，纪信代汉王刘邦被项羽烧死等等故事，史书上不胜枚举，都是标准的"李代桃僵"。

战国时期，齐国大将田忌经常和齐威王及王子们举行赛马活动。田忌总是输得多，赢得少。一天，孙膑陪他去赛马。孙膑知道田忌的马与王子们的马各按速度分成上、中、下三等。比赛时，上对上，中对中，下对下。由于田忌的马实力不如人家，所以总是输。孙膑又发现，田忌的马虽然在总体上多劣于王子们的马，但各等马的足力相差并不多，只要策略得当，完全可以赢得比赛。

等到下次赛马时，孙膑对田忌说："今天赛马，第一场先用您的下等马跟大王的上等马赛；第二场用您的上等马跟他的中等马赛；第三场再用您的中等马跟他的下等马赛。这样，准能胜利。"

田忌照孙膑的说法去做，结果输一场赢两场，以小的代价换取了全场比赛的胜利。孙膑这一计就叫"李代桃僵"。"李代桃僵"又是以小的代价换取全局胜利的谋略的名称。

【原文】

势必有损[1]，损阴以益阳[2]。

【注释】

[1]势：局势。损：损失。

[2]阴：指局部利益。阳：指全局利益。

【译文】

随着战局的进展，有时候难免蒙受损害。那时候必须设法以局部的损害换取大局的胜利。

【古今中外著名典例】

完子舍身保齐国

春秋末期，齐国大夫田成子独揽了齐国大权，当时，齐国正面临内外交困的形势，内部百姓怨气很大，外部诸侯不服。田成子因上台的"名分不正"，所以，对此一直苦无良策。

祸不单行，赵国借口说他篡权谋位，出兵攻打齐国。田成子一看慌了手脚，急忙召集幕僚商量对策。有的说："赵国来犯，实属欺人太甚，我国兵力虽不如赵国强大，但可以动员全国军民，共同抗敌。"有的说："时下国内人心浮动，许多臣民还没有来得及享受到大王的恩惠。如果倾城出动，恐怕难得民心，难以服众。"有的建议："大王何不效仿他国，割让几个城池给赵国，或可免动干戈。"争来争去，田成子都觉得不是破敌之良策。他心中琢磨：倾城出动迎敌，不仅耗费国力太大，而且仅靠一批善战勇士带领老百姓去打仗，不一定能获胜，现在自己地位又不太稳定，闹不好还会出现反戈一击的局面。割让城池亦非上策，自己刚刚掌权，就舍城丢地，将来难以建立威望，后患无穷。

正当他冥思苦想之时，他的哥哥完子向他献计说："我请求大王准我率领一批贤良之臣，出城迎敌，迎敌一定要真打，打而一定要败，不仅战

败,而且一定要全部战死。这样,则可退赵兵,保全国家。"此言一出,满坐皆惊,田成子不解地问:"出城交战似可准许,只是交战一定要败,还要败而战死,这我就不明白了,请问,何故如此呢?"完子从容地回答:"王弟现在占据齐国,老百姓还不了解你的治国本领,没有看到你的政绩,有的私下里议论纷纷,说你是窃国之盗,不一定愿意为你打仗。现在,赵国来犯,而贤良之中又有不少骁勇善战之臣,认为我们蒙受了耻辱,急于出兵迎战。在我看来,出现这样的情况,我们齐国已经很令人忧虑了。""王兄所言极是,可为什么非得你去主动战死,才能保全国家呢?难道就没有别的更好的办法吗?"田成子对仁慈而又勇敢的哥哥仍然不得其解。完子说:"赵国出兵无非是要在诸侯面前抖抖威风,捞个正义的名声,况且,以它现在的实力,完全吞并我们还不可能。我带领一批贤良之士,出兵迎敌,战而败,败而死,这叫以身殉道,赵国一看杀死了大王的兄长,'教训'我国的目的也就达到了。而随我战死的那些人,也为国尽了忠心。这样一来,国内的人心也就稳定了。所以,依我看,这是唯一的救国之道了。"

　　田成子边听边流泪,只好听从兄长的建议,哭着为他送别。果然,完子以身殉道,救了齐国。由此可见,完子正是在权衡了各方面的利弊之后,果断地做出以己之死而保全国家的决定,李代桃僵,使齐国得以安定。

孙膑李代桃僵转败为胜

战国时期，齐国的大将田忌对孙膑很是敬重，大小事宜都同他商量。

齐国君臣喜欢赛马取乐。有一次，田忌与齐威王赛马，他们将马分为上、中、下三等依次比赛。田忌的马在三场比赛中都输了。在一边观察的的孙膑看到田忌的马与齐威王的马在同一等次里足力相差并不远，速度也慢不了多少，只要策略得当，完全可以稳操胜券。

比赛结束后，孙膑对田忌说："在下次的比赛中，我可以帮你取胜。"田忌十分相信孙膑，笑着说："先生如果能使我获胜，我就当面约齐威王，下千金赌注和他比赛。"孙膑回答道："行啊，您放心去吧。"

果然，田忌兴冲冲地邀请齐威王赛马，并且约定以千金作赌注，齐威王感到很诧异，说："你的马一直都不是我的马的对手，你现在怎么敢以千金作赌注？"然后欣然同意。

比赛当天，赛马场旗帜招展，满朝文武官员都到了，也吸引了众多的百姓前来观看。

临比赛时，孙膑对田忌说："请用您的下等马同大王的上等马比赛，然后用您的上等马同他的中等马比赛，最后，用您的中等马去跟他的下等马比赛。这样，第一场比赛，您会输，但是，接下来的比赛，您肯定会赢，三场两胜，这就是我们的对策。"田忌一听，高兴万分，赶紧依计行事，命骑手用金马鞍把下等马装饰起来，充作上等马，与齐威王赛第一场。

第一场比赛开始。只见齐威王的金鞍马如箭离弦，一直冲在最前面，而田忌的马却远远地落在后面，齐威王见此情景，开怀大笑，心想，田忌输定了。田忌不气馁，慢慢地对齐威王说："输了一场还未见胜败。如果我三场皆输，那时再笑我也不迟。"

接着，田忌又与齐威王比赛了第二场，马蹄嘚嘚尘土飞扬。在一片喝彩声中，田忌的马神奇地冲在前面，第二场田忌的马赢。

第三场，出现了同样的情况，田忌的马冲在前面，又赢得了比赛。

此时金鼓齐鸣，全场欢呼雀跃，兴味不尽，而齐威王却目瞪口呆。

田忌笑着对齐威王说："今日，臣能获胜，并不是因为马力增加，而是国师孙膑的妙策。"于是把孙膑的对策一一告诉了齐威王。孙膑的"李代桃僵"对策果然大显神威。

孙子兵法·三十六计

程婴保孤存赵

　　春秋战国时期,晋国的屠岸贾攻赵氏于下宫,杀了赵朔、赵同、赵括,灭了赵氏家族。赵朔之妻是晋成公之姐,有遗腹子,逃入成公宫中藏匿,没多久生下一个男婴。屠岸贾听说之后,在宫中搜索。赵夫人将儿子放在木盒之中,祈祷着:"你如果哭出声,赵嗣就完了;如果你不出声,赵嗣就保全了。"等到被搜索的时候,婴儿竟然未发出声音。

　　逃脱之后,原赵朔的门下客公孙杵臼问程婴说:"保存赵家孤儿与牺牲性命相比,哪一项更难?"程婴说:"牺牲性命较容易,保存孤儿较难。"公孙杵臼说:"那难的给你办,容易的由我来。"于是就找来别人家的婴儿,包上褓褓,躲入山中。后来程婴向将领们假称说:"谁能给我千金黄金,我就告诉他赵氏孤儿在哪里。"将领们很高兴地答应了,并带领部队随着程婴攻打公孙杵臼。公孙杵臼假称说:"小人啊!程婴。以前不能为下宫之难牺牲,却又与我共谋藏匿赵氏孤儿。如今纵使不能抚养他,难道忍心出卖他吗?"于是抱着婴儿,叫喊着说:"天啊!天啊!赵氏孤儿何罪,请让他活下去,就只杀我公孙杵臼吧!"将领们不肯,就杀了公孙杵臼和孤儿,却不知道真正的孤儿还活着。

　　程婴带着孤儿,一起藏匿在山中,一住就是十五年。后来晋景公生病,经过卜筮,认为是在事变之后不顺者作祟。景公就问韩厥,韩厥知道赵氏孤儿仍在,就说:"事变之后,只有赵氏宗族被灭,国人哀痛,所以征兆显现在龟策上,请国君想想办法。"景公于是召见赵武(赵氏孤儿)、程婴,要他们拜请将领们。将领们于是回过头来攻击屠岸贾,并灭了他的家族。景公也让赵武恢复了原有的田邑。

第十二计 顺手牵羊

【计谋精解】

　　"勿以利小而不得,勿以胜小而不取。"要每利必得,每战必胜。社会竞争,机会极其重要,"机不可失,时不再来"。要制敌取胜,须善于"牵"住从身边一掠而过的每一只"羊"——机会。

　　"顺手牵羊"计即创造和捕捉战机的谋略。

　　公元前354年,魏惠王打算进攻北面的赵国。他派遣了一支由庞涓指挥的精锐部队向赵国杀去。庞涓没费多大力气就杀到了赵国都城邯郸城下,并将城包围。赵王无力应战,只好派人向实力雄厚的楚国求救。对是否答应赵国的请求,楚王有些犹豫不决,于是他召集谋士们商议。楚相昭奚恤反对出兵,他认为

293

应当听凭魏赵交战，两败俱伤，楚国就可以"坐山观虎斗"，坐收渔人之利了。只有景舍反对这样做，他提出了一个以救赵为名来削弱赵魏实力，并顺手牵羊，为楚国谋取利益的计划。楚王对这一计划十分赞赏，遂任景舍为帅，带领一支人数不多的军队，以救赵为借口，跨过赵、楚之间的国界，进入赵国。

赵国大将马上将楚国来救的消息通告了手下守都城的士兵们。但这一切都没能阻止庞涓的进攻。围城七月之后，庞涓终于攻克了邯郸。可就在这一时刻，传来了齐国派了一支军队直趋魏国都城大梁的消息。庞涓得知这一消息后，马上从赵国撤兵回国。就在半路上，齐军"以逸待劳"，把庞涓率领的魏军打得大败。

魏国和赵国都在战争中遭受了重创，这对楚国是最好的时机，景舍遂抓住这一时机，率领小部队占领了赵国南部的一部分疆土。他的"顺手牵羊"之计也就大功告成了。

赵国的求援，给了楚国派兵进入赵国的机会，进入赵国之后，又抓住有利时机，不费吹灰之力就占领了赵国的部分疆土，这疆土就是被牵之"羊"。

"顺手牵羊"的意义，是叫人们不要把全部注意力都集中在一件事情上，而要把视野放得宽一些，这样就能充分了解并利用客观反映出来的获利可能性。

【原文】

微隙在所必乘。微利在所必得[1]。少阴,少阳[2]。

【注释】

[1]微隙:指微不足道的间隙。微利:微小的利益。

[2]阴:这时指疏忽、过失;阳:指胜利、成就。

【译文】

一旦发现有机可乘时,不论多小的机会,也要立刻抓住。一旦发现有利可图时,不论多薄的利益,也要毫不犹豫地拿到手。不论对方出了多么微小的差错,只要趁机进攻,就能更接近成功。

【古今中外著名典例】

崔杼计除齐庄公

在春秋时代有过运用"顺手牵羊"计而成功的,那是"崔杼杀齐王"的故事。

崔杼因迎立齐庄公有功,被封为上卿,执掌国政。庄公经常到他府上饮酒作乐,毫无拘谨,俨如家人。

一日,庄公饮了两杯,见崔杼因事外出,乘机把崔杼的继室棠姜诱奸了。此事渐为崔杼发觉,乃严诘妻子,她却供认不讳,且说:"庄公身为国君,他恃势威胁,我这个女流有什么能力抗拒呢?"

"但你亦应该及早告诉我呀!"崔杼怒气冲冲地说。

"唉!"棠姜叹了口气,悲伤地说,"我知道这件事做错了,但既已成为事实,说来又有什么用呢? 若告诉你,你当然会发火,万一给他知道,必先向你下毒手,唉! 错就错在当初不该把他引上门来!"

从此以后，崔杼严加防范，不使庄公与棠姜有接近的机会，且暗里要谋害庄公。

庄公有一位内臣叫贾竖，因一点小过失就被庄公罚打了一百下屁股，心常忿詈，不时口出怨言。崔杼知道了，便以重金去收买他，让他做个内线，随时报告庄公的一举一动。

不久，莒国黎比公来齐朝见，庄公大喜，特在北郊设宴招待，崔杼的府第也正在北郊。

崔杼得知这个消息，已想到庄公的用意了，便诈病起来，不去陪宴，一面派心腹贾竖去探消息，贾竖回报说庄公在宴后要去探崔杼相国的病。

"嘿！老淫虫哪会关心到我？关心我的老婆是真。"崔杼冷笑一声，喃喃自语地说。

然后他又立即对棠姜说："今晚要解决那个昏君淫王，你一定要按我的话去做！事成，立你为室，不然的话，我先宰了你！"

"妇人家是从夫的，何况这样也可以替我报仇，只要你叫我怎样我便怎样！"

"好！"崔杼在她耳底教她如何如何，这般这般。

接着动员家族兵丁埋伏在室门内外，再派心腹通知贾竖，需要如此这般，安排好香饵，等候金鱼来上钩。

庄公是一心想着棠姜的，今见崔杼患病，正中下怀，匆匆地开罢宴会，即命驾到崔府来。

"相国的病怎样了？"庄公一入门就这样问。

"启奏我王，相国的病非常严重，现在刚吃过药，蒙头睡觉。"守门的这般说。

"睡在什么地方？"庄公再问。

"睡在东边的外厅。"

庄公大喜，径直向西厢的内室走去。他的四位保镖也想跟进去，却被贾竖挡住。他说："主上有事，你们也要随同而去？还是在外厅等候吧！"

大家相信他的话，便停在门外，只有贾竖一人跟进去，门也随即关了起来。

进了内室，棠姜出来迎接，她此时打扮得格外漂亮，庄公一见，便如饿

虎擒羊一样,想把她搂过来。可是,有侍婢出来,告诉棠姜,说相国嚷着口渴,请夫人调蜜汤送过去。

棠姜向庄公抛了一个媚眼,转身离开了,贾竖也乘机托词离开。

一会儿,伏兵齐起,挥剑呐喊,这才把庄公吓醒,情知有变,急趋后门逃避,但门已上锁。庄公力大,把门踢开,走上小楼里,伏兵把楼团团围住,声声只叫:"奉相国之命,捉拿淫贼!"

庄公见无法突围,乃凭窗对甲兵说:"我是国君,你们不得无礼。崔相国何在? 我要跟他当面说话!"

"相国有病不能来。"

庄公见此情形,知已无转回余地,黯然请求:"我知道你们一定要我的命,但可否让我回去到太庙里自尽呢?"差不多哭出声来。

"还是即时自己解决吧,免得受辱!"

庄公突然从窗口跳出来,想爬墙逃走,一支冷箭射过来,伤了左脚,他从墙上坠下。

兵士们一齐拥上去,把庄公剁成肉酱。随同庄公而来的四位勇士,也在前厅被伏兵杀死。

作战未胜,顺"便"牵宝

19世纪初期,一个晴朗的夏日,一支强大的英国舰队,突然出现在西班牙的加的斯港。这支舰队的作战企图是为了夺取这个港口,控制地中海的入口处。

指挥这支舰队的是大英帝国国王威廉三世派遣的奥德蒙公爵和乔治·鲁克爵士。这支庞大的舰队临近港口时,由于敌情不明,两个指挥者未敢贸然发动进攻。事实上,当地守军并没有太坚固的防御,如果英国舰队发动突然进攻的话,则可一举拿下港口,夺取制高点,轻而易举地获胜。然而,舰队的两位指挥者都是贵族出身,平时吃喝玩乐在行,而打起仗来却没有多少计谋。

乔治爵士倒还有些主见,说:"国王这次命你我远征,我们应该尽快解决战斗,突然占领港口,这样才能有立足之地。否则,舰队的水和食品用完了怎么办?"他主张立即进攻。

而奥德蒙公爵却说:"我看,还是稳一点为好,我们远道而来,是为了占领这个港口,不是打一仗就走。要是贸然行动,导致全军覆没,国王一定会怪罪你我,革去爵位事小,丢了性命可就不值得了。"

乔治爵士听他这么一说,也觉得负不起责任,问:"你说该怎么办呢?"

"命令水兵乘小船分批登陆,抢占滩头阵地,夺取要塞,逐步占领港口!"奥德蒙公爵主意十分坚定。

一声令下,士兵们纷纷跳上小船,向滩头发起冲锋。开始十分顺利,基本没有遇到抵抗。英军以为当地守军被吓破了胆,不敢抗击了。

实际上,英军的作战企图一开始就被西班牙人识破了,他们火速调集兵力,调整部署。但是,由于当地兵力不足,暂时没有进行大规模的抵抗。

英军进攻顺利,得意忘形,一路见人就杀,见东西就抢,就连教堂也不放在眼里,纵火便烧。这种烧杀抢掠、亵渎神明的行为大大地激起了当地民众的强烈反抗,老百姓纷纷起来用自制武器对抗英军。英军则陷入了"人民战争的汪洋大海之中"。

奥德蒙公爵和乔治爵士指挥作战不力,缺乏统一计划,使得英军一遭

到抵抗,便乱了阵脚。西班牙守军则借机从容地加强了防卫。

战斗持续了近一个月,英军发动多次进攻都没能拿下港口。眼看着食品和淡水快要用完了,奥德蒙公爵和乔治爵士非常沮丧。

"再打下去我们可支撑不住了,还不如收兵回国吧!保存一点兵力也好向国王交代。"乔治爵士建议。

"只有这样了,让各舰清点人员和食品及淡水储备量,计划好每天的消耗,我们起程吧。"奥德蒙公爵最后下了决心。

舰队正准备掉头返航时,两位指挥官突然接到一份报告:"一批西班牙运宝船,刚刚停靠在离加的斯港不远的比戈湾。"

一听有运宝之船,奥德蒙公爵和乔治爵士顿时来了精神。公爵说:"感谢万能的上帝,我们发财的机会来了!远洋出征这么长时间,一无所获,若能抢得这批宝物,大家发财不说,回去在国王面前也好说话了。"

爵士接过话来说:"登陆作战我们没有经验,在海上攻击不一定不行,况且,对手是运送宝物的商船,没有什么防卫力量,这真是上帝赐予我们的报仇之机会呀!"打败仗的时候,他们埋怨上帝,此时,他们又都开始赞美上帝了。

"目标比戈湾,全速前进!击沉宝船,人人有份!"这回奥德蒙公爵的命令充满了自信心。

水兵们在黄金宝物的刺激下,对比戈湾运宝船队进行了疯狂的袭击,将所有船只全部击沉、烧毁、俘获。同时,劫得价值100万英磅的宝物。

回到国内,奥德蒙公爵和乔治爵士添油加醋地向威廉三世报告一番顺手牵羊的"战况",同时交出了部分抢到的宝物。

威廉三世高兴之下,不仅没有对二人治罪,反而还大大地表扬了一番。

"顺手牵羊"的意义,是让人们不要把全部注意力都集中在一件事情上,而要把视野放得宽一些,这样就能充分地了解和利用客观反映出来的获利的可能性。

此计在商战中可以引申为,竞争对手有微小的漏洞,市场上出现微小的机会,必须乘机利用;发现微小的利益,必须力争得到。变对方微小的疏忽,为我方点滴的成功。

古人说得好:"河海不拒细流,故能成其大;泰山不辞土壤,故能成其

高。"历史上无数的企业家,都是从小处着手,积少成多,积小利为大利,积小胜为大胜,一点一滴地筑成了事业的大厦。

　　"顺手牵羊"之计,胜利者固然可用,遭遇挫折,经受打击,一时失败者也可用之。

第十三计　打草惊蛇

【计谋精解】

　　《南唐近事》中记载着这样一个典故：唐朝有个叫王鲁的人任当涂（今安徽当涂）县令。他生性爱财，贪污受贿，手下的衙吏们也跟着效法，索取贿赂。百姓们怨声载道，苦不堪言。

　　有一天，王鲁得知上司要来察访民情，整肃吏治，不禁担忧起自己头上的乌纱帽来。他在批阅公文当中，正好看到本县百

姓联名告发他的主簿受贿的一叠状子,更是忧上加忧,神情恍惚。忧虑之中,他不由自主地在一张状子上批了八个字:"汝虽打草,吾已惊蛇。"

后人将这个故事归纳为"打草惊蛇",用作成语比喻行动不谨慎,使对方事先有所察觉;用作计谋则反其意而用之,字面意义为,用打草这一小行动,使隐蔽的蛇惊动而暴露。

也就是说,无意识地打草惊蛇,会使对手有所警觉,预作防范;而有意识地打草惊蛇,却可以促使对手惊慌失措,显露原形。

因此,打草惊蛇之计,便是通过侦察性的佯动,逼迫隐藏着的对手显露原形的谋略。它的诀窍是:对可疑的地方要侦察实情,在完全掌握情况之后才采取行动。反复察明情况,是发现隐秘敌情的重要手段。

"打草",比喻佯动、探路等试探性动作;"惊蛇",是敌人因我"打草"而暴露隐秘的情况。而广义地理解,有"观彼动静而后举焉"的意思,就是要充分了解敌情后才能采取行动。因此,"打草惊蛇"计是侦察敌情的谋略。

《孙子兵法·虚实篇》中说:"作之而知动静之理,形之而知死生之地,角之而知有余不足之处。"大意是:用行动来了解动与静的道理,用示形诱敌来摸清地形的有利和不利之处,用小的战斗测验自己的长处和短处。这段话正说出了"打草惊蛇"计的内涵。

【原文】

疑以叩实[1]，察而后动。复者[2]，阴之谋也[3]。

【注释】

[1]叩实：叩，询问，查究。叩实，查明真实情况。

[2]复：反复。

[3]阴之谋：隐秘的计谋，不含贬义。

【译文】

敌情不明时，应侦察清楚，待掌握情况后才行动。反复侦察的目的就是为了发现隐蔽的敌人。此计亦叫"敲山震虎"。

【古今中外著名典例】

司马懿用张郃探路

当蜀丞相诸葛亮第五次出兵伐魏时，对手仍是魏军统帅司马懿。

两军在祁山长期对峙，司马懿据险固守，拒不与蜀军直接交锋。就在此时，诸葛亮获悉魏国正与东吴联合，想趁诸葛亮外出作战之机，从西面进攻蜀国。

为避免陷入两面受敌的境地，诸葛亮决定班师回蜀，这一消息被司马懿得知。

司马懿怀疑诸葛亮在使用"引蛇出洞"之计，所以不敢发兵追击蜀军。魏军大将张郃建议马上发兵追蜀军，司马懿不准。直到探子证实了诸葛亮退兵的实况，他才率领大军冲出营垒去追击蜀军。可他又怕诸葛亮半路设伏，所以决定先"打草惊蛇"。

这时，前军先锋张郃请求立即前去追击，司马懿就给了五千骑兵，要他仔细谨慎，以防埋伏，自己则率大军在后紧跟。

张郃早已按捺不住，急着与蜀军决一死战。他带领五千兵马飞驰而去。但正如司马懿所料，诸葛亮确实在一座山谷布下了伏兵。

孙子兵法·三十六计

303

有勇无谋的张郃在这道路狭窄、树木丛生的山谷中纵马狂奔。就在他奔到山谷纵深之处时，只听一声呐喊，埋伏于谷中的蜀军突然从树林后杀出，蜀将魏延截住张郃一阵厮杀，十几回合后便诈败而逃。张郃不知是计，纵兵紧追不舍。

此时天色已黑，魏军走进了一条幽深的峡谷。猛然间，四面八方滚下许多大石乱木，堵住了去路。接着，一声梆子响，两边万弩齐发，张郃及众军兵皆被射死于深谷中。

司马懿得到了消息，暗自庆幸亏得自己用了"打草惊蛇"计，让张郃去探路，否则他的大队人马就难以保全了。

苏伊士战争中的英军战略

1956 年，埃及向全世界宣布，将苏伊士运河收归国有。这个宣言引发了英、法、以三国与埃及之间的苏伊士之战。

当时，出兵干涉的英法两国，先派伞兵部队空降于苏伊士河口的波特赛得。然而，那些空降部队，事实上是木制与橡胶制的假人。

英军为什么打出这招？不用说是为了探察埃及军的防卫状况。不知情的埃及军，立刻集中炮火，猛烈攻击这些假人。

埃及的防卫机密为之曝光。

英、法联军就此掌握了埃及的火力与军队布防的实情，立刻对埃及军发动攻击，使其防备顷刻瓦解，为日后的空降、登陆战，打开了有利的局面。

在商场上进行交涉或游说时，"打草惊蛇"是很有效的武器之一。你不能只顾把自己要说的话，滔滔不绝地说出来，要使交涉进行得有利于自己，首先，必须了解对方的真意为"掌中物"。

因此，务必经由刺探，观察对方的反应，而后再拟出有效的对策。

定奇谋刘备江东招亲

"打草惊蛇"和"无中生有"的意义不同。"无中生有"是凭空制造谣言或事件；"打草惊蛇"是本来有这件事，大家不注意冷落了，而特别使之突出，骇人听闻，制造混乱局面，进一步达到"趁火打劫"的目的，这和"无中

中生有"的目的是相同的。

赤壁大战之后，诸葛亮"趁火打劫"得了荆州，周瑜来讨还时却让刘备使用眼泪政策，硬借作安身之所。周瑜是个聪明人，深知"万事可商量，唯有国土不能借"之义，已气得七窍生烟，但此时对着这个脸厚泼赖、机诈奸巧的孔明，正所谓"财入光棍手"，只有徒唤奈何，自叹倒霉罢了。

刘备的夫人死了，正在办理丧事。周瑜听此消息，便计上心来。

周瑜对鲁肃说：刘备丧妻，必然会续娶。我主公有一个妹子极其刚勇，侍婢数百，闺房里刀剑林立，像一个兵营，虽男子也及不上她。我今上书主公，派人去与刘备说亲，把他骗到这里来，幽囚软禁住，妻子不给他弄到手，然后派人去讨荆州换刘备。

鲁肃也认为这条计使得，连忙去见孙权，呈上周瑜的信，并把计划说了。孙权点头称善，乃派吕范到荆州去做媒人，务要"招郎入宅"，把刘备哄过来。

刘备知道后，忙同诸葛亮商量，说怕入赘东吴，去得返不得。

诸葛亮反而赞成他去，并分析一下局势，大讲联姻的好处。刘备决定去做"入门郎"了，带了赵云做伴郎，临行时，诸葛亮交给赵云三个锦囊，教他如此如此。

到了东吴，赵云打开第一个锦囊，看了计策，即唤随行的五百军士，一一吩咐如此如此，众军领命去了；又敦促刘备去拜谒乔国老。那乔国老是孙策和周瑜的岳父大人。

刘备送了乔国老一份厚礼，并说承孙权看重，来这里做个"入门郎"。

那五百军士这时都披红挂绿的，在城里买办喜事用的东西，扬言刘孙联姻，此一消息顷刻传遍全城。

乔国老见过刘备之后，即入宫向吴国太孙权的母亲贺喜。国太愕然，问喜从何来？

乔国老笑着说："还想瞒了我这杯喜酒？令爱孙小姐已许配了刘备，新郎已赶到这里来了。"

国太夫人大惊说："真的吗？怎么连我也不知道？"

即刻派人去打听，果然不错，全城都说及这件事。

国太怒不可遏，急忙叫人唤来孙权。

孙权见了母亲，被骂得狗血淋头，他已知弄巧成拙，为什么极端秘密

的事会家喻户晓呢？无可奈何便把骗刘备取荆州的计策坦然告知，劝母亲不要当作一回事。

"什么？"国太拍案大发雷霆，厉声骂道："你和周瑜统领六郡八十一州，竟然无一条计策去取荆州？现如今你却把我的女儿去设美人计，杀害刘备，我女儿不是做了望门寡吗？叫我怎样做人？你妹妹怎样去见人？"骂得孙权面红耳赤，呆若木鸡。

乔国老也在这里规劝，说："即使用此计取得荆州，也会被人耻笑。不如将错就错，真个把刘备招做女婿吧！刘备也算得上一位英雄呢！"

"那怎么行？"孙权说，"刘备年已半百，我妹妹正在二八。"

"我可不管。"国太说，"我明天要见见刘备，不合意时，任凭你去做；合意了就是我的女婿！"

第二天，国太约见刘备，一见就钟意。刘备年纪虽然老些，却精神奕奕，乃吩咐孙权说："刘备既是我的女婿，即是我儿女，此后你不得加害于他！"

因此，择日成亲，把孙权和周瑜气得半点声出不得。

司马熹智立王后

战国时，中山王宠爱着两个贵妃阴姬和江姬，她们明争暗斗，都想做王后。

有一位谋臣名叫司马熹的，很有谋略，弄钱手段也相当高明。他看出两妃争宠情形，想趁机敲她们一笔，便暗中使人去致意阴姬，让她来请教自己，否则，她不会成功。

阴姬听说，果然心动，便秘密地亲自去请教司马熹。

于是，司马熹即刻上书中山王，告诉他有一个可使本国强盛、邻国衰弱的计划。

中山王很感兴趣，堆下笑脸来问他："我非常欣赏你这个建议，要怎样做才行呢？"

司马熹说："我先要亲自去赵国跑一趟，名为访问，暗地侦查赵国的险要地方和风土人情，了解它的政治和军事动向，回来后才可以订出一个详细计划，所谓知己知彼，才能百战百胜！"

司马憙见到了赵王,公事完毕,在私谈间便对赵王说:"听说贵国是出产美人的地方,但我到这里已经几天了,总看不到哪一个女人算漂亮。老实说,我足迹遍天下,也见过无数女人,总觉得没人比得上我国那位阴姬,不知道的,还以为她是仙女下凡哩! 她的美,不是笔墨所能描写,语言所能说得出的。她那高贵的仪表,唉! 胜过母仪天下的王后!"

赵王怦然心动,忙问:"可不可能把她弄到这里来?"

司马憙故意把话锋一转:"我不过随便说说罢了,至于大王意图怎样,弄不弄得到手,我可不能参加意见。阴姬虽然是妃子身份,却是国君所宠爱的。这些话,请千万不要传开去,否则要杀头的。"

司马憙回到本国,报告给中山王的就是:"赵王根本是一个淫乱之人,不知仁义是什么东西,开口讲打,闭口讲杀。还有,我听到一个可靠的消息,说赵王正暗中设法想把大王的宠妾阴姬弄过去呢!"

"混蛋,岂有此理!"中山王怒骂:"竟把脑筋动到我头上来了! 可怒也——"

"大王! 请冷静一点。"司马憙说,"从目前形势来看,赵国比我国强盛,打是打不过他的。赵王要索取阴姬,我们也没有办法不给。不给马上就亡;要给,一定被耻笑,笑大王懦弱,连爱妃都会送给人!"

"那怎么办?"中山王虽然无名火动,到此时也不能不低首敛容请教司马憙了。"照我看,"司马憙从容不迫地说,"只有一个办法才可以避免,就是大王立即册封阴姬为王后,让赵王死了这个邪念。在诸侯国间,从没有谁敢要别国的王后做妻子的,就是想要,也会被摒弃,被骂作禽兽!"

"很好!"中山王转怒为笑,说,"就照你的办法去做。"

李世民智擒杀人犯

唐太宗贞观年间,湖南衡阳有一家板桥客店,店主张迪在妻子回娘家的一天晚上,突然被人杀害了。

店里的伙计发现店主被杀,马上怀疑是当天晚上住店的三个人干的,因为这三个人在张迪被杀后,半夜里匆匆忙忙地离店走了,莫不是做贼心虚? 于是就立即去追赶那三个人,追上一看,三人果然都带着刀子,有一个叫卫三的人刀子上还有血迹。人赃俱在,店伙计马上把这三个人扭送

进了官府。

官府老爷听完了情况，又见到了证据，断定杀人凶手就是这三个人而无疑，便喝令道："你们三人谁是主谋，从实招来！"

三人直喊冤枉，不肯招供。

"大胆歹徒！人赃俱在，还敢抵赖，我看不动大刑，你等是不肯招供了，来人！大刑伺候！"说着两旁当差的就同时给三人上了大刑。

一开始，三个人还直喊冤枉，后来终于受不了皮肉之苦，招供说杀了人。官府老爷立即让他们画了押，吩咐左右："押入大牢，等候处斩！"

后来，这个情况被太宗李世民知道了，他觉得此案有点奇怪。这三人本不认识店主，前无冤后无仇，为什么会平白无故地就把店主给杀了呢？他叫来御史蒋恒，吩咐道："你去复查一下这个案子，一定要查个水落石出，店主如果真是那三人所杀，也要查明杀人的动机，然后再行决断。如若是别人所为，更要查出元凶是谁，绝不能轻易地冤枉好人。依我看，他人作案的可能性大。"

蒋恒来到衡阳，对官府说，那三个人暂时不要处斩。接着，来到案发地点进行调查，经了解卫三等人确实与店主无冤无仇，又仔细地询问了发案当时的情况，初步排除了卫三等人作案的可能性。但是，还有一些疑点他仍未搞清楚。

第二天，他分别提审三个人犯。

卫三一见换了审判官，马上又喊起冤来。蒋恒问："卫三，你说你没有杀人，可那刀上的血迹是怎么回事？"

"回大人话，小人确实不知刀上的血从何而来，小人在住店那天晚上，喝了不少酒，早早就躺下睡觉了，连刀把都没有摸过。"

"你说的可是实话？"

"句句属实，小人不敢说谎。"

"那么，我再问你一个问题，你当晚把刀放在了什么地方？"

"就挂在靠窗户的墙上。"

"既然没有杀人，又为什么在半夜里匆匆忙忙地离开？"

"大人有所不知，我们三人不是本地人，这次是出来做买卖，因为第二天要赶到 60 里外的地方去看货，所以才走得很早。走时，店里人还在睡觉，故而没有打搅。"

蒋恒又分别提审了另外两个人,二人说的与卫三的口供完全相符。他断定,卫三等人不是杀人凶手,店主确是被别人所杀。他立即派人给李世民送信,谈了自己的想法。李世民即刻回信说:"爱卿复查此案细心有加,我很高兴,你说的意见很好……我看追查真凶,不妨采用引蛇出洞之计。"

蒋恒受到太宗表扬,更加坚定决心要查出真凶。但如何按照太宗吩咐引蛇出洞呢?他苦苦思索了一个晚上,决定引蛇先打草。

次日,蒋恒下令:"板桥客店的人员,无论男女,凡十五岁以上的都要到官府来集合。"不多时,板桥客店的人来了。蒋恒看了看来的这些人说:"今天来的不齐,你们暂且回去吧,等候通知再来。"话音一落,众人就都往外走。

"慢着,这位老婆婆先留一会儿,我有话问。"蒋恒喊住了一个年近80岁的老婆婆。"老人家高寿?"蒋恒问。

"你说什么,问我养不养猪?"老人耳朵不好使。

"你——在——店——里——几——年——啦?"蒋恒提高嗓门,拉长声音问。

"快30年啦!"这回老婆婆听明白了。

"谁和张店主有仇?"蒋恒又问。

309

"说来店主人也没有什么仇人，不过，生意人结交的人多，也说不准有脾气不对的。"老婆婆尽管年纪已大，但说起话来，还是蛮有老年人的味道。

就这样，蒋恒和老婆婆一直聊到很晚才让老婆婆回去。

老婆婆刚一出门，蒋恒就叫来一个狱中的看守说："你立即乔装打扮秘密跟着老婆婆去，如果有人向老婆婆询问什么要仔细听清楚，并记住问话人的长相，回来报告。"

老婆婆回店后，果然有一个人来问老婆婆："官府是怎么审问你的？"老婆婆实言相告。

第二天，蒋恒又把所有十五岁以上的店员叫到官府，又借口让大家先回去，只留下老婆婆一人问话。老婆婆回去后，又是昨天的那个人前来打听消息。一连三天，天天如此。蒋恒立即派人了解这个人和店主的关系，得知此人和店主的妻子有暧昧的关系，张店主曾为此和他闹过纠纷，于是下令："把向老婆婆打听消息的人给我带来！"

"堂下之人，可知你有罪？"蒋恒单刀直入。

"小人不知，小人不知！"这人边回话，边浑身直打哆嗦。

"你可是杀害张店主的凶手？"蒋恒突然发问。

"小人没有，小人没……"

"你和张迪之妻通奸，张迪早已发现，为此曾三番五次地警告你，你为了长期霸占张妻便杀害了他，这可是事实？"

"我没有杀人，我没有杀人。"

"来人，给我动大刑！"蒋恒大声喝道。

"别，别，小的愿意招供。"未等用刑，凶犯招供了全部杀人经过，还供出了杀人同犯张妻。

原来，凶犯和张迪之妻长期通奸，为了达到霸占店产、长期姘居的目的，一直准备谋害张迪。碰巧，那天晚上来了卫三等三个带刀的店客，于是产生了借刀杀人、嫁祸于人的歹念，张妻借故回了娘家，半夜里凶犯潜入客房，用卫三的刀杀了店主，又把带血的刀原封不动地装回刀鞘。

蒋恒遵照太宗李世民的吩咐，采用"打草惊蛇"之计，使这件疑案真相大白，受到了太宗的奖励。

第十四计　借尸还魂

【计谋精解】

《三国演义》记载，诸葛亮第六次出兵伐魏，其对手司马懿只是沿河坚守，拒不出城。

尽管诸葛亮用了激将计，但是被司马懿识破，魏军继续坚守在牢固的工事之中。诸葛亮心急如焚。白天，他与众将商议下一步作战计划，夜里，又彻夜不眠地思考如何打败司马懿，过度的操劳，使他身染重病，口吐鲜血，最后死于军营之中。诸葛亮临终前，估计到他死后蜀军要撤兵，司马懿可能驱兵前来追赶，因此把大将姜维和杨仪叫到面前，把他设想的"借尸还魂"计告诉了二人。

311

主帅去世，蜀军将士悲痛万分，想立即为丞相发丧。但杨仪和姜维依照诸葛亮临终所授计策，告诉众人，先不要发丧。他们把诸葛亮殡殓入棺，然后率领蜀军启程返回汉中。

司马懿得到诸葛亮逝世和蜀军撤退的消息，果然率领大军从后面追来。没过多久，蜀军听得一声信号响，立即停止了前进，掉头像是准备迎击尾随而来的魏军。这全部是照诸葛亮之计行事的。就在司马懿心中升起新的疑念时，树林之中闪现出蜀军帅旗，旗下众将簇拥着一辆小车，车上端坐之人正是据传已死的诸葛亮。其实，车上坐的诸葛亮只是木头人而已。司马懿一见这情景，立即下令全军撤退。蜀军也马上启程，回师至安全地带，才打起白幡，为丞相发丧。直到这时，司马懿才相信诸葛亮真的死了。司马懿再想去追，但蜀军早已没踪影了。

魏将都为失去这样一个消灭蜀军的大好时机而懊丧不已，可司马懿叹道："杨仪用兵之道大有诸葛亮之遗风，死诸葛亮借杨仪之身还了魂。我是上了'借尸还魂'之计的当了。"后人用"借尸还魂"比喻已经死亡的东西又借着另一种形式出现。

【原文】

有用者,不可借[1]。不能用者,求借[2]。借不能用者而用之,匪我求童蒙,童蒙求我[3]。

【注释】

[1]有用者:自身可以有所作为的人。不可借:很难让他甘愿为我用。

[2]求借:请求别人帮助。

[3]匪我求童蒙,童蒙求我:语出《易·蒙》卦辞。蒙卦,周易六十四卦的第四卦,也是阴阳相交后的第二卦(因第一卦乾为纯阳,第二卦坤为纯阴,皆无阴阳相交之象)。

【译文】

一个不靠别人而能自立的人,不但难以操纵,也无法利用。反之,一个依赖人而生存的人,就会多方请求别人的援助。聪明的人懂得利用这个机会,掐住对方的脖子。这是免于被对方操纵,反而操纵对方的策略。

【古今中外著名典例】

牧羊人的利用价值

秦始皇死后,各路英雄蜂拥而起。

最先揭竿而起的是农民出身的陈胜,继而是楚国的项梁、项羽,沛县的刘邦等。

陈胜、吴广遭到秦军袭击而阵亡之后,各路英雄在项梁号召下,成立了反秦联军,他的军师范增进言说:"陈胜的失败是必然的。因为被秦灭亡的六国当中,最恨秦的是楚国人,陈胜却不懂这个道理。虽然他最先揭竿而起,却不知拥立楚王的子孙,竟然自立为王,难怪他会败亡。相反的,当主公江东举兵,分散在楚国各地的群雄,立刻赶来共襄盛举,原因就是主公之家,代代都是楚国的将军。他们期望您拥立楚王子孙。这一点请主公铭记在心。"

项梁觉得很有道理,立刻派人找来流落于民间以牧羊为生的楚王之孙——"心",拥立他为楚王(历史上的楚怀王),并以他为反秦联军的盟主。

联军在怀王号召下,重新整编,进军秦都咸阳。消灭秦国之后,怀王变成了没有利用价值的人。不久,他就被联军中权势最大的项羽"处理"掉了。

挟天子以令诸侯

曹操在早期拥兵仅数千而已,但是,后来在黄河流域的兖州,形成一股势力。然而此时,他充其量也只能与其他群雄平起平坐而已。为了扩大势力,开创更远大的前程,他布下几招重要的棋,其中之一就是,把当时的皇帝——献帝,迎接到自己的根据地"许"。

这位东汉的最后一位皇帝,当时落魄在荒凉残破的都城,过着三餐不继的生活。各路英雄正忙着攻城略地,谁都没有闲工夫去关心他,唯独曹操眼光独到,想到这一点。

曹操认为,把皇帝迎接到自己的地盘上,是一件意义非凡的事。他虽然权力已衰,但终归是皇帝,不论是指挥军队或向诸侯下令,有没有皇帝做后盾,在政治效果上,差异甚大。

精明的曹操靠这一招,在政治上崭露头角。

曹操就这样操纵献帝,利用权威,借献帝之"尸"还己之"魂",逐步扩张势力。当时他虽然拥有最强大的势力,却仍然拥戴献帝,终其一生并未取而代之。

益州归蜀　鼎足三分

赤壁之战后,周瑜带领军队把曹操的军队打败后,占领了荆州。刘备认为,荆州原是刘表所辖地盘,而他和刘表同是汉朝宗室,刘表已死,荆州应由他接管。不久,周瑜因病而死,鲁肃为了孙刘联合,劝说孙权把荆州借给刘备。

刘备认为借人之地,终非长久之计,开辟新的地盘,才是上策。按照诸葛亮的计划,须向益州发展。这时,东吴孙权也想出兵夺取益州。恰巧益州的刘璋派人求见刘备。

　　刘璋派法正带领四千人马来见刘备。

　　法正到达荆州之后,却对刘备说:"益州天府之国,州牧刘璋懦弱,要是将军不占领,一定为曹操所占。将军英明,又有张松作为内应,要取益州,易如反掌。"应该说,这对刘备正是求之不得的好事,但刘备说:"刘季玉跟我都是宗室,我实在不愿意夺取他的地盘。"正在这时候,外边进来一个人,他很坚决地说:"上天所赐,您却不要,我恐上天也不高兴。"刘备见是军师庞统,就亲切地请其入座。

　　庞统,字士元,襄阳人,与诸葛亮是朋友,当时人称"卧龙"、"凤雏","卧龙"指诸葛亮,"凤雏"就指庞统。周瑜和鲁肃都对他很尊敬,周瑜打下江陵,任南郡太守的时候,原想重用庞统。可是不久,周瑜病死,庞统送丧到东吴。有人向孙权推荐庞统,孙权以貌取人,未予重用,让他仍回南郡。其后诸葛亮为南郡太守,将庞统推荐给刘备。

这时，庞统对刘备说："益州户口百万，土地肥沃，物产丰富，获取此地，作为根基，大事可成。将军何不及早前往？"刘备说："现曹操与我敌对，他严酷，我就宽大；他残暴，我就仁爱；他欺诈，我就忠厚。我与曹操每每相反，事业就可以成功。如果我贪图小利，对天下人失信义，这怎么行呐？"

庞统说："兵荒马乱的年月里，不能死守规矩，逆取顺守（夺取的时候违反传统，治理的时候顺从民心），古人认为难能可贵。成功之后，封给刘璋大片土地，不算不讲信义。今天将军不占领益州，必然给曹操可乘之机。这对将军有害，对刘璋无益。"刘备认为庞统言之有理，就留诸葛亮、关羽等镇守荆州，自己带领庞统、黄忠、魏延等统兵数万，向益州进发。

刘备从汉中向成都进军，打到雒城（今四川广汉县），遇到雒城的守军坚决抵抗，打了一年还没攻下。庞统在战斗中中箭身亡。刘备从荆州请来诸葛亮，才攻破雒城，接着，又进攻成都。刘璋守不住，只好投降了。

刘备进了益州，自称益州牧。他论功行赏，认为这次进益州，法正功劳最大，任命他为蜀郡太守，并把他作为自己的主要谋士之一。

诸葛亮帮助刘备治理益州，执法很严，致使当地的豪门士族对他非常不满。

法正劝告诸葛亮说："从前汉高祖进关，只约法三章，因而得到百姓的拥护。现在您刚到这里，似乎应该宽容一些才合乎群众心意。"

诸葛亮说："您只知其一，不知其二。秦朝刑法严酷，百姓怨恨，高祖废除秦法，约法三章，正是顺了民心。现在的情况完全不一样。刘璋庸碌软弱，法令松弛，蜀地的官吏横行不法，搞得很乱。现在我要是不注重法令，地方上怎么能安定下来啊？"

刘备"借尸还魂"得了"沃野千里"的益州，一改过去那种"寄人篱下"、进退维谷的处境，天下很快形成了魏、蜀、吴三足鼎立的新局面。

女英雄"借"飞行员之尸

在第二次世界大战时期，法西斯德国统治下的荷兰人民不甘忍受侵略者的压迫，纷纷起来抵抗。在荷兰北部出现了一个颇有影响的秘密抵

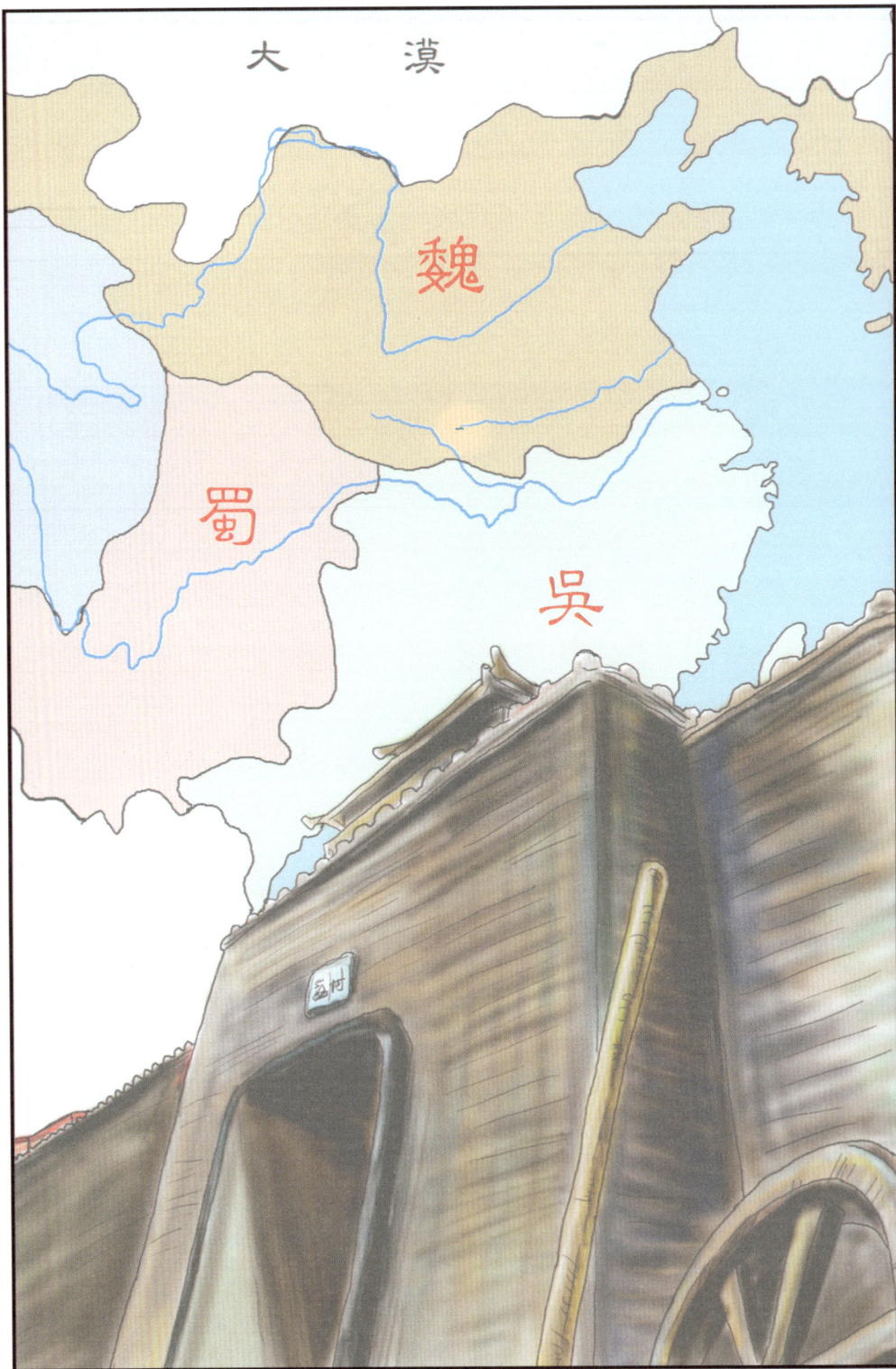

抗组织,给德军以很大的打击。人们只知道这个组织是由一名叫"约翰尼·斯皮特法尔"的英国皇家飞行员领导的,有这样一个在与德国空战中负伤的战斗英雄领导,使得这个组织极有号召力。人们到处传颂他的英雄事迹,可是,谁也没有看见过这位英雄。他的所有命令、计划,都是由一对叫安妮的姐弟俩传达的,直到战后,人们也未能见到这位传奇式的英雄。这位英雄为什么老是不愿意让人见到呢?战后,盟军经过反复调查,才搞清楚了事情的真相。原来,并不是什么英国皇家空军飞行员领导这个组织,这个给德军以极大打击的秘密抵抗组织的领导人却是安妮姐弟俩。

事情是这样的。

安妮姐弟的几个亲人均被德军杀害了,为此,姐弟俩决心为他们报仇。他们多次要求参加当地的抵抗组织,但因为他俩年龄小,没有被接纳。姐弟俩不甘心,一直在寻找着报仇的机会。

一天晚上,他们正准备出门,突然,弟弟被什么东西绊了一下,姐弟俩低头一看,只见是一名身着英国皇家空军制服的飞行员,浑身是血倒在家门口。姐弟俩急忙把飞行员抬回家,进行精心护理,并偷偷地请医生给飞行员治疗。飞行员一直昏迷了好几天,由于失血过多,最终还是去世了,姐弟俩十分悲痛。为了便于掩埋,他们把飞行员的制服换下来,给他穿上了一套当地人的服装。弟弟一边整理飞行员的遗物,一边不无遗憾地说:"如果能把飞行员叔叔救活该有多好哇!这样,他就可以介绍我们参加抵抗组织了。"到底姐姐的年龄大一些,听到弟弟这么一说,她立刻想到飞行员虽然去世了,可是,人们并没有看见过他,为何不利用飞行员的名义组织一个抵抗组织,向法西斯报仇雪恨呢?

主意已定,他们立即收藏起飞行员的身份证和随身物品,秘密地掩埋了飞行员的尸体,同时以"英国皇家空军飞行员——约翰尼·斯皮特法尔"的名义,联络抵抗战士。人们一听有一位身负重伤的英国皇家空军飞行员领导,就都纷纷参加了这个组织。一时间,"约翰尼"的指令,通过姐弟俩传遍荷兰北部,人们在英雄精神的鼓舞下,采取各种手段给德军以一次又一次的打击。

战争快要结束了,姐弟俩知道,一旦解放,很快就会有人来查找"飞行员"。为了不暴露他们的秘密,姐弟俩声称英雄飞行员在一次事故中不幸

死去了。于是,这个传说中的英雄也就随之消失了。

果然,盟军解放荷兰之后,立即开始查找这位"英雄",姐弟俩出示了飞行员的证件和有关遗物。但是,验尸结果与姐弟俩所说的"发生事故死亡"的时间不符,由于人们谁也没有亲眼见过这个飞行员,也就无法提供其他证明材料,盟军有关人员觉得蹊跷,经过反复大量的调查,最终才搞清楚:原来真正的抵抗组织的领导人,并不是飞行员,而是这对未成年的姐弟。为此他们受到了盟军的嘉奖。

由此可见,安妮姐弟俩利用已经死去了的飞行员的名义,组织抵抗组织,鼓励人们同法西斯作斗争,真是对"借尸还魂"之计谋的成功运用。

田子春用计讨兵权

汉高祖刘邦自即帝位,诛杀封王的功臣韩信、英布、彭越等之后,深以异姓封王为虑,便把自己的儿子分封为王。在临危时,还召集列侯君臣于病榻前宣誓:"此后非姓刘的,不得封王;非有功者,不得封侯。如违此约,天下共击之。"

及至驾崩,大权尽归皇后吕雉之手,吕后一旦握权,便想杀尽遗臣及各王,变汉朝为吕家天下,许多王侯逐渐被杀害了,未遭毒手的也都被削了兵权,惶恐戴罪过活。齐王刘泽,眼见各兄弟被姓吕的迫害至这般地步,禁不住在院子里仰面大哭起来。

忽然背后有人说:"大王! 有什么事值得如此悲伤?"

刘泽回首一瞧,原来是田子春,一个工于心计的部属,便对他说:"为什么不伤心? 我虽被封王,却一点权力也没有,当日父王给我的 20 万兵权,又被吕后追回去了,现已变成了一只无爪的螃蟹。"

田子春笑着说:"这有何难,只要你相信,我自有办法去京城长安把兵权讨回来!"

"真的?"刘泽抹干眼泪问。

"那还有假! 你给我一笔活动费用和黑白两匹良马就行啦!"

刘泽马上答应,田子春还带了七岁的大儿子奉郎一齐上路,在长安的旅店住下。他打听到吕后最信得过的心腹是六宫大使张石庆,便在他身

上打主意。

田子春知道张石庆每天上朝必经过门前，便故意把白马拴在店门口。张石庆见到后，便问左右："这是谁家的白马?"

答："是住客的。""的确是匹良马!"张石庆这样称赞着。

第二天清晨，田子春又将黑马拴在店门口，张石庆看见了，更加欣羡不已。

田子春暗里跟踪，见衙门前有所大宅，门上写着："此房出租。"则灵机一动，计上心来，立即上前问门公："这房子要多少钱出租?"

那门公看了他一眼，反问："这是大使的房子，你是什么人?"

"我是街上那个卖马的，你回报大使就知道了。"

田子春被唤进去。张石庆首先就问："你那两匹马卖不卖? 要多少钱?"

田子春恭敬地说："我那两匹马是一对良马，特地从山东赶来的，大使喜欢的话，哪敢说卖，送给大使就是了。反正我卖马的目的，不外想弄点钱去求点事情做，显摆一下罢了!"

张石庆听说，心里想，这个人倒算慷慨，所求的在自己这里也不外开口之劳，顿时称谢一声，问："你贵姓?"

"敝姓田。"

"那更好，恰和敝眷同姓。既然你要做官，就索性做我的舅子吧，好不好哇?"

田子春巴不得如此，立即上前拱手拜见姐夫，再叫儿子过来叩见姑父姑母，便搬入衙门居住，俨然一家亲。

田子春是个善于逢迎的人，每天和张石庆高谈阔论，很得他的喜欢。

一日，在闲谈间，张石庆谈起吕后的事，田子春趁机便说："如果姐夫能向太后奏请封吕氏三人为王的话，她一定会很喜欢，将来姐夫可能升做上大夫呢!"再把利害关系一说，张石庆猛赞好计。

第二天入朝，张石庆果然奏请封三吕为王，太后大喜，转问丞相陈平，陈平说："太后所见甚对!"因此，即封吕起为东平王，吕陈为西平王，吕产为中平王，又封张石庆为丞相，赏帛金三万。

张石庆喜不自胜地回来，告诉了田子春，田子春故作一惊："我该死，

不应该酒后胡言。这一来，倒坏了吕家的事了！"

"什么？"张石庆也吃了一惊。

"是这样的，刘氏还有三个王在外，无兵无权的，今见一天之内封三个姓吕的为王，自然不喜欢啦，万一起疑心，造起反来，事情岂不是弄糟了吗？"

张石庆本是一个大草包，听他这么一说，心中顿时发起急来，连忙问："那可如何是好哇？"

"现在唯有想办法也给姓刘得一点好处，缓和一下，附耳过来！"田子春如此这般地在张石庆耳边嘀咕了一阵，说得张石庆眨眼扬眉。

当晚，张石庆入宫见太后，奏说："外间已经传扬开了，说关外三王刘泽、刘号和刘长，得知封三吕为王，心中不服，要造反了。"

太后问："又有什么办法可制止他们呢？"

"是否可这样，"张石庆说："将三王中有官者赐赏，无官者付予兵权，他们有了甜头就不会再造反了！"

"对！你说的是。"

太后立即叫陈平入宫，商议此事。陈平心中暗喜，想必是山东有人打进来替刘泽索取兵印来了。

太后问："刘氏三王谁无兵权？"

陈平答："只有山东刘泽久困在家，无职无兵印。"

"好，唤刘泽入朝！"

使者到山东，告诉刘泽，刘泽大喜，立即起程上京。太后在殿上召见，说："我儿镇守边庭，久困劳苦，我今把兵印军权给你，务要谨慎从事！"

刘泽叩头谢恩，太后见刘泽身躯魁梧，状貌如神，心中有些畏惧，拿起兵符又问陈平，说："可不可以给他？"

陈平说："太后圣鉴不错！"

太后便把兵印给张石庆转交于刘泽。

太后又问："兵印已给了，还应给多少兵马？"

陈平说："凭太后拿主意吧！"

"三万？"太后伸指对刘泽说。

"五万？"

刘泽还是不开腔。

"七万?"太后再问一句。

刘泽依然眼睁睁地望着,头摇了两摇。

太后火了,连忙摆手说:"不给了,不给了!"

这时,陈平立即喝叫起来:"刘泽,还不叩头谢恩?太后娘娘已允给你五五二十五万军马了。"

刘泽急忙跪下谢恩,这可急煞了太后,真想不到陈平有此一着,但"君"无戏言,逼着要吞下死猫,乃无可奈何地对刘泽说:"看在高祖的份上,就给了你吧!"

第二天一早,刘泽往兵部交割兵权,率领了二十五万大军在郊外驻扎。

张石庆见了田子春,告诉他刘泽已领到二十五万兵马在城外操演了。

"笑话,山东怎会有兵马到这里来呢?"田子春假装惊奇。

"不信你自己去看看吧!"

"也好,我正想明天出城打猎,顺便去看看!"

田子春准备好一切,天未明便和儿子骑着带来的两匹黑白骏马,托言打猎,带领 50 个随从远出东门而去了。

见了刘泽，急忙催促拔寨起程，说："兵马到手，此时不走，更待何时？这个老虎口随时都可能合拢起来的！"

于是，二十五万大军便浩浩荡荡地涌回山东去。

过了不久，探子得了情报，报告吕后："刘泽在山东造反了。"吕后大怒，急召陈平，厉声问："你知不知道刘泽造反了，这全是你的过失！"陈平不慌不忙地说："这怎么与我相干？这全是张石庆摆布的！"吕后又传来张石庆，责问他："你知罪吗？是你摆布叫我把兵马交给刘泽，他现在就凭这些兵马造反了！"

"臣死罪，死罪！"张石庆诚惶诚恐地跪在地上说："臣不该听信田子春的话，奏请封三吕为王，又请把兵马给刘泽，臣知罪该万死，请太后恕免！"

陈平在一旁暗笑，却正色说："你知不知道田子春是什么人，他就是刘泽最勇敢的谋士！"

"为臣真不知道他是个奸细！"张石庆颤声说。

"限你在半小时之内把田子春拿来！"太后怒容满面地喝道。

"敬禀太后！田子春已逃回山东去了。"

"混账东西！"太后啪的一声，拍得桌子上的文件飞了一地，"把乌纱帽摘下来，削职查办，永不录用！"

"借尸还魂"指利用外力或谋略恢复生机，东山再起，这样就不会受他人支配，而是支配他人。

第十五计　调虎离山

【计谋精解】

"虎"指敌人，"山"则是指对敌人有利的地点、条件。

常言道："虎落平原被犬欺"，凶猛的老虎，失去山高林密的凭借，就会威势大减，易受攻击而被制服。

东汉安帝元年，散居在玉门关（今甘肃敦煌西北）以西的羌人发生叛乱，出兵进犯武都郡。刚上任的武都郡太守虞诩奉命率领三千官兵去平叛。半路上，他和部下被万余名羌人围困在陕西陈仓崤谷中，羌人切断了虞诩的退路。

虞诩知道与叛军正面交锋于己无利，就下令安营扎寨，企求

用计破敌。他先让手下士兵向四周的羌人扬言："我们已派人去朝中求援了。等援兵到了，我们再前进。"羌人听到此话，信以为真。他们决定，趁着对方援兵未到，先到邻县去掠夺一番。于是羌人分兵抢劫去了。

虞诩一见羌人散去，立即下令向武都进发。他们以日夜行军一百里的速度前进。同时，虞诩又用增灶计迷惑敌人，即每个士兵在驻军造饭时各做两灶，逐日加倍。

羌人首领通过密探了解到汉军每日增灶不已，就以为汉军援兵已到，于是决定撤退。虞诩遂突破封锁线，到达武都，把包围武都的羌人杀得大败。

虞诩散布已派人去朝中搬援兵的消息，是为了调动羌人——即"虎"离开对汉军极为危险而对羌人却极为有利的战场——"山"——即陈仓崤谷。

老虎离了山，威势自然减三分，强敌脱离了有利的地形环境，也会由强变弱。因此，"调虎离山"计的真谛是：利用自然条件造成对敌不利，采取人为的假象诱敌上当。敌人据险难攻，那就诱敌来攻我。

"调虎离山"的关键在于要善于调动敌人，使强敌离开有利环境或其充分控制的领域，在对敌不利的环境或其力量薄弱的领域里将其制服。

【原文】

待天以困之[1]，用人以诱之。往蹇来返[2]。

【注释】

[1]天：天时、地理等客观条件。困：作动词用，困扰、困乏。

[2]往蹇来返：语出《易·蹇》爻辞。原文为"往蹇，来返"。蹇，难。返，艰难。

【译文】

具备有利的自然条件时，应利用它使敌人陷入困境，再用甜美的饵食诱敌。预料攻击敌人会有危险时，故意露出我方的过失，诱敌来犯。

【古今中外著名典例】

石碏设计除暴君

东周末年，卫庄公有三个儿子，长子名桓，次子名晋，三子名州吁。

州吁生性暴戾，喜武谈兵，动辄讲打讲杀，但庄公非常喜爱他，任其所为，一点也不加禁止。

大夫石碏是一个正直的人，国人对他很信任。他曾规劝过庄公，但是那些规劝的话语都被庄公当作了耳旁风。

石碏有一个儿子叫石厚，和州吁的个性一样。由于意气相投，他俩经常同玩同游，并车去打猎，骚扰民居。石碏看不过眼，将石厚鞭责了一顿，并把他锁在一间空房里，不准他再出外去惹是生非。可是石厚怙恶难驯，野性不改，竟然爬墙跑了，一直躲在州吁府里，不敢回家。石碏无可奈何，只能装聋作哑，把气忍在肚里。

不久，卫庄公死了，公子桓继承了王位，叫做桓公。桓公生性懦弱，毫无主张。石碏见他这样无所作为，而州吁又是那样嚣张，料定将来一定会生乱子，于是借口年老，辞职归家躲起来，对朝政不理不问。

这样一来，州吁更加毫无忌惮了，日日夜夜和石厚商量怎样去夺取

王位。

适巧周干王死了，太子即位，这是国家的一件大事，各地诸侯要亲往吊唁，卫桓公于是整装准备入朝去。

石厚认为这是个大好机会，欢天喜地地对州吁说："大事可成了，这一个难得的机会，千万不要放过！"

石厚接着说："明天桓公不是要起程入朝吗？你可设宴在西门外，假意给他饯行，预先埋伏五百名勇士在门外，敬酒的时候，乘机把他杀死。如有哪一个不服从的，立即将他消灭，这样你就唾手可得王位了。"

州吁顿时眉飞色舞起来，着令石厚去部署一切。

次日一早，桓公出发，州吁把他迎入公馆里去。筵席早已摆好，客气一番之后，州吁便躬身向桓公敬酒，说："兄侯远行，臣弟特备薄酒与兄侯饯别！"

桓公说："又叫贤弟费心了，我此行不过个把月就可以回来，敢烦贤弟暂理朝政，小心在意！"

"兄侯放心，小弟会特别小心！"州吁说完，忙斟满一杯酒，奉给桓公，桓公一饮而尽，亦斟了杯酒回敬州吁，州吁双手去接，假装失手，酒杯跌落于地，慌忙拾取，亲手把杯子洗涤。桓公不知就里，叫左右另取一只酒杯来，再敬州吁一杯，州吁乘机跳到桓公背后，掏出刀子，向桓公背后猛刺，桓公便这样当场被杀。

随行的臣子大吃一惊，但平时已知道州吁的武功非同一般，石厚又引军把公馆围住，自知无法反抗，只好投降归顺。

州吁很快就把桓公的尸体埋葬好，向外界说是得了急症暴卒的，于是自立为君，拜石厚为上大夫，他的哥哥公子晋着了慌，逃到邢国。

州吁即位三天，听到外边沸沸扬扬，都在传说他弑兄夺国的事，因此又和石厚商议起来，他说："你听见外面的话没有？全国人民都在说我的坏话了，看来，唯有施展武威向邻国打一次胜仗，借此来压制国人的反抗情绪。你说应向哪一个国家用兵呢？"

"那自然要攻打郑国，郑国侵略过我国，正好趁机雪耻。"石厚很高兴地回答。

他们计议停当，立即派兵向郑国发动攻势，在五天内果然打了一个小胜仗，石厚便下令班师。

"为什么?"州吁惊讶地问,"大军还未接触就要班师?"

石厚请州吁屏退左右,秘密地告诉他:"郑国的兵素称强悍,我们没有什么胜利把握。现在打了个小胜仗,足可以向国人示威一番了。何况主公登位未久,国事未定,若久留在外,恐怕国内有变乱呢!"

"你想得真周到,我还没有考虑到这一点哩!"

于是石厚得意洋洋地下令班师,叫兵士沿途高唱凯歌,拥着州吁浩浩荡荡地班师回朝。

可是,国人仍然不拥护他们,还到处有冷嘲热讽的咒骂。

"打了胜仗回国,国人还是不服从,还有什么办法?"州吁又请教石厚说。

"那只有这样:我父亲是一个正直的人,国人对他很尊重,不如主公把他再征入朝,给他一个重任,国人一定没有话说了。"

"对! 我几乎忘记了。"

州吁又问石厚:"你父亲已托病不肯入朝,我想亲自去向他请教一个办法好不好?"

"主公亲往,他也未必愿见,还是我回家去一趟,代主公先说句好话,看他的意思怎样。"

石厚于是回家去了,石碏问他:"新主要召见我究竟为什么?"

石厚告诉父亲说:"就因为国人对新主没有好感,诚恐王位不稳,故想请父亲出一良策。"

"这有什么困难?"石碏说,"凡是诸侯即位的,必先禀告周王朝才算真王,如果新王能得到周天子的诰命,国人还会说什么呢? 目前周天子最相信的是陈国的桓公,只消他一说,包会成功。如果新主能亲往陈国走一趟,央陈桓公帮帮忙,这件事绝不会让人失望的。"

石厚把这番话告诉州吁,州吁不胜欢喜之至,立即备好礼物,带了石厚到陈国去。

石碏和陈国的大夫子缄很是要好,他见机会来了,乃割指沥血写了一封信托一个心腹带往陈国,秘密交给子缄,托他转呈陈桓公。陈桓公拆开信,这样写着:

"外臣石碏百拜致书陈贤侯殿下:卫国不幸,天降重殃,竟出弑君之祸。此虽逆弟州吁所为,实臣之子石厚贪位助桀。二逆不诛,乱臣贼子行

将踵于天下矣。老夫年迈,力不能制,负罪先公,今二人入朝上国,实出老夫之谋,幸上国拘执正罪,以正臣子之纲,实天下之幸,不独臣国之幸也。"

州吁和石厚威风凛凛地到了陈国,陈桓公特派公子佗出迎,安置他们在一间华丽的馆舍里,并约第二天在太庙里接见。

翌日,太庙上摆设得肃穆堂皇,陈桓公站在主位,左右文官武将排列得很整齐。

大夫子缄先陪石厚到来。太庙门口竖立一个白牌,写着"为臣不忠,为子不孝者,不得入此庙"十四个大字。

不一会,州吁驾到,站在宾位,赞礼的高唱,请入庙去行礼。州吁把衣冠一整,方要鞠躬行礼,子缄大声高呼:"奉周天子命令,擒拿弑君贼州吁、石厚两人,余人俱免!"

话声未完,已先把州吁拿住,石厚急忙拔剑想抵抗,一时着急,拔不出鞘,就只用手格斗,打倒了几个人,但埋伏在左右壁厢的武士一拥而上,把石厚也捆绑起来。

门外的车马随后,一时不知所措,子缄出去对他们抚慰一番,并当众宣读石碏的信。大家才知道是卫大夫石碏主谋的,便一哄而散,跑回卫国去了。

陈桓公把州吁和石厚分别监禁起来,连夜使人到卫国去通知石碏。

石碏自从告老居家之后,未曾出过门口半步,今早见陈国有使者到,心里便明白一切,即令人驾车伺候,准备上朝,再派人通知各文武官员出朝相见。

各官员见石碏破例要上朝议事,很是惊奇,便怀着焦急疑惑的心情齐集在一起。石碏到来,当众宣读陈侯的来信,称州吁和石厚已被陈国拘禁了,专等卫大夫去亲自发落。

右宰丑站了出来说:"乱臣贼子,人人得而诛之,州吁这个畜生,我去解决他!"

有几位大臣跟着说:"将主谋人州吁明正典刑是天公地道,但从犯石厚,似可从轻发落。"

话未说完,石碏将眼一睁,拍案大叫起来:"州吁之恶,皆由逆子所酿成,各位说要从轻发落,岂不成怀疑老夫徇私?我要亲自去,亲手杀此不忠不孝的逆贼!"

家臣蝋羊肩连忙说："国老不必发怒，我愿意去执行国老的命令！"

他两人赶到陈国，谢过陈侯，然后去执行任务。先把州吁押赴刑场，州吁对右宰丑说："我是君，你是臣，你安敢犯我？"

右宰丑说："你兄长为君，你为臣，你却把他刺死了，我现在不过跟你学一学罢了。"

说完，一刀下去，州吁顿时身首异处。

羊肩把石厚押出来，石厚向他求情，不求饶恕，但求回卫国见父亲一面。蝋羊肩说："我奉你父亲的命令而来，立即就地正法。你如要见你父亲，我带你的头回去见！"手起刀落，石厚当场毙命。

华尔克智斗尼总统

19世纪40年代末，在太平洋沿岸的美国加利福尼亚州发现了金矿。这一消息传开后，很快在美国和欧洲大陆出现了淘金热。美国人还有成千上万的欧洲人，纷纷背井离乡到加利福尼亚州来淘金。这些欧洲人大多是在纽约登陆的。因为当时美国还没有连通太平洋到大西洋的铁路，巴拿马运河也还没有提到议事日程上。所以，前往旧金山的人们往往要坐轮船到南美的最南端。一个叫范德比的老商人，看到这是一个发财的好机会，决心开辟一条通过尼加拉瓜的航线，让人们走近路直达旧金山。他亲自到尼加拉瓜四处活动游说，最终和当时的总统查摩罗签定了一项秘密协定。这个协定规定：凡从尼加拉瓜过境的船只均由范德比负责。从此，范德比垄断了穿越尼加拉瓜船只的过境专利权，没出几年，老范德比在这条航线上赚了好几百万美元。

此事引起了一位叫华尔克的年轻商人的注意。华尔克眼看老范德比靠这条航线，大把大把的钱财流入腰包，自己从商好多年，却一直没有太大成绩，十分嫉妒，于是决心把这条航线夺过来，据为己有。这样，一来可以靠这条航线赚钱，二来还可以减少自己的黄金采购公司的运输成本。

夺取一笔小生意好办，夺取一条航线谈何容易。老范德比从商几十年，可谓沙场老手，和他斗需要动一番心思。华尔克想：老家伙在国内政界、商界颇有影响，保镖成群，搞得不好，不仅达不到目的，反而会身败名裂。思来想去，华尔克想出了一个"调虎离山"之计。他决定设法把老范

德比引诱出国，然后乘其不备下手。

他首先用重金收买了范德比的私人医生，请他如此这般。

一天，医生对老范德比说："您最近身体状况不太好，可能是劳累过度，建议您去法国休养半年或更长一些时间，否则，您的心脏会有危险。"

为了促使老范德比下决心出国休养，他还用钱收买了经常与范德比有来往的一些夫人、太太们，让她们给范德比的妻子、女儿和儿媳吹风，说："您家老先生面色不好，心脏又不大好，不如到外国去休息一阵子。美国的气候太差了，再这样下去，恐怕有生命危险，法国的巴黎最适合他这样的老人休养。"家人一听十分着急，一天催他三四遍，让他出去休养。俗话说："三人成虎。"老范德比本来身体没什么大毛病，自我感觉也挺好，但经不住许多人劝说，自己也怀疑身体是否真的快不行了。于是，起身到巴黎休养去了。

老范德比一走，华尔克立即采取了行动。他用船装了几百名打手和满船的军火前往尼加拉瓜，登陆后，和事先联系好的尼加拉瓜内奸里应外合，以迅雷不及掩耳之势，攻占了尼加拉瓜首都，直捣查摩罗总统官邸，威逼查摩罗总统修改协定，让他主宰航线。查摩罗总统一气之下，心脏病发作，当即毙命。华尔克的"调虎离山"之计大获全胜。接着华尔克扶持了一个尼加拉瓜民族败类当傀儡总统，他自任尼加拉瓜军队总司令，控制了政权。不久，尼加拉瓜新政府宣布取消原政府和范德比的协定。至此，华尔克终于如愿以偿。

第十六计　欲擒故纵

【计谋精解】

欲擒之,可以暂时放纵之;想要抓住什么,可以暂且放任之。

善于钓鱼的人,看到大鱼上钩之后,总是不急着收线扬竿,把鱼抓住。因为这样做,不仅可能抓不到鱼,还可能把钓竿折断。聪明的钓者会不慌不忙地收几下线,慢慢把鱼拉近岸边;一旦大鱼挣扎,便又放松钓线让鱼游窜几下,再又慢慢收钩。如此一收一弛,待到大鱼精疲力尽,无力挣扎,才将它拉近岸边,抓将上岸。钓鱼人使用的这个办法,正是"欲擒故纵"。

《三国演义》中,有一段妇孺皆知的诸葛亮七擒七纵孟获的故事:为了平定南方,消除北伐中原的后顾之忧,诸葛亮十分耐

331

心地将该地区少数民族首领孟获擒获 7 次，又释放了 7 次，终于使孟获口服心服，发誓永保南方安定，不再造反。七擒七纵的故事，也正是欲擒故纵之计的典型范例。

欲擒故纵之计是我国古代最早应用的谋略之一。道家老子曾主张"将欲夺之，必先与之"，说的便是要夺取它，则须放纵它的计策。

欲擒故纵是一种心理战术，在实战中有三种用法，分别称之为：猫捉老鼠计、攻心计和暂且放任计。虽大同，却有小异。

【原文】

逼则反兵[1]。走败减势[2]。紧随勿迫。累其气力[3]，消其斗志[4]，散而后擒，兵不血刃[5]。需，有孚，光[6]。

【注释】

[1]反兵：回师反扑。

[2]走：逃走。势：气势。

[3]累：消耗。

[4]消：瓦解。

[5]兵：兵器。血刃：血染刀刃，即作战。

[6]需，有孚，光：语出《易·需》。孚，信用、信服；有孚，有信用，有诚意，为人所信服。光，通达。

【译文】

截断对方的退路，展开攻击，对方必然拼命反抗。如果任其奔逃，对方的气势自然趋弱。即使追击也不可穷追不舍。等到对方消耗了体力，丧失了斗志，阵脚大乱时，再下手捕捉，即可不用流血便可获取胜利。静待时机，善果可期。

【古今中外著名典例】

自招败战

王莽称帝时，各地农民纷纷起义，其中有一支部队占据了昆阳。王莽派将军王邑带领十万大军，前去讨伐。王邑打算围城，副将严尤进言道："昆阳虽然是小城，但防守坚固，并非轻易可以攻陷。如今，乱军主力在宛，先收拾宛，昆阳的乱军自然闻风而逃。"

王邑并不听劝，包围昆阳，猛力攻城。城里的守军经不起猛攻，有意投降。王邑不准，严尤又进言说：

"兵法上也提到，围敌定要给对方留一条逃路。我们不妨让一部分敌

军逃脱，让敌军知道我方的实力，这才是上策。"

王邑仍然充耳不闻。昆阳城内的农民军，一方面想投降被拒绝，一方面又被堵住逃路，只好力拼到底。

就这样苦撑之中，援军终于赶到，王邑的军队在内外夹击中，大败而逃。王邑的败因在于，不听严尤的"欲擒故纵"之计，只知把对方包围，强攻、硬打。

这就应了俗语："穷鼠咬猫"，结果反而吃了败仗。

郑武公轻取胡国

春秋时，郑武公是个足智多谋、穷兵黩武的诸侯，他要扩张地盘，便打邻邦胡国的主意。但当时，胡国是一个强大的国家，国王又勇猛善战，经常骚扰边疆。用武力固然不容易，想政治渗透根本不可能，因对胡国的内情实是一无所知，在这样文武无所施其技时，唯有采取逐步渗透战略，不能不忍耐一下。郑武公遂派遣一个亲信到胡国去，打入其最高组织。

郑武公派了一位使者到胡国去，说要攀个亲戚，把自己的女儿嫁给胡国国王。国王听说自然万分欢喜，立即答应。这样，郑武公就做了胡国国王的岳父。

这位新夫人是负有使命的，她来到胡国，下足媚劲，把国王迷惑得昏头昏脑，花天酒地，日日夜夜，连朝政大事也不愿过问了，懒得上朝，对国家大事简直置之不理。

郑武公知道了，心里暗自高兴。过了相当长一段时间，他忽然召开了一个公开的秘密会议，出席的全是高级文武官员，商议着要怎样开拓疆土，向哪一方面进攻。

大夫关其思说："从目前形势看，要扩张势力，相当困难，各诸侯国都是守望相助，有攻守同盟的，一旦有事，必会增强他们的团结，一致与本国为敌，唯有一条路比较容易发展，那就是向胡国进攻，既可以得实利，名义上又可替朝廷征讨外族，巩固周邦。"

郑武公一听，把脸一沉，问："你难道不知道胡君是我的女婿吗？"

关其思还继续大发议论，唾沫横飞地说出一大套非攻胡国不可的理由，特别强调国家大事，不可牵涉儿女私情的话。

"狗屁!"郑武公发火了,厉声斥责,"这话亏你说得出口! 你要陷我于不仁不义之地吗? 你想要我的女儿守寡吗? 好吧,你既然有兴趣叫人做寡妇,就让你老婆先尝尝这滋味吧! 来人! 把这家伙绑出去斩了!"

　　关其思被斩的消息很快传到了胡国,国王更加感激这位岳父大人。他以为郑国再不会来找本国闹事了,便放心了,且更加纵情于声色之中,渐渐地连边关都松弛下来,而且郑国的情报人员也可以自由出入胡国。

　　郑武公已掌握了胡国的内情,认为时机已经成熟,便突然下令,挥军进攻胡国。各大臣都莫名其妙,连忙问:"大王! 关大夫过去是因为建议进兵胡国而遭斩首的,为什么隔不多久,又要伐胡呢? 岂不是出尔反尔?"

　　郑武公哈哈大笑起来,捋一下胡子,向群臣解释说:"你们根本不懂兵不厌诈的妙用,这是我欲擒先纵的计谋呀! 我对胡国早就打定了主意,宁肯牺牲女儿嫁给他,使其放松防备,一到时机成熟,就出其不意,一下子就可以把胡国弄到手了。"

　　"可是,大王!"其中一人说,"这样你的女儿不是要守寡了吗?"

　　"哈哈,哈哈! 还是关大夫说得好,国家大事要紧,怎可以牵涉儿女私情呢?"

　　郑武公的"欲擒先纵"之计果然见效,郑军所到之处,势如破竹,几个回合,整个胡国已入了郑国版图,那位女婿,只空留个脑袋去朝见岳父大人。

凯尔用计全歼德国间谍

在第一次世界大战前夕,英德矛盾非常尖锐,为了在不久的战争中克敌制胜,德国派了大批间谍混入英国,搜集各种军事、政治情报和从事各种间谍活动。

担任著名的英国军事情报第五处的领导人是弗农·凯尔。他领导的这个情报机构,曾多次破获各种间谍案件,在英国享有盛誉。

一次,凯尔的手下报告,发现一家理发店是德国间谍的联络站,和德国间谍机构保持着密切的联系。凯尔通过秘密调查,在截取和搜查出该理发店的外国信件后不禁大吃一惊!原来,德国间谍网已经遍及整个英国。这一发现,着实让凯尔慌了一阵子手脚。怎么办?不少人主张,立即将已知的间谍全部捕获,先把德国的间谍网破坏再说。凯尔不愧是久经谍海风云的老手,他不主张马上抓人,他对手下人说:"现在我们只是掌握了一部分间谍名单,而且不少仅仅是联络人,如果我们现在就急于抓人,势必打草惊蛇,那些没有暴露的间谍一定会闻风而逃,或到国外藏匿,或者转入地下,那样,我们岂不因小失大?现在的办法应该是放长线,钓大鱼,继续让这个间谍联络站保持'正常运转',待其彻底暴露之后再行收网,这就是中国人常说的'将欲取之,必先与之'的道理。"

接着,凯尔又对手下人做了认真仔细的分工安排。他指示手下,检查该理发店所有发往国外的信件和从国外发来的信件,然后利用这些信件大做手脚。他们把每封信拆开,看完内容后,再根据需要编造一些假情报,随后恢复原状,照发收信人,这样既不会使对方的情报起到作用,又不露声色地监视着整个间谍网,同时,还可伺机利用假情报给对方造成破坏。由于他们做得干净利索,从来不给对方间谍人员留下破绽,所以,许多德国间谍一直都在为英国情报机关担任义务假情报输送员,而自己还蒙在鼓里,以为他们的情报联络站平安无事,他们的同伙也没有一个暴露的。各种情报仍然源源不断地通过间谍在往返传送着。

一次,凯尔截获了一个名叫卡尔·米勒的德国间谍发出的信件,信是用隐形墨水写的,凯尔看完信后,照原状封好寄出,同时,将卡尔·米勒秘密逮捕,在这以后的很长时间内,德国人仍然不断收到"卡尔·米勒"寄去的"情报",丝毫没有觉察其中有诈。

就这样,凯尔采取撒大网、钓大鱼的计谋,使德国在英国的间谍活动网始终处于自己领导的英国情报五处的监视掌握之下,直到英国对德宣战的那一天,凯尔才下令收网,一举捕获了包括理发店师傅在内的全部德国间谍。

这一行动,使德国在英国的情报工作几乎全军覆没。在开战前将近一年多的时间里,德国人未能在英国开展任何有效的情报工作,以后又花了差不多同样长的时间,才又建立了新的谍报网。凯尔这一"欲擒故纵"之计,无疑运用得十分成功。

诸葛亮七擒孟获

三国时代,诸葛亮所使用的"七擒七纵"的计谋,就是把孟获捉到之后,把他放掉,仍然在后追踪,每捉放一次,就把领土向远处扩大一次。"七纵"是他扩大领土的意图,而且收服孟获,可使其他蛮兵同时降伏。

任何属于政治谋略的方法,并不一定和战争的要求相一致。如果按照战争的要求,就不容许把捉到的敌人反复释放。

请看诸葛亮这"七擒七纵"孟获的经过吧!

蜀汉建立之后,忽一日,益州飞报:"蛮王孟获大起蛮兵 10 万,犯境侵掠。建宁太守雍闿乃汉朝什邡侯雍齿之后,今勾结孟获造反。牂牁郡太守朱褒、越巂郡太守高定二人献了城;只有永昌郡太守王伉不肯反。现今雍闿、朱褒、高定三人部下人马,皆与孟获为向导官,攻打永昌郡。太守王伉与功曹吕凯,会集百姓,死守此城,其势甚急。"

诸葛亮闻报后,奏明后主,乃出大军南下讨伐。先行收服高定,并用计斩杀雍闿、朱褒二人。第一次擒得孟获之后,立即释放。众将进帐问道:"孟获乃南蛮巨魁,今幸被擒,南方便定,丞相为什么要放了他?"孔明笑道:"吾擒此人,如囊中取物,直须降伏其心,自然平矣。"这是因为诸葛亮具有远见,为了永绝后患,才如此而为之。

此后,孟获接连又被擒住四次,但均表示不服。孔明依然将其释归。不久,蜀军因为误饮哑泉水,不能说话,孔明深深为此而焦虑。

有一天,孔明下车,登高望远,四壁峰岭,鸟雀不闻,心中大疑。忽望见远处山冈上,有一座古庙。孔明攀藤附葛而上,见一石屋之中,塑一将

军端坐,旁有石碑,乃汉伏波将军马援之庙。因平蛮到此,土人立庙祀之。孔明再拜曰:"亮受先帝托孤之重,今承圣旨,到此平蛮,欲待蛮方既平,然后伐魏吞吴,重安汉室。今军士不识地理,误饮毒水,不能出声。万望尊神,念本朝恩义,通灵显圣,获佑三军。"后来果然由本地山神奉了伏波将军之命,化为老翁,指点清溪所在位置,解决困难。

第六次,孔明由于孟获之长兄孟节的协助,再度擒住孟获,彼仍表示不服。孔明仍将其放归。在到第七次,孔明火烧藤甲兵,擒住孟获之后,派人对孟获说:"丞相面羞,不欲与公相见。特令我来放公回去,再招人马来决胜负,公今速去。"孟获终于垂泪而说:"七擒七纵自古未尝有也。吾虽化外之人,颇知礼义,直如此无羞耻乎?"遂同兄弟妻子宗党人等,皆匍匐跪于帐下,肉袒谢罪道:"丞相天威,南人不复反矣!"孔明说:"公今服乎?"孟获泣谢道:"某子子孙孙皆感覆载生成之恩,安得不服?"

以上就是诸葛亮"七擒孟获"的故事,它充分体现了诸葛亮的足智多谋和对"欲擒故纵"这一计策的熟练运用。

第十七计　抛砖引玉

【计谋精解】

想用一块不值钱的砖，换一块价值连城的玉，这种如意算盘人人会打，但不一定人人都能如愿。除非具有高人一等的智慧或谋略，否则想要"以贱换贵"、"以小搏大"、"以羊易牛"，无异镜花水月，缘木求鱼。

俗语说："放长线钓大鱼"、"小钱不去，大钱不来"、"要偷鸡，先撒一把米"，都是"抛砖引玉"的意思。

春秋时期，楚王率军进攻绞国，两军相持于绞国都城南门，绞兵凭城据守，楚军一时难以攻下。莫敖（楚国官职名）屈瑕向楚王献计说："绞国虽小而轻躁，轻躁则少谋略，可以派一些不带

武器的士兵化装成拾柴的人去引诱他们。"楚王采纳了这个建议。

第一天,楚王派了30名化了装的士兵上山砍柴。绞兵看到这些楚国人,立即派出小部队前来捕捉,30个楚兵无一幸免。第二天,楚王派了更多的人上山砍柴。绞兵见先前凡是捉到楚人的均有重赏,此时又见这么多"油水"送上门来,岂有不捉之理?便一窝蜂前来捕捉。

楚王率先已派截击部队潜于绞国都城北门外,并设埋伏于山中,待绞军进入伏击圈,楚王一声令下,伏兵四起,绞兵猝不及防,被打得惨败。然后,楚军以俘虏为人质,迫使绞国订立投降条约而撤军。

钓鱼要用诱饵,"引玉"先得"抛砖"。楚军以樵夫诱敌,即属"抛砖"之法。待敌上钩,"引玉"的计谋就完成了一大半了。

【原文】

类以诱之[1],击蒙也[2]。

【注释】

[1]类:类似,同类。类以:用相类似的东西。

[2]击蒙:击,打击;蒙,蒙昧。语出《易·蒙卦》上九爻辞:"击蒙,不利为寇,利御寇。"王弼认为,其喻意为"处蒙之终,以刚居上,能击去童蒙,以发其昧也,故'不利为寇,利御寇'也"。

【译文】

使出混淆手法,搅乱对方的思路,使其昧于判断。然后,再击打他。

【古今中外著名典例】

以弃为保

春秋时期,东周王朝衰微,出现了齐、晋、秦、楚、宋等国争夺霸主的局面。宋国在宋襄公时已强大,便想得到盟主地位。公元前639年,他约各诸侯国在盂地会盟,以盟主自居,楚成王心中不快,但还是同意了与诸侯会盟。会盟期至,宋襄公的弟弟目夷建议带些军队赴盟,以防楚国变心。襄公自视清高不听劝告。楚、陈、蔡、许、曹、郑六国国君均如期而至,当宋襄公以盟主身份说话时,楚王不从。楚王令随从脱去礼服,露出重铠戎装,取出小旗向坛下一挥,楚人全都脱衣露甲,手执兵器,涌到坛上,捉住宋襄公。目夷趁乱逃回宋国,在睢阳城做好迎敌准备。楚王挟宋襄公逼迫宋国投降,宋国却宣布改立目夷为国君。楚王只好变要挟为商量,答应送回宋襄公,但宋国要给楚国酬谢。宋国回答:"原来国君被你们挟持,这已有辱我们国家,现在我们已有新的国君,你们放不放他回来无所谓。"楚王看到宋襄公已无利用价值,下令攻城。结果连攻三日不下,只好退兵,宋国免除了亡国之危。楚国没有达到灭宋的目的,留着宋襄公又无用,只好把他放了。目夷听说宋襄公被释放,立即派人把襄公接回来,仍旧让宋襄公当宋国国君,自己退居臣位。

宋国放弃宋襄公是冒险的一着,但的确可以不理睬楚王的要挟。

刘邦的失败

刘邦消灭了死对头项羽,建立汉朝时,北方的匈奴也出现一个精明强悍的领袖——冒顿单于,与中原分庭抗礼。

有一年冒顿率领大军入侵汉朝境内,刘邦亲自率兵讨伐。

时值隆冬,战场上寒流笼罩,雪花纷飞。汉军冻伤者多达十分之三,有些人因为冻伤而失去手指。

冒顿探悉此事,想出一个计谋——假装败走,把汉军引诱到更北的地方。刘邦不知是计,下令追击。

冒顿使诈,把弱兵排在前面,精兵藏在后面。刘邦打了几次胜仗,趁势把骑兵全部开赴前线,继续追击。结果是,步兵部队被远远抛在后面。

就在这时,冒顿发动四十万精兵,把刘邦的部队包围在白登山。后来刘邦虽然好不容易杀出重围,逃回国内,但是,在他被围困的那一段日子,自己都认为生命难保。

刘邦面临那种危险,是由于无法识破敌人"抛砖引玉"之计,轻率用兵的结果。

第十八计　擒贼擒王

【计谋精解】

　　挽弓当挽强，用箭当用长，射人先射马，擒贼先擒王。审慎分析机会点与问题点，掌握重点，则胜券在握。

　　在古代的战争中，弓、箭和马是战士主要的武器，想要打胜仗，就必须有超人的臂力和神射的技术。不过，臂力和技术都远不如以智擒王，使敌方陷入群龙无首、阵脚大乱之境。

　　东晋时，桓玄打了败仗，向西边江陵撤军，留下何澹之守卫溢口。何澹之自作聪明，在一只船上空设羽仪旗，作为将帅的指挥船，而自己躲入另一船中，以为这样保险。这时，何无忌追到

343

这里,要攻击这艘羽仪船。诸将阻止说:"何澹之不在船上,攻下来也没有用。"何无忌说:"他不在这条船上,船上守卫的兵力必然很弱。我们用劲兵强弩攻击,一定能拿下来,拿下将帅之船,他们的士兵就会以为失去了主帅。那时,我军士气更加旺盛,而对方则更加恐慌,这样就会大大削弱他们的战斗力,离彻底打败他们就为期不远了。"

果然不出所料,一次进攻就轻松地捕获了这条船。于是按计行事,众将士大声呼叫:"何澹之已经被杀了!"何澹之的士兵又惊又怕,竟然闻风而逃。何无忌率军乘势追杀,大获全胜。何澹之虽然躲在别的船上,但他的士兵却认为他在指挥船上。何无忌将计就计,攻下防守薄弱的指挥船,何澹之的士兵看到指挥船被俘,加上何无忌的士兵拼命喊叫,立即信以为真。主帅一死,军心大乱,不攻自破。

何无忌这一招,就是"擒贼擒王"之计。擒贼擒王之计的诀窍是:摧毁敌人的主力,抓住它的首领,就可以瓦解它的整个力量。

"擒贼擒王"在战争中的运作,常常不是摧毁敌人心脏——指挥系统和主帅,就是设法调动敌人,消灭其主力,总之,就是集中力量攻其要害,以削弱敌方整体力量。从哲学的角度讲,"擒贼擒王"是集中兵力攻敌重要一点,而这正是抓主要矛盾的一般思维方法。

【原文】

摧其坚,夺其魁[1],以解其体[2]。龙战于野,其道穷也[3]。

【注释】

[1]夺:抢夺,抓获。魁:第一、大,此处指首领、主帅。

[2]解:瓦解。体:躯体、整体、全军。

[3]龙战于野,其道穷也:语出《易·坤·上六象辞》。龙在陆地上,再大的本事也难以施展。

【译文】

只要消灭敌人的主力,俘虏对方的首领,即可使对方全军覆灭。这样的敌人,宛如在陆地上的龙,任人宰割。

【古今中外著名典例】

张让设计杀何进

东汉末年,外戚、宦官交替专权,何进是当时的大将军,他依凭着自己是皇亲国戚,不可一世。他的权力与宦官相冲突。汉献帝中平六年(公元189年)八月,何进到长乐宫进谒同父异母的妹妹何太后,请求谋杀诸位常侍,改派他人入守宦官库。何进入宫的事被宦官们知道后,他们议论纷纷:"先帝驾崩时,大将军何进曾装病不临丧,也不去送葬。现在突然进宫,肯定有什么阴谋。难道窦氏的事件又要重演?"于是张让立即派人偷听,得知真实情报后,张让决定先下手除掉何进。他派常侍段珪等数十人,手持兵刃偷偷自宫中侧门入宫,埋伏在何进的必经之路,同时,又派人假传圣旨,说何太后诏他坐省阁。何进毫不怀疑,以为皇帝正是要与其商议诛杀宦官之事,便立即入宫,当他走进埋伏地时,突然从四面八方冲出一群手持兵刃的人来。当他知道这是圈套的时候,宦官们已经将他挟持。张让等人诡言盘问何进:"天下昏乱这并非我们的罪过,过去陈留王与其母王美人合谋,被何太后鸩杀,皇帝怒不可遏,想废太后,我们极力劝阻,

声泪俱下，才得释放。又各自拿出家财万贯，以讨皇帝欢心，都不过是依托你们的门户而已。现在你却又想灭我们的种族，这不是太过分了吗？你对太后说宫中污秽，难道公卿之下又有谁是忠诚清白的吗？"说完，拔剑将何进斩杀于嘉德殿前。与何进一起密谋要诛杀宦官的亲信们看到何进已死，群龙无首，个个心惊胆战，都放弃了他们的诛杀计划。张让设圈套虽只诛杀何进一人，但消除了一场杀身之祸。擒贼擒王就是先擒杀敌方的首领，让敌方群龙无首，阵地不攻自破。

孙子兵法·三十六计

泰缅象战

16世纪下半叶，泰国和缅甸两国曾为互相吞并国土进行过多次战争。当时，亚热带地区盛行用大象作战。

1569年泰国被缅甸灭亡。时隔15年后，已经长大成人的泰国王子，在泰国的都城自立为王。他牢记亡国之恨，每日组织操练象战，随时准备抵抗缅甸军队进攻。缅甸国王听到这个消息后，十分不安，他感到泰王的存在，简直是眼中钉，肉中刺，必欲除之而后快。但由于泰国王深得民心，又重视操练军队，研究象战，暂时未敢妄动。在备战八年后，缅王派王储

346

率领大军对泰王进行讨伐。泰王料到缅王不会坐视自己称王,对这次讨伐早有准备,于是立即召开御前会议研究具体作战方案。

"缅王与我有灭国之恨,今日又派兵前来讨伐,各位有什么退敌之计可尽管说来。"泰王抛砖引玉开了头。

"这次缅军来势凶猛,他们准备了这么长的时间,率领象军上万,必然想一举灭掉我国。我军战斗力虽强,但兵力上不占优势,依我看,只能智斗,不可硬拼。"说话的是泰王的同胞弟弟,他分析得有理有据。

"依你看如何智斗?"泰王问。

"缅国王储是缅甸国的王位继承人,所谓国之根基,缅王派他亲自出兵,是要让他在群臣面前树立威信,以便日后接替王位。我们就来个擒贼先擒王,设法生擒王储,把他作为人质,逼敌退兵。这是动摇缅王国基业的大事,他一定会乖乖就范。"大家一听要活捉王储,都来了精神。

泰王说:"这个主意不错,怎样才能生擒王储,你有什么好办法吗?"

"我只是有这么个想法,如何生擒,还须王兄定夺,我再想想看。"

"大家看这样行不行,我们在王储必经之路上设下埋伏,王储对我国地形不熟,必然中计,我们可借机捉住他。"

大家都说这个办法好。

于是泰王命令:"我和王弟出面迎敌,其余将领率兵在密林处埋伏,等我和王弟将其引入伏击圈,一起上手,生擒王储。"

泰王和其弟乘着坐象,在缅军经过的一片雨林中提前等候王储的到来,兄弟二人从象背上下来,派出随从前往侦察,然后席地而坐,等了半天,不见王储的人影。"王兄,莫不是有人泄露了机密,王储改变了进攻路线?"泰王弟担心地说。"王弟放心,定是那王储走迷了路,绕了圈子,他一定会来的。"泰王一副胸有成竹的样子。正说着,前面侦察人员来报:"王储带领上万象队,奔这边来了。"

"走,咱们去'迎接'王储殿下。"说着二人跃上象背,迎着缅军而去。

王储率领象队浩浩荡荡地前来进攻泰王,因地形不熟,果然在丛林中迷了路,绕了个圈子才回到既定的进军路线,一看泰王只带不多随从来应战,急忙命令兵士上前冲杀。泰王兄弟边战边退,等王储进入设下的埋伏圈时,泰王一个手势,伏兵四起,几千头大象载着手拿兵器的泰军杀了出

孙子兵法·三十六计

来，缅军阵脚大乱，眼见就要生擒王储了，不料，意外的事情发生了：原来泰王兄弟所乘的大象正值发情期，看见缅军大象四处逃散，立即追赶，两军大象你追我赶，霎时间尘土飞扬，敌我难分，两军成犬牙交错之势。过了好一阵，尘土落定，泰王一看左右，大吃一惊，原来刚才尘土遮天蔽日之时，自己已经孤入敌阵，周围只有少数随从跟来。只见王储率军立于树下，四周都是缅军，泰王心想，这下坏了，擒人不成，还要反被人擒了。情急之后，泰王反而冷静了许多。他决定刺激王储与他决斗，纵然不能生擒王储，至少也拼个鱼死网破。他高声向王储喊道："皇兄！为何呆在树下乘凉，莫不是怕我不成！敢与我一对一决一雌雄吗？"

王储本来可以命手下蜂拥而上，杀掉或生擒泰王，但他受王者风范熏陶多年，十分顾及王者的身份，心想，如不应战，有失王威。于是，催动坐象向泰王的坐象冲去，泰王坐象受到突然冲撞，象头一偏，象身正好横对王储，王储一看正是象战中杀敌的最好时机，举刀向泰王砍去，泰王急忙闪过，头盔被砍落在地上。此时，泰王坐象回身过来一撞，正好使王储的坐象横向对他，泰王举刀猛砍，正中王储左肩，王储立即血流如注，倒在象脖子上。缅军一看主帅被杀，无心恋战，急忙退兵而回。

王储被泰王斩杀，缅王自感无颜，此后的 150 年内再未敢染指泰国。泰王的擒贼擒王之计，使其国家安享了一个多世纪的平安。

第十九计　釜底抽薪

【计谋精解】

　　扬汤止沸是治标,只有釜底抽薪才是治本。水的沸腾,全靠火的力量。火越旺,水就沸腾得越猛。釜底抽薪,就是去火止沸之道。

　　北齐撰著《魏书》的魏收曾有"抽薪止沸,剪草除根"之语,即应从根本上解决问题之意。后人将其语意修正为"与其扬汤止

沸,莫如釜底抽薪",用强化及对比的语气,说明治标不如治本的道理。例如:有人生病,与其病急乱投医,或头痛医头,脚痛医脚,不如找出病根,对症下药,彻底解决。再如:古代治水,鲧筑堤堵塞,而禹采用疏导的方法,后人就说鲧的方法是治标,禹的方法是治本。

东汉末年官渡之战中,袁曹两军在官渡对峙。袁绍拥兵10万,粮草充足。曹操只有2万人马,且粮草仅够一月所用。在实力悬殊的情况下,曹操欲施"釜底抽薪"之计,断敌粮草供给,但苦于不知袁军粮草库的位置。这时,恰巧袁绍谋士许攸被逼来降,告知曹操:袁军粮草1万多车,均在袁绍大营北面40多里的乌巢;由大将淳于琼等率1万多人守护。淳于琼无甚能耐,只要派出一支轻骑去袭击,烧光粮草,不出3天,袁军自然溃败。

于是,曹操便留曹洪、荀攸守官渡大营,当夜亲率5千人马,打着袁绍的旗号,扮成袁军,缚住马口,人不知鬼不觉地从小路到了乌巢。曹军突然出击,攻破袁军,斩杀淳于琼等敌将,把粮草烧得一干二净。袁军军心顿时动摇,将卒斗志全无。此时的袁军是战无勇将,守无粮草,被曹军一冲,马上乱了,全军覆没,袁绍只带了800残兵渡过黄河,逃回老家去了。

古代作战,粮草是军队战斗力的关键。曹操深知"军无粮则亡"的道理,奇袭乌巢,从而消弭强敌的气势,瓦解了袁军的军心,终于获得了胜利。在这里,曹操用的就是"釜底抽薪"计。

孙子兵法·三十六计

【原文】

不敌其力，而消其势，兑下乾上之象。

【译文】

敌方势力强大到我方无法力敌时，就得设法挫其气势，以柔克刚，使其屈服。

【古今中外著名典例】

齐景公气走孔夫子

齐景公时贤相晏婴死了，后继无人，而鲁国又重用孔子，国政大治。景公更加惊慌起来，便对大夫黎弥说："鲁国重用孔老头，对我国的威胁极大，将来它的霸业发展，我国必蒙其害，这如何是好？"

黎弥沉思了一会，说："釜底抽薪，逼走孔丘便是！"

"怎样逼法？他正在得宠的时候！"景公说。

黎弥把计策说出来："鲁定公是个好色之徒，如果送一群美女送他，他必会不客气地照单接收。收了之后，自然日日夜夜在脂粉丛中打滚。他这样一来，保管把孔子气走，那陛下不是可以枕安无忧了吗？"

景公以为妙计，即令黎弥去挑80名美女，教以歌舞，授以媚容，准备好献给鲁国。

训练成熟之后，黎弥又把120匹马，特加修饰，金勒雕鞍，连同80名美女送到鲁国去，说是给鲁定公享受的。

鲁国有一位丞相季斯，首先听到这个消息，心里便痒不可支，即刻换了便服，坐车到南门去看，见齐国的美女正在表演舞蹈，娇声遏云，舞态生风，一进一退，不禁目瞪口呆，意乱神迷，魂消魄夺。

因为迷于女色，季斯已忘记入朝议事这回事了。定公几番宣召，才懒洋洋地入宫进见。定公把齐国书给他看，他即刻答："这是齐王的好意，不可辞，照单接收就是！"

定公也是个好色之徒，便问美女何在。季斯乘机做向导，带他换了便

351

服到南门去。

这秘密行动已给齐使知道了,便教那些美女,下足媚劲,真是"摆臂摇腰,似临风之芍药;巧笑媚视,像隐星之余晖;歌声乍起,疑是群莺出谷;裙带乱飘,不辨肉色花香"。君臣二人,已是神荡魂飘,齿酸涎落,甚至于手舞足蹈起来。

"陛下请再过去看看那些良马吧!"季斯说。

"不用看了,这班美人已够瞧了,不必再问良马!"

当晚回宫,便叫季斯回信多谢齐王,重赏齐使,把那两批厚礼收入宫中。还额外开恩,分30名美女给季斯。

孔子得闻此事,凄然长叹起来。子路在侧说:"鲁君已陷入迷魂阵了,把国事置诸脑后。老师!鲁国已如此这般,我们留在此又有什么意思呢?"

孔子说:"别忙!郊祭的时候已到,这是国家大事,如君王还没有忘记的话,国事犹有可为,否则的话,再走不迟!"

到了郊祭期间,定公也循例去参祭一番,却一点诚心都没有,草草祭完,便又回宫享乐去了,连胙肉都不分给臣下。孔子几番劝阻无济于事,他只得带着子路等人离开鲁国。

于是,孔子便弃官不做,率领一班学生去周游列国,四处讲学。

施小技偷儿退齐兵

战国时,齐国出兵攻打楚国,楚国的令尹子发率兵抵御,交战三次,三次皆败,他用尽计谋都无济于事,眼见就要竖白旗投降了。子发正在无计可施、无路可行、愁眉苦脸的时候,有一位做小偷的人求见统帅,说:"我会偷盗,愿去敌营试一试,兴许能扭转局势。"子发于无可奈何的时候,姑且让他去活动一下。此小偷便入了敌营,偷了齐将的帐子回来交给子发,子发使人公开还给齐将。第二晚,小偷又偷了齐将的枕头,又将之送还。第三晚,小偷又偷到齐将头上发插,子发复使人奉还。齐将此时大惊,心想:这样下去,岂不会连头都被偷去?于是急忙下令班师回朝,楚国因此转危为安。

英国情报的计谋

第二次世界大战初期,德国建造了几十艘潜艇,作为对抗英国海军的新武器。

在即将完工之前,德军公开招募数千名潜艇水兵。德国青年无不向往潜艇上的战斗生活,因而出现了竞相志愿参军的现象。

英国海军情报部接获这一消息后,立刻展开反宣传,把详细介绍潜艇勤务有多危险的传单,大量散发到德国境内。

不仅如此,更通过电台向德国广播"假装什么病就不必在潜艇服役"的方法。德国青年普遍受到这些宣传的影响,产生了抗拒服役于潜艇的心理。

英国使用"釜底抽薪"的计谋,致使德军招募潜艇服役人员的工作迟延了好几个月。

薛长儒用计退叛军

北宋时,薛长儒担任放州(今四川广汉县)通判。当时有守卫的兵士叛乱,把营门打破,放起火来,企图谋杀州知事和总兵,吓得他们俩不敢出

门一步。

这时,薛长儒挺身而出,来到营门之外,劝告叛乱的兵士说:

"你们都是有父母妻室的人,为什么要做这样的事呢? 现在除了首谋者之外,其他的人均可离开!"

结果,那些随声附和的人都低头不语,只剩下首谋的八个人跑出营门逃走,可是早有潜伏在乡野中的官兵等待他们来到,把他们一齐抓了起来。当时人人都传说:"如果没有薛长儒的话,那就会糟糕了呀!"这就是把敌人的斗志、士气先行摧垮的效果。

要想制服有野心而且有势力的人,必须预先把他勾结权势的管道加以折断,或是把他的武器来源根绝。

在对敌方的战斗力根源加以重视的同时,对我方本身的战斗力根源也必须了然于胸。例如,并非强大的我国,联合友邦国家以对抗强大的敌国,不论敌国用什么样的甜言蜜语来游说,仍然要和友邦国家把手紧密地握在一起,因而即可产生强大的力量。如果我方忘记了爱护伙伴,就会很容易地成为敌国的饵食。

与敌对立的时候,进攻要出其不意,如能打击强敌的致命处,胜利的机会就可掌握。这种方式就是运用"釜底抽薪"的计谋。

第二十计 混水摸鱼

【计谋精解】

　　古今中外的英雄豪杰,都想成大功,立大业。处乱世时的成功机会,总是比太平盛世要来得多,因为天下大乱,才可以利用时势造英雄。我国春秋战国和魏蜀吴三国鼎立的时代,人才辈出,从中即可略知一二。

　　春秋时期,中国大地分成170多个小国,它们之间经常发生冲突。吴越两国也发生了一场战争,越王勾践被打败了。

　　一连几年,勾践卧薪尝胆,暗中备战。后来,吴国名将伍子胥被害,国内又遭旱灾,连螃蟹、水稻都干死了。此时,吴王夫差

355

北上，和中原各国诸侯在黄池盟会，国内空虚。越王勾践趁此时机，对吴国发动了大举进攻，迅速攻占了吴国。

再看三国时蜀汉皇帝刘备的创业史：东汉末年，民不聊生，战乱迭起。刘备起兵镇压黄巾起义军，并参与军阀混战，但因没有根据地而力弱势薄。得到诸葛亮的辅佐后，力量才逐渐壮大。赤壁大战中联吴大败曹军，取得荆州为立足之地。后来又乘着刘璋集团内部分裂，夺取了益州全部地区，建立了根据地，同魏、吴形成了三国鼎立的局势。

【原文】

乘其阴乱[1]，利其弱而无主。随，以向晦入宴息[2]。

【注释】

[1]阴：内部。

[2]随，以向晦入宴息：语出《易·随》卦。打仗时要善于抓住敌方的可乘之隙，随机行事，乱中取利。

【译文】

趁敌人内部起了混乱，战斗力低落，指挥系统大乱之际，乘虚而入，造成听由我方操纵的局势。这就好比天色已晚，人人都会回家休息那样，是极为自然、合理的计策。

【古今中外著名典例】

缓兵之计

明朝王阳明，不但以创立阳明学说而闻名，在战争谋略方面，也是当时的一流奇才。

这是他担任军队指挥官镇压宁王叛乱时的轶事：

在宁王打算发兵进攻时，王阳明这边却未完成迎战的态势，此时，若是被宁王的军队袭击，那就必败无疑。

王阳明想出了一个计策。

他暗地里写了一封寄给宁王的心腹李士实、刘养正的密函。密函的内容是：

"特蒙函告宁王那边的情况，吾兄等对朝廷的忠心，令人感佩。此时此地，但望吾兄等劝宁王早日发兵。只要宁王离开他的根据地南昌，即已中我方之计，事必成矣。"

然后，把掳获的探子，故意从牢中揪出来，告之即将斩首示众。

事后命狱官悄悄地向探子说：

"我是宁王的崇拜者,你快逃回去,把这封密函交给宁王。"

宁王接到密函后,不免陷入沉思。当他与李士实、刘养正研讨此后的作战计划时,两人无不劝他尽早攻下南京,登基为王。这一来宁王就更加疑神疑鬼了。

在猜疑、犹豫之间,一晃就是十几天,这时宁王获悉王阳明的部队尚未整编就绪之事。宁王这才发觉密函之事原来是王阳明打出的缓兵之计。

"混水摸鱼"之计不一定非要摸到鱼不可,把水搅混便是计策的成功。

王阳明用计扰乱宁王的判断力,得到缓冲的时间,才赢得最后的胜利。

希特勒的还击

第二次世界大战末期,希特勒已经濒临失败的边缘。为了挽回颓势,他悍然发动"亚当努之役"。

1944 年 12 月,希特勒在法国边境亚当努丘陵地带,集结了数十万大军与两千辆战车,展开总反攻。

德军选出 2000 名擅长英语的官兵,让他们穿上美军军服搭乘掳来的战车和吉普车,潜入美军后方。他们混进美军,进行阻断交通、切断通讯线路的扰乱活动。有些人甚至取代已死美国军官的职务,指挥交通,调度车辆,使美军的运输工作一团混乱。

这一群人中的一部分,还潜入马士河畔,夺取桥梁,完成迎接主力军的准备工作。

由于这支特遣部队的大肆活动,使美军的指挥系统一度为之大乱。这就是地道的"混水摸鱼"之计。

诸葛亮智取南郡

赤壁大战,曹操大败。为了防止孙权北进,曹操派大将曹仁驻守南郡(今湖北公安县西北)。这时,孙权、刘备都在打南郡的主意。周瑜因打胜

赤壁大战，气势如虹，下令进兵，攻取南郡。刘备也把部队调到油江口（今湖北公安县北）驻扎，眼睛死死地盯住南郡。

周瑜说："为了攻打南郡，我东吴花了多大的代价，南郡唾手可得。刘备休想做夺取南郡的美梦！"刘备为了稳住周瑜，首先派人到周瑜营中祝贺。周瑜心想，我一定要见见刘备，看他有何打算。

第二天，周瑜亲自到刘备营中回谢。在酒席之中，周瑜单刀直入地问刘备："刘皇叔驻扎油江口，是不是要取南郡？"刘备说："听说都督要攻打南郡，特来相助。如果都督不取，那我就去占领。"周瑜大笑说："南郡指日可下，如何不取？"刘备说："都督不可轻敌，曹仁勇不可当，能不能攻下南郡，话还不敢说。"

周瑜一贯骄傲自负，听刘备这么一说，很不高兴，他脱口而出："我若攻不下南郡，就听任豫州（即刘备）去取。"刘备盼的就是这句话，马上说："都督说得好，子敬（即鲁肃）、孔明都在场作证。我先让你去取南郡，如果取不下，我就去取。你可千万不能反悔啊！"周瑜一笑，哪里把刘备放在眼里。周瑜走后，诸葛亮建议按兵不动，让周瑜先去与曹兵厮杀。

周瑜发兵，首先攻下彝陵（今湖北宜昌），然后乘胜攻打南郡，不料却中了曹仁诱敌之计，自己中箭而返。

曹仁见周瑜中了毒箭受伤，非常高兴，每日派人到周瑜营中叫战。周瑜只是坚守营门，不肯出战。

一天，曹仁亲自带领大军，前来挑战。周瑜带领几百骑兵冲出营门大战曹军。开战不多时，忽然周瑜大叫一声，口吐鲜血，跌于马下，被众将救回营中，原来这是周瑜定下的哄骗敌人的计谋，一时传出周瑜箭疮发作而死的消息。周瑜营中奏起哀乐，士兵们都戴了孝。曹仁闻讯，大喜过望，决定趁周瑜刚死，东吴没有准备的时机，前去劫营，割下周瑜的首级，到曹操那里去请赏。

当天晚上，曹仁亲率大军去劫营，城中只留下陈矫带少数士兵护守。曹仁大军趁着黑夜冲进周瑜大营，只见营中寂静无声，空无一人。曹仁情知中计，急忙退兵，但是已经来不及了。只听一声巨响，周瑜率兵从四面八方杀出。曹仁好不容易从包围中冲出，退返南郡，又遇东吴伏兵阻截，只得往东北逃去。

周瑜大胜曹仁，立即率兵直奔南郡。等周瑜率部赶到南郡时，只见南郡城头布满旌旗。原来赵云已奉诸葛亮之命，乘周瑜、曹仁激战正酣之时，利用混水摸鱼之计，轻易地攻取了南郡。

张守珪平定契丹之乱

唐朝开元年间，契丹叛乱，多次侵犯唐朝。朝廷派张守珪为幽州节度使，平定契丹之乱，契丹大将可突干几次攻幽州，未能攻下。可突干想探听唐军虚实，派使者到幽州，假意表示愿意重新归顺朝廷，永不进犯。张守珪知道契丹势力正旺，主动求和，必定有诈，他将计就计，客气地接待了来使。

第二天，张守珪派王悔代表朝廷到可突干营中宣抚，并命王悔一定要探明契丹内部的底细。王悔在契丹营中受到热情接待，并在招待酒宴上仔细观察契丹众将的一举一动。

他发现，契丹众将在对朝廷的态度上并不一致。他又从一个小兵口中探听到分掌兵权的李过折一向与可突干有矛盾，两人貌合神离，互不服气。王悔特意去拜访李过折，装作不了解他和可突干之间的矛盾，当着李过折的面，假意大肆夸奖可突干的才干，李过折听罢，怒火中烧，说可突干主张反唐，使契丹陷于战乱，人民十分怨恨，并告诉王悔，契丹这次求和完全是假意。可突干已向突厥借兵，不日就要攻打幽州。王悔乘机劝说李过折，唐军势力浩大，可突干肯定失败，他如脱离可突干，建功立业，朝廷保证一定会重用他。李过折果然心动，表示愿意归顺朝廷。王悔完成任务，立即辞别契丹王返回幽州。

第二天晚上，李过折率领本部人马，突袭可突干的中军大帐。可突干毫无防备，被李过折斩于营中，这一下，契丹营大乱。忠于可突干的大将孔召召集人马，与李过折展开激战，杀了李过折。张守珪探得消息，立即亲率人马赶来接应李过折的部队。唐军火速冲入契丹军营，契丹军内正在火并，混乱不堪。张守珪"混水摸鱼"，乘势发动猛攻，生擒孔召，大破契丹军。从此，契丹叛乱被平息。

第二十一计　金蝉脱壳

（图）

孙子兵法·三十六计

【计谋精解】

　　在危机面前，金蝉脱壳是天蚕再变、扭转乾坤的最佳之计。

　　五代时期，梁军刘鄩与晋王李存勖战于魏县。刘鄩见晋王将主力军都调到魏县，晋阳（今山西太原）必然空虚，便决定将部队秘密地开走，去偷袭晋阳。为了避开晋军的视线，刘鄩想了一个"金蝉脱壳"的妙计。

　　刘鄩驻地四周均有城墙。平时士兵们总是打着旗子在城墙里面来回巡逻，李存勖官兵远远望见城墙上巡逻的士兵，就知道城中刘鄩军还在。刘鄩依此用计，他令人把毛驴牵上城墙，让士

361

兵用草扎成草人，绑在驴背上，又在草人身上插好旗帜，毛驴驮着草人在城墙上来回走个不停。晋军从远处望见城墙上的旗帜还在不停地移动，不加怀疑。刘鄩见晋军没有发现破绽，便把人马一个不留地撤走了。

后来晋军看见墙上有旗子动，而城里却很寂静，看不见一个人出来。李存勖感到事情不妙，便派人去侦察，这才知道刘鄩已走两天了。

"金蝉脱壳"是在危急存亡的关头，用伪装、掩蔽或欺骗的方式，以求脱身之计。"三十六计"中的最后一计是"走为上计"，"金蝉脱壳"也是"走"的一种方法。不过，"金蝉脱壳"的含义并不止于一走了之，而是有脱胎换骨、改头换面、天蚕再变、破网而出、死中求活、死里逃生、东山再起、反败为胜等积极性的意义。

俗语说："留得青山在，不怕没柴烧。"采取"金蝉脱壳"乃是一时顿挫、万不得已的权宜之计，只要暂时得以脱身，就不愁没有复起、复出的机会。古今中外，多少英雄豪杰，他们在奋斗的过程中，能够挫而不折、失而不败、跌而不倒、焚而不毁，获得最后的胜利成功，就是懂得应用"金蝉脱壳"之计的结果。

【原文】

存其形,完其势[1],友不疑,敌不动,巽而止蛊[2]。

【注释】

[1]存其形,完其势:保存阵地已有的战斗阵容,完备继续战斗的各种姿态。

[2]巽而止蛊:语出《易·蛊》。蛊,顺。

【译文】

维持布阵的态势,摆出坚守到底的架势,一则使友军不起疑心,一则使敌军不敢进攻,然后暗中调遣部队。

【古今中外著名典例】

兴登堡计胜俄军

第一次世界大战一开始,沙俄就以50万大军进攻东普鲁士(今波兰西北部)的东部地区,并与南方的部队相呼应,来攻击德军,企图一举歼灭德军。

德国第八军团司令部的司令官是布里多维兹上将,他把第1军配置在东方国境,而把第20军配置在南方国境,其他的主力放在中央,以便机动支援。俄军第一军团(伦坎布指挥)先行攻击东方国境,而德军企图将来犯之敌——俄军23万人各个击破。于是,在8月20日拂晓,从贡宾南出动7个师,对俄军的8个师作战,不久德军便陷于苦战。

就在这个时候,德军又接获紧急情报:"自南方华沙北进之俄军第二军团(萨姆逊诺夫指挥),约有四五个师突破国境北进中"等等。

布里多维兹将军担心两面受敌,进而被敌包围,便不顾幕僚及各部队长的反对,决心"退却",并向大本营报告。

大本营的参谋总长莫鲁托克接获报告后,大吃一惊,决定更换司令官。于是,又把已退休在汉诺威(距汉堡南方140公里处)的乡间隐居的

兴登堡将军（德国有名将领，后来曾任总统）征召回军，统率第八军团，并由鲁登道夫（德国有名的幕僚长）担任参谋长。

接到任命后，兴登堡便乘特别快车，赶赴前线。这位新上任的首长立即改变作战计划，用一部分兵力抵御东方的俄军，而决心以主力击溃南方来袭的俄军。

这一部署，把一个星期以来令人捏着一把汗的局面稳定了下来。

到了 8 月 24 日，就完全把南方的萨姆逊诺夫的部队歼灭。夜间萨姆逊诺夫饮弹自杀。俄军损失达 27 万人之多。

在阵前换将期间，位于东方国境的德军只有 1 万人，与俄军 23 万人对峙，是以骑兵为主，后方只是空壳。俄军之所以停滞不前，战意阑珊，一来是因为在贡宾南会战时，痛遭德军的攻击；二来是因为德军以骑兵欺骗俄军，使其困惑不已。原来德军使骑兵在正面，广泛地展开，妨碍俄军的侦察，使俄军认为德军后方仍有很多部队。

其实，德军在夜间就已把部队撤走，白天则以少数部队来来去去，好像是在不断增援的样子，连俄军的侦察机都被欺瞒过去了。兴登堡就这样使用"金蝉脱壳"之计，以少胜多，取得了奇效。

西太后扶子登基

英法联军攻陷北京后，咸丰皇帝抱病避难热河，随行的有孝贞皇后（后为东太后）、懿贵妃（后为西太后）。皇后无子，懿贵妃生的皇子载淳只有 15 岁，母凭子贵，懿贵妃因此野心勃勃，尽量拉拢朝臣，想在宫中夺权。咸丰帝见她如此嚣张，不择手段，要把她赐死，得皇后求情乃罢。咸丰不得已在病榻上写下遗诏交与皇后，说明懿贵妃其人危险，绝不可以信任，他日若她母凭子贵为后时，能规规矩矩便罢，若有不轨行为，可召集廷臣，宣读此诏，把她诛杀，以绝后患。同时谕各亲王载垣、端华与肃顺等人为监国摄政王。

英法联军退出了北京城，咸丰帝未及回京便在热河行宫死了。肃顺想假传遗旨，拥载垣为嗣皇帝，入宫索取国宝，皇后见肃顺来势汹汹，不肯交出，推说此国宝先帝交六王爷带回北京了。肃顺打算奉梓宫先回京，皇后又不许,说要和懿贵妃一块儿去,肃顺无可奈何只得遵命。

　　肃顺和端华等退而求其次,增派侍卫兵,扬言保护后妃,实想在半路上杀掉懿贵妃母子。懿贵妃早已料有这一着,先派人回京谕调荣禄带亲兵来接应,到梓宫出城之日,荣禄的人马也到了。有禁兵来保护,肃顺无从入手,再求其次,想自己先一日回京先行安置,废除懿贵妃名号,不让其母子入京城,便故意拖延时间。走了几天,眼看快到北京了,懿贵妃料定了肃顺的缓进企图,在小憩之时,和孝贞皇后商量停当,叫两个宫女打扮成后妃模样,坐在后妃轿子里,自己却和皇后、儿子载淳化装为平民,雇了几辆轻便快车,带几名干练随员,从小路暗进京城。后妃入宫时,肃顺等还在路上。懿妃进宫就立即召集在京的文武大臣入宫,传示国玺,立儿子载淳为皇帝,改年号为同治元年,再布置兵马于城门,迎接梓宫。至第三天,载垣和端华先到,迎进城内,即被扣捕。又派人把肃顺扣押回京,控告他叛国谋反,将其押赴刑场斩首。

毕再遇金蝉脱壳

　　一次,南宋将领毕再遇率兵与金兵作战,两军对垒。金兵增援部队越来越多,而宋兵则较少,毕再遇知道宋军寡不敌众,便决定撤退。

　　在与金兵对峙时,毕再遇传令宋军,每天擂鼓不止,"这一方面主要是

孙子兵法・三十六计

为了威慑敌军,使敌军知道我军营中战鼓不断,调兵不止;另一方面,也是为了鼓舞我军的士气"。

过了几天之后,毕再遇在中军帐内召集众将领商议撤退之事。

毕将军说:"目前敌众我寡,不便再战,为了保存我军实力,只有撤出战场。但又只能悄悄地撤。可是如果在撤退时,我们军营中没有了军鼓声,势必会被敌人发觉,掩杀过来;如果鼓声不断,就能欺骗敌军,而我军就可悄悄地安全转移。"

有一位将领起身问道:"那我们如何撤退呢?"

毕将军说:"金蝉脱壳之计我已想好了,请各位回营后,按照我的办法做就是了。天黑之后,我军就开始撤退。"

各位将领回营后,立即布置起来。他们让士兵把全部旌旗都插到帐篷顶上,再让士兵弄来了好多只羊和许多鼓。

傍晚时分,宋军兵士把羊倒吊在树上,让羊的两只前蹄抵在鼓面上。羊被吊得难受,就使劲地挣扎,两条前腿不停地乱动,这样,羊的蹄子就把战鼓敲响了。

天黑之后,宋军将士吃饱喝足,毕将军传令全部人马轻装简从,不准出声,一队接一队,在悬羊的击鼓声中悄悄地撤出了军营。

金兵听到宋营中鼓声不断,旌旗飘扬,以为宋军仍在营中,根本没有怀疑,仍然调兵遣将,准备伺机进攻宋军大营。

几天过去了,金兵发现,宋营内只有鼓声,却不见人动,金军将领开始怀疑,赶紧派人侦察,这才发现击鼓的不是宋军兵士,而是一些羊。而宋军人马早已金蝉脱壳,离开军营,远走高飞了。

这时,金军将领大怒,连连高呼:"中了毕再遇的金蝉脱壳之计了。"

第二十二计　关门捉贼

【计谋精解】

"用兵之法,十则围之。"使敌人陷入多方包围之中,则攻敌取胜犹如探囊取物。发现小偷入屋窃物,突然反锁房门,呼喊左邻右舍前来捉贼,这种办法往往能使小偷走投无路,束手就擒。古人从这种办法中受到启发,用以对敌作战,演变成将小股敌人包围歼灭的一种计谋。这种计谋就叫"关门捉贼"。

在古往今来的战争史上,关门捉贼之计的运用屡出不穷,变化多端。小至将一两个敌人引进房间,来个地地道道的"关门捉贼";大至将分散孤立的敌人成师、成团地分割包围起来,切断敌

367

人的援应,断绝敌人退路,关起门来打狗,紧扎口袋歼敌,诸如此类的例子不胜枚举。

后唐时期石敬瑭结契丹为援,与张敬达战于晋阳城南晋安寨(今山西太原南)。石敬瑭把张敬达围困在长百余里,宽五十里的地域里。这么大的包围圈,这么长的战线,用什么办法才能看住敌人,不让他们逃掉呢?

石敬瑭和契丹军先用绳索把敌人围起来,绳索上安上铃铛,只要敌人一触动绳子,铃铛立即就报警。石敬瑭和契丹部队中有许多狗,这时正派上用场,他们把这些狗分布在包围圈的各个哨位上监视敌人,只要张敬达军队中有一人出逃,狗看见后便立即放声大叫,报告主人去缉拿。张敬达的士兵被绳索铃铛死死缠住,被狗死死盯住,半步移动不得。5万人在包围圈中没法逃出去,只能坐以待毙。

石敬瑭的办法就是"关门捉贼",此计的诀窍是:对付弱小的敌人,应予以包围歼灭,如果任其逃脱再穷追远逐,就得提防被其反咬一口的危险。

【原文】

小敌困之。剥,不利有攸往[1]。

【注释】

[1]剥,不利有攸往:语出《易·剥》。

【译文】

弱小的敌人,要包围歼灭。但是,被逼而走投无路的敌人,定会拼命抵抗,因此切莫穷追到底。

【古今中外著名典例】

消灭祸根

采取"欲擒故纵"之计,是因为算准对方即使跑了,也不足为患,甚至大利于我方。

与此相反,若是让敌方逃跑,只会造成有害无利的结果,那时候就要下决心斩草除根——这就是"关门捉贼"的目的。

战国时代最大的一次战役——"长平之战",就是最好的例子。

公元前260年,秦将白起率兵50万,赵国将军赵括率军40余万,会战于长平。

其时,白起先假装战败而逃,诱敌深入,然后切断赵军补给线。

赵军被分割为二,粮食又耗尽。赵括为了突破困境,身先士卒,领兵突击,被秦军射杀身亡。留下的数十万赵军,丧失战斗意志而投降。

白起面临如何处置这些赵军的问题。他说:

"以前我军攻陷了上党,那里的人民不愿意成为秦国之民,统统逃回赵国。这些赵国士兵,何时变心,也难以预料,为了不留祸根,只有把他们全部杀死。"

他就这样用计把赵军几乎全部活埋了。在40多万赵兵中,获准回赵的只有240个小兵。这一仗使赵国一下子失去40多万壮丁,导致其国力快速衰退。

夫差的败笔

春秋时代,越王勾践攻打吴王夫差。吴王在夫椒痛击越军。

吃了败仗的勾践,收拾残败的五千名官兵逃到会稽山。

越王在紧急时刻,接受重臣文种的计策,由文种暗中馈赠美女与金银财宝与吴国大臣伯嚭,伯嚭就从中拉线,安排越王与吴王和谈。

吴王近臣极力反对和谈:"现在不做个了断,来日必然后悔。勾践是名君,他的臣子个个都是人才。放他一条出路,往后必定为害我国……"

夫差不顾近臣的反对,接受和谈,并即刻撤军。

捡回性命的越王勾践,假装顺从夫差。卧薪尝胆了二十年后,在会稽山大败夫差,报了一箭之仇。

夫差在应该狠心时,没有斩草除根,因此反而被勾践消灭。

这是"关门捉贼"的反面例子。

第二十三计　远交近攻

【计谋精解】

上兵伐谋，其次伐交，其次伐兵，其下攻城。不同的竞争对手，要有不同的竞争策略与谋略。

战国时期，齐、楚、燕、韩、赵、魏六国联合对付日渐强盛的秦国。起初，秦国认为六国联盟中，齐楚两国势力较强，制服了这两个国家，其他小国就容易制服了。因此，在很长时间里，秦国一直集中兵力去攻击齐、楚两国，甚至越过近邻韩、魏去远征齐国。韩、魏诸国想到如果齐、楚灭亡了，就一定轮到自己这些小国了，所以愈发与齐、楚联合抗秦。

秦国谋臣范雎于是劝秦昭王改变战略，实行"远交而近攻"，拉拢齐、楚两国，攻击邻近的韩、赵。范雎说："远交可以避免劳师袭远，并且离间各国之同盟，近攻则能立即扩充秦国的疆土，由近而远，如蚕食桑叶一样，天下不难尽入秦国的版图。"秦昭王采纳了这一建议，任命范雎为相国，推行"远交近攻"的战略方针。六国联盟果然因之破裂。秦国先后灭亡韩、赵、魏、楚、燕、齐六国，统一了天下。

"远交近攻"的计策属于制造和利用矛盾，分化瓦解敌方联盟，实行各个击破的谋略，它的诀窍是：在受到地理形势限制的情况下，攻取邻近敌人就有利，攻取远处的对手就有害。火焰上窜，池水下淌，同是应敌，对策不一。实行"远交近攻"的策略有助于集中力量对付眼前的敌人，并且将其置于孤立无援的境地。

【原文】

形禁势格[1]，利从近取，害以远隔。上火下泽[2]。

【注释】

[1]禁：禁锢、限制。格：阻碍。

[2]上火下泽：语出《易·睽》。采取"远交近攻"的不同做法，使敌相互矛盾、背离，而我则可各个击破。

【译文】

战争陷入胶着状态时，攻击近处的敌人比较有利。切莫越过近处的敌人去进攻远方的敌人。远方的敌人，即使政治目标相异，仍有暂时携手合作的可能。

【古今中外著名典例】

张仪强秦

战国后期，齐、楚、燕、韩、赵、魏六国，对秦国形成了"合纵抗秦"的局势。

一天，秦惠王召来相国张仪，商议破敌之计。

张仪说："大王欲为群王之首，统领齐楚等六国，可用远交而近攻之策。"

秦惠王大喜，说："那朕就命你使用此计将合纵抗秦之势瓦解。"

公元前328年，张仪与齐、楚两国的相国进行了会见。会见时，张仪向两国的相国赠送了大量的金银美女，还娓娓陈述秦国与齐、楚两国结交的好处，致使齐、楚两国脱离了六国纵约，与秦国修好，孤立了韩国和魏国。

几年后，魏、韩、赵、燕四国联合齐、楚，讨伐秦国，而实际上参战的只有燕、韩、赵、魏。因此，四国军队在秦国的要隘函谷关遭到秦军的猛烈伏击，大败而退。

第二年,秦惠王召集将领,共同商量讨伐韩国之事,秦惠王说:"我们刚刚将六国纵队打败,可趁韩国未兴之时,起兵伐之。"

随即,秦国兴兵伐韩,并将韩军大败于修鱼。战后,秦惠王将俘虏的8万韩军士兵全部杀死,各国为之震惊。

这时,张仪来到魏国,朝见魏襄王,并劝魏国向秦国屈服。他对魏襄王说:"魏国的土地不足千里,地势平坦,又无名山大川可以依恃。魏军不过30万人,还分别在与楚、齐、韩、赵接壤处守卫,用来对抗秦国的兵力不过10万人。再者说了,虽然六国达成合纵之盟,但亲兄弟同父母之间还因财产争夺而互相残杀,六国怎么能因苏秦几句话就联合起来呢?大王还是为自己想想,如果贵国不向秦国靠拢的话,秦国一旦出兵黄河,魏国就危险了,大王还是三思为好。"

魏襄王听后恐慌,急问:"依张相国之言,敝国如何是好呢?"

张仪趁机说:"只有一个办法,与秦修好。"

魏襄王在联军惨败、韩军覆没之后,经不住这种恐吓之言,遂背弃纵约,向秦国请和。

张仪回秦后,建议秦惠王再次伐韩,在岸门大败韩军,迫使韩宣王到秦国求和。

韩、魏两国屈服后,张仪又去拜访楚怀王。楚怀王设宴款待张仪。张仪对楚怀王说:"大王,如果贵国断绝与齐国的联盟,我将向秦王请求把商于之地600里划给楚国,秦楚两国以此结为兄弟国家。"

楚怀王听后,十分高兴,立即答应。

大夫陈轸说:"大王不要高兴得太早了。依臣看来,商于之地不可能得到,而楚齐联盟却可能因此转变为秦齐联盟。秦国之所以看重楚国,是因为楚国和齐国联合,今楚国与齐国绝交,等于自我孤立,秦国哪里还怕已经孤立了的楚国。张仪回秦后必然毁弃诺言。我们楚国北绝齐交,西恨于秦,弄不好,齐、楚两国之兵都会打进来的。"

楚怀王闻言大怒:"朕意已决,决心绝约于齐,尔等不得再来胡言。"随即,派人随张仪去秦国接受商于之地。

张仪回秦后,装作从车上坠下来受伤,3个月没有露面。楚怀王见派去的人没有得到土地,以为秦国认为楚绝齐不够,又派人到齐国边境去痛

骂齐王。齐湣王十分气恼,当即与楚国绝交。

这时,张仪才对楚国来要地的使者说:"你们怎么不来接受那 6 里土地?"

楚国人说:"我受大王之命前来接受 600 里土地,怎是 6 里?"于是回国复命。

楚怀王大怒,立即宣布与秦绝交,并派大军攻打秦国。在丹阳,秦军打败了楚军,歼灭 8 万人,俘虏了楚军多名将领,占领了汉中地区。楚怀王被迫割汉中郡向秦求和。

张仪又来到齐国,对齐湣王说:"那些人劝说大王合纵,无非是说齐国有韩、魏、赵三国作为屏障,并且地广民众,兵强士勇,即使有 100 个秦国,也无奈齐国。可大王没有看到,实际上如今秦、楚两国互相嫁女娶妇,结为兄弟;韩国则献宜阳给秦;魏国在黄河以外为秦国效命;赵王亲自去朝见秦王,并且割河间的土地给秦国。大王如果要与秦国对抗的话,那可就坏了。"

齐湣王问:"那将会怎么样呢?"

张仪说:"那样的话,秦国就会让韩、魏两国从南面进攻齐国,命令赵国渡过清河攻击齐国,那时,临淄和即墨就不属于大王您的了。如齐国一旦被攻,再想向秦屈服,可就为时已晚了。"齐湣王无法,只好答应与秦国和好。

在赵国,张仪对赵武灵王说:"赵国的情况不太妙啊!赵国当年派苏秦合纵六国,致使秦军有 15 年不敢东出函谷关。这笔账,秦国是不会忘记的。如今楚国与秦国结为兄弟之国,韩国和魏国则在东面向秦称臣,齐国也主动向秦国献渔盐之地,这就等于切断了赵国的右肩。右肩断了还与人搏斗,这不是很危险吗?"

赵武灵王听了轻轻地点了点头。

张仪又接着说:"秦国要是发出三军,一军阻塞午道,让齐军进占邯郸以东;一军屯驻成皋,驱韩国、魏国之军从河外出兵;一军扼守渑池,会合上述各国军队发起总攻,必然会瓜分赵国的土地。我现在为大王考虑,不如与秦国结好,也成为兄弟之国。"

赵武灵王迫于当时的形势,又加上张仪如此劝说,只得与秦国结为

兄弟。

张仪最后来到燕国,对燕昭王说:"大王知道,如今赵王已经去朝见秦王,并且割河间的土地讨好于秦。大王如果不服从秦国,秦一旦出兵云中、九原,并且驱赵国攻燕,那么,易水和长城就不是大王的了。"

张仪看了看低头沉思的燕昭王,又说:"像齐、赵这样的大国,对于秦国来说,也只不过像是一个郡县,不敢轻举妄动。如果大王肯与秦国和好相处,我肯定秦王会高看一等,不会让燕国像齐、赵两国那样屈辱。"

张仪说得燕昭王心动,遂将恒山脚下五个城池割让给秦国,以求与秦结好。

张仪终于以"远交近攻"之策,离间了六国,威逼六国争相割地随秦,使秦国兵不血刃便取得了六国的土地,为秦统一中国打下了基础。

英国对神圣同盟的斗争

19世纪20年代,著名的英国外交大臣坎宁曾用"远交近攻"的方式,恢复了英国对欧洲外交事务的领导地位。

拿破仑帝国崩溃后,欧洲各国结成神圣同盟。各国以沙皇俄国马首是瞻,资产阶级的英国受到排挤和孤立。

1822年,坎宁接替了英国外交大臣的职务,他顺应英国资产阶级的愿望,决心打破神圣同盟的大一统局面,恢复英国在欧洲事务中的领导作用。

18世纪末至19世纪初,拉丁美洲国家开始了大规模的全面的独立运动。坎宁认为这是个大好时机。他果断地采取行动,在与拉丁美洲各国和美国搞好外交关系的同时,继续与欧洲大陆的神圣同盟作斗争。

1823年,法国代表神圣同盟派兵前去镇压拉美的独立运动,遭到坎宁坚决反对。他声明应承认拉丁美洲国家的独立地位,反对任何武装干涉或把这些殖民地转入法国之手的企图。坎宁还向美国发出呼吁,希望两国联合发表声明,制止神圣同盟干涉拉丁美洲的独立运动。与此同时,坎宁又派出舰艇巡弋于大西洋,宣布任何从欧洲开往美洲的船只,不经英国的同意,就不能通过。

由于武装干涉受到阻拦,1824年,神圣同盟的核心人物梅特涅建议召开全欧会议研讨拉美问题。坎宁表示英国决不参加这次会议,并且也不承认会上通过的任何决议。不仅如此,他还建议内阁尽快同拉丁美洲独立国家建立外交关系。在经济上,进行贸易谈判,争取早日打入这个广阔市场,1825年1月,英国承认了阿根廷、哥伦比亚、墨西哥等国家的独立,同它们建立了外交、贸易关系。由于坎宁的不合作政策,梅特涅及其神圣同盟无法展开工作。他们的声誉因此遭到沉重的打击,欧洲大陆的自由主义势力再次高涨。英国在欧洲获得了威望,也获得了拉美新独立国家对英国的好感。

西夏与宋辽的鼎立

北宋时,外交关系复杂,除了宋辽对峙外,还有西夏国参与其中。西夏国的元首——元昊,就是采用远交近攻之计周旋于大国中间,安然生存。元昊建立夏国之后,兵寡势微,而与其相邻的却是幅员辽阔、兵多将广的辽宋两国,为了在西北占住地盘,他采取了灵活多变的外交政策,即根据宋辽实力的强弱,不断修正自己与两国的亲疏关系,利用大国间的矛盾,使本国始终处于安然无恙的地位。

元昊即位时,正是宋朝接受屈辱的澶渊之盟,向辽国纳币议和的时候。元昊采取了"联辽抗宋"的方针,再一次同辽国联姻,娶兴平公主耶律氏为妻,亲自到边境迎亲;同时也接受宋朝封号。当时宋夏边境紧张,小规模冲突不断,元昊采纳了张元的建议,据陕东争,交结契丹,不时出兵进扰,使宋朝腹背受敌,难于招架。

在宋朝与西夏交战,感到力不从心的时候,辽国则乘虚而入,在边境上收留了党项族叛民,并打着夏辽"甥舅之亲"的幌子,压服元昊。元昊不甘示弱,也诱降了辽国边境部族投奔西夏,并在与宋的谈判中,不受辽国要挟,称男而不称臣,这样就导致了辽夏关系恶化。辽圣宗欲举兵问罪,元昊见形势不好,为了避免两面作战,立即同宋朝签订和约,不再坚持长时间争议的"名义"问题,并派人偷入辽境,焚毁辽军粮草,阻其出兵。1040年,元昊采用"诱敌深入"手段,在贺兰山大败辽军。然后优待辽俘,派人同辽议和,照惯例纳贡,使宋、辽、夏三国仍处于鼎立之势。

元昊以军事辅助外交,多次乘胜议和保存实力,表现了他在制订外交政策时能够善于随机应变,利用矛盾,采用灵活多变的方针,这也是西夏能以弹丸之地安于大国之间的一个重要原因。

第二十四计　假道伐虢

【计谋精解】

因势利诱,乘机渗透、扩展,不战而胜。

春秋时期,晋献公打算出兵讨伐虢国(今河南省陕县)。为此,晋军将要经过虞国(今山西省平陆县)。虞国虽然是个小国,但其态度却决定晋国能否顺利伐虢。于是,晋国大夫荀息建议晋献公将美玉、良马赠送给虞国国君,请他同意晋军借道。

晋献公开始并不愿意,认为良马、美玉是晋国国宝,不能送给别国。荀息意味深长地说:"如果能借道虞国,良马、美玉不过是暂时寄藏到虞国的国库里罢了,还怕丢失吗?"晋献公一听,恍

然大悟，立即派使者带着美玉、良马，谒见虞国国君。

虞国国君得到晋国送来的国宝，十分高兴，立即同意让晋军借道。大夫宫之奇苦苦劝谏说："虞、虢两国是'辅车相依，唇亡齿寒'，如果虢国灭亡了，虞国也会遭殃，千万不能借道给晋军啊！"虞国国君已被美玉、宝马迷昏了头脑，对宫之奇的话置若罔闻。宫之奇不忍遭亡国之辱，只好带家眷出逃了。果然，晋军在灭亡虢国之后，回师虞国，顺手牵羊，发起突然袭击，将虞国君臣一网打尽，还收回了存放在虞国府库里的晋国国宝——宝马和美玉。

这一历史典故后来演变成"三十六计"中的"假道伐虢"之计。

英國外交大臣 坎寧

大　　　遼

西　夏

吐

蕃

北　　宋

【原文】

两大之间，敌协以从，我假[1]以势。困，有言不信[2]。

【注释】

[1]假：假借。

[2]困，有言不信：语出《易·困》。"困"为困乏的意思，困卦的卦辞说："困，有言不信。"大意是说："处困乏境地，难道还能不相信强者的话吗？"

【译文】

小国夹在敌我两大国之间，若是敌方对这个小国采取军事行动，我方必须立刻以援救名义，出兵控制它。对这样的小国，如果仅有口头约定而不付诸实际行动，就无法赢得它的信赖。

【古今中外著名典例】

平祸乱故意打乱更

后周时，梓州（今贵州梓潼县）知府冯赟刚上任几天，忽得一情报，谓伪蜀之散将上官进，啸聚三千多名亡命之徒，准备于晚上三更时分偷袭府城。当时城中防卫力弱，步骑兵只三百名左右。

冯赟做事沉着，不动声色，当即调兵分守各城门，无命令不得私自行动。

冯赟坐镇在城楼上，暗地召集巡城更夫，告诫到转更时要来城楼请示，他故意将一更（二小时）的时间缩短，时正深夜，已打五更了。

上官进等匪帮在城外听到已打五更，以为天快亮了，乃大惊而逃。冯赟乘机派兵追击，把上官进捉获。冯赟立即斩首上官进等人，从此梓州的四境太平。

另有一个同样故意打乱更来取谋战事的故事：

唐僖宗时，段秀实初奉派为泾州刺史，时正饥馑，盗贼蜂起，人心惶

孙子兵法·三十六计

惶，治安非常之乱。

叛徒王童之想造反，暗中勾结若干吏卒，预定某日五更黎明起事。

当晚，有人向段秀实告密，秀实即把告密者留在府里，让他再出去，并嘱告他不可泄漏此事，便若无其事地回房睡觉，一如平日，谁也看不出半点紧张。

天黑了，秀实亲自召见更夫，责其打更时间欠准，令交代下去，每到起更时，必须先来见他。

当更夫来见时，秀实又责其计时不准，他故意把每一更的时间推迟，这样，未及四更已见天亮了。叛徒们大出意外，彼此间又无法联系，不敢轻举妄动，叛乱的计划无法实行。秀实随即在城里严密搜查，清出了所有叛乱分子。

徐达佯醉破史彦忠

朱元璋战败陈友谅之后，转兵东吴，进攻张士诚。他想先发制人，于是下令元帅徐达由淮安出兵攻泰州。

泰州令史彦忠见徐达兵强势大，不敢交锋，一面遣人向姑苏求救，一面下令据城固守。

徐达兵抵城下,每日令人骂战,史彦忠只是坚守不出,徐达只得下令兵士于城南七里外安下大营,众将纷纷献攻城之计。

双方僵持约半个月,徐达见史彦忠不出战,众军无事,便命冯胜领兵马一万去攻高邮,过了七八天,又命孙兴带兵马一万去扼守淮安。再向部将常遇春、汤和等说:"我想史彦忠乃东吴善守之将,待目前的严寒天气过去,我自有破敌之计,但要令将士严守秘密,不得透露半句。"随后附耳告诉如此这般。

次日,徐达传令各营,说:"敌军既不出战,互相坚持,我等亦以军营为家。"目下新年已到,除夕之夜,大家宜尽情欢乐,迎接新年,高歌畅饮,以乐元宵。

因此,从除夕起,全军营解甲休兵,大吹大擂,一连七八天都在饮酒作乐。史彦忠的探子看到这种情形,便一一向史彦忠报告,而且天天情报一样。史彦忠便大笑着说:"不料徐达这个土包子如此糊涂,又怎堪称大将?既然他现在这般骄傲自满,我们也不必再等援兵了,一举就可以破他!"

他虽然这么说,心中尚有怀疑,怕情报不实,便把儿子史义叫来,吩咐他再去探查,并故意写一封降书让史义送呈徐达。

史义独自带了降书径直到了徐达营前,守军知是来投降的,也不加拦阻。史义直入营中,沿途但闻笙歌聒耳,好不热闹,军士们都在装生扮旦,正上演杂剧。再看那徐达元帅,和一些部将醉醺醺的,东歪西斜,胡言乱语,全是一副副醉态。史义看来看去,也没有人上前盘问。他径直走到桌前,拿出书来递了上去,徐达一见,醉眼朦胧地问:"你……你是什么人?"

史义答:"小人是史彦忠帐下的,奉命来送信投降。"

徐达取信看过了便大笑起来,遂敬史义一杯酒,问:"你们的主帅什么时候投降?"

"明天。"

徐达立即向军中大声宣告说:"泰州已投降了,大家应该痛快地宴饮庆贺,明天还需增加十桌筵席,再宰牛杀猪款待来军将士。"

史义被送出营,回城见史彦忠,把徐达军营情况详告一番,史彦忠听了,十分高兴,说:"今晚不杀徐达,枉做大丈夫!"

这一天,正是元月初八,到了晚上,约一更时分,史彦忠率领二万兵,

悄赴南城，径直到了徐达营前，只见满营士卒尽在熟睡不醒，就下令兵士不必惊动他们，只要杀却徐达，即为大功。又远远看见徐达在帐中案上睡着。

史彦忠即下令三军冲杀过去，不料军士才一进营，都纷纷跌落四丈深的坑中，坑底布满尖钉利刀，陷进去的军士死伤无数。再仔细一看，伏案而睡的徐达竟是一个草人。

史彦忠大惊，已知中计，即下令后退。但说时迟，那时快，忽然一声炮响，伏兵齐起，从东西北三面密密层层地喊杀上来，只见西面的兵马较少，史彦忠便下令军士往西逃。这时，徐达下令放炮，一时炮火连天，震耳欲聋。原来西面有一道二丈多宽、三丈多深的壕沟，泰州兵逃到此间，跌死的不计其数，史彦忠只好踏着浮尸逃走。

此时天色已亮，史彦忠逃到半途，忽遇上一支兵马，当先一员大将就是汤和。史彦忠不敢恋战，拼命杀出重围，将到泰州城，忽见城头上剑甲鲜明，俱是常遇春旗号。复见吊桥竖着的旗竿上，又高悬着儿子史义的首级，眼见进退无路，史彦忠大叫一声，即拔剑自刎而死。

苏联闪击捷克

1968 年，苏联对捷克用兵，当时，苏联使用的就是"假道伐虢"的手法。

苏俄对捷克正式用兵的三个月前，先联合东德、波兰、匈牙利等国的军队，在捷克的波西米亚森林地带，举行联合军事演习。

这是形同攻击前的预演，事实上，在三个月后也选择这个地区作进攻的路线，而参加演习的部队也成为攻击的先头部队。

在进攻之际，为了迅速控制局势，苏军先下手占领布拉格机场，使用的计策是，先派一架苏运输机飞临机场上空，假装机械故障，请求紧急迫降。

机场指挥塔中的工作人员，不疑有他，循着国际惯例准其着陆。

哪知飞机一落地，从机舱冲出 70 名武装特工人员，迅速占领了机场，并命令机场工作人员继续执行勤务，使增援部队得以顺利降落，快速行动。

鲁仲连智救魏赵

战国时，秦国进攻赵国，在长平一战取胜后，又进一步围攻赵国都城邯郸。

楚国派春申君、魏国派晋鄙各领兵去赵国援助。但是，魏王又害怕秦国进行报复，便令军队驻扎在荡阳(今河南汤阳)，不肯前进，同时又派辛垣衍到邯郸，通过平原君说服赵王，和魏王一起尊秦王为帝。

但是，齐国的鲁仲连却反对投降，主张坚决抗秦，于是便展开了一场投降与不投降的辩论。鲁仲连先从在秦国的侵略本性谈起，然后讲到尊秦的危害性，认为不应对秦抱什么幻想，只有坚决抗秦才有出路。

鲁仲连见到了辛垣衍一言不发。辛垣衍说："我看，居住在这个围城之中的人，都是有求于平原君的。今天我看您先生的玉貌，不像一个想要求照顾的人，为什么老居住在这个围城里不走呢？"

鲁仲连说："天下人都认为鲍焦是心胸狭窄、忧愁苦闷不得善终的，结果都错了。现在大家都没有见识，都只知道为自己打算。那秦国乃是抛弃礼义而崇尚在战场上夺取头功的国家，采用权术，讲欺骗利用，像对待奴隶一样对待他的臣民。那秦王竟然毫无顾忌地称了帝王，过后就用他那一套手段来统治人民，统治天下，那么我鲁仲连只有赴东海而死了！我是不能忍耐做他的顺民的。所以要见将军您，为的是帮助赵国啊！"

辛垣衍说："先生您打算怎么样来帮助赵国呢？"

鲁仲连说："我要使魏国和燕国都来帮助它，齐国和楚国是已经在支持了的。"

辛垣衍说："燕国，那我是相信他们会听从您的；至于谈到魏国，我就是魏国人，先生您有什么办法让魏国也来帮助它呢？"

鲁仲连说："这是因为魏国还没有看到秦国称帝的害处。假如魏国看清了秦国称帝的害处，就一定会帮助赵国的。"

辛垣衍说："秦国称帝的害处究竟怎么样？"

鲁仲连说："从前齐威王曾是讲仁义的了，带领天下诸侯去朝拜周天子。过了一年多，周烈王死了，各国诸侯都去吊丧，齐国晚到一步，周王发

怒说：'呸，你妈是奴婢！'结果被天下人耻笑。从前人家活着的时候就去朝拜，人家死了又去吊唁，而被咒骂一顿，确实是不能忍受的。天子，本来就是这样，没有什么奇怪的。"

辛垣衍说："先生您就没见到过仆役吗？十个人去听从一个人指挥，难道是力气比不上、聪明才智不如他吗？只是怕他呀！"鲁仲连说："这样看来，魏国对秦国来说，就像仆役吗！"辛垣衍说："是的。"鲁仲连说："那么，我准备叫秦王把魏王剁成肉酱！"辛垣衍很不高兴地说："嘻！也太过份啦，这是先生您说的，先生又怎么能够叫秦王把魏王剁成肉酱呢？"鲁仲连说："本来就能够，让我说给你听吧！从前鬼侯、鄂侯、文王，这是商纣王手下的三个诸侯。鬼侯有个女儿长得很漂亮，把她献给纣王，纣王嫌她长得难看，于是把鬼侯剁成肉酱。鄂侯在纣王面前替鬼侯争得很急切、辩得很激烈，纣王因此把他杀了晒成肉干。文王听到这个消息，长叹几声，纣王就把他下在羑里的监狱里关了一百天，想置他于死地。天下怎么还有这样的人，本来和人家地位不相上下，结果反而把自己降到任人宰割的地位啊！齐湣王要到鲁国去，麦维子拿着马鞭作随员，对鲁国人说：'你们准备怎样来接待我们的国君？'鲁国人说：'我们准备要用十副三牲来招待你们的国君。'麦维子说：'你们这是用哪里的礼节来招待我们的国君的？他是我们的国君，天子啊。天子出来巡查，诸侯都得离开宫室，交出全部钥匙，卷起衣袖，捧着小炕桌，在大厅下面侍候用膳；等天子吃喝完了，才退下去处理国事！'鲁国人听了，把城门都锁上，拒绝齐湣王进入鲁国。湣王只好到薛国去，借路经过邹国。正在这时，邹国的国君死了，齐湣王打算去吊丧。麦维子对邹国王子说：'天子要来吊丧，你们丧家一定要把灵柩移个方向，原设置在北面现在放南面，好让天子坐北朝南吊丧。'邹国的臣子都说：'如果一定要这样办，我们宁可用剑自杀了！'结果是齐湣王不敢进入邹国国境。这些邹国和鲁国的臣子，对待他们的国君，他活着时不能好好侍奉供养，他死了以后也不能好好用合适的礼节，但是别人要将对待天子的礼节强加于邹、鲁的臣子，他们是不答应的。现在秦国是有兵车万辆的大国，魏国也是有兵车万辆的大国，彼此都自称为王。看见别人打一次胜仗，就要捧他做皇帝，照这样下去，是使我们三国的大臣，还不如邹、鲁仆妾哩！再说如果秦王这个贪心不知足的人真的做了皇帝，那他还要

变换一批诸侯大臣。他要除掉那些他认为不行的,换上那些他所喜欢的。他又要把他的女儿和爱说坏话的人嫁给诸侯去做妃子,住在魏王的宫廷里,魏王哪里还能够过着平安的日子呢? 那么,你辛垣衍将军又怎么能够像原来那样得到魏王宠信呢?"于是,辛垣衍站起身来,一再拜谢,请罪说:"我起初认为先生您是一个无能之辈,今天我才知道先生您的确是一个天下有才德的高人。请让我离开这里吧! 以后不敢再提尊秦王为皇帝的话了。"秦国的将军们听到了这个消息,于是就下令军队撤离邯郸50里。适巧遇到魏公子无忌(偷到虎符)夺下大将军晋鄙的兵权,带领大军救赵击秦,秦军撤围而去。

这件事尽管说得委婉隐晦,但"假道伐虢"的目的是明确的,是毫无疑义的。由于鲁仲连能言善辩,说服了辛垣衍,才使魏、赵避免了一起"假道伐虢"悲剧的发生。

楚文王假道灭蔡

东周初期,楚文王为扩张势力一直在寻找灭蔡的时机。

蔡国和另一小国息国关系很好。蔡侯、息侯娶的都是陈国女人,经常往来。但是,有一次息侯夫人路过蔡国,蔡侯没有以上宾之礼款待,气得息侯夫人回国之后,大骂蔡侯。

楚文王听到这个消息,非常高兴,认为灭蔡的时机已到,派人与息侯联系。息侯想借刀杀人,向楚文王献上一计:让楚国假意伐息,他就向蔡侯求救,蔡侯肯定会发兵救息。这样,楚、息合兵,蔡国必败。楚文王一听,何乐而不为? 他立即调兵,假意攻息。蔡侯得到息国求援的请求,马上发兵救息。可是兵到息国城下,息侯竟紧闭城门,蔡侯急欲退兵,楚军已借道息国,把蔡侯围困起来,终于俘虏了蔡侯。

蔡侯被俘之后,痛恨息侯,对楚文王说:"息侯的夫人息妫是一个绝代佳人。"他这话刺激了好色的楚文王。楚文王击败蔡国之后,以巡视为名,率兵到了息国都城。息侯亲自迎接,设盛宴为楚王庆功。楚文王在宴会上,趁着酒兴说:"我帮你击败了蔡国,你怎么不让夫人敬我一杯酒呀?"息侯只得让夫人息妫出来向楚文王敬酒。

楚文王一见息妫，果然天姿国色，马上魂不附体，决定要据为己有。第二天，他举行答谢宴会，布置好伏兵，席间将息侯绑架，轻而易举地灭了息国。

息侯害人害己，他主动借道给楚国，让楚国灭蔡，给自己报了私仇，却不料，楚国竟不丢一兵一卒，顺手将自己也给消灭了。

第二十五计　偷梁换柱

【计谋精解】

　　"梁"、"柱"者,敌方主力之所在。频繁改变对方阵容,"偷梁换柱",使其阵势崩塌,从而乘机兼并。

　　按古兵书所说,凡战阵,都有纵横结构,战阵前后,二横相对者为"天衡",好比战阵的"大梁";直贯中央者为"地轴",好比战阵的"支柱"。在这些"梁"和"柱"的方位上,往往部署着主力

部队。

在古代阵战中，倘若和"友军"联合作战而又想乘机将其吞并，可以设法将其主力调离这些重要方位，或者以我方部队取代它去充当"梁"和"柱"。这样，它的阵势必将崩塌，我方即可趁机兼并它的部队，以利对敌作战。这种吞并潜在对手以攻击别股敌人的谋略，就叫"偷梁换柱"。该计的奥妙在于：与不可靠的友军联合作战时，应当频繁变更它的阵容，调离它的主力，待其自趋失败，而后乘势将其制服，好比拖住车轮，控制住车子一样。

"梁"、"柱"是敌方阵势的关键，是主力部队之所在，所以要尽力去"偷"去"换"，使其阵势崩塌，趁机取胜。

【原文】

频更其阵[1]，抽其劲旅[2]，待其自败，而后乘之[3]。曳其轮也[4]。

【注释】

[1]频：频繁、不断地。其：指代词，这里指敌军。阵：作战时的阵式。

[2]劲旅：精锐部队、主力部队。

[3]乘之：乘，乘机。乘之，这里指乘机加以控制。

[4]曳其轮：曳，拖住。语出《易·既济·象》："曳其轮，义无咎也。"意思是只要拖住车轮，便能控制车的运行。

【译文】

经常促使对方更动阵形，并设法使其移动主力，籍以削弱其气势，在对方已走向失败时，趁机下手占领。这就好比控制了车轮，就能控制车子的行驶方向一样。

【古今中外著名典例】

偷天换日　起死回生

春秋末期，晋国范氏、中行氏、智氏、赵氏、韩氏、魏氏"六卿"掌握大权。晋出公十七年（公元前458年），智氏的智瑶为政，称智伯，与赵、韩、魏共分争权败逃的范氏、中行氏的封地。等到晋出公因率军伐四卿，兵败身亡，智伯立昭公的曾孙骄为晋君，是为敬公。四卿中以智伯势力最强。公元前403年，智伯为了逐步消灭韩、赵、魏三家，便依照亲信绵疵之计，以晋、越两国争当盟主，晋以出兵伐越国为借口，令韩、魏各献出自己的部分领地，如有不允，则诈称晋侯之令，出师有名，灭之在理。韩康子、魏桓子虽想抗拒，但权衡利弊，只好割地给智伯。

智伯得韩、魏地后更加骄纵，又向赵襄子要地。赵本与智伯有隙，坚决不给。智伯立即率韩、魏、智三家人马攻赵。赵襄子自知不敌，便出走

到晋阳(今山西太原东南)。

晋阳占地利、人和,智伯率三家大军围攻不下,又引水灌城。水距城墙顶仅五六尺,城内也灌进不少水,但全城仍然没有一个人动摇逃跑,连妇孺老弱都同赵襄子一起坚守城池。

智伯亲自坐车巡视水情,魏桓子居中,给他驾车,韩康子立于车右。智伯放眼四顾,只见水势浩淼,晋阳城就像一个孤岛。于是智伯趾高气扬地对两人说:"我今天才知道水能使人亡国!"魏桓子忙用手肘轻轻地碰了一下韩康子,韩康子也用脚踩了一下魏桓子的脚背,彼此心照不宣。因为他们想到汾水可以灌魏都安邑(今山西夏县西北),绛水也可以灌韩都平阳(今山西临汾西南)。

谋士绵疵对智伯说:"韩、魏一定反叛。"智伯问:"何以见得?"绵疵答道:"我是根据人情事理推断出来的,你胁迫魏、韩出兵前来攻赵,一旦赵灭亡后,灾难就该降临到他们头上了。这次,您和他们约定打败赵襄子之后三家平分赵氏的领地。如今晋阳城只差五六尺就整个给淹没了,城内的粮食断绝,战马被宰食,城陷赵亡,指日可待。眼见三家即将瓜分赵氏的领地,而他们俩人不但没有稍露欣喜的样子,反而颇为忧愁,难道这不能说明他们意欲反叛吗?"

第二天,智伯将绵疵这番话告诉韩康子与魏桓子,二人心里吃惊不小,但是在表面上故作镇静,颇为从容地回答智伯,说:"这是为赵氏游说之辞,望智伯切勿听信此类谗言,以免徒增怀疑,松懈我们的攻城斗志。难道我们两家就不知道赵国即将攻下,我们即将分得赵地吗?我们怎能干那种既危险又无成功把握的蠢事呢?"智伯听他二人这么一说,也就不在意了。

晋阳城内被围困的赵襄子,眼见水势日益高涨,城危在旦夕,召谋士张孟谈进帐共商对策。张孟谈说:"智氏联韩、魏攻赵,灭赵后必以同样手段灭韩、魏。臣知韩、魏并不甘于受智氏驱使。依臣之见,可以用'偷梁换柱'之计解晋阳之危。臣愿只身前往劝说韩、魏,与我们联合对付智伯。"赵襄子大喜,于是即派张孟谈潜出晋阳,秘密会见韩康子、魏桓子,说:"赵、韩、魏三家唇齿相依,唇亡则齿寒。今智伯统率你们两家攻赵,倘若赵灭,韩、魏也会跟着灭亡,不如韩、赵、魏三家联盟伐智。"经张孟谈反复

劝说,他们终于同意订盟,约定日期,届时,赵、韩、魏三家各率人马共击智军。订盟后,张孟谈悄然回到晋阳城内,向赵襄子复命。

等到约定之日,赵襄子派人连夜摸上水堤,杀掉守兵,将水堤挖决,放晋水灌入智伯军营。智军顿时全军大乱。韩、魏两军从左右两翼掩杀过来,赵襄子也率军由城内杀出,从正面加以攻击,智伯的军队被杀得大败而逃,多数人被晋水吞没,智伯也被杀死。由于智伯骄纵轻敌,中了"偷梁换柱"之计,在韩、赵、魏三家盟军的攻击下,全军覆没,智氏宗族也全部被消灭。自此韩、赵、魏三家瓜分了晋国。

赵高偷梁换柱改诏书

秦始皇巡狩天下,行到沙丘地方,忽然旧病复发,群臣束手无策。他自知死期将近,便悄悄地对丞相李斯说:"我的病是不会好了,你辅助我这么多年,事无大小,都是你代劳,我很相信你对我的一片忠心。可惜我寿命短,不能同你长享荣华富贵。"说到这里,二人都流下了眼泪,他接着继续说:"我死了以后你可辅助太子扶苏为皇帝,太子聪明能干,仁义爱民,足能继承父业。你能把辅我的心去辅他,辅他登位,我死也瞑目了。"

393

随后又召集次子胡亥和赵高等一般宦官进来,把玉玺和遗诏当众交给李斯,对大家说:"眼看我就要离开人世了,我把后世交给丞相去做,以后的大小事情,你们要听丞相的话,不得生二心。太子扶苏是个能干的孩子,唉!可惜我当日一时冲动,将他调到北方去跟随大将蒙恬,我已经嘱托丞相辅他继位了,你们要体谅我的苦心,竭忠拥护他。还有,现在的国事虽然略微平定下来,但地方上的残余势力还没有彻底铲除,随时都有死灰复燃的可能,我死之后,千万不要把消息传出去,以免引起混乱,待灵柩回到京城咸阳后,才可把丧事公开,辅太子登基,这样就可以防止一切祸乱了!"

过了几天之后,秦始皇死了,李斯遵照遗言,秘不发丧,回程返咸阳,把秦始皇的尸体放在冰凉的车子上,一切的饮食照常供奉,问安奏事也和平时一样,除了几个亲侍的宦官之外,谁也不知道这个秘密。当时是暑热天气,又怕尸体会发出臭味,特别在灵车前后装了几车死鱼虾,说是咸阳没有鲜鱼,专运回去供御厨用的,其实是利用鱼腥把尸臭味掩住。

遗诏是立太子扶苏继位的,这时还来不及派人通知扶苏。宦官赵高,是太子讨厌的人物,他怕太子一旦登基,会对自己不利,便去见李斯,说:"大丈夫是不能一天没有权力的,丧失了权力,就等于丧失了生命,我现在特别和丞相商量,把遗诏改了,立次子胡亥为帝,未知丞相意下如何?"

李斯闻言惊骇起来,马上制止他说话,厉色告诉他:"使不得!使不得!这样会引起混乱,招致亡国的!"

"不过,"赵高是善于察颜观色的人,他偷看李斯一眼,不慌不忙地接着说,"我有一句不自量的话要请教丞相,请问丞相,太子对你和蒙恬将军,哪一个接近些?"

"当然我不及蒙将军!"李斯说。

"那好极了!丞相为什么不想一想呢?扶苏这个人,绝顶聪明,对事判断有分寸,刚勇果断,今日又得了蒙恬的军事支持,更如虎添翼。何况,他往日对丞相并无好感,如果他继承帝位,论亲论理,必然叫蒙恬做丞相,把你革了职,废为庶民,唉!所谓腾蛇游雾,飞龙乘云,云罢雨雾,则与蚯蚓相同了。你的老师韩非子不也说过吗?有爱于主,则智当而加亲;有憎于主,则智不当见罪而加疏。到那时,你从一个支配人的地位,降到被人

支配,只要他一道手谕,你便死无送殡之人和葬身之地了。"

这一番话,说得李斯直流冷汗,沉思半晌才慢吞吞地说:"你的话未尝没有道理,但遗诏乃先王的意旨,怎可随便篡改呢?"

赵高看李斯的意志发生了动摇,就鼓足勇气,进一步地挑拨几句:"做事要晓得权变,看风使舵,如果遵奉遗诏的话,将来成了事实之时,丞相的生命就难以保证,若及时扭转形势,权力以长久保持,不会担心人家暗算。现在事情已到了危急关头,两条路务要从速决定。要么就引颈受刑,要么就先下手为强,把太子系一网打尽!"

李斯沉思了良久,然后表示:"好吧! 由你去安排吧!"

赵高见李斯被说服了,便欢天喜地地去见胡亥,开口就说:"公子知道,目前有一个大问题马上就要解决了吗? 喏,秦国的盛衰,权力的存亡都操在公子、丞相和我的手上,若要遵守遗诏立太子扶苏为帝,那一切权力就都归他了,公子不外一位寻常臣子,想和先王生前那样受宠爱是不可能的。这个问题,我已与丞相交换了意见,不如把遗诏改了,立公子你为帝,共享荣华富贵,不知公子意下何如?"

"废长立幼,在道义上怕说不过去吧!"胡亥说。

"要顾全道义,祸患马上临头,你维护他,他若不维护你,你又咋办? 请公子仔细考虑清楚,免至后悔不及!"

胡亥毫无主见地说道:"我是没意见的,你认为怎样便怎样去办好了。"于是,赵高和李斯把遗诏改了,另外伪造一道圣旨,派人带交给太子扶苏。

那伪造的诏书上写道:"始皇帝诏曰:三代以孝为主,而敦大本,父以此立伦,子以尽忠。违此,由悖理逆常,非道也。长子扶苏,不能佩承体命,辟地立功,乃敢上书诽谤,大肆狂逆,父子之情,似若可矜,而祖宗之法,则不可赦,已诏立胡亥为太子,废尔为庶人,今赐药酒短刀自决。其将军蒙恬,稽兵在外,不能匡正规谏,本欲加诛,以恐大功未完,姑留椎理,故前诏示,尽而知悉。"

扶苏根本不知父亲死讯,读罢诏书,泪流满面地说:"君教臣死,臣不得不死,父要子亡,子不敢不亡。今日君父要我死,我不能不自尽了,还是服药酒吧! 免得身首异处。"

说完，拿起药酒就饮，蒙恬在旁忙阻止，对他说："皇上派我率领30万大军驻守边疆，又叫太子来监督，责任重大，信任有加。既然信任了，而又要我们死，绝无此理，其中必有诈情。不如公子回京问个明白，如果属实，到时再死也不迟！"

扶苏说："君父的命令既然下达了，绝不可以违反，若再去奏请，岂不更加重我的罪了吗？"说罢，将药酒一饮而尽，身亡。

扶苏死后，胡亥就继承了帝位，但是国家大权尽掌握在李斯和赵高手中。隔了不久，赵高又制造了一个借口，把蒙恬杀害，并诛连九族。

就这样，赵高未用一兵一卒，只是以"偷梁换柱"之手段，就把昏庸无能的胡亥扶为秦二世，为自己今后的专权打了基础，同时，也为秦的灭亡埋下了祸根。

高空侦察机的坠落

一天，由美国中央情报局的驾驶员弗朗西斯·加里·鲍威尔驾驶的一架U—2型高空间谍飞机，在苏联斯维尔德洛夫斯克工业中心上空被击落，鲍威尔被活捉。这架间谍飞机的残骸，包括摄影机、录音机、雷达和无线电，都出奇地完整无损，在莫斯科公开示众，鲍威尔被公审，关进了克格勃的卢比扬卡监狱。

五年之后，一位俄罗斯人走进了美国中央情报局，表示向美国投诚，要求政治避难。他就是苏联克格勃的一个重要特务——亚历山大·尼古拉耶维奇·马托列斯基。他揭开了五年前赫鲁晓夫利用克格勃使用"偷梁换柱"之计击落美国U—2型飞机的谜底。

一天深夜，当时的苏联领导人赫鲁晓夫的私人副官格兰尼托夫找到专管中东地区对外谍报的负责人马林斯基。

"马林斯基同志，现在我向你宣布一项中央的决定，因国防科学的需要，要设法找到一架美国的U—2型高空侦察机，因国际部无力完成此任务，中央决定由管辖印度、巴基斯坦、阿富汗和伊朗的情报机关（克格勃）来完成此重任，请你抓紧时间安排。"

马林斯基举手向格兰尼托夫敬礼："请报告赫鲁晓夫同志,我保证完成任务!"

第二天,马林斯基飞到了阿富汗首都喀布尔,很快同克格勃的一个特务头子见了面,并暗中挑选了一名身为帕族人的飞行员穆罕默德·嘉兹克·汗。这位飞行员在阿富汗空军中是最受尊敬和最优秀的喷气式战斗机驾驶员。

两天后,接受任务的穆罕默德穿着一身破旧衣服,从吉巴尔附近的一个村庄乘公共汽车进入了白沙瓦市。

在美军机场旁的一间咖啡店内,穆罕默德找到了他的一位朋友。

"亲爱的布托,请你帮助我找一个工作,比如在美军机场当清道夫、搬运工,或者去替某个工作人员都行,我需要一个工作。"

胖胖的布托轻轻地拍着穆罕默德的肩膀,说:"不要着急,我的朋友,正好机场里有一个清道夫生病了,他们托我找一个人去替他,我还没有找到呢。你喝杯咖啡后,我带你去好了!"

两个小时之后,穆罕默德被带进白沙瓦市郊外,顶替了美军机场一名生病的清道夫,混进了白沙瓦美军机场。

在美国军用机场里,有一块停机坪和一个巨大的飞机库,日夜都有严密的警卫。

穆罕默德技术娴熟,会说英语,有勇有谋,又经过克格勃的训练,对他在机场进行工作创造了有利条件。他用巨额金钱收买了一个空军膳堂的工作人员,得知专搞空中间谍飞行的双十中队已从土耳其调到白沙瓦机场。然后又摸清了驾驶 U—2 型飞机的鲍威尔队长的情况。

穆罕默德决定亲自冒险,他知道,这是极其危险的,如若失误,就会丢掉脑袋。

他用高倍红外线望远镜仔细观察,发现每两小时换一次岗,换岗地点都是在飞机右舷,离机门较远。他一直等到深夜两点,乘换岗哨兵在飞机右舷聊天时,赤脚溜进飞机,无声无息地钻进了驾驶舱。

机舱内布满了仪表,他很快找到了高度仪,高度仪外有一个塑料外罩,由 4 根很细小的螺丝钉拧得紧紧的,每个角有一颗。他用手慢慢地拧下了右上角的一颗螺丝,换上了他事先带来的一模一样的具有极强磁性

的磁铁螺钉。干完之后,他又一动不动地等了两个小时,再乘着换岗时,溜出机场,隐没在黎明前的漆黑的夜幕中。

新换上的螺钉,由于具有很强的磁性,吸引了极细的高度仪指针。高度仪是按无压原理工作的,根据大气层的压力作出反应。气压越低飞得越高,指针就向左摆,指出飞行的准确高度。由于这颗磁螺钉的影响,情况就不正常了,飞机起飞时,指针向右移动,当飞机升至1万英尺的高度时,指针便被磁螺钉吸引,提前指到了68 000英尺的最高限度,驾驶员鲍威尔不敢再继续升高,而此时实际高度只有1万英尺。当鲍威尔飞到斯维尔德洛夫斯克上空时,正好在苏军制空能力的范围内,结果,被苏军轻而易举地打了下来。而且飞机上的摄影机、录音机、雷达和无线电台等出奇地完整无损,并在莫斯科展览。

当时,赫鲁晓夫利用这一点,在联合国振振有词地说,苏联已拥有洲际导弹,恐吓全世界达两年之久。

第二十六计　指桑骂槐

【计谋精解】

　　作为一种计谋，"指桑骂槐"是一种用"杀鸡儆猴"的手段严肃法纪、树立权威的策略。也就是说，它是"三十六计"中间接训诫部属以使其敬服的谋略。

　　"指桑骂槐"计设想的依据是，率领尚未驯服的力量去作战，如果调动它，它不理睬；诱之以利，反启其疑。在这种情况下，可以严责他人过失，以杀一儆百、敲山震虎的暗示的手段发出警告，迫使它敬畏顺从。因此，该计的诀窍是：强者慑服弱者，可以用告诫示警的方法诱迫它。适当地采取强硬的管辖手段，可以

399

得到部下的响应和拥护,在危险关头,也可以得到部下的顺从和敬重。

古往今来,许多故事都说明了"指桑骂槐"在建立威信、驾驭部属时的重要作用。

商鞅为秦孝公变法,树木以立信,百姓遵守法令,秦国被治理得路不拾遗,夜不闭户,人民勇于公战,怯于私斗,终于灭了六国,统一天下。

孙武为吴王阖闾训练女兵,虽然三令五申说明号令,不料宫女皆嬉笑不止、视同儿戏,于是孙武下令斩杀两名队长,以树立威信,从而一群宫女变成一队精锐的士兵。

韩信被刘邦重用,筑坛拜将之后,因出身低贱而被一班老臣武将所轻视,韩信为树军威,斩杀犯军令的监军殷盖,从此将士顺服,接受指挥。

【原文】

大凌小者^[1]，警以诱之^[2]，刚中而应，行险而顺^[3]。

【注释】

[1]大：强大。凌：凌驾、控制。小：弱小。

[2]警：警戒。这里是使用警戒的方法。诱：诱导。

[3]刚中而应，行险而顺：语出《易·师·象》："师众也；贞，正也，能从众正，可以王矣。刚中而应，行险而顺。以此毒天下而民从之，吉又何咎矣。"意思是：军队是由为数众多的人组成的。人数众多，必是良莠不齐，必须以正道使之统一，方可称王于天下。

【译文】

强者要使弱者服从，必须使用警告的方法。以适当强硬态度临之，可使对方服从；越是断然处事，越能使对方服从。

【古今中外著名典例】

田穰苴的统驭术

春秋末期，晋国进攻齐国的阿、鄄地区，同时，燕国侵犯齐国的黄河南岸地区，齐国的军队都打了败仗。为此，齐景公十分恼怒。

一日早朝，齐景公环视群臣，说："难道众卿就不能为朕荐一治国之才吗？"

大夫晏婴上前奏道："臣向大王荐田穰苴，这田穰苴虽是田君之妾所生，然而他的文才能够使众人信服，他的武略能够使敌人畏惧。如大王能任用田穰苴，定能将入侵之敌拒于国门之外。"

齐景公大喜，第二天派晏婴将田穰苴请进宫来。

齐景公与田穰苴商讨军事政治，田穰苴无一不晓，从容对答，文韬武略出众。齐景公非常满意，传旨在景阳宫设宴款待田穰苴，席间，齐景公宣布任命田穰苴为大将军，统率齐军抵抗晋国和燕国入侵之敌。

田穰苴走出席宴,跪地谢恩:"田某叩谢大王重用之恩,我本来是地位很低的人,大王把我从平民中提拔出来,加官在众大夫之上,恐怕士卒不信服,百姓不拥护。人的地位低微就没有权威,我请求大王派一位您所宠信的、全国军民所尊敬的人作我的监军,这样我才可以遵从大王的任命,拼死报国"。

齐景公点头称是。

第二天,齐景公召集文武百官,传旨任命田穰苴为齐国大将军,任命他的宠臣庄贾担任监军。

下朝后,田穰苴与庄贾商定第二天正午在军营大门会见,共商出兵大事。

田穰苴回军营后,差人设置好计时的日表和漏壶,等待着庄贾的到来。

第二天,庄贾的亲戚和下属设宴为他饯行。快到正午,有一下属提醒说:"监军不是与大将军约好正午商讨用兵之事吗? 还请监军酌量为好。"

此时,庄贾已微有醉意:"什么大将军,只不过是一个平民,他统帅的还是我的部队,商讨用兵,让他等会儿吧!"随即,举杯狂饮。

时到正午,端坐在中军帐的田大将军问左右:"监军何在?"

左右答:"监军尚未进营。"

"此已何时?"

左右答:"时过正午。"

当即,田大将军命人砍倒日表,倒掉漏壶里的水,鸣金升帐,点将后,颁军纪于三军。

傍晚,庄贾乘车带大批使者驶进军营,面带醉容来到田穰苴面前。

田穰苴问庄贾:"为何过了约定时辰才到?"

庄贾答:"亲戚为本监军饯行,所以耽搁了。"

田穰苴说:"将士从接受命令的那天起就要忘记他的家,临战之前要忘掉他所有的亲人,战斗开始后就要将生死置之度外。况且,敌军已入侵国境,国内人心骚动,士卒在边境苦战,君不能眠,民不下咽,你还搞什么饯行!"

庄贾将头一摆:"饯行又怎么样?"

田穰苴大怒:"军法官,按照军法,在规定时间内无故晚到的,应如何处置?"

军法官答:"依军法,应予斩首。"

田穰苴大喝一声:"正军纪,将监军推出辕门外斩首!"

庄贾此时已惊醒,大声叫使者去向齐景公求救。

田穰苴将庄贾斩首后,将其首级升上旗杆,警示于三军。全军大为震惊。

过了一会儿,齐景公派遣的使者才拿着符节乘车赶到军营,解救庄贾。田穰苴说:"将军在外边执行任务,君王的命令有些可以不接受。庄贾违反军纪,已被正法。"他又问法官:"军营中不准驰车,现使者乘车驰入军中,按军法应如何处置?"

军法官答:"应当斩首。"使者十分害怕。

田穰苴说:"君王的使者是不能杀的。"于是他只下令杀了使者的仆人,砍了使者的车子左边的木杆,杀了在右边驾车的马。并警示三军,今后若有在军中驰车者,一律斩首。

从此,全军将士再也没有敢轻视田穰苴并违犯军纪的了。

由于田大将军军令如山,又能和士兵同甘共苦,结果军威大震,他带领齐军胜利地抵御了晋国和燕国的入侵,收复了失地,保卫了国家。

就这样,田穰苴成功地运用了"指桑骂槐"之谋略。

韩信指桑骂槐修栈道

刘邦等待时机成熟,拜韩信为大将军,准备出兵攻打关中,与项羽争夺霸权。

韩信为了迷惑项羽,采取明修栈道、暗渡陈仓的战术。他令樊哙、周勃带领一万人修复被毁坏的栈道,限期3个月完成,并且扬言大军东征,从栈道通过。

韩信曾经为了防止项羽通过栈道,放火烧毁栈道,栈道被毁达300多里,而且地势险恶,想重新修复可不是一件容易的事情。樊哙、周勃带领万人整整干了一半月,才修了短短的几里,官兵们不知道修栈道是韩信用

的疑兵之计，个个怨声载道，他们认为 3 个月修复栈道根本不可能：这个责任不在他们自己，而完全在于韩信指挥失误。韩信出身寒微，又是被项羽抛弃来投奔刘邦的，所以，众将对他并不服。修栈道更是造成官兵人心浮动。樊哙是个猛将，少年跟随刘邦征战，他对韩信更是不服，为修栈道之事大为恼火，他公然发难："这么大的工程就是用 10 万壮丁，用时 1 年也不能完成。"由于樊哙的发难，不仅修栈道的声势受到影响，就连韩信在全军的威信也受到危及。

韩信得知情况后，不仅不向部下作任何解释，而且还继续严令修栈道的将士们加快施工，并将樊哙等人撤职惩办。韩信对官兵说："个别人的捣乱不能影响我们的工作。"其实，大家都知道，这个"个别人"不仅是指樊哙一人，也是指所有有发牢骚的人，但是惧于军威，他们不敢消极怠工。韩信最终成功地运用明修栈道、暗渡陈仓一计奇袭关中，为刘邦坐镇关中立下了汗马功劳。

指桑骂槐是指在和自己有关的事务或激于义愤之际，对不能不骂、又不便公开骂的人，借着一些事物或虚构情节，表面上是骂这个事物，其实是骂那个人。在军事上，指桑骂槐指一种"惩戒"或"杀鸡儆猴"的谋略，来号令统一，军纪严明，令行禁止，以提高部队的战斗力。

第二十七计　假痴不癫

【计谋精解】

难得糊涂，假装糊涂，是一件十分困难的事。装聋作哑，装疯扮傻，心里明白却假装痴呆，就是"假痴不癫"。

"假痴不癫"用于军事斗争，常作为老成持重的谋略。"假痴"就是装聋作哑，忍受轻蔑，不动声色；"不癫"就是不轻狂浮躁，不冒失乱动，坚守不出。

古人认为，当进攻时机未到时，应镇静得如同痴人一样。如果癫狂作态，冒失乱动，就会暴露战机，引起猜疑，导致失败。因此，假痴不癫之计的诀窍便是：宁可伪装糊涂而不行动，也不假

冒聪明而轻举妄动。要镇静沉着，不露机锋，好似入冬的云雷积聚、待春而发。

三国时，司马懿假装志衰病笃，使曹爽丧失警惕性，从而把曹爽杀死。在五丈原与诸葛亮对峙时，司马懿料定蜀军粮草匮乏，不利久战，因此坚壁不出，以逸待劳。诸葛亮使激将法，派人将妇女的头饰和衣服送给司马懿，讥讽他缩头藏尾，如妇人之所为。

魏军将领见状勃然大怒，争先请战，司马懿却欣然接受。为安抚士气，继续以坚壁不战的战略使对方疲惫，司马懿故意上奏请示魏主晓谕攻守对策。

如此公文往返，又消耗了一段时间，司马懿终于以固守之策逼退无法僵持待战的蜀军。

【原文】

宁伪作不知不为，不伪作假知妄为。静不露机。云雷屯也。

【译文】

与其硬显聪明而轻举妄动，不如假装傻痴，举止收敛。把变化的心计藏在心底，不形之于外，就像夏天的雷云静静地蓄势待发一样。

【古今中外著名典例】

孙膑脱险

战国时，孙膑与庞涓同为鬼谷子的弟子，共学兵法，曾有八拜之交，结为异姓兄弟。庞涓为人刻薄寡恩，孙膑则忠诚谦厚。

一年，庞涓得知魏国惠王厚币招贤，访求将相，不觉心动。于是，辞别师傅下山去了。临行时，孙膑相送话别，庞涓说："我与兄有八拜之交，誓同富贵，此行若有进升的机会，一定举荐吾兄，共立功业。"

庞涓到了魏国，魏惠王见他一表人材，韬略出众，便拜为军师，东征西讨，屡建奇功，败齐一战，声震列国，诸侯相约联翩来朝。庞涓之名，惊动天下。

庞涓虽显赫不可一世，却还忌着一个人，那就是他的义兄孙膑。他认为孙膑据有祖传"孙子十三篇"，所学胜己，一旦给与机会，便会压倒自己，故始终不予举荐。

鬼谷子与墨翟（墨子）相好，时相过从。一次，墨翟往访鬼谷子，见到孙膑，交谈之下，叹为兵学奇才。

墨翟到了魏国之后，在魏惠王面前举荐孙膑，说他独得其祖孙武之秘传，天下无有对手。惠王大喜，知孙膑与庞涓是同窗兄弟，乃命庞涓修书聘请。

庞涓明知若孙膑一来，必然夺宠，但魏王之命，又不敢不依，乃遵命修书，遣使者往迎。

鬼谷子深通阴阳之术，算知孙膑之前途得失，但天机不可泄漏，给以

锦囊一个，吩咐必须到至危急时刻方可拆看。

孙膑拜辞先生，随魏王使者下山，登车而去。见了魏王，叩问兵法，孙膑对答如流，魏王大悦，欲拜为副军师，与庞涓同掌兵权。庞涓却说："臣与孙膑，同窗结义，膑实臣之兄，岂可以兄为副？不如权拜客卿，候有功绩，臣当让位，甘居其下。"于是拜孙膑为客卿。

从此，孙庞两人又频相往来了。但此时相处，没有当年那样真挚，因庞涓心怀鬼胎，欲除义兄而后快，却以孙膑熟读孙武兵法，欲待其传授后才下毒手。

一次摆演阵法之后，庞涓因不及孙膑，乃迫不及待，便开始用阴谋陷害孙膑，在魏惠王面前说孙膑身在魏邦，心怀齐国，有通敌之意。后来，更是假造证据，赚出孙膑笔迹，骗教孙膑请假回齐，魏王未予明察，乃削其官位，发交庞涓约束监视。庞涓乘机落井下石，私奏魏王，说孙膑虽有私通齐国之罪，但罪不至死，不若砍掉他的双脚，使他成为废人一个，终身也不能回齐国，既全其命，又无后患，岂不两全？魏王依奏，庞涓当晚就下毒手，将孙膑的膝盖削去，又用针刺面，成"私通外国"四字。庞涓还猫哭老鼠一般，假哭一阵，使人为孙膑敷药，抬入书馆，好言安慰。

孙膑堕此术中，身虽残废，但对庞涓还是感激万分。庞涓一心念着经过鬼谷子注解之《孙子兵法》，常以此探问于孙膑。孙膑慨然答应以木简刻写出来。

服侍孙膑的仆人诚儿，见孙膑无辜受害，反生怜悯之心。

一天，庞涓召见诚儿，问孙膑每天刻写多少。诚儿答孙将军两足不便，长眠短坐，每日只写三策。庞涓大怒，说："如此迟慢，何日可完？你可与我加紧催促！"诚儿惶恐退出，遇一近侍，告及："军师要孙将军写书，又何必如此催促？"那近侍小声告诉："你有所不知，军师与孙君，外虽相好，心实相忌，目前使他苟延残命，不外欲得此兵书，到写完之时，即会绝其饮食了，你切不可泄漏风声！"

诚儿闻言大惊，心想军师竟是如此不义之人，回去将此话告诉孙膑，孙膑才知底细，想此不义之人，岂可传以兵法？继念若不写，他必发怒，吾命危在旦夕。左思右想，欲求脱身之计，忽然想起老师鬼谷子当日给的锦囊及吩咐的话："到至危急时方可拆看。"遂将锦囊打开，乃黄绢一幅，上写

408

"诈疯魔"三字，"哦，原来如此！"孙膑叹了一声，倒轻松了许多。

晚上，饭送来了，孙膑正举箸，忽然扑倒在地下，作呕吐状，一会又大声叫喊："你何以要毒害我？"跟着将饭盒推倒落地，把写过的木简用火焚烧，口里喃喃谩骂，语无伦次。

诚儿不知是诈，慌忙奔告庞涓。次日庞涓来看，见孙膑痰秽满面，伏地哈哈大笑，忽然又大哭。庞涓问："兄长为何又笑又哭呢？"孙膑答："我笑魏王想害我命，而不知我有十万天兵保护；我笑的是魏国除我孙膑之外，无人可当大将。"说完，瞪眼盯住庞涓，复叩头不已，口叫："鬼谷先生，你救我一命吧！"庞涓说："我系庞涓，休认错人。"孙膑拉住庞涓的衣袍，不肯放手，乱叫："先生救我！"庞涓命左右将孙膑扯脱，才回府去。

庞涓回府，心中还疑惑，认为孙膑是诈癫扮傻。想试探其真假，乃命左右把孙膑拖入猪栏。此处粪秽狼藉，臭不可闻，孙膑披头散发，若无其事地便倒身卧落屎尿之中。有人送来酒食，说是偷偷瞒过军师送来的，是哀怜先生被刖之意。孙膑心知这是庞涓的把戏，便怒目大骂："你又来毒我吗？"将酒食倾翻在地，使者顺手拾起猪屎及臭泥块给他，他却抢住送到口里吃了，使者将情况回报庞涓。庞涓说："他已真狂了。不足为虑矣。"从此对孙膑不加防范，任其出入，只派人跟踪而已。

孙膑这"疯子"行踪无定，早出晚归，仍以猪栏为室，有时整夜不归，睡在街边或荒屋中，在外捡食污物，时笑时哭，没有人怀疑他是诈癫扮傻。

这时，墨翟云游到了齐国，住在大臣田忌家里，其弟子禽厘滑亦从魏国来，墨翟问他："孙膑在魏国得意与否？"禽厘滑遂将孙膑被刖膝之事告之。墨翟闻听后惊骇，叹道："我当日本欲荐他，今反而把他害惨了。"

于是，墨翟乃将孙膑之才及庞涓妒忌之事，转告于田忌，田忌又转奏齐威王，齐王以本国有如是之将才，见辱于别国，便说："寡人即刻发兵迎孙膑回国！"田忌却说："投鼠须忌器，孙膑既不见容于魏国，又怎容他回齐国呢？此事只可以智取，不可以硬碰，须如此如此，这般这般，密载以还，方可保万全。"

齐威王用其谋，即令客卿淳于髡为使，禽厘滑装作随从，假以进茶为名，到魏国去相机行事。

淳于髡到了魏国见过惠王，致齐侯之命，惠王大喜，安顿淳于髡于迎

宾馆住下，随从禽厘滑私下去找孙膑。一晚，找到了，见孙膑靠坐在井栏边，对着禽厘滑瞪眼不语。禽厘滑行近前，垂泪细声说："我是墨子的学生禽厘滑，老师已把你的冤屈告之齐王，齐王命我跟淳于髡假以进茶为词，实欲偷载你回齐国去，为你报此刖足之仇，你不必疑及其他。"好一会儿，孙膑才点头，流着泪说："唉，我以为今世永无此日了，今有此机会，敢不倾心相告。但庞涓疑虑太甚，恐怕不便携带。"禽厘滑即答："这一层你可放心，我已计划好了，到起程时，我会亲自相迎。"约好第二天碰头的地点及时间才离开。

次日，淳于髡一行要回国了，魏王执酒相待，庞涓亦在长亭置酒饯行，但禽厘滑已先一夜把孙膑藏在车里，叫随从王义穿起孙膑的衣服，披头散发，以稀泥涂面，装作孙膑模样在街上疯疯癫癫的，瞒过了盯梢，也瞒过了庞涓。

禽厘滑驱车速行，淳于髡押后，很快就把孙膑载回了齐国。

过了几天，那位假孙膑亦脱身回来。跟踪的人见孙膑的脏衣服散在河边，报告庞涓，都认为孙膑已投水死了，根本不怀疑他已回到齐国。

孙膑秘密回到齐国后，仍然保密，不出名不露面。后来赵魏交战，孙膑以"围魏救赵"之计，大败庞涓。韩魏之役，孙膑再以"增兵减灶"之计，诱敌深入，致使庞涓死于马陵道。

第二十八计　上楼抽梯

【计谋精解】

巧设梯子，引诱对手登梯上房，抽走梯子，断其后路，使其无法逃脱，任我摆布。

《三国演义》记载：后汉末年，刘表的长子刘琦，为后母所不容。刘琦总是请诸葛亮给自己出主意以保平安，诸葛亮一直不答应。这一天，两人同上高楼，刘琦暗中叫人把梯子抽掉，对诸葛亮说："今日上不至天，下不接地，你说的话，从你口里出，进我耳里去，你可以教我自安的办法了吧！"

诸葛亮就给他举了春秋时晋献公的妃子骊姬谋害太子申

411

生、重耳的例子，指点刘琦说："当时申生留在宫内，因此身亡；重耳远避王城，保证了安全。"刘琦恍然大悟，就请求父亲把他派往江夏，以避开后母，免遭祸害。

刘琦迫使诸葛亮赐教的办法，就是"上屋抽梯"或称"上楼抽梯"计。军事上的"上屋抽梯"计策，是指诱敌深入，阻敌援兵，断其退路，使其束手待毙的策略。

【原文】

假之以便^[1]，唆之使前^[2]，断其援应，陷之死地^[3]，遇毒，位不当也^[4]。

【注释】

[1]假：借给。便：便利。

[2]唆：唆使。这里引申为诱使。

[3]死地：中国古代兵法用语，一种进退无路、非经死战难以生存之地。

[4]遇毒，位不当也：语出《易·噬嗑·象》。因贪图小利而盲目进军是有很大危险的，如果硬要强行进军，必将陷于危险的死地。

【译文】

给予敌方以某种便利，诱使它（盲目）前进，然后再截断其应援之路，就能陷敌军于死地。这是从噬嗑象辞"遇毒，位不当也"一语中悟出的道理。

【古今中外著名典例】

严挺子"中风了"

李林甫是唐玄宗的宰相，他是个口蜜腹剑的阴谋家。

他的政敌——严挺子，被贬到地方政府做事的那段时期，玄宗有一天突然想起他，问李林甫说："我记得有一个很能干的高官叫做严挺子，他现在在哪里？"

当天，李林甫退出皇宫后，立刻召唤严挺子的弟弟，说："陛下对令兄很关心，照说，他最好在这个时候谒见皇上，但是，他正在地方政府做事，一时办不到。你不妨通知令兄，让他假作患了中风，向皇上奏请回京疗养……"

严挺子接到弟弟的信后，喜上眉梢，即刻写了奏文，请求皇帝调他回京，玄宗接到奏文后，问李林甫如何处理，李林甫答说：

"严挺子已经年迈,而且中了风,请陛下把他调任闲职,叫他专心养病好了。"

李林甫使用这种巧计,把政敌复起的机会,消灭于无形之中。

公子突继位

春秋时,郑庄公病重,召来大臣祭足商议,想要废太子忽,另立太子突继承王位。祭足说,废长立幼,恐怕会引起混乱。庄公认为也有道理,亦深知次子突不会甘居人下的,便把突送到宋国的外婆家去。

不久,庄公死了,太子忽继位,是为郑昭公,他派祭足到各国访问。祭足到宋国,宋庄公不问情由,就把他扣押起来。

祭足感到莫名其妙,问:"我犯了什么罪?"

"别着急,我会慢慢告诉你。"庄公说,却没有丝毫恶意。

到了晚上,宋庄公派太宰华督去见祭足,编一事实说:"贵国的公子突正要求我国派兵护送他回去,所以我们的大王要你把太子忽废了,立公子突为国君。你如果不答应的话,就对不起,先杀了你,然后派兵护送公子突回郑国。"

在威迫之下,祭足答应了,并对天立誓。

次日,宋庄公再派华督见公子突,告诉他:"你的新君今派使臣来,要我杀了你,言明以三座城池为酬谢。"

公子突信以为真,连忙作揖称谢说:"我的生命已操在你手上,如能替我出个主意的话,那我将来的酬谢定不只三座城池。"庄公见计得逞,便安排公子突和祭足见面,商议怎样回国夺权。

庄公问公子突,将来送些什么做报酬,公子突一时想不出。庄公厚着脸皮开口:"这样吧!我也不愿叫你为难,只要给我三座城池,一百对美女,一万两黄金,外加每年二万石谷子就可以了。"

公子突急于回国,便毫无考虑地满口答应。庄公见自己的目的已经达到,便放祭足回国去。

祭足回到郑国,把宋国将发兵护送公子突回国的消息告诉大臣们,大家都很害怕,并一致同意立公子突为王。郑昭公见大势已去,连忙跑到卫国去躲避。

不久,公子突回国即位,是为郑厉公。

宋庄公派人到郑国来道贺，并让公子突履行自己的诺言。事实上，郑国是一个小国，怎么拿得出这么厚重的礼品呢？结果只能叫人带一点粮食去。对这微不足道的酬报，宋庄公大怒，乃托鲁国的醒公做中人催索，因事关利害冲突，言词激怒了鲁醒公，同时，各国间的明争暗斗正达到了白热化的程度，宋国与齐国同一阵线，郑国和鲁国又结盟，公开冲突，结果郑鲁盟国打败齐宋，此索贿之事遂一笔勾销，公子突这时却真正做了个"上屋抽梯"之人。

渡边桥之战

一年，楠木正成以金刚山（距大阪市中心西南方约 32 公里）的千早城为中心，从事大筑城的作业，企图在城外作战，计划平定纪井、和泉等地。

一天，楠木正成以两千名士兵进出堺市一带。这使得位于京都之六波罗的北条国大吃一惊。于是派遣大军七千人，派隅田及高桥二位将军率领，企图一举歼灭楠木正成。他们的军队自京出发，并分由宇治、枚方、渡边（即今大阪）三处渡过淀川河，攻击堺市。这个形势对于楠木正成极为不利。因为按照兵法的原则，以在距离敌人之远方渡河为上策。于是楠木军在向阿倍野（今大阪市区内）进发的时候，另派三百士兵为饵，到渡边桥引诱敌军。

隅田和高桥是两位庸将。一听说"渡边桥附近有敌军占领"，就不问明细委，率领全军向渡边桥突进。楠木认为"像这样的敌人很容易打"，于是决定使用"上屋抽梯"之计。

六波罗的七千大军攻到渡边桥附近，楠木部队稍加抵抗之后，就退到南岸，并且分向两侧退离战场。六波罗军认为"敌人这样稀松"，就纷纷争先恐后地渡过桥来，在天王寺附近一带进出，变成无人管制的局面，队势也混乱了。

楠木正成一看，正中下怀。于是，对三面埋伏的主力部队下达总攻击令，自己在阵前横冲直撞，不顾一切，连续换了七匹战马，奋力作战。六波罗军受到意外的攻击，因而溃走，又复争先恐后地奔回桥畔，但是，桥板已被拆掉了。先前好不威风的六波罗军人，现在个个垂头丧气，望河兴叹，无计可施，只有接受溃灭的局面。而楠木正成高唱凯歌而归。

看来，"过河拆桥"也是"上屋抽梯"之计在现实中的运用。

智审流浪汉

"上屋抽梯"计的诀窍是：故意给对手提供便利，唆使他懵然向前，然后切断其援助和凭借，置之于死地。

第二次世界大战期间，法国反间谍机关收审了自称是比利时北部的一位农民流浪汉。他的言谈举止和眼神使法国反间谍军官吉姆斯认定他是德国纳粹间谍，可是还没有更有力的证据。

审讯开始了。吉姆斯提出的第一个问题是："会数数吗？"这个问题很简单，流浪汉用法语流利地数数，没有露出一丝儿破绽，甚至在说德语的人最容易说漏嘴的地方他也能说得极熟练。于是他被押回小屋去了。

过了一会，有人在屋外燃起火来，哨兵用德语大声喊："着火了！"流浪汉无动于衷，仿佛果真听不懂德语，照样睡他的觉。

后来吉姆斯又找来一位农民，和流浪汉谈论起种庄稼的事，他谈的居然也颇不外行。看起来吉姆斯凭外观判断的第一印象是不能成立的。

第二天，流浪汉在被押进审讯室的时候，显得更加沉着冷静。吉姆斯似乎在非常认真地审阅一份文件，他审阅完并在上面签字之后，抬起头突然说："好啦，我满意了，你可以走了，你自由了。"

流浪汉长长地松了一口气，像放下一个沉重的包袱，他仰起脸，愉快地呼吸着自由的空气。

然而，他刚想转身，忽然发现法国军官吉姆斯的脸上也露出胜利者的微笑，顿时醒悟到自己失算了。原来，吉姆斯在说上面那句话时，用的是德语，他表示听懂了，他的真实身份也因此暴露了。此后的结果是不言而喻的。

这位被誉为"世界首屈一指的反间谍权威"的法国军官或许不知道，他所使用的破敌绝招，正是中国古代计策精粹"三十六计"之一——"上屋抽梯"。

法国军官吉姆斯用德语宣布释放——这便是有意设置的"梯子"，待到上当的德国间谍情不自禁地松口气，这把"梯子"就该抽掉了。于是，德国间谍就陷入绝境，没有一点挣扎的余地，只能老实招供。

第二十九计　银树开花

【计谋精解】

借别人的局面布成有利的阵势,即使原来的兵力弱小,也会显示出强大的阵容。"银树开花"是借别人的力量来慑服敌人的一种策略。

《三国演义》中,邓艾偷渡阴平成功,迫降了蜀后主刘禅之后,曾上书司马昭,提出一条富有战略远见的建议,大意是:今刚灭蜀,按说可趁势征取东吴。但士兵刚征蜀归来,非常疲劳,不宜立即兴兵。既如此,可一方面组织人力,赶造兵器、舟船,造成伐吴气势以威慑东吴,同时迫使东吴,告以利害,这样不用出兵东吴即可归降;另一方面,厚待刘禅,封王赐财,以影响东吴的孙休,这样一来,吴人"畏威怀德,望风而从矣"。当时,魏军刚刚灭

417

蜀而声威大震,邓艾主张借此声势,威德并用,"先声而后实",即先造成一种声势而后采取行动,争取不战而败东吴。邓艾的主张完全符合当时的实际情况,是不需劳军而取胜的高招。

邓艾"借局布势"的谋略思想,与"银树开花"计不谋而合。

妇孺皆知的猛张飞,当年来到长坂桥头,先是令手下砍下树枝,拴在马尾,在桥东林中往来奔驰,扬起尘土,虚造伏兵之势,使敌兵不敢近前,否则,仅凭他的一声大吼,是断不能喝退曹兵的。也就是说,张飞桥头的一声大吼,是借助了虚设的伏兵之势。

【原文】

借局布势[1]，力小势大[2]。鸿渐于陆，其羽可用为仪也[3]。

【注释】

[1]局:局诈。势:阵势。用局诈的方法,布成一定的阵势。

[2]力:力量。这里指军队的兵力。势:这时指声势。

[3]鸿渐于陆,其羽可用为仪:此语出自《易·渐》上九爻辞:"鸿渐于陆,其羽可用为仪,吉。"这里的鸿指大雁。渐指的是渐进。陆,通"逵"。羽,指鸿雁美丽的羽毛。仪,指的是效法。

【译文】

只要采用各种手段,显出优势,即使兵力不多也能显得强大。看那大雁凌空而飞时,不也是尽展羽翼,意气昂扬吗?

【古今中外著名典例】

借局布势　安全回师

公元 420 年,宋武帝刘裕在南方建立了宋朝;过了十九年,北魏太武帝统一了北方。

宋武帝做了两年皇帝,就病死了。武帝的儿子宋文帝(刘义隆)即位以后,北魏渡过黄河,对宋朝大举进攻,欲夺取宋朝黄河以南的大片土地。宋文帝派檀道济率领大军抵抗。

檀道济在战斗一开始防备松懈。魏军乘此机会,用两支轻骑兵向檀道济军前后两翼发起突然袭击,把宋军的辎重粮草放火烧掉了。

檀道济只能准备从历城退兵。

宋军中有一兵士逃到魏营投降,把宋军缺粮的详细情况告诉了北魏的将领。北魏乘机派出大军追赶檀道济,想把宋军紧紧围困起来。

檀道济却非常镇静,从容不迫地命令将士就地扎营休息。

当天晚上,宋军军营里灯火辉煌,檀道济亲自带领一批管粮的兵士,

孙子兵法·三十六计

419

在一个营寨里查点粮食。有的兵士手里拿着竹筹高声计数,另一些兵士在用斗量米。

这消息被魏兵的探子得悉后,赶快报告魏将说,檀道济营里军粮还绰绰有余,如跟檀道济决战,是一定要打败仗的。

魏将得知这一情报,以为在此以前告密的宋兵是假装投降,故意引诱他们上当受骗的,于是,把投降的宋兵推出斩首。

其实魏将中了檀道济的计。檀道济在营里量的并不是白米,而是一斗斗的沙土,只是在沙土上覆盖着少量白米罢了。

到了天色发白,太阳渐渐升起的时候,檀道济命令将士戴盔披甲,自己穿着便服,乘着一辆马车,大模大样地在大路上慢腾腾地移动。

魏将不知檀道济究竟在弄什么玄虚,暗中埋伏了多少人马,所以始终不敢贸然进攻。

檀道济就这样运用“银树开花”之计,以其镇静和智谋,使宋军无一损伤,安全回师。从此以后,北魏再也不敢轻易进攻宋朝。

假潜艇亮相

1970 年初,美军在苏联领空上的侦察卫星,侦测到停泊在波亚尼港的苏联北洋舰队中,新加入了载有洲际导弹的几艘潜艇。

事有凑巧,从那天起,波罗的海连续几天刮了狂风,侦察卫星的操作系统因而出现毛病。

直到暴风一过,卫星上的摄影机又恢复正常操作。那时工作人员才惊讶地发现,这些新型潜艇竟有半数已经歪斜、倾倒。

原来这些潜艇不是钢铁制造的"真品"。

一个曾任职于苏联兵工厂,后来投奔美国的高级技师透露,当时,他在兵工厂的任务是制造木制的假兵器。

他说:那些假兵器做得与真品一模一样。苏联政府为了制造这些假兵器,还特地盖了特殊厂房,并且工厂四周巧妙伪装。

虽然,在里加港对岸的撒勒姆岛上,配置了许多真的导弹,然而,这位技师说,在他服役的期间,假导弹的数量比真导弹多。这种欺敌战略,目的在蒙骗西方国家。

在战略方面,苏联三十年来,一直隐瞒军事实力,致使以美国为首的西方世界错误估计苏联的军力,这是可以想见的。

银树开花指虽然兵力弱小,但显示得似乎兵力强大。苏联通过假兵器的亮相骗美国,算是大大的"银树开花"了。

长坂桥张飞退曹兵

三国时期,曹操领兵分八路进攻樊城,为保护城中百姓,刘备只得弃城出走,曹操率大军紧追其后。

万马军中,赵子龙单骑救出幼主阿斗,直穿曹兵重围,砍倒曹军大旗两面,夺槊三条,前后枪刺剑砍,杀死曹营名将 50 余员,望长坂桥而走。忽听后面又喊声大起,原来是曹将文聘引军赶来。赵云来到桥边,已是人困马乏,始见张飞挺矛立于桥上,赵云大呼:"翼德快快救我!"

张飞高呼:"子龙快走,追兵由我对付。"

原来,张飞为接应赵云,带领 20 余骑,来到长坂桥。张飞见曹军成千上万的兵马杀将过来,他心生一计,命所有兵士到桥东的树林内砍下树枝,拴在马尾巴上,然后策马在树林内往来驰骋,冲起尘土,使人以为有重兵埋伏。而张飞则亲自横矛立马于桥上,向西而望。

曹将文聘带领大军追赵云到长坂桥,只见张飞倒竖虎须,圆睁环眼,

手持蛇矛，立马桥上。又见桥东树林之后，尘土大起，疑有伏兵，便勒住马，不敢近前。不一会儿，曹仁、李典、张辽、许褚都来到长坂桥，见张飞怒目横矛，立马于桥上，都恐怕是诸葛亮用计，谁也不敢向前，只好扎住阵脚，一字儿摆在桥前，派人向后军飞报曹操。

曹操得到报告，赶紧催马由后军来到桥头。张飞站于桥上，隐隐约约见后军有青罗伞盖、仪仗旌旗来到，料到是曹操疑心，亲自来阵前查看。

张飞等得心急，大声喝道："我乃燕人张翼德也，谁敢来与我决一死战！"声音犹如巨雷一般，吓得曹兵两腿发抖。

曹操赶紧命左右撤去伞盖，环视左右将领，说："我以前曾听关云长说过，张飞能于百万军中，取上将头颅如在囊中取物那么容易。今天遇见，大家千万不可轻敌。"

曹操话音刚落，张飞又圆睁双目大声喊起来："燕人张翼德在此，谁敢来决一死战！"

曹操见张飞如此气概，自己已是心虚，准备退军。

张飞看到曹操后军阵脚移动，又在桥上大声猛喝道："战又不战，退又不退，却是何故？"喊声未绝，曹操身边一员大将夏侯杰惊得肝胆碎裂，从马上栽到地下身亡。曹操赶紧调转马头，回身便跑。于是，曹军众将一起往西奔逃而去。一时弃枪落盔者，不计其数，人如潮涌，马似山崩，自相践踏。

张飞见曹军一拥而退，不敢追赶，急忙唤回20余骑士兵，解去马尾树枝，拆断长坂桥，回营交令去了。

张飞这员猛将，临危不惧，巧妙地运用"银树开花"之计，以少胜多，击退曹兵成千上万，取得了胜利。

孙子兵法·三十六计

422

第三十计　反客为主

【计谋精解】

　　以积极代消极,化被动为主动,转守为攻,才能扭转乾坤、反败为胜。四两可以拨千斤,小鱼可以吃大鱼。客人作客,基于礼貌,总要尊重主人的地位,迎合主人的意见,此乃作客之意,故有"客随主便"、"入境随俗"之语。此时客人可说是处于被动受支配的地位。

　　如果反过来,由客人登堂入室当家作主,发号施令,操作一切,就变成"主客易势"、"喧宾夺主"。这就是"反客为主"之意。

　　在军事上,一般说来,深入敌国作战为"客",在本土防御为"主"。"反客为主",就是寻找敌人防御的漏洞,乘机插入敌方腹地攻其要害,控制敌方指挥系统,由"客"变为"主"。

　　《水浒》中有一段林冲火并王伦的故事。

晁盖、吴用等7位英雄好汉智劫生辰纲,又在石碣村大败来犯官兵之后,便投奔水泊梁山。不料梁山寨主、白衣秀士王伦嫉贤妒能,心地狭窄,担心众豪杰入伙后,危及自己所坐的第一把交椅,竟不愿收留。位居第四头领的林冲见状很是不平。智多星吴用察颜观色,窥破内情,便预先与晁盖等人商议唆使林冲火并王伦。

次日,吴用在与林冲交谈中表示,既然王伦不愿收留,便欲另投别处,反劝林冲不必为"新兄弟"情面而与"旧兄弟"翻脸。林冲是个耿直汉子,经吴用以退为进的这么一劝,反倒由不满王伦逐客之心,生出火并王伦之意。于是,当王伦以"粮少房稀"、"一洼之水"难容众多"真龙"为由,巧言逐客之际,林冲再也按捺不住,直言痛斥王伦"笑里藏刀,言清行浊"。吴用见林冲与王伦顶撞起来,便示意众豪杰一边佯劝"不要火并"。一边分头守住王伦及山寨其他头领。林冲骂得性起,顺势一刀杀了王伦,随即倡言改立晁盖为山寨之主。

晁盖等英雄好汉,从开始到山寨作客请人收留,到激发林冲的不满情绪,促使林冲火并王伦,最后趁机控制局势,顺势坐上了山寨的第一把交椅,掌握了整个山寨。这正是"反客为主"计的完美运用。

反客为主之计的诀窍是:有空隙就应插足进去,掌握对方的主要机关,要注意循序渐进。

古人认为,被人驱使的是奴隶,受人尊敬的是客人。客人中,不能站稳脚跟的叫"暂客",能够站稳脚跟的叫"久客",长期作客而不能主管事务的叫"贱客"。能够主管事务的客人,就可以逐渐掌握机要中枢而成为主人。因此,要造就反客为主的局面,第一步必须争取到客人的地位,第二步必须善于利用矛盾,第三步必须插足参政,第四步必须掌握机要,第五步就可以变客人为主人。既然做了主人,就等于掌握原有的一切。这就是循序渐进,将他人势力转变为我方势力的谋略。

【原文】

乘隙插足,扼其主机[1]。渐之进也[2]。

【注释】

[1]主机:主要的关键之处,即首脑机关。

[2]渐之进也:语出《易·渐·象》:"渐之进也,女归吉也,进得位,往有功也。"按《易经增注·下经·渐》的解释:天下事动而躁则邪,静而顺则正,渐则进而得乎贵位,故行有功。这句话的意思是:凡天下事,行动盲目而急躁,就会走入邪途;冷静而顺其规律,就会登上正道。

【译文】

对方一有破绽就立刻乘虚而入,夺取权力。只是,需要逐步达成目的,切莫急躁。

【古今中外著名典例】

隐忍自重

项羽与刘邦同为反秦联军的大将,各领大军分路朝秦都咸阳挺进。联军以项羽军为主力,刘邦的部队则为偏锋,可是拿下咸阳的竟是刘邦的部队。

刘邦捷足先登,使得项羽很不是滋味,气愤难消之余,他竟起了攻打刘邦的意图。

此时,刘邦的兵力只有10万,项羽则拥有40万大军。刘邦毫无胜算,万不得已,带着几名随从,向项羽谢罪。这就是历史上有名的"鸿门宴"。

其实刘邦并没有犯错,只因兵力不如项羽,只好隐忍一时,向他低头。没多久,进行战后的论功行赏,项羽掌握主导权,刘邦饱受不平等待遇。按理讲,事先已经言明谁先拿下咸阳,谁就是关中之主。然而,刘邦分到的却是偏地——汉中。刘邦怒气难耐,曾经决心不惜一战,后来在参谋劝告下,暂远赴汉中。他是想既然战无胜算,不如顾及大局隐忍一时。

刘邦在汉中发奋图强,不久,趁项羽的缺失,引兵讨伐,终于取代项羽而一统天下。

要使"反客为主"之计成功,就要学习刘邦在准备期"隐忍自重"的作为。

长达三代的企图心

司马懿从年轻时代就是众人瞩目的干才。当时,气势"如日中天"的曹操,很赏识他。经由曹操的发掘,他才有机会服侍魏国。然而,在初期他们处得并不怎么融洽。

司马懿在仍是太子(曹丕)随从的时候,有一天,曹操梦见三匹马在一个马槽吃饲料,于是惊告曹丕说:"司马仲达(司马懿之字)很可能推翻我们魏国,对他可要特别小心。"

据说,曹操还提议,趁司马懿羽毛未丰时,把他杀了。

虽然司马懿受到曹操的如此猜忌,仍然忠心服侍曹操,以他的尽忠职守,逐渐化除了曹操对他的戒心。从这一点可以看出,司马懿确不平凡。曹操过世后,他就成为曹丕的心腹。曹丕去世之后,他成为魏国的元老,威重如山。

司马懿以臣子之身终其一生,司马家族篡位建立晋朝,是司马懿之孙——司马炎那时候的事。

也就是说,司马家族历经父、子、孙三代才完成了"反客为主"之计。

袁绍计占冀州

三国时,袁绍屯兵于河内,粮草十分短缺。冀州主将韩馥,派人送来粮草以解袁绍燃眉之急。

袁绍的谋士逢纪对袁绍说:"大丈夫纵横天下,还用得着别人来送粮食吗?冀州乃鱼米之乡,乃粮钱广盛之地,将军怎么不夺取来呢?"

袁绍说:"没有什么良策。"

逢纪说:"这有何难。将军可暗地派人送信约公孙瓒,让他进攻冀州,告诉他,我们一起夹攻冀州,公孙瓒肯定出兵。韩馥是一个无勇无谋的

人，必然会来求将军帮助他拿主意，主持冀州的大事。到那时，时机成熟了，取冀州之事，则是唾手可得也。"

第二天，袁绍立即派人给公孙瓒送去了书信。

公孙瓒看了袁绍的来信，见是商量一起攻打冀州，并言得手之后二人平分冀州土地，心中十分高兴。便立即叫来人捎回书信，答应第二天就出兵攻打冀州。

这时，袁绍又派人秘密通报韩馥，说有消息说，公孙瓒领兵前来攻打冀州，要韩馥千万小心迎敌。

韩馥得袁绍密报之后，慌忙与谋士荀谌、辛评商议退兵之计。

荀谌说："这次公孙瓒来者不善，他纠集了燕山、代山的大军，长驱而来，势不可当，何况还有刘备、关羽、张飞前来助战，确实难以抵挡。我看将军与袁绍情义非常，袁绍智勇过人，手下的名将也多不可数，将军可把袁绍请来冀州共同治理，商讨退兵大事。只要我们诚心诚意地厚待将军，我想公孙瓒是占不了我们冀州的。"

韩馥听后连连点头称是，便赶紧派人前往请袁绍。

长史耿武对韩馥说："将军千万不可仓促去请袁绍，目前袁绍乃孤客穷军，靠我们给他粮草才能度日，就如婴儿在母亲的身边，如果不给他奶吃，立刻就会死亡。如果这时把他请来主持我们冀州的事，岂不是引虎入羊群吗？"

韩馥说:"先生之言差矣,我本来是袁绍的故吏,才能不如袁大将军,自古以来都是把主位让给贤者,我看诸位就不要嫉妒了。"

耿武听后,仰天长叹:"冀州完了!"

众将听了韩馥之言后,当时就有三十几位弃官而走。

耿武与闵纯则决心阻挡袁绍入冀州,便领兵埋伏在城外,等候袁绍。

几天后,袁绍领兵前来冀州,耿武、闵纯拔刀而出,准备刺杀袁绍。

袁绍大叫:"有刺客!"

袁绍的大将颜良挺枪出马,刺死耿武,大将文丑挥刀砍死闵纯。

韩馥带领文武官员在城门口迎接袁绍,袁绍与韩馥见过礼之后,领兵进入冀州。

将军府内,袁绍委韩馥为奋威将军。

袁绍对韩馥说:"冀州之所以治理不好,有很大程度是因为将军用人不当。"

随后,袁绍将韩馥旧部尽悉解职,以自己的部将田丰、沮授、许攸、逢纪分别掌握起冀州的军政,尽夺韩馥大权。

事到如今,韩馥懊悔不已,无奈只得弃下家小,只身匹马逃出城去,投奔陈留太守张邈去了。

袁绍占据冀州后,立刻以大军抵住公孙瓒的进攻。从此以后,冀州就成了袁绍的根据地。

不难看出,袁绍是巧妙地使用了"反客为主"之计,使自己变被动为主动,从而占领了冀州。

第三十一计　美人计

【计谋精解】

　　中国有句古话："英雄难过美人关"。古今中外，不论是在政治、军事，还是商业经济活动中，经营者都喜用美人为饵来达到某种目的。

　　周幽王为博褒姒一笑，烽火戏诸侯，西周因此而亡。夫差吴宫宠西施，终被勾践所灭。唐明皇集三千宠爱于杨玉环一身，因

而失国。吴三桂为了陈圆圆,冲冠一怒引清兵入关,明朝江山因之而废。这些王侯将相,皆因美人而败亡。尽管历史学家对此结论颇有非议,但败者总与美人结下了不解之缘。

古人认为,面对兵力强盛、将帅智勇的敌人,如果无法与之抗衡,可暂顺应其意,向敌妥协。妥协的办法很多,如果像战国时期六国侍奉秦国那样割让土地,增强秦国的势力,则属最下策;如果像宋朝侍奉辽国和金国那样,进贡布帛,只会增加辽、金国的财富,也属下策;只有像越王勾践送西施侍奉吴王夫差那样,消磨他的志气,削弱他的威望,增加臣属对他的怨恨,才是转败为胜的好计策。这个"好计策"就是"美人计"。

"美人计"在"三十六计"中属于利用声色犬马诱使敌将贪图安逸享乐,纵情声色,以便进而利用敌将意志薄弱的弱点,转而控制敌人的谋略。它的诀窍是:对付兵力强盛的敌人,要设法攻击它的将帅,对付有谋有智的将帅,要设法扰乱与挫败他们的意志。将帅斗志衰弱,导致军队士气消沉,敌人的势力就必定自行萎颓。利用敌人的弱点驾驭敌人,可以扭转局势,保全自己。

古往今来,施展"美人计"以迷惑敌首,妖媚乱众,或者刺探军情,发展间谍,诸如此类的例子不胜枚举。时至今日,古老的美人计依然有效,究其原因,是因为爱美之心人皆有之。爱之而能自持者固然应是多数,爱至痴迷者估计也为数不少,至于为了与美人厮混而甘心供其驱使者也大有人在。

【原文】

兵强者,攻其将。将智者,伐其情[1]。将弱兵颓,其势自萎。利用御寇,顺相保也[2]。

【注释】

[1]将智者,伐其情:将智者,指足智多谋的将帅。伐其情,即从感情上加以进攻、软化,攻击敌方思想意志的弱点。

[2]利用御寇,顺相保也:语见《易·渐·象》:"利用御寇,顺相保也。"御,抵御。寇,敌人。顺,顺利,顺势。保,保存。

【译文】

对付兵力强大的敌人,要笼络其指挥官。对方若是足智多谋的指挥官,就设法消除他的干劲。只要使指挥官与士兵了无斗志,对手自然会崩溃瓦解。趁对方的弱点而将其操纵自如,即能顺利地保存自己,创出新局面。

【古今中外著名典例】

王允献貂蝉

汉献帝9岁登基,朝廷由董卓专权。董卓滥施杀戮,并有谋朝篡位的野心。司徒王允十分担心,朝廷出了这样一个奸贼,不除掉他,朝廷难保。但董卓势力强大,正面攻击,还无人斗得过他。董卓身旁有一义子,名叫吕布,骁勇异常,忠心保护董卓。王允观察这"父子"二人狼狈为奸,但有一个共同的弱点:皆是好色之徒。何不用"美人计",让他们互相残杀,以除奸贼?

王允府中有一歌女,名叫貂蝉。王允向貂蝉提出用美人计诛杀董卓的计划。貂蝉为感激王允对自己的恩德,决心为民除害。在一次私人宴会上,王允主动提出将自己的"女儿"貂蝉许配给吕布。吕布见这一绝色美人,喜不自胜。二人决定选择吉日完婚。

第二天，王允又请董卓到家里来，酒席筵间，要貂蝉献舞。董卓一见，馋涎欲滴。王允说："太师如果喜欢，我就把这个歌女奉送给太师。"老贼假意推让一番，高兴地把貂蝉带回府中去了。吕布知道之后大怒，当面斥责王允。王允说："太师要看看自己的儿媳妇，我怎敢违命！太师说今天是良辰吉日，决定带回府去与将军成亲。"

吕布信以为真，等待董卓给他办喜事。过了几天没有动静，再一打听，原来董卓已把貂蝉据为己有。吕布一时也没了主意。一日董卓上朝，忽然不见身后的吕布，心生疑虑，马上赶回府中。在后花园凤仪亭内，见到吕布与貂蝉抱在一起，他顿时大怒，用戟朝吕布刺去。吕布用手一挡，没被击中。吕布怒气冲冲地离开太师府。原来，吕布与貂蝉私自约会，貂蝉按王允之计，挑拨他们父子的关系，大骂董卓拆散了他们。

王允见时机成熟，邀吕布到密室商议。王允大骂董贼强占了女儿，夺去了将军的妻子，实在可恨。吕布咬牙切齿，说："不是看我们是父子关系，我真想宰了他！"王允忙说："将军错了，你姓吕，他姓董，算什么父子？再说，他抢占你的妻子，用戟刺杀你，哪里还有什么父子之情？"吕布说："感谢司徒的提醒，不杀老贼誓不为人！"

王允见吕布已下决心，他立即假传圣旨，召董卓上朝。董卓进宫，不料刚到宫门口就被吕布一戟直穿咽喉，死了。

周文王的美人计

纣王在位的时候，有一位诸侯叫做西伯（历史上的周文王），他由于政治清明，颇得诸侯们的尊崇。有人向纣王中伤说："西伯以仁政集诸侯的威望于一身。现在如不设法处置，恐怕对皇上不利……"

纣王听信谗言，立刻囚禁西伯。他的部属眼看西伯将有性命危险，赶紧搜集美女、骏马、珍玩宝物，通过纣王的宠臣，献给纣王。纣王大悦，说："收了这么好的礼物，哪有不释放西伯之礼？"

他立刻释放西伯，并且复其官位，西伯靠这个"美人计"而幸免遇难。后来，西伯之子武王，起而伐纣，建立了周朝。

勾践与西施

春秋时代末期，越王勾践被吴王夫差战败，而自囚于会稽山，永远称臣，屈辱求和。但勾践每日卧薪尝胆，不忘会稽之耻。同时向吴王夫差献美女西施，一方面为了使吴王沉湎于女色，一方面为了消解吴王的警戒心。

相传，西施生于越国偏远的苎萝村内，因为出生在村子的西端，故名"西施"。每天早上，她挑柴出卖，而傍晚时分，就到溪边洗衣。

西施虽然衣饰朴实，可是天生丽质，耀阳照垢面，仍然明眸逼人，艳光四射。王维的"谁怜越女颜如玉，贫贱江头自浣沙"，以及吴江杨淮蓣兰的"乱头粗服绝天姿，老媪何物生国色"，都是赞美西施的诗。

吴王夫差本是一代情豪，难免沉湎女色，越王勾践的大臣范蠡看出了他这个弱点，于是又物色了另一个娇艳的郑旦，和西施同赴吴国服侍夫差。吴王的臣下伍子胥一再劝谏，然而忠言逆耳，始终不为夫差采纳，最后反被处死。吴王得了两位美女之后，不惜物力、财力，赶工营造成壮丽的宫殿和可容数千宫女的姑苏台，日夜笙歌曼舞于其间，宛如人间仙境。从李白的诗中，可见其景：

"风动荷叶水殿香，姑苏台上见吴王；
西施醉舞娇无力，笑倚东窗白玉床。"

突然战鼓一声，越军杀到，吴军三战皆败。吴王最后登上姑苏台跪地请和，但被范蠡拒绝，终于在众叛亲离之下，被杀身亡。

美人计消除流言

宋朝文彦博（公元 1006－1097 年）人称文潞公，曾以枢密直学士的身份主持成都政事，当时年纪不到 40 岁。成都的习俗，喜好饮酒作乐，文潞公因此经常有宴会，于是许多批评中伤的话就传到了京城。御史何郯刚好请假回乡，皇上就派他察访潞公的行为。

何郯为官耿直，极有声望，潞公也因此有些不安，门下客卿张少愚对潞公说："圣从此番来京都，没什么好担心的，我和圣从是同乡。"于是就先到汉州迎接，并摆下酒宴款待他。其中有位官妓很会跳舞，何郯很喜欢，就问她姓什么，答："姓杨。"何郯说："那就叫杨台柳。"少愚就取下官妓系在脖子上的丝巾，题诗说："蜀国佳人号细腰，东台御史惜妖娆。从今唤作杨台柳，舞尽春风万万条。"意思是说：蜀国有位美人体态轻盈腰纤细，楚楚动人，仪态万方，引得东台御史无限爱怜。从此以后就叫她杨台柳，希望她永远美丽青春，舞出无限动人的风情。同时教官妓当作柳枝词来唱它。何郯听了非常高兴，就醺醺然醉倒。

几天之后，何郯到了成都，神情态度显得很严肃庄重。有一天潞公设下盛大的宴席来款待何郯，并且接来杨台柳，请她和府中的官妓在一起，唱少愚的诗来助兴劝酒，何郯每次都为此喝醉了。等何郯回朝之后，有关潞公的流言就止息了。

第三十二计　空城计

【计谋精解】

　　反常用兵，使敌"疑中生疑"，不知所攻，则会"奇而复奇"，取得"出奇制胜"的效果。

　　三国时，诸葛亮以一座空城智退司马懿 20 万大军的故事，老幼皆知，成为千古佳话。由此而来的"空城计"，为兵家真真假假、虚虚实实的诡诈术写下了奇异的一页。《三国演义》记叙，司马懿率领魏军 20 万人直扑诸葛亮所据阳平城。在此之前，诸葛亮已经派遣魏延等人率军出征别处，城中仅留少量士卒。当探报侦察得知魏军大举进袭时，城内蜀军已失去了撤退的时机。

诸葛亮考虑再三,想出一条奇计。他镇定自若,下令留守的官兵偃旗息鼓,隐蔽待命,不得妄动;同时吩咐大开城门,让几个老弱士兵装扮成清洁夫打扫街道城门,自己则在城上若无其事地焚香抚琴。

司马懿率军逼近城门,看到这番景象,满心狐疑。心想诸葛亮一生用兵谨慎,如今故弄玄虚,一定是有意设伏,诱他入城以全歼之。于是催军后撤,遂使诸葛亮与守军得以平安脱险。

诸葛亮以空城计智退司马懿,这是在危急情况下迫不得已而大胆施用的一种心理战术。然而,他并非鲁莽行事,而是利用司马懿相信自己一生用兵谨慎的思维定势以及司马懿本人多疑寡断的心理弱点,果断地反常行计用兵,使司马懿狐疑中伏而先行撤退。计虽空城,谋有实据,这体现了诸葛亮处变不惊、履险如夷的军事家智谋和风范。

空城计的诀窍是:实力空虚再显示空虚而没有防守,使敌人疑上加疑,在敌众我寡的紧急关头大胆运用这种策略,更显得奇之又奇,无从揣测。古人用兵,讲究的是"虚者实之,实者虚之"的逆反用计,空城计却打破了以往兵家的常规用计格局,以"虚者虚之"的反常规设计,虚虚实实变幻无穷,从而战胜敌人。

诸葛亮正是运用了反常规的"虚者虚之"的"空城计",加上他对司马懿的了解,从而使自己化险为夷。因此可以说,"反常思维,超常行动"正是诸葛亮成功或者说是"空城计"产生效力的关键。

【原文】

虚者虚之[1]，疑中生疑[2]。刚柔之际[3]，奇而复奇[4]。

【注释】

[1]虚者虚之：第一个"虚"字，空虚，与"实"相对，指军事力量不敌对；第二个"虚"字，动词，显示虚弱的样子。

[2]疑中生疑：第一个"疑"字，可疑的形势；第二个"疑"字，怀疑。

[3]刚柔之际：这里指敌我双方实力悬殊的时刻。

[4]奇而复奇：奇妙之中更加奇妙。

【译文】

我方防备薄弱时，故意装作毫无防备，即可迷惑敌方的判断力。在兵力处于劣势时，使出此一策略，往往会产生意想不到的效果。

【古今中外著名典例】

城墙上的酒宴

唐玄宗在位时，吐蕃侵袭瓜州，杀了唐军的元帅，玄宗派张守珪前去接任。

张守珪到任后，先指挥居民修复城墙，工事还未完成时吐蕃又来进犯。城里的人，个个惊惶失措，根本无心应战，张守珪说："我寡敌众，又缺乏防备，只得用计退敌了。"

他下令在城墙上举行酒宴，同时有乐队演奏，大声喧闹不已。

兵临城下的吐蕃军目睹此景，疑心城内必有伏兵，遂撤兵而去。

郑国使计退楚兵

春秋时期，楚国的令尹（宰相）公子元在哥哥楚文王死后，尸骨还未寒之时，便想吊那位未亡人寡嫂的膀子，即朝野闻名的第一美人息妫。因限

于叔嫂名份,不敢登堂入室,强行迎娶,乃想出一个"慢火煎鱼"的方法。他在息妫寝宫附近大筑馆舍,日夜歌舞,奏靡靡之音,借以挑动嫂嫂的春心。还买通了息妫的近侍人等,就地观察,随时报告她的反应。

息妫听到了这种热闹之声后,便问左右:"这是哪儿来的舞乐呢?"

内侍告诉她:"夫人,你还不知道吗? 这是令尹为你开的马拉松舞会呀! 他同情夫人太寂寞了,想使夫人听听音乐,开开心!"

息妫把双眉一蹙,似乎明白是怎么回事,思索了一会,感慨地自言自语道:"我的丈夫文王,生前不尚军事,未曾向国外扬威,弄得声望日下,受人闷气,算起来,已经有十年了。阿叔身为行政首长,不想办法图强,重振国威,偏偏为我一人开起舞会来,真不知是什么意思!"

内侍把这番话告诉公子元。公子元见她开始有了反应,心里一喜,便奋然而起,激昂地嚷起来:

"嫂嫂是女流,尚且不忘国家大事,我身为堂堂令尹,反而把国事忘了? 好,既然嫂嫂有此主意,我非打个胜仗,向外耀武扬威给她看看不可!"

于是,立即遣兵调将,倾国动员,浩浩荡荡地杀奔邻国——郑国。

郑国兵力远不及楚国,忽遇邻强侵犯,弄得不知所措。郑文公慌忙召集一班大臣堵叔、师叔、世子华和叔詹等开一个御前紧急会议,商讨对策。堵叔皱起眉头先发表意见:"楚兵强盛,如猛虎下山,我国根本不是它的对手。不如跟它纳款讲和罢了!"

旁边的师叔一听,心里暗骂一声"投降主义",却又骂不出口,委婉地说:"照鄙人意见,敌人虽强大,但是孤立的。我国和齐国定下军事同盟,我国有难,齐国一定会发兵援助的。目前,唯有固守,等候盟邦来解围!"

"不。"少壮派世子华霍然跳将起来,说,"水来土掩,兵来将挡,楚兵进来,杀他个片甲不留!"

只有叔詹不开口,他正默默地沉思。

"老先生的意见怎样呢?"郑文公回头问他。

叔詹干咳一声,把嗓子调整过来,便说:"依老臣愚见,三位的高论之中,我赞成师叔的意见,我估计,敌人不久就会撤去的!"

"不见得这般容易吧!"郑文公说,"这一次是公子元亲身督师,绝不会

自动撤退!"

"据我所知,"叔詹说,"楚国的历次出兵,从未出动过这么多军队的。这次,公子元的动机,不外想讨好他的嫂嫂,在女人面前抖抖威风,一点政治目的也没有。也就是说,只要求一个小小的胜利,装装门面罢了。"他忽又严肃起来,坚决地说:"这一仗,看来是很可怕的。诸位放心,楚兵若来,老臣自有退兵之计。"

说话间,探子来报,说敌人先行部队越过了市郊,快要进城来了。

像晴天一声霹雳,听罢各人面面相觑。主和的堵叔慌慌张张地说:"敌军已近,来不及从长计议了,要么讲和,要么立即逃避,躲到后方相邱去再说!"

"且慢!"叔詹马上制止,"老夫自有妙计!"

于是,叔詹负起了城防责任。他马上令军队统统进入到城内,大开城门,商店照常营业,百姓来往如常,不许稍露半点慌张神色。

楚兵的先锋队果然到了。先行官一见这般模样,街上镇定异常,城头上又没有丝毫动静,便疑惑起来,料定对方必有准备,故意摆下这条诡计,骗人城去包围歼灭,还是等主帅到来请示后再做打算吧!便下令本军就地扎营。

不久,公子元率大军到了。先行官报告情况,说城中如此如此,这般这般。

公子元一听也吃惊起来,立即走到一个高地上察看一番,只见城里到处埋伏着军队,刀剑林立,旗帜整齐,心里就踌躇,总猜不出是什么缘故。

跟着后卫统帅也遣人带来了情报,说齐国已联合了宋鲁两国,起大军来解郑国之围了。

公子元大惊,急忙对各将领说:"齐国如果截击我军的退路,那么就前后受敌,势非崩溃不可!"

诸将又主张速战速决,先把郑京攻下了再说。公子元没有采纳这条意见,他所想到的并不是军事价值,而是"万一失利的话,有何脸面去见嫂嫂呢? 我如此进攻,几天之间就直捣郑京,也可算得到胜利了,对美人也有交代了"!

于是暗传号令,人衔枚,马摘铃,连夜领兵回国。又怕郑军会乘机随

后追击,于是把所有的营寨保持不动,遍插旗帜,以疑惑郑兵。

公子元悄悄地溜出了郑境之后,才叫大军鸣锣击鼓,奏起凯歌班师回去。

叔詹正在督军巡城,彻夜未眠。到天明,遥望楚营,一点动静都没有,只见一群飞鸟在低空盘旋,有作俯冲状的。便大叫起来:"楚兵撤走了!"

大家还不相信,问他怎会这样清楚,这般肯定。

"那还不明显!"叔詹指着楚营告诉他们,"凡是军队驻扎的营地,必定击鼓壮威,吓神骇鬼的。你们看!那里不是有飞鸟盘旋找东西吃,或在帐顶上争吵吗?这已说明营里连一个人影都没有了。我早已料定齐国会出援兵来的,楚军得到了风声,怕被夹攻,所以连夜撤走了。哈哈!我用空城计迷惑他们,他们也用空城计来欺骗我……"

不久,齐国等联军果然出现了,见楚国已尽数撤退,无敌可击,便也回国去了。这时,大家才佩服叔詹的机智和勇敢。

这样的"空城计"是给那些实力空虚而又遭受压力、走投无路的人一个启示,其目的只是想蒙混过关或避免威胁,但生死之权还是掌握在人家手上的。这属于冒险行为,非到最后关头不可用。

第三十三计　反间计

【计谋精解】

　　《孙子兵法》将间谍分为五种类型："因间"、"内间"、"反间"、"死间"、"生间"。这五种间谍最好能同时运用，才能使敌人无从了解虚实，施展起来才有如神妙莫测之法术。五种间谍中以"反间"为最重要，所谓"反间"即利用或收买敌人间谍为我所用，借"反间"之助，再培养"因间"、"内间"，并运用"死间"制造假情报欺敌，而由"生间"将敌情携回。

　　《孙子兵法》十三篇，以"计"为始，以"间"为终，如此首尾相连，使整部兵法，成为一个完整的体系，可见"用间"之重要。

441

宋代抗金名将岳飞十分擅长使用"反间计"。南宋时，曹成聚合10余万乌合之众由江西到湖湘，占据了道、贺二州。皇上命令岳飞带兵招降曹成。曹成得知岳飞将至，便把军队化整为零，分成几路逃走。岳飞来到茶陵，以皇王的诏书招降曹成，曹成不肯从命。不得已，改抚为剿。

岳飞率军进入贺州境内，抓到一个曹成派出的间谍，岳飞灵机一动，便把间谍捆绑在自己的军帐之外。岳飞在帐中调遣军粮，管事的官吏有意大声说："军粮已经用尽，怎么办？"岳飞则说："暂时先到茶陵去。"说完装出看到那个间谍和后悔泄露军机的样子。看守士兵有意放松对间谍的警戒，让他逃跑。那个间谍一回去，便向曹成报告岳飞将撤军的消息。曹成大喜，决定第二天追击岳飞的军队。岳飞趁曹成无备，率军悄悄地绕岭而去，天还没亮，就赶到曹成驻军的太平场，攻破了曹成的兵寨。曹成无奈，只得向岳飞投降。

故意对敌奸透露假情报，让他向敌方汇报使敌方判断错误，造成对我方有利的局面，这样，敌方的间谍反而为我方所利用了。后来，岳飞又以这一方法再施"反间计"，在攻打金军的过程中，利用金国扶植的大齐伪皇帝刘豫与金国四太子金兀术不和的矛盾，轻而易举地翦除了刘豫这个宋朝的逆贼。

【原文】

疑中生疑[1]，比之自内，不自失也[2]。

【注释】

[1]疑:怀疑。

[2]比之自内,不自失也:语出《易·比·象》:"比之自内,不自失也。"比,亲比,辅助,援助,勾结,利用。

【译文】

使敌人彻底掉进疑心生暗鬼的深渊,惑其判断力。最有效的方法是反过来利用对方的情报员,毫不费力地获胜。

【古今中外著名典例】

曹操用"间"反中计

三国时,赤壁大战前夕,周瑜巧用反间计,促使曹操杀了精通水战的叛将蔡瑁、张允。

曹操率领号称 83 万的大军,准备渡过长江,占据南方。当时孙刘联合抗曹,但兵力比曹军要少得多。

曹操的队伍都由北方骑兵组成,善于马战,可不善于水战。正好有两个精通水战的降将蔡瑁、张允可以为曹操训练水军。曹操把这两个人当作宝贝,优待有加。一次东吴主师周瑜见对岸曹军在水中摆阵,井井有条,十分在行,心中大惊,他想,一定要除掉这两个心腹大患。

曹操一贯爱才,他知道周瑜年轻有为,是个军事奇才,很想拉拢他。曹营谋士蒋干自称与周瑜是同窗好友,愿意过江劝降,曹操当即派蒋干过江说服周瑜。

在这曹军与吴军隔江对峙,大战一触即发之前夕,蒋干来到吴国,劝说周瑜归降曹操。《三国演义》里这样写道:

周瑜正在帐中论事,闻干至,笑谓诸将曰:"说客至矣。"遂与众将附耳

443

低语：如此这般。众将皆应命而去。须臾，文官武将，各穿锦衣，分两行而入。二人相见毕，就列于两旁而坐，大张筵席。瑜告众官曰："此吾同窗契友也，虽从江北到此，却不是曹操说客，公等勿疑。"遂解佩剑付太史慈曰："公可佩我剑作监酒。今日宴饮，但叙朋友交情，如有提起曹操与东吴军旅之事者，即斩之。"太史慈应诺，按剑坐于席上。蒋干惊愕，不敢多言。

宴饮中，歌罢，满座欢笑，至夜深，干辞曰："不胜酒力矣。"瑜命撤席，诸将辞出。瑜曰："久不与子翼（蒋干之号）同榻，今宵抵足而眠。"于是佯作大醉之状，携蒋干入帐共寝。瑜和衣卧倒，呕吐狼藉。蒋干如何睡得着，伏枕听时，军中鼓打二更，起视残灯尚明。看周瑜时，鼻息如雷。干见帐内桌上，堆着一卷文书，乃起床偷窥之，却都是往来书信。内有一封，上写"蔡瑁、张允谨封"，干大惊，暗读之。书略曰："某等降曹，非图仕禄，迫于势耳。今已赚北军困于寨中，但得其便，即将操贼之首，献于麾下。早晚人到，便有关报。幸勿见疑。先此敬覆。"

干思曰："原来蔡瑁、张允暗结东吴！"遂将书暗藏于内。干伏于床上，将及四更，只听得有人入帐，唤曰："都督醒否？"周瑜梦中作忽觉之状，故问那人曰："床上睡着何人？"答曰："都督请子翼同寝，何故忘却？"瑜懊悔曰："吾平日未尝饮醉。昨日醉后失事，不知可曾说了什么言语？"那人曰："江北有人到此。"瑜喝曰："低声！"便唤"子翼"，蒋干便装睡着。瑜潜出帐。干偷听之，只闻有人在外曰："张蔡二都督道：'急切不得下手。'"后面言语颇低，听不真实。

蒋干赶回曹营，让曹操看了周瑜伪造的信件，曹操顿时火起，杀了蔡瑁、张允。等曹操冷静下来，才知中了周瑜的"反间"之计，但已无可奈何了。

宋太祖计灭南唐

宋太祖赵匡胤西平蜀，南平汉，声势大振，只有江南一带之南唐尚未征服。

南唐后主李煜亦感到势孤难敌，遂遣弟李从善上表于宋，言愿去南唐国号，改印文为"江南国主"，使臣来往不受限制。但宋太祖亦闻林仁肇饶

444

勇善战,未敢轻敌,暂时答应让南唐划江自守,等除掉林仁肇后再攻打南唐。

又碰到李从善来京都进见,宋太祖特把他留住,授职为泰宁军节度使,李从善不敢违命,只好函告乃兄李煜,李煜屡屡请求遣弟回国,宋太祖只是打太极,还诏示"从善多才,朕将重用,当今南北一家,何分彼此"等话,李煜亦无可奈何,常派遣使臣到从善处探听消息。

宋太祖特派善画的人为亲善使臣,这人到江都访问守将林仁肇,将他的面目形状,窃绘回来。李从善入宫朝见宋太祖时,即命把林仁肇的画像悬挂在别室里,太监把李从善引入室去诈问是否晓得挂着的肖像是谁。李从善惊诧答:"这是敝国的江都留守林仁肇,何故有像在此呢?"太监故作神秘,含糊应语,半响才说:"足下已是在京任职了,同朝之臣,不妨直告。皇上甚爱仁肇之才,特赐诏谕,令他前来,仁肇已经答允,遵旨来归,先送此像为实。"说完,又带从善到另一空馆里,且告知他:"皇上已拟将此馆赐予仁肇将军,待他到京怕不是一个节度使吧?"

李从善听入耳中,记在心里,口虽答应,心下甚感怀疑。至退归后,便遣使回南唐,转报乃兄李煜,迅查仁肇是否有谋反行为。李煜据报,即传召林仁肇问他曾受过宋太祖的诏谕与否,林仁肇满头冷汗,亦不知所问何因,只答一声没有。李煜也不访明底细,始终怀疑仁肇有意蒙欺,当下赐仁肇宴酒,酒里下了毒药,仁肇回家不久,即七窍流血当堂呜呼了。

宋太祖利用"反间"计杀掉了林仁肇,立即下令向南唐进军,终于将南唐灭掉。

长孙晟巧使反间计

公元581年隋文帝即位后,突厥与原北齐营州刺史高宝宁合兵来入侵。隋文帝便下敕书令沿边境增修要塞屏障,加固长城,又任命上柱国武威人阴寿镇守幽州,京兆尹虞庆则镇守并州,驻守数万大军以防备突厥。

当初,奉车都尉长孙晟奉命送北周千金公主入突厥成婚,突厥可汗爱慕他的箭法,于是留他在突厥整整一年,让自己的子弟和部落贵族与长孙晟结交往来,希望能学到他的箭术。沙钵略可汗的弟弟处罗侯非常得民

445

心,因此受到沙钵略的猜忌,就秘密派遣心腹与长孙晟结盟。长孙晟就随他到处游猎,顺便察看突厥的山川形势和部众强弱,全部牢记在心。

及至突厥兴兵入侵,长孙晟上书说:"现在华夏虽然安定,但是北方突厥仍然不遵王命。如果兴兵讨伐,条件还不成熟;如果弃之不理,突厥又时常侵犯骚扰。因此,我们应该周密谋划,制定出一套制胜的办法。突厥达头可汗玷厥相对于沙钵略可汗摄图来说,兵虽强大但地位低下,名义上虽然臣服于摄图,其实内部裂痕已经很深了,只要我们加以煽动离间,他们必定会自相残杀。其次,处罗侯是摄图的弟弟,虽然诡计多端但势力弱小,所以他虚情矫饰以争取民心,得到了国人的爱戴,因此也招致摄图的猜忌,心中忐忑不安,表面上虽然竭力弥缝自己行事的过失,但内心深感恐惧。再者,阿波可汗大逻便首鼠两端,处在玷厥和摄图之间。因为惧怕摄图,受到他的控制,但这只是由于摄图的势力强大,他还没有决定依附于谁。因此,目前我们应该远交近攻,离间强大势力,联合弱小势力,派出使节联系玷厥,劝说他与阿波可汗联合,这样摄图必然会撤回军队,防守西部地区。再结交处罗侯,派出使节联络东边的奚等民族,这样摄图就会分散兵力,防守东部地区。使突厥国内互相猜忌,上下离心,十多年后,我们再乘机出兵讨伐,必定能一举灭掉突厥。"

隋文帝看了长孙晟的奏疏,大为欣赏,因此召见长孙晟面谈,长孙晟一边口中分析形势,一边用手描绘突厥的山川地理,指示突厥兵力分布情况,都了如指掌。文帝十分惊奇,全部采纳了他的建议。于是派遣太仆卿元晖经伊吾道出使达头可汗,赐给他一面上绣有狼头的大旗;达头可汗的使节来到长安,文帝让他坐在沙钵略可汗使节的前面。又任命长孙晟为车骑将军,经黄龙道出塞,携带钱财赏赐奚、契丹等民族,让他们做向导,才得以到达处罗侯驻地。长孙晟与处罗侯做了推心置腹的交谈,规劝他率领所属部落臣服隋朝。隋朝的这些反间计实行之后,突厥沙钵略可汗与其他部落互相猜忌,离心离德。

第三十四计　苦肉计

【计谋精解】

俗语说："舍不得孩子套不了狼。"苦肉计的精髓，就是通过自我伤害，换取别人的信任，以施展预谋好的计划。

《三国演义》里，东吴将领周瑜和黄盖曾经合谋施展苦肉计，使曹操相信黄盖真心来降，结果让黄盖得以趁势纵火，演就了火烧赤壁、大败曹军的壮举。在这一战役中，黄盖诈降纵火是致胜的关键；而以苦肉计蒙骗曹操相信诈降，又是致胜关键的关键。后来，这段故事成为运用苦肉计的典型代表，并写成一句歇后语："周瑜打黄盖——一个愿打，一个愿挨。"

在中国古代，施展苦肉计克敌致胜的例子很多。它的成功诀窍是：一般人不会自我伤害，遭受伤害必是真情实况；若能以假作真，并使敌方相信是真而不假，离间计就可以实现。想取得敌人的信任，扮演必须逼真。

【原文】

人不自害,受害必真。假真真假,间以得行。童蒙之吉,顺以巽也[1]。

【注释】

[1]童蒙之吉,顺以巽也:出自《易·蒙·彖》:"童蒙之吉,顺以巽也。"

【译文】

没有人会故意伤害自己的身体,身体受到伤害必定是实情。如能故意伤害自己取信于人,那就可使离间之计因而成功。只是,在取信于敌人之际,演技必须逼真才行。

【古今中外著名典例】

武公杀重臣

"苦肉计"是残害自己的身体以达目的的计策,但也未必非伤害身体不可。要言之,只要牺牲自己非常珍贵的东西,扰乱对方的判断力,即可奏效。

郑武公伐胡,使用的就是这个方法。

郑武公先以爱女许配给胡王,借此讨好对方。

一天他在宫内问众臣:

"我想发兵征战,依你们看该去攻打哪一国?"

忠心耿耿的重臣关其思,不假思索地说:

"主公您可以攻打胡国。"

"胡国跟我们有姻亲的关系,怎能攻打呢?"

武公勃然大怒,当场把关其思杀了。胡王听到这个消息后,全面解除了对郑国的防备,郑国乘虚而入,攻占了胡国。

制造爆炸事件

在第二次世界大战期间,英国海军的情报机关捕获了名叫穆特和杰夫的两个挪威籍人。

这两个人,原先是德国盖世太保属下的两名间谍,是被派到英国专门进行搜集军事情报、制造恐怖事件等破坏活动的。

英国情报机关对这两个人将计就计,即利用他们传递假情报,达到对纳粹不利、有利盟军战局的目的。

为了使德国情报机关信任他们所派遣的两个间谍,真正为英方服务,就采用苦肉计,让他们先在英国的土地上,创造"惊人的奇迹"。这就是英国海军情报机关和英国有关方面合作,经过妥善安排,精心导演,让他们制造了两起引人注目的爆炸事件。

第一次是在维尔德斯敦附近一个食品店里,搞了一次爆炸事件。爆炸后,大火连天,引来许多过路人上前救火。这是一个人口密集的地区,极为引人注目。紧接着,英国报纸也大加配合,进行显著的报道,以便扩大影响。

德国纳粹很快知道了这件事,信以为真,对两名谍报人员奖励了一番。

接着,英国政府又安排了第二次爆炸事件,这次目标是炸毁一个军火库。这个地点是纽弗莱斯特,此地人烟稀少,实际上只是在地图上标出的军火库,其实已没有多少军火在此处存放,只是一个空仓库罢了。英国政府再次让穆特和杰夫二人去施行爆炸,之后,英国还专门让他们二人在现场留下作案证据,如穆特因"不慎"将挪威制造的袋装指南针失落在现场,并且故意派英国情报机关人员去侦察破案,"发现"这种种证据。

结果,由于英国精心而巧妙地策划的苦肉计,使纳粹对这两名间谍倍加信任。在这之后,二人所发向德国的情报,纳粹全部言听计从,而且给他们空投了许多英镑、无线电发报机和其他一些爆破器材等,供他们俩继续使用。

继而,英国在利用这两人实施苦肉计成功的情况下,给纳粹德国提供了不少假情报,英国海军进行了大量的欺敌活动,对于盟军的反法西斯战争作出了很大的贡献。

庆忌之死

吴国姬光杀君即位,利用专诸刺杀王僚,自立为吴王阖闾。

吴王僚的儿子庆忌,逃奔在外,招纳贤士,联合邻国,等待时机乘隙伐吴报仇。

阖闾素知庆忌健步如飞,快马莫及,勇猛非常,万人莫敌,今闻有此企图,深为忧虑,想派人去行刺,可又一时找不到适当的人。

一天,伍员为他聘来了一位勇士,名叫要离。

阖闾一见要离身不足五尺,腰大貌丑,大失所望,很不高兴地问:"你是伍大夫介绍的勇士要离吗?"

要离说:"臣细小无力,当风则伏,背风则倒,何勇之有? 但若大王有所差遣的话,臣必定尽我所能!"

阖闾听了,更不高兴。伍员已知其意,便说:"好马不在高大,只要能负重跑远就是良马。要离形貌虽丑,却非常机警能干,一定会胜利完成王命!"

阖闾见伍员力荐,便邀要离到后宫去谈,要离便问:"大王心中所患,要差遣小人的,是不是庆忌呢? 我能够刺杀他!"

阖闾笑着说:"庆忌是个了不起的人,他身高力大,走如奔马,矫健如神,万夫莫当,恐怕你治服不了他。"

要离说:"善杀人者,在智不在力,臣只要能接近庆忌就可以把他杀了!"

阖闾问:"庆忌是聪明人,怎肯轻易接近人呢?"

"我有办法要他接近我,非相信我不可。"要离充满信心地说,"他现在正要招收亡命之徒,图谋不轨,我正可诈言是罪臣,投奔于他。大王请斩我的右手,杀我的家人,这样庆忌岂有不相信之理?"

"你无罪,怎可下此毒手?"阖闾皱了皱眉头说。

要离慷慨激昂地说:"臣闻贪恋妻子之乐,不尽事君之义的,不能说是忠。贪恋家室,忘君之忧者,不是义士所为。我能全忠全义,就是毁了全家,亦是甘心的!"

伍员从旁怂恿,说:"要离为国忘家,真是忠烈之士,若在成功之日,

追封他的功业，旌表他的妻子，使其名扬后代，这是一举两得的义举呢！"

阖闾想了良久，才答应这样做。

第二天，伍员偕要离入朝，保荐要离为将军，率兵进攻楚国。阖闾闻奏，怒斥伍员："看要离身矮力微，杀鸡无胆，骑马无威，怎能做官带兵？真是胡说八道，岂有此理！"

要离跟着启奏："大王可谓忘恩到极点了，伍员为王安定江山，王却不替伍员报楚王之仇……"

阖闾拍案大怒说："这是国家大事，非人所知的，居然还当面责辱寡人！"立即下令把要离的右臂砍了，押他入狱，拘他妻子。伍员叹息而出，群臣莫名其妙。

过了几天，伍员暗叫狱官放松对要离的监视，要离趁机越狱跑了，阖闾下令把要离的妻子斩首，弃市示众。

要离跑出吴境，一路上逢人诉冤，访得庆忌在卫国，便跑到卫国去求见。庆忌疑他诡诈，不肯收容，要离便把衣服脱下来，庆忌见他已被斩了右臂，方才相信。便问他："阖闾既然砍了你的手，把你变成残废。来见我究竟有什么意图？"

要离说："臣闻阖闾杀公子父亲，夺了王位，现在公子联结诸侯，想复仇雪恨，所以特跑来投靠，虽然不能冲锋陷阵，但做向导还可以，我对吴国

的山川形势是相当熟悉的,只要公子报了仇,我亦雪了杀妻之恨,就心满意足了。"

庆忌犹未深信。刚巧有心腹人来报告,说要离的妻子已经被阖闾斩首示众了。

要离一听,大哭起来,咬牙切齿地遥指阖闾大骂。这样,庆忌方才深信不疑。

"阖闾目前有伍员和伯嚭为谋士,练兵选将,国内大治,我兵微力寡,又何以和他抗衡,泄胸中怒气?"庆忌问。

要离说:"伯嚭乃无谋之辈,没有头脑的饭桶,不足为虑;只有伍员还算个人,智勇俱备,但今已与阖闾貌合神离了。"

"怎解?"

"所以,公子只知其一,不知其二。"要离说,"伍员之所以尽力帮助阖闾,目的在借兵伐楚,报其父兄之仇,但现在楚平王已死,仇家亦亡,阖闾安于王位,天天只顾酒色,不想替伍员复仇了。就以目下的事来说,伍员保荐我伐楚,阖闾便当场指责他,还杀鸡儆猴地加罪于我,故伍员怨恨阖闾已为势所迫成了。老实说,我这次能越狱逃跑,亦是伍员买通狱官的,他曾嘱咐过我:'你此次先见公子,察看动静如何,若肯为我伍员报仇,愿为内应,以赎过去杀君之罪。'公子不乘此时发兵入吴,更待何时?怕是再无报仇的日子了。"说完大哭,猛在地上撞头。

"好,好!"庆忌把他劝住,"我听你的话,一定会在最短的时间内起兵!"

庆忌把要离带回根据地艾城,作为心腹,委他负责去训练军士,修治兵船。

三个月过去了,庆忌在要离的怂恿之下,大举义旗,出兵两路,水陆并进,浩浩荡荡地杀往吴国去。

庆忌和要离同坐一艘船,驶到中流,后船忽然跟不上。要离对庆忌说:"公子可在船上坐镇,船工看见就不敢不使力了。"

庆忌坐在船头上,要离只手持戟侍立。忽然山上起了一阵怪风,要离转过身去,突然一戟插在庆忌的心窝上,直穿后背,庆忌身材魁梧,两手倒提起要离在水中溺三次,再抱他放在膝上,苦笑着说:"你可算是勇士,连

453

我都敢行刺!"左右都想把要离刺死,庆忌说:"此乃勇士也,放他走好了。"说罢,庆忌倒地而死。

要离见任务已经完成,便也夺剑自杀了。

满宠施"苦肉计"救杨彪

汉朝末年,太尉杨彪与袁术联姻,曹操因此而讨厌他,想借阴谋废掉旧君另立新君的理由来诬赖陷害他,就将他押到牢狱中,派许县县令满宠侦讯他。当时任将作大匠(负责重大土木工程的官职)的孔融和荀彧嘱托满宠说:"只要言辞上侦讯,千万不要用刑拷打。"

满宠听了,全不理会,还是依旧拷打讯问。过了几天,满宠去见曹操说:"杨彪经过拷打讯问,都得不到什么供词,这个人名满天下,若是罪状不明不白而受刑罚,一定会使明公大失民心,我为明公感到很不值得。"曹操于是当天就放了杨彪。最先荀彧和孔融听到满宠拷打杨彪,都非常愤怒,后来看到竟因这样才让杨彪得以出狱,于是更加亲近满宠。

第三十五计　连环计

【计谋精解】

环环相连,计计相扣,牵一环而动全局,缺一计则弃前功。连环计是高难度的谋略计策,不得有丝毫的差错或疏失。

罗贯中所写的《三国演义》中,有"王允巧计施连环",利用美人貂蝉周旋于董卓和吕布义父子之间,把这两个朋比为奸、权倾朝野的政客枭雄耍得团团转,双雄夺美自然会引起摩擦、冲突,进而互相残杀。这个故事就是"连环计"的由来。

"连环计"是指环环相连、计计相扣之意,亦即圈套中还有圈套,计谋中尚有计谋。好几个圈套和计谋串连起来,成为天衣无

缝、无懈可击的"连环计"。"连环计"的威力在于：运用得巧妙，往往使敌方防不胜防，从而克敌制胜。

【原文】

将多兵众,不可以敌。使其自累[1],以杀其势[2]。在师中吉,承天宠也[3]。

【注释】

[1]自累:自己拖累自己。

[2]杀:减弱,削弱。势:势力,势头。

[3]在师中吉,承天宠也:语见《易·师·象》:"在师中吉,承天宠也。"师卦九二为阳,其他皆阴,处于险中,然而九二刚而得中,所以吉利,无咎,犹如秉承上天赐命一样得宠。

【译文】

对方兵力强大时,切莫正面强攻。先用计使敌军内部互相牵制,削弱对方的实力。只要我方主帅能够巧妙运用计谋,即可稳获胜利。

【古今中外著名典例】

子贡巧施连环计

公元前484年,齐国右相陈恒企图操纵政权,但朝中大臣国书、高无平从中作梗,阻止陈恒的阴谋。于是,他便向齐简公建议,派国书等几位大臣领兵攻打鲁国,以报鲁国与吴国一道攻打过齐国之仇。齐简公听从陈恒的建议,派国书为大将,带着高无平等大臣率领兵车千乘攻打鲁国。大军一直来到汶水,随时准备出击。

孔子听到这个消息,大吃一惊,与他的几个学生商量说:"鲁国是我们的父母之邦,现在有难,作为鲁国的子民,我们不可坐视不救,有谁能制止齐军攻打鲁国呢?"听了孔子的话,子贡自告奋勇地说他可以解救鲁国的危难。

子贡辞别老师先到齐国见到右相陈恒,他对陈恒说:"鲁国的城墙低而薄,护城河狭而浅,君臣无能,军队不善于打仗,是个难于征伐的国家,

孙子兵法·三十六计

而吴国城墙高而厚,护城河宽而深,兵多将广,是个比较容易征伐的国家啊!"陈恒听了,觉得这种话完全不合逻辑,所以很生气,认为子贡在戏弄他。子贡微微一笑,让陈恒屏退左右,悄悄地对陈恒说:"我知道,相国与大臣国书、高无平有所不和,如果国书、高无平率军攻鲁国,并且取得胜利,取胜的功劳自然属于国书与高无平,那么他们的权势会不断增加,而相国您便将因此面临困境了,因此假如您能设法使国书、高无平率兵攻打强大的吴国,那么,面临困境的就是国书与高无平了,这对于相国您掌握大权是很有利的啊!"

陈恒听了子贡的话,觉得很有道理,但是齐军已开到汶水,如果说他突然让齐军转道攻打吴国,别人会怀疑他的动机。因而他有些犹豫不决。

子贡了解到陈恒的思想顾虑,便又对陈恒说:"只要您能叫他们按兵不动,我便立即到吴国去说服吴王来救鲁伐齐,这样,齐国就有理由攻打吴国了。"陈恒同意子贡的主意,他命令国书停止行军,暂不攻鲁,因为吴国可能出兵攻齐。

子贡又日夜兼程赶到吴国,对吴王夫差说:"上次吴国和鲁国联合攻齐,现在齐国人为了报仇,已屯兵汶水之上,准备先攻打鲁国,再攻打吴国。大王您何不先发制人,兴兵伐齐救鲁?以吴国的强大,定能打败齐国,这样也可以使鲁国听命于吴国了。"夫差说:"上次打败齐军后,齐国口头表示服事吴国,但却一直不来朝贡,我正要向他问罪呢!只是听说越国有侵犯吴国的野心,我准备先打越国,再进攻齐国。"

子贡听了夫差的话,表示自己愿意说服越王,让越王亲自率军跟随夫差攻打齐国,这样可免去夫差的后顾之忧,夫差答应了。

子贡来到越国,告诉勾践说:"夫差一直认为越国是自己的心腹大患,所以就要兴兵伐越了。"勾践听了很急,子贡趁机说:"吴王想先攻打齐国,大王您正好可以亲自率领一支军队跟随吴王一起进攻,这样可以消除吴国对越国的怀疑。将来,如果吴国战败,力量就会削弱,吴如果取胜,一定会与强大的晋国争霸,这样,后方必然空虚,越国可乘虚而入。"勾践十分赞成子贡的主意,过了几天,越王便派文种向吴王献宝剑、精甲等礼物,并表示越王将亲率3000军士随吴伐齐。吴王夫差很是高兴,子贡又说服吴王,只要让越国参战就行,而越王勾践则不必亲自出征了。

接着,子贡又赶往晋国,对晋王说:"人无远虑,必有近忧。吴国正要出兵攻打齐国,如果吴国战胜,吴国一定会和晋国争霸,晋国应有所准备……"

子贡一番攻心游说,布置了一个使齐、吴、越、晋等国互相牵制的连环巧计,使鲁国免遭齐军的攻伐,又免受吴国的挟制,从而挽救了鲁国。

希特勒的阴谋

在第二次世界大战前,英法两国为欧洲最强的国家,法国在非洲拥有许多殖民地,其野心在于独霸欧洲、非洲;英国殖民地遍布全球,其政治目的却是在永远保持均势。但在德国希特勒眼里,已看出英法两国目标绝不一致,认为要翻身,必先拆散英法联盟,要削弱法国,非拉拢英国不可。

因此,在他得到权势之后,便一面高唱和平,一面却秘密重整军备。

这时,英国有意讨好德国,建议"平等军备",法国却强烈反对。到塞尔区人民投票返德国之后,希特勒乘机宣布不向法国作领土要求,即暗示不索回阿尔色斯和劳林两处割地,引诱法国同意"平等军备"。

这时,英法两国已开始貌合神离,希特勒再借口法国与苏结盟,突然进军占领非军事地区莱茵河,使法国外交陷于彷徨境地,在得不到英国军事支持的情况下,只可诉诸大而无当的"国联",不了了之。

英法矛盾日益加深,希特勒再支持西班牙佛郎哥发动军事政变,怂恿意大利墨索里尼进占非洲的阿尔及利亚,而他却又乘意军南进之机,把奥地利从意手中夺过来。几年之间,德国从一个孤立国家进而成为轴心盟主,公然向全世界挑战。

希特勒这样的制造矛盾、利用矛盾的手法,确是近代史上最巧妙而又最成功的连环计了。

张仪用连环计保护自己

周赧王四年(公元前 311 年),张仪在返国途中,恰值秦惠文王死去,其子武王即位。

秦武王自为太子时，一向憎恶张仪。因此，群臣乘机进谗，说道："张仪为人无信，左右卖国以取荣。如仍用他，恐怕天下耻笑。"诸侯听说张仪与武王不睦，纷纷背叛连横之约，又思合纵。张仪失去政治靠山，害怕构罪被杀，便对秦武王说："为秦考虑，倘若东方有变，大王才能多得土地。我听说齐王最恨张仪，张仪在何处，齐王必兴兵伐之。因此，我愿以不肖之身前去魏国，齐必兴师伐魏。齐、魏兵连而不能解，大王便可乘机伐韩，入三川，临二周，周室祭器必出。然后挟天子，案图籍，王霸之业可成。"秦王信以为真，遂备车三十乘，送张仪抵魏。张仪略施小计，竟然逃出是非之地。

张仪到了魏国，齐国果然兴师来伐。魏襄王惊恐不安，张仪却泰然说道："大王勿虑，我请让齐国罢兵。"魏王将信将疑。张仪派舍人冯喜到楚国，又借楚使辗转至齐，对齐王说："据我所知，大王甚恨张仪。然而，大王却也过分夸大张仪。"齐王不解其意。使者便把张仪与秦王所定之计和盘端出，然后说道："现今张仪入魏，齐王果然立即发兵击魏，是大王内耗齐国而外伐盟邦，并使秦王深信张仪之谋。"齐王觉得有理，遂罢兵而去。

第三十六计　走为上

【计谋精解】

　　黔驴技穷，无计可施，走为上计。该走不走，不该走而走，都为下计。

　　东汉末年爆发了黄巾军起义。义军攻占了原城，汉朝军队在统帅朱儁指挥下前来攻城。尽管汉军使用了声东击西战术，可仍然不能将城池夺回。这时朱儁下令：停止攻城，全军撤退。此时的黄巾军粮草将尽，日子也不好过。终于盼到了敌军撤退，就想趁此良机追击对手。于是，义军倾城出动，杀奔敌人。汉军则且战且退。渐渐双方离城已有20余里了。突然间，朱儁一声号

461

令,汉军按事先的布置掉转队伍,反击义军。此时,另一支汉军抄到义军背后,断其退路。义军企图从侧面突围,但四面伏兵大起,已无路可逃。汉军围城,无法攻占,便"三十六计,走为上计",以退为攻,等其倾城出动,再相机得之,便如探囊取物了。

"走"之所以列为"上计",是因为它可在处于劣势的情势下,回避激烈的冲突,开创出保存自己战胜敌人的无穷变化。

【原文】

全师避敌[1]。左次无咎,未失常也[2]。

【注释】

[1]全:保全。师:指军队。

[2]左次无咎,未失常也:《易·师·象》说:"左次,无咎,未失常也。"左次,是指军队向后撤退。古时兵家尚右,右为前,指前进;左为后,指退却。无咎,没有灾祸。

【译文】

全军撤退,躲开敌人的正面攻击。视情况变化有时也不惜退阵,这也是用兵原则之一。

【古今中外著名典例】

晋文公退避三舍

春秋时期,楚国日益强盛,楚将子玉率师攻晋,楚国还胁迫陈、蔡、郑、许四个小国出兵,配合楚军作战。此时晋文公刚攻下依附楚国的曹国,明知晋楚之战迟早不可避免。

子玉率部浩浩荡荡地向晋国进发,晋文公闻讯,分析了形势。他对这次战争的胜算没有把握,楚强晋弱,其势汹汹,他决定暂时后退,避其锋芒。晋文公对外假意说:"当年我被迫逃亡,楚国先君对我以礼相待。我曾与他有约定,将来如我返回晋国,愿意两国修好。如果迫不得已,两国交兵,我定先退避三舍。现在,子玉伐我,我当实行诺言,先退三舍。"

接着,晋军撤退90里,撤到晋国边界城,前临黄河,后靠太行山,足以御敌。他已事先派人往秦国和齐国求助。

子玉率军追到城下,晋文公早已严阵以待。晋文公已探知楚国左、中、右三军,以右军最薄弱,右军前头为陈、蔡士兵,他们本是被胁迫而来,并无斗志。子玉命令左右军先进,中军继之。楚右军直扑晋军,晋军忽然

又撤退，陈、蔡军的将官以为晋军惧怕，又要逃跑，就紧追不舍。忽然晋军中杀出一支部队，驾车的马都蒙着老虎皮。陈、蔡的战马以为是真虎，吓得乱蹦乱跳，转头就跑，骑兵哪里控制得住。楚右军大败。晋文公派士兵假扮陈、蔡军士，向子玉报捷："右师已胜，请元帅赶快进兵。"子玉登车一望，晋军后方烟尘蔽日，他大笑道："晋军不堪一击也。"其实，这是晋军诱敌之计，他们在马后绑上树枝，来回奔跑，故意弄得烟尘四起，遮天蔽日，制造假象。子玉急命右军并力前进。晋军上军故意打着帅旗，往后撤退。楚左军又陷于晋军埋伏圈内，再次被歼灭。等子玉率中军赶到，晋军左、中、右三军合力，已把子玉团团围住。子玉这才发现，右军、左军都已被歼，自己也已陷入重围，急令突围。虽然他在猛将成大心的护卫下，逃得性命，但部队伤亡惨重，只得悻悻然回国了。

晋文公的几次撤退，都不是消极逃跑，而是主动撤退，或寻找时机，制造战机，最后，抓住有利时机，取得胜利。这不能说"走"不是上计。

464

英军胜利大逃亡

1940年5月,希特勒集中了136个师、3000辆坦克和几千架轰炸机,一下子将英法联军压到了法国北部的一个名为敦刻尔克的小海港。

5月24日,古德里安将军给希特勒发来了一封紧急电报。电报上说:德军已经到了离敦刻尔克只有20英里的运河,比利时军队、英国远征军的9个师、法国一军团的10个师,全部被包围了。我和莱因哈特将军的装甲部队已经在运河上建立了5个桥头堡。从东北方向上推进过来的德军第六军团和第十八军团,将形成有力的夹击,从而彻底消灭他们。

这一天美国驻英国大使肯尼迪向罗斯福总统发去了一封电报说:"一切都不可挽回了,只有奇迹才能拯救英国远征军免于全军覆灭。"

罗斯福总统看着这份电报,半天没有说出话来。

这一天,英国首相丘吉尔也同样无能为力,他所能做的事情,只有用力咬自己的烟斗,以掩饰内心的沮丧。

5月24日,德军最高统帅部发来了命令,命令坦克部队停在运河一线,不要向前推进。这道命令古德里安一连看了好几遍,这一回他不明白,伟大的元首是怎么想的了。

丘吉尔很快就知道了希特勒的这一道命令,他也是弄不明白这到底是什么战术,不过有一点,他的反应还是非常之快的,那就是立刻通知海军部,马上征集全国的船只,将联军运过英吉利海峡。

5月26日晚上7点差3分,英吉利海峡浮云布满天空,淡一块浓一块,天空如一块铁,正向地面下沉,灰色的云,在空中疾行,掠过群山和河流,在海面上停住了。

全英国都接到了一道来自海军部的命令:执行发电机计划。这是联军敦刻尔克大撤退的代号。

对许多历史学家来说,这真是一次伟大的"发电"。

在夜幕之中,出动870多艘船,其中法国出动了300多艘,从巡洋舰、驱逐舰到各种小帆船和划艇,从皇家的豪华游艇到肮脏的垃圾船。有人说在英国所有能漂浮的东西,全部都去了英吉利海峡。

德军坦克部队的士兵们,趴在他们的坦克上,喝着正宗的法国香槟,

孙子兵法·三十六计

他们看着英国人在海上漂呀……漂呀……一个个乐得哈哈大笑。

5月27日,英国撤走了7669人。

5月28日,英国撤走了17804人。

5月29日,英国撤走了47310人。

5月30日,英国撤走了53823人。

但是,德国人对此却一无所知。这时德国空军开始出动了,可是英吉利海峡一直是浓云飘动,吞没了天地间的一切,根本无法投弹。就是在这几天,上帝站到了英国一边。

6月3日深夜,德军开始进攻了,可这时联军已经撤回了34万6千人,在海滩上抵抗的只有4万法国士兵。

古德里安将军发现,向德军投降的法军士兵,他们每个人的脸上都挂着微笑。

6月4日,丘吉尔在下院发表演说:"我们将战斗到底,我们将在海滩上战斗,我们将在登陆地点战斗,我们将在农田和街道上战斗,我们绝不投降。我相信,今天敦刻尔克的撤退,将是明天胜利的开始!"

1944年6月5日,盟军在法国的诺曼底登陆,开辟了第二战场。在敦刻尔克撤退的35万英法军队成了作战的主力。

第二次世界大战之后,英国的当选首相,几乎都是从敦刻尔克撤退回来的官兵。在大选时,他们大声地疾呼:"公民们,当英国在危难的时候,你们想知道我们在哪里吗? 在敦刻尔克的海滩上……"只要一听到是从敦刻尔克撤退归来的,选票就会像雪片一样地飞过来。

因此,历史家说,这不是一次普通的撤退,而是一次伟大的撤"走",因为,这一撤则撤出了整个英国的未来!

由此不难看出"走为上"之计的奇妙作用了吧!

图书在版编目(CIP)数据

孙子兵法·三十六计:学生版/杨非编写. - 南京:南京大学出版社,2010.5
(2018.1重印)
(青少年课外阅读系列丛书)
ISBN 978 - 7 - 305 - 06875 - 1

Ⅰ.①孙… Ⅱ.①杨… Ⅲ.①兵法 - 中国 - 春秋时代 - 青少年读物
Ⅳ.①E892.25 - 49

中国版本图书馆 CIP 数据核字(2010)第 054095 号

出版发行 南京大学出版社
社　　址 南京市汉口路22号　　　邮　　编　210093
出 版 人 金鑫荣

丛 书 名 青少年课外阅读系列丛书
书　　名 孙子兵法·三十六计(学生版)
编　　写 杨 非
责任编辑 孟凡晓　　　　编辑热线　025 - 83207098
审读编辑 王向民

照　　排 南京新洲印刷有限公司
印　　刷 南京新洲印刷有限公司
开　　本 787×1092 1/16　　印 张 29.5　　字 数 434 千
版　　次 2010 年 5 月第 1 版　　2018 年 1 月第 7 次印刷
ISBN 978 - 7 - 305 - 06875 - 1
定　　价 39.80 元

网　　址 http://www.njupco.com
官方微博 http://weibo.com/njupco
官方微信 njupress
销售咨询热线 025 - 66665152